MICHAEl

BLUTIG

W0198678

aufbau taschenbuch

MICHAEL JENSEN wurde im Norden Schleswig-Holsteins geboren. Im Hauptberuf ist er als Arzt tätig und interessierte sich früh für jüngere deutsche Geschichte und deren Folgen für die Nachkriegsgeneration. Für sein literarisches Schreiben hat er ein Pseudonym gewählt. Er lebt mit seiner Familie in Hamburg und im Kreis Schleswig-Holstein.
Bisher ist ein Roman über die Sass-Brüder erschienen: »Blutgold«.

Im Aufbau Taschenbuch sind außerdem seine Kriminalromane »Totenland«, »Totenwelt« und »Totenreich« lieferbar.

Mehr zum Autor unter www.autor-jensen.de.

Die Sass-Brüder versuchen, sich in Berlin zu etablieren. Besonders Franz Sass geht keinem guten Geschäft aus dem Weg. Doch die Kontakte, die sein Freund und Partner Ian McCullen nach Irland pflegt, sind ihm suspekt. Es geht um Waffen, die ein im Weltkrieg verdienter Flieger mit Namen Hermann Göring der IRA überbringt. Dann scheinen auch in Berlin die Dinge aus dem Ruder zu laufen. Nicht nur, dass rechtsradikale Kreise um Hermann Ehrhardt, der an etlichen Putschversuchen beteiligt war, das Syndicat ins Visier nehmen. Nach dem Mord an dem deutschen Außenminister Rathenau interessiert sich auch die Polizei verstärkt für Franz Sass und seine Brüder.

MICHAEL JENSEN

BLUTIGE STILLE

KRIMINALROMAN

atb aufbau taschenbuch

MIX
Papier | Fördert gute Waldnutzung
FSC® C083411

ISBN 978-3-7466-3795-2

Aufbau Taschenbuch ist eine Marke der Aufbau Verlage GmbH & Co. KG

1. Auflage 2022

Umschlaggestaltung www.buerosued.de, München
unter Verwendung eines Bildes von © ullstein bild – ullstein bild
Satz LVD GmbH, Berlin
Druck und Binden CPI books GmbH, Leck, Germany
Printed in Germany

www.aufbau-verlage.de

Nach wahren historischen Begebenheiten.
Einige Namen, Ereignisse und Schauplätze sind
aus dramaturgischen Gründen fiktiv.

Ich habe begriffen, dass es reicht,
wenn man mit den Menschen zusammen ist, die man mag.

(Walt Whitman, 1819–1892)

PROLOG

Dublin, November 1920

»Der Mann hat Mut, das muss man ihm lassen«, meinte Patrick O'Neill. »Stockholm, Riga, Hamburg, Dublin. Sein Arsch muss doch völlig durchgesessen sein.«

»Göring ist ein Fliegerass aus dem Krieg«, bestätigte Ian McCullen und kaute weiter an seiner Hartwurst. »Mit der *Fokker* tanzt er Walzer in der Luft und schießt dir die Eier aus hundert Metern weg.«

Man merkte ihm an, dass er sich pudelwohl fühlte. Er war zu Hause. Heimat. Es schien für ihn mehr ein Gefühl als ein Ort zu sein. Vor einigen Tagen war er aus den Mooren um Dubhais, westlich von Belfast zurückgekehrt. Irische Luft atmete man nicht nur, man schmeckte sie, trank sie, nahm sie mit dem ganzen Körper in sich auf. Trotz des grauen Himmels und des beständigen Nieselregens, der seit Tagen Boden und Kleidung durchweichte, ließ McCullen seinen Blick über die weiten Felder schweifen, auf denen noch ein Rest des satten, spätsommerlichen Grüns zu erahnen war.

Éire, mo chroi. Tá mé sa bhaile áit ar bith eile, ging es ihm zum wiederholten Mal durch den Kopf. Irland, mein Herz. Nirgendwo anders bin ich zu Haus.

»Eigentlich keine schlechte Idee«, unterbrach O'Neill die Träumereien seines Schulfreunds aus früheren Tagen. »Wir könnten doch diese deutschen Bastarde einfach hier weiterbeschäftigen. Sie mögen den Krieg, wir brauchen ihn. Sollen sie doch Collins und sein katholisches Dreckspack ordentlich eindecken.«

Ian verspürte bei diesen Worten einen Stich im Herzen, aber er ließ sich nichts anmerken.

»Der Feind meines Feindes ist mein Freund? Meinst du das?«, fragte er stattdessen. Er nickte, als wollte er bestätigen, dass er die Sache ebenso sah. »Alle wollen die Waffen haben, die die Preußen nach den Friedensverträgen nicht behalten dürfen«, fuhr er fort. »Aber im Moment sieht es eher so aus, als ob Collins und die *IRA* den Zuschlag bekommen, Patrick. Die Regierung in London ist einfach zu langsam, zu weich. Und vor allem zu geizig.«

O'Neills Verbindungsmann aus England hatte ihnen unlängst mitgeteilt, dass man kein Geld für illegale Waffenkäufe bereitstellen wollte. Für Waffen, die die Deutschen laut den Bedingungen des Versailler Vertrags ohnehin abgeben mussten, wollten diese kurzsichtigen Politiker nicht einen Penny bezahlen. Eine verhängnisvolle Entscheidung, da waren sich O'Neill und McCullen einig gewesen.

»Woher hat Collins überhaupt das Geld, um die Deutschen zu bezahlen?«, fragte O'Neill. »Da geht es doch um weit mehr als hunderttausend Pfund Sterling.«

»Bankraub, Überfälle auf englische Ländereien, Erpressung«, erwiderte McCullen und grinste. »Alles, was wir Iren eben für legal und unser Geburtsrecht halten.«

»Du verwechselst das mit den Schotten, mein Lieber. Du bist außerdem nur halber Ire. Wir von der Insel sind vollkommen ehrliche Leute.«

Jetzt lachten beide, packten – wie zur Bestätigung eines alten Blutbunds – ihre rechten Unterarme und schlugen sich mit der Linken auf die Schultern.

»Michael Collins hat zudem ein paar wichtige Freunde in den Staaten«, sagte Ian McCullen. »Viele irische Hungerleider sind da drüben zu Reichtum gekommen und unterstützen jetzt die alte Heimat. Außerdem nimmt man den Limeys dort immer noch krumm, dass die Vereinigten Staaten mal eine Kolonie des Empire waren.«

»Wie viel transportiert dieser Göring in seiner Maschine bei einem Flug? Die Dinger sind nicht gerade riesig.«

»Zuladung nur etwa 550 Pfund«, bestätigte McCullen. »Ein paar Kisten Sprengstoff, Granaten und Gewehre. Wir bräuchten zehn Teufelskerle wie ihn. Und das jede Woche.«

»Collins will an die großen Sachen ran«, mischte sich jetzt Lieutenant Colonel Walter Wilson ein, der seit einem Jahr die *Cairo Gang* befehligte. »Deutsche MGs, kleine Haubitzen und sogar Panzerwagen. Aber da müsste Göring schon mit einem Zeppelin kommen. Andererseits müssen wir sie bei Laune halten, sonst kommen wir nie an die großen Fische ran. Für Kleinkram wagen sich die Führungsleute der *IRA* nicht aus der Deckung.«

Die *Cairo Gang* trug offiziell eigentlich die Bezeichnung *Dublin District Special Branch* und war ein Teil des britischen Nachrichtendienstes. Sie bestand aus knallharten Kerlen, die sich während des Kriegs im Nahen Osten kennengelernt und so ihren Spitznamen erhalten hatten. Die *DDSB* war ein Haufen Söldner, der mehr der Fremdenlegion als regulären Einheiten glich. Die Männer wussten, dass sie für zwielichtige Ränkespiele benutzt wurden, dass sie im Zweifelsfall entbehrlich waren und dass man in der englischen Hauptstadt leugnen würde, überhaupt von ihnen gewusst zu haben. Und dafür ließen sie sich fürstlich bezahlen. Ian McCullen war zwar als Lieutenant der Royal Marines erst ein Jahr vor Kriegsende zu der Gruppe gestoßen, hatte sich jedoch durch seinen Einfallsreichtum und seine Risikobereitschaft schnell zu einem festen Bestandteil in der Einheit emporgearbeitet. Als Sohn eines schottischen Einwanderers und einer Irin aus Belfast war McCullen den Verantwortlichen in London dann auch sofort als eine perfekte Ergänzung der Spezialeinheit erschienen. Sein Fachgebiet war die Gegner-Infiltration, die verdeckte Arbeit in Feindesland. Der Halbire spionierte bei den Aufständischen um Michael Collins und galt als besonders glaubwürdig, denn er sprach das *Gaedhilge*, die alte irische Sprache, fließend und war von einer beinahe missionarisch anmutenden Liebe zu seiner Heimat beseelt. Dass ihn Collins bei ihrer ersten Begegnung sofort durchschaut und dann für seine Bewegung begeistert und somit umgedreht hatte, stand auf einem anderen Blatt. Und es machte die Sache nicht eben einfacher. Bereits mehrfach hatte sich McCullen im Spiegel betrachtet und gefragt, wer er eigentlich war, was er war. Ein Verräter, der die Verräter verriet? Die Wahrheit war in der irischen Frage bereits derart oft verbogen worden, dass vielen die Lüge als eine ehrliche Alternative schien.

»Also, noch einmal«, sagte Wilson jetzt und zog sein Notizbuch hervor. »Dank Ian wissen wir, dass es in allen größeren, deutschen Städten Truppenteile gibt, die sich der Befehlsgewalt der Regierung entziehen. Allein in Berlin sitzen sie auf riesigen Waffenbeständen, zum Teil unbenutzte und neuartige Entwicklungen. Teile davon wurden für Einsätze im Baltikum, in Schlesien und im Ruhrgebiet gebraucht. Der große Rest wartet auf Käufer. Die Türken sind ganz wild darauf, die *Sinn Féin* und *IRA* haben Interesse angemeldet, die Araber ebenfalls, und sogar in Indien will man deutsche Gewehre. Unsere Geheimdienste haben dem Minister geraten, den Kerlen einfach den besten Preis zu bieten. Schließlich könnte man das auf die Reparationen anrechnen. Und dann wären die Waffen vom Markt. Aber nein, die alten Knochen im Parlament bestehen darauf, dass die Arsenale beschlagnahmt werden. Ohne Gegenleistung. Das finden die Fritze wiederum gar nicht witzig.«

»Mein alter Herr pflegte zu sagen, dass Politik nichts anderes ist als Sandkastengerangel«, meinte O'Neill. »Nur dass sich dort greise Männer streiten, keine Kinder.«

»Also bleibt nur die Variante mit dem meisten Ärger und Blutvergießen«, warf McCullen ein. »Es wird Tote geben, wenn Collins an die Waffen kommt.«

»Leider wahr.« Wilson nickte. »Wie wir wissen, ist London derzeit nicht an einer Deeskalation in der irischen Frage interessiert. Im Gegenteil, je schlimmer die Burschen es treiben, desto härter kann das Königreich zurückschlagen.«

»Nicht die feine englische Art«, sagte O'Neill. »Aber dafür gibt es ja uns! Ohne die *Cairo Gang* stünde das Empire hier doch schon mit dem Rücken zur Wand!«

Er war ebenfalls gebürtiger Ire. Nachdem seine Familie vor fünf Jahren durch einen Bombenanschlag der Freiheitskämpfer, der *Irish Republic Army*, ums Leben gekommen war, hatte er sich der britischen Spezialeinheit angeschlossen.

»Genau so lenkt man eine Weltmacht«, fuhr er in verbittertem Tonfall fort. »Zwietracht säen unter den Einheimischen. Dann als Retter eingreifen und die Ernte einfahren.«

Unentschlossenes Gemurmel. Diese Männer waren Elitesoldaten. Krieger, keine Politiker. Auch wenn jeder hier im Raum die irischen Unabhängigkeitsbestrebungen zu hassen schien, so wussten doch alle, dass es viele unschuldige Leben kosten würde, die Interessen des britischen Königreichs auf diese Weise durchzusetzen. Der Rebellenführer Michael Collins sollte also Geld aus Amerika und Waffen aus Deutschland erhalten. Dann würde der britische Premierminister vor dem Parlament in unnachahmlich bigotter Betroffenheit erklären, dass man ein solches Vorhaben nicht dulden könnte und leider mit ganzer Härte zurückschlagen müsste.

»Ich habe Kontakt zu Berliner Ganoven aufgebaut, die durch Zufall eine Wagenladung Waffen abgestaubt haben«, meinte McCullen. »Nicht viel, aber genug um als Lockmittel das Interesse der Aufständischen zu wecken und sie bei Laune zu halten.«

Er ging in den Zwischenflur des verlassenen Dubliner Kaufmannshauses, in dem sie sich in dieser Woche trafen, und kam mit einem kleinen Koffer zurück, den er neben sich unter den Küchentisch stellte. In der Hand hielt er ein Blatt Papier.

»Ich habe hier eine Aufstellung. Wir sollten Ihnen das Zeug abkaufen. Erstens gerät es dann nicht in falsche Hände. Und zweitens haben wir einen Überblick hinsichtlich des Angebots, das auf dem Markt ist. Gute Waffen. Ich habe das geprüft. Sie sollten eigentlich an die Weißen, die Gegenrevolutionäre in Russland gehen, aber durch ein Versehen ist eine Ladung in Berlin geblieben. Der Kram liegt jetzt in einer alten Kutschhalle am Stadtrand. Vielleicht können wir einiges später sogar selbst brauchen oder als Köder benutzen. Wie gesagt, es ist nicht sonderlich viel. Aber wenn wir Collins' Männern weismachen, dass wir zehn oder zwanzig Ladungen davon haben, beißen sie vielleicht an.«

»Gute Idee«, sagte Wilson und betrachtete die Liste. »Waffen bauen können sie, die Deutschen«, murmelte er. Er sah sich um. »Sind jetzt alle da?«, fragte er schließlich.

Neun ehemalige Offiziere der *British Army* saßen kurz darauf in der Wohnküche der Hausmeisterwohnung, die im hinteren Teil des Kaufhauses lag. Die Einsatzbesprechung war wichtig. O'Neill hatte Informationen über das Versteck von Michael Collins erhalten. Und vom Kriegsminister in London war der Befehl gekommen, den Mann zu liquidieren. Dadurch würde die irische Bewegung gespalten werden. Collins war maßgeblich für die irischen Forderungen nach Unabhängigkeit und die Unruhen der letzten Zeit verantwortlich. Der inoffizielle Krieg dauerte nun bald zwei Jahre. Und die Lords des Oberhauses redeten nur, zauderten, wirkten müde nach dem großen Weltkrieg. Collins besaß Kontakte zur *Sinn Féin* und *IRA*, den politischen und militärischen Armeen der irischen Bewegung. Und er war eine Symbolfigur des Aufbegehrens gegen die Fremdherrschaft. Ohne ihn würde der Widerstand entweder schnell zusammenbrechen, oder die Burschen würden anfangen, sich selbst zu bekämpfen. Besser konnte es für Britannien eigentlich nicht laufen.

»Ich hole Connor, Peter und Shorty«, meinte McCullen. »Muss sowieso noch mal pissen.«

Er sah auf die Uhr und ging nach hinten. Der Abort lag zum Garten hinaus. Die drei Kameraden waren Kettenraucher und standen auf der kleinen Terrasse. Sie hatten ihn nicht bemerkt. Er zog seinen *Webley VI* aus dem hinteren Hosenbund. Beinahe im selben Moment zerbarst der vordere Teil des Hauses in einer mächtigen Explosion. Obwohl McCullen davon nicht überrascht wurde, warf ihn die Druckwelle fast um. Peter und der Mann, den alle Shorty nannten, wurden von Glassplittern getroffen und fielen, als hätte sie ein Faust getroffen. Nur Connor Douglas konnte sich wegdrehen und ging in die Hocke.

»Was zum Teufel …?«

Weiter kam er nicht, als er sich wieder aufgerichtet hatte und verwirrt umsah. McCullen schoss ihm direkt ins Gesicht. Peter Dembley schien nicht bemerkt zu haben, was geschehen war, und betastete seine blutende Wange. Ein Schuss traf ihn in den Hinterkopf. Eine Exekution.

»*You bloody bastard!*«, schrie Shorty, ein kleiner, aber sehr kräftiger Frontkämpfer.

Obwohl ein Auge durch Glassplitter verletzt war, stürzte er sich sofort auf seinen Widersacher. Der Schuss aus McCullens Revolver verfehlte ihn. Er warf sich breitbeinig auf ihn und drückte die Schusshand mit einem Knie zu Boden, so dass sein Gegner unmöglich noch einmal die Waffe heben konnte. Shorty Philisters Pranken waren wie Schraubstöcke am Hals des Halbiren. Ian bekam fast augenblicklich keine Luft mehr. Er wusste, dass Philister kräftig genug war, um ihm den Kehlkopf zu zerquetschen. Mit größter Anstrengung konnte er mit der linken Hand den Druck etwas lindern. Er schnappte nach Luft. Blut und Gewebereste tropften ihm ins Gesicht. Shortys verletztes Auge war nur noch Brei. Und aus dem anderen funkelte ihm mörderischer Hass entgegen. McCullens Sinne schwanden. Er hörte Schüsse aus dem Haus. Vielleicht hatte jemand die Sprengbombe doch überlebt, dann war ohnehin alles aus. Plötzlich ein Schuss ganz in der Nähe. Heißes Rot schoss als Fontäne über Ians Hals. Kurz schien Philisters Druck sogar noch zuzunehmen, dann brach der Mann über ihm zusammen.

»Danken kannst du mir später, *Nathair.*«

Nathair, Schlange. McCullen wollte etwas erwidern, brachte jedoch nur ein Röcheln zustande. Er erkannte Eoin O'Duffy, einen Anführer der *IRA*, der offenbar den rettenden Schuss abgegeben hatte. Der Kerl war Ian etwa so sympathisch wie ein Hundehaufen, aber diese Einschätzung beruhte wohl auf Gegenseitigkeit. Denn O'Duffy spuckte jetzt direkt vor ihm aus. Nur wenige wussten von Ians Vereinbarung mit Collins, und O'Duffy gehörte nicht dazu. In den Augen des *IRA*-Kämpfers war er nur ein Verräter seiner eigenen englischen Kameraden. Wahrscheinlich nahm O'Duffy an, dass Ian sich hatte kaufen lassen. Wie so viele andere. Also durfte er in Zukunft nicht wählerisch sein, was Gesellschaft anging. In den Augen der meisten Briten war er fortan ein Gejagter, ein Ausgestoßener, ein *Enemy of the Empire*.

Und auch die eigenen Landsleute würden ihn misstrauisch beäugen. Jeder wusste, wer sich zu oft um sich selbst drehte, dem wurde irgendwann schwindlig. Und der vergaß dann oft, wohin er eigentlich gehörte.

Ian ließ sich zurücksinken auf die kalten Steine. Er spürte das warme Blut des Toten in Nacken und Achseln sickern. Eine Rechnung war beglichen worden. Seine persönliche Rechnung an die britische Krone. Hatten die Engländer wirklich geglaubt, er hätte vergessen, woher er stammte? Hatten sie gedacht, er könnte ihnen jemals den Tod seiner Schwester vergeben? McCullen betrachtete die Verwüstungen, die der von ihm gelegte Sprengsatz angerichtet hatte. Ein solches Chaos herrschte in vielen Seelen Irlands. Und in seiner eigenen. Irgendwo in den Trümmern lag sein ehemaliger Freund O'Neill. Wie weit war ein Mann, der hasste, bereit zu gehen? Nun kannte England die Antwort.

Seltsam, wie sehr Patrick und ich uns ähnelten, dachte Ian und hielt einen Moment inne. Der eine verliert Angehörige durch die Anschläge der neuen *IRA*, der andere durch die Vergeltungsmaßnahmen der alten Besatzer. Alle sind wir in Blut geboren und durch Blut gewatet. Und in diesem verdammten Krieg werden wir allesamt darin sterben.

Auge um Auge hieß es im Alten Testament. Die Briten hatte die Entscheidung, Ian in ihren Reihen aufzunehmen, heute viele gute Männer gekostet. Aber die Rache schmeckte schal, denn dieses Blut würde für immer an ihm kleben bleiben. Rache und Verrat vergifteten die Seele eines Menschen, deformierten das Gute in ihm, bis es schließlich unkenntlich wurde. O'Duffy hatte ausgesprochen, was Ian fortan war: eine Schlange. Wer traute einem Verräter, den der Unterschied zwischen Wahrheit und Lüge nicht mehr interessierte? Welcher Freund würde sich je wieder auf einen Mann wie Ian McCullen verlassen können?

Erst jetzt, da die grausige Tat getan war, konnte er einen letzten Blick auf den Jungen werfen, der er vor vielen Jahren einmal gewesen war. Und es schien, als wollte sich dieser Junge von ihm verabschieden. Der Teil in ihm, der die Felder, den Himmel, die Seen Irlands so liebte. Und der Teil, der die schottischen Highlands durchstreift, die schroffsten Felshänge erklommen hatte. Er ahnte, dass das Bild nun verblassen würde. Der Schmerz, die Wunden, die Schuld und die Trauer würden es in Zukunft verdecken. Wie Tücher einen Leichnam bedeckten. Seine letzte Zuversicht, Frieden zu finden, war heute gestorben, das spürte Ian nun überdeutlich. Da konnte er noch ein wenig hier auf dem kalten Boden liegen bleiben. Denn für ihn gab es in einer Welt ohne Hoffnung keinen Grund mehr zur Eile.

I

BERLIN 1921

1

Berlin – Friedrichshain, August 1921

In der Wohnung roch es unangenehm. Es war eher eine Kammer, eines der Löcher, in denen rund um den Schlesischen Bahnhof viele Leute hausten. Küche mit Schlafgelegenheit. Wer hier angekommen war, hatte es – auf dem Weg nach unten – fast geschafft. Viel tiefer ging es kaum noch.

Ratten, ging es Paul Konter durch den Kopf, als er sich umsah. Bereits im Treppenhaus war ihm aufgefallen, dass diese ausgemergelten Menschen den Nagern auffällig ähnelten. Die Nasen übermäßig spitz nach vorn gerichtet, schienen sie stets zu schnuppern. Nach Essbarem und allerlei anderen Gelegenheiten. Die Augen immer wachsam, das Gehör geschult, sofort alles Verdächtige und Bedrohliche wahrzunehmen, huschten sie aus ihren Bauten, über die Treppen. Um bei der kleinsten Erschütterung ihrer engen Welt sofort wieder darin zu verschwinden. Paul Konter zwang sich, den Gedanken abzuschütteln. Er mochte diese Vergleiche nicht, die vor allem in konservativen Zeitungen immer wieder bemüht wurden. Menschen waren keine Ratten. Er kam selbst aus einer bettelarmen Familie. Seine Eltern waren Gelegenheitsarbeiter gewesen, die mit ihren Kindern übers Land gezogen waren. Nur Glück und der Segen eines Mentors hatten ihm den Aufstieg ins mittlere Beamtentum ermöglicht. Er hatte als junger Mann gute Chancen gehabt, so zu enden wie die Bewohner dieser überteuerten Stadthöhlen.

»Was tun wir hier?«, fragte er seinen Kollegen Gennat.

Kommissar Ernst Gennat war Konters großes Vorbild. Obwohl er fast zwanzig Jahre älter als der Leiter der Mordbereitschaft war, bewunderte er den Mann für seine kriminalistische Begabung und Zielstrebigkeit. Gennat war mit einem nach seinen Vorschlägen umgebauten Polizeiwagen vorgefahren. Wer das dunkle Fahrzeug sah, konnte vermuten, der kleine Transporter wäre nur hergerichtet, um die drei Zentner des Leiters der Mordabteilung samt dessen kugelrunder Statur zu fassen. Jedoch befand sich darin alles, was ein Kriminalbeamter brauchte, um einen Tatort zu untersuchen. Fotoapparate, Behältnisse für Beweismittel, Maßbänder, Handschuhe, verschiedenes Zeichenmaterial, um Skizzen anzufertigen. Unwissende, die in den schwarzen *Adler Standard* blickten, mochten denken, es handelte sich um das makabre Krankenmobil eines fahrenden Baders, der Hühneraugen schnitt. Oder aber um die besondere Dienstleistung eines findigen Bestatters, der gleich vor Ort seine Kunden verschönern wollte. In Wahrheit war es die Erfindung eines Künstlers im Geiste. Eines Analytikers und Virtuosen der Kriminalarbeit. Berlin tuschelte bereits und nannte das Fahrzeug respektvoll das *Mordauto.*

Paul Konter hatte den Anruf von Gennats Sekretärin erst vor vierzig Minuten erhalten, als er am Alex über einigen Akten brütete. Er war Mitarbeiter der Politischen Abteilung der Kripo und meistens mit eher langweiligen Fällen betraut. Nun jedoch hatte man ihn zu einem Tatort gebeten. Die Fassade sämtlicher Häuser in der Langen Straße waren rußgeschwärzt, düster, bedrückend. Die Gegend um den Andreasplatz hatte einen schlechten Ruf. Ein Kollege hatte herausgefunden, dass in der nahen Umgebung siebenundvierzig Tötungsdelikte in zehn Jahren verübt worden waren. Selbst Polizisten trauten sich nach Einbruch der Dämmerung nur zu zweit hierher. Konter war in den vierten Stock des Hauses Nummer 88 geeilt.

Und dort hatte ihn Gennat lediglich aufgefordert, sich die Wohnung anzusehen.

»Schauen Sie sich um, Herr Kollege«, hatte er gesagt. »Nehmen Sie sich die Zeit, die Sie brauchen.«

Er muss schon eine Stunde früher hier gewesen sein, dachte Konter jetzt, als er den beleibten Kollegen still im Türrahmen der Wohnkammer stehen sah. Jede Anstrengung führte bei dem übergewichtigen Kriminalisten zu einem minutenlangen Schnaufen, aber der Mann stand seelenruhig da und betrachtete den Ort des Grauens. Konter ahnte sofort, worum es hier ging. Seit Monaten wurden im Engelbecken und im Luisenstädtischen Kanal Leichenteile von jungen Frauen gefunden. Ernst Gennat, dessen neue Methoden in den Führungsetagen der Polizei auf Ablehnung stießen, stand mächtig unter Druck. Wenn er den oder die Mörder nicht bald fasste, dann würde er sich nicht viel länger auf seinem Sessel halten können.

»Zwölf Menschen«, sagte er unvermittelt. »Wahrscheinlich handelt es sich ebenfalls nur um Frauen. Wir haben Zähne und Knochen in der Asche des Ofens gefunden. Und Stoffreste. Dazu ein paar Schnallenschuhe und weibliche Unterkleidung, die von dem Mann aufs Widerwärtigste beschmutzt wurde.«

»Zwölf?«, entfuhr es Konter. »Hat er also endlich gestanden?«

Gennat schüttelte den Kopf.

»Ein ebenso lehrreicher wie krankhafter Kasus«, sagte er. »Großmann ist dumm und schlau zugleich. Er entzieht sich der freundschaftlichen Befragungsmethode ebenso wie dem Ausüben von Druck. Mal droht er und wird laut. Dann wimmert und bettelt er wie ein vernachlässigtes Kind.«

»Großmann? Der Name des Täters?«, fragte Konter.

»Er wurde auf frischer Tat gestellt«, sagte Gennat und nickte. »Schon gestern Abend. Ich habe ihn persönlich vernommen und bin jetzt bereits das dritte Mal hier. Da wird er sich nicht herausreden können.«

Konter fand, dass der Gestank in dem Raum eher zunahm. Es gab Gerüche, an die sich die Nase gewöhnte. Man kam in eine Kneipe, und der Mief nach Brutzelfett, Bier und Schweiß trieb einem die Tränen in die Augen. Nach zwei Minuten hatte man sich vertraut gemacht und zur Reihe der Ausdünster gesellt. Hier jedoch war es anders.

Tierisch, dachte Konter und erinnerte sich an eine frühere Ermittlung auf dem zentralen Schlacht- und Viehhof in Lichtenberg. Tagelang hatte er dort Arbeiter befragt und die Abläufe beobachtet. Käme er selbst jemals in die Not, einen Leichnam beseitigen zu müssen, er würde die »Mühle« nehmen, einen riesigen Fleischwolf, an dessen Ende nur noch Brei zur Wurstherstellung herauskam. Während der gesamten Zeit hatte er sich nicht an den Gestank gewöhnt. Süßlich-herb, dazu eine drüsige Note wie von brünstigen Keilern, Tierschweiß und das Metallische von Blut. Und genau so roch es hier. Ihn schauderte. Großmanns Wohnung war ein Schlachthaus.

»Er behauptet, mit einem anderen Kerl hier gewohnt zu haben«, fuhr Gennat fort. »Er sagt, dieser Mann wäre für alles verantwortlich. Er selbst habe seit der Sache in Bayreuth nie wieder ein Mädchen angefasst.«

Paul Konter las den kurzen Bericht, den der Kollege ihm in die Hand gedrückt hatte. Carl Großmann war vor acht Jahren aus langer Haft entlassen worden. Er hatte in Süddeutschland zwei Kinder brutal geschändet, eine Vierjährige war später an ihren Verletzungen gestorben. Vierzehn Jahre Zuchthaus. Also nicht gerade ein Mann, dem man Ammenmärchen abkaufte.

»Sie halten die Aussage für eine Schutzbehauptung?«, fragte er. »Er will wahrscheinlich nur von sich ablenken.«

»Es ist egal, wofür ich es halte«, erwiderte der beleibte Mann. »Am Ende zählt nur, was wahr ist.«

»Also, was kann ich für Sie tun, Kollege Gennat?«, wollte Konter wissen.

Nicht nur der Leiter der Mordbereitschaft war deutlich jünger als er, fast alle Kollegen auf dem Polizeipräsidium waren das. Vielleicht abgesehen vom Faktotum, das noch alle drei Kaiser kannte. Paul Konter hatte sich mit Anfang vierzig entschieden, seinen sicheren Posten als Leitender Gendarm einer Berliner Wache gegen das Haifischbecken im Präsidium zu tauschen. Kriminalpolizei, seine späte Berufung, für die er noch einmal von vorn beginnen musste. Und jetzt wollte er unbedingt in Gennats Abteilung. Stattdessen war er jedoch auf eine Art Springerposten der Politischen Polizei beordert worden. Mal hier, mal da eingesetzt, war er mittlerweile nur noch unzufrieden. Viele Kollegen belächelten seine Beharrlichkeit.

»Ich möchte, dass Sie sich den Tatort ansehen, Konter. Sehen Sie hin, lauschen Sie, nehmen Sie die Gerüche wahr. Sie müssen das Ganze hier in sich aufsaugen. Prägen Sie sich das Gefühl ein, damit es so lange in Ihnen präsent ist, bis der Fall gelöst ist. Sehen Sie es als erste Prüfung.«

Gennat hatte die Augen geschlossen, stand da wie ein Kirchgänger, der keinen Sitzplatz mehr erwischt hatte und nun versunken war in sein Gebet.

»Ein Kriminalist muss alle Sinne schulen«, fuhr er fort. »Ein Orchester, das Sie dirigieren, Herr Kollege. Nehmen Sie nicht nur Pauken und Trompeten wahr, achten Sie auch auf Harfe und Flöte. Manchmal sind es die unaufdringlichen Töne, die einem Stück erst die Vollendung geben.«

Kohlsuppe. Faulige Kartoffelschalen. Hering. Und etwas anderes. Konter trat ein paar Schritte vor, schloss die Augen. Fäkalien. Was noch? Auf dem Esstisch lag ein langer Holzlöffel. Reste von Brei waren darauf angetrocknet. Er nahm ihn und stöberte damit in dem ungewaschenen Bettzeug, im Wäscheschrank, unter dem Bettkasten.

»Sehr gut, Herr Kollege!«, rief Gennat wie aus weiter Ferne.

Kein Hering. Konter unterdrückte den Ekel, der in ihm aufstieg. Der Geruch stammte von Samen. Das Bett, die Unterwäsche, selbst der Boden roch nach eingetrocknetem Ejakulat. Unglaublich große Mengen, als hätte der Mann fortwährend und wahllos onaniert. Und etwas anderes. Was? Konter trat an die kleine Tür neben dem Ofen, öffnete sie. Vergammelte Äpfel lagen in der winzigen Speisekammer. Und da war noch etwas. In der Luft. Dieser typische Geruch von Metall, ein Hauch nur. Ein Mediziner hatte ihm erklärt, dass Eisen und Kupfer zusammen mit Eiweißen so rochen.

»Ja!« Der rundliche Kommissar schien begeistert. »Weiter, weiter!« Er hatte bemerkt, dass sein Kollege Witterung aufgenommen hatte. Sie waren jetzt beide auf der Jagd.

Blut. Konter schob vorsichtig eine kleine Holzkiste zur Seite. Dahinter lagen fünf Päckchen, in Zeitungspapier gewickelt und verschnürt. Er zog sein Taschenmesser hervor und angelte eines nach vorn, durchschnitt das Band. Er schob das Papier zur Seite und wich sofort einen Schritt zurück. Vor ihm lag ein prächtiges Stück Fleisch, die Schnittfläche noch frisch, fast hellrot.

»Sie sind ein Spürhund, Konter. Ich wusste es. Ich werde beim Präsidenten Druck machen, damit Sie endlich zu mir versetzt werden. Ich brauche Sie unbedingt in meiner neuen Abteilung.«

Ein wunder Punkt. Paul Konter hatte die Hoffnung auf eine Versetzung zum Mordbereitschaftsdienst schon beinahe aufgegeben. Seit fast zwei Jahren wurde sein Antrag nicht bearbeitet. Wilhelm Richter, der jetzige Polizeipräsident, fand immer wieder Ausflüchte. Konter war im letzten Jahr bei seinen Ermittlungen gegen einige alte Gardeverbände der Kaiserlichen Armee schlicht zu vielen Leuten auf die Füße getreten. Und die hatten sich offenbar prompt revanchiert und bei Richter vorgesprochen.

»Irgendetwas stimmt nicht, Herr Kollege«, fuhr Gennat fort. »Zwölf Menschen. Der Reichsanwalt wird Großmann sogar die Tötung von dreiundzwanzig Frauen zur Last legen. Der Mann hat die Opfer wie ein Raubtier in seinen Bau gebracht. Mit ihnen eine Zeit lang gelebt, sie dann missbraucht. Ein triebgesteuerter Irrer könnte man meinen. Aber auf seine Weise auch ein schlauer Fuchs. Wer rund um den Andreasplatz jahrelang solche Taten begeht und unentdeckt bleibt, hat eine Art sonderbarer Intelligenz.«

Konter musste zugeben, dass die Umstände von Großmanns Verhaftung merkwürdig schienen. Er las die entsprechende Passage in dem Bericht, den Gennat ihm gereicht hatte.

»Nach vielen Jahren, in denen er sorgfältig unentdeckt blieb, soll er ganz plötzlich also so dumm gewesen sein, ein Opfer rufen und schreien zu lassen? Es zu entkleiden, zu schänden und dann neben dem Leichnam einzuschlafen? Nachdem er vorher nur einige Kleidungsstücke der Frau mit viel zu wenig Kohle in den Ofen gestopft hat?«

»War er betrunken?«, fragte Konter, auf der Suche nach einer Erklärung. Für einen Serientäter war das Verhalten Großmanns tatsächlich merkwürdig. Fast, als wäre er seiner Taten überdrüssig und wollte endlich erwischt werden.

Gennat schüttelte den Kopf.

»Vielleicht hat die Frau sich dieses Mal gewehrt und ihn niedergeschlagen? Im Bericht steht etwas von einer Prellung am Hinterkopf«, schlug Konter vor.

»Laut Polizeiarzt hat er sich zweimal an der Leiche vergangen. Wohlgemerkt, an der Leiche«, erwiderte Gennat. »Wäre doch merkwürdig, wenn ein Schlag erst nach dieser Widerwärtigkeit Wirkung gezeigt hätte. Noch merkwürdiger allerdings wäre, wenn der Schlag von einer bereits Toten ausgeführt worden wäre.«

Konter wusste, dass es Fälle gab, bei denen ein Schlag auf den Kopf erst nach Stunden zur Bewusstlosigkeit führte. Aber Großmann wäre dann sicher nicht kurz nach seiner Festnahme wieder putzmunter gewesen.

»Es ist eine Schande, dass wir so wenig wissen«, meinte Gennat. »Wir haben hier und an der Leiche so viel Sperma gefunden, aber können nicht sagen, ob es wirklich von Großmann stammt.«

»Sie glauben ihm?«, fragte Konter erstaunt. »Ich meine, dass ein zweiter Mann mit ihm hier gehaust hat?«

»Ich glaube nicht, ich ziehe Möglichkeiten in Betracht.« Wieder schüttelte Ernst Gennat den Kopf. »Der Glaube hat viele Unschuldige das Leben gekostet. Allein Wissen zählt. Und bis wir Gewissheit haben, sollten wir alle Annahmen in Betracht ziehen. Das, mein Lieber, ist gute Kriminalarbeit.«

»Danke für die Lehrstunde«, sagte Konter leicht pikiert.

»Gern geschehen. Bevor Sie mir jetzt den Teufel an den Hals wünschen, ich habe Sie herrufen lassen, weil ich eine Bitte habe.«

Konter war plötzlich wieder hellwach. Und dankbar. Jede Kleinigkeit wäre im Moment eine Erlösung.

»Halten Sie in der Politischen die Ohren für mich offen. Was wird gemunkelt? Wer erkundigt sich nach dem Fall? Gibt es versteckte Interessen? Trifft sich Ihr Chef Weiß mit der Presse, um die Artikel abzusprechen?«

»Ich soll für Sie …?« Konter traute sich nicht, den Vorwurf ganz auszusprechen. Aber eine solche Spitzeltätigkeit empfand er doch als ziemlich erniedrigend.

»Nennen wir es doch interne Ermittlungen, Herr Kollege«, versuchte Gennat, ihn zu beschwichtigen. »Carl Großmann ist ein kranker Mensch, kein Zweifel. Vielleicht hat er all diese Taten begangen. Aber die Umstände seiner Verhaftung sind zumindest seltsam. Nackt und bewusstlos neben einer Toten. Die Verletzung am Hinterkopf, die nur halb verbrannte Kleidung des Opfers. Wäre er so dumm, dann hätten selbst die kaiserlichen Polizeibeamten ihn schon viel früher erwischt.«

Konter überlegte, schloss noch einmal die Augen und ließ die Eindrücke der vergangenen halben Stunde auf sich wirken. Dann wandte er sich wieder an Gennat.

»Ein zweiter Mann«, sagte er sehr leise.

»Vielleicht«, meinte Gennat. »Und ich will wissen, warum jetzt der Fall ganz schnell abgeschlossen werden soll. Großmann ist keine vierundzwanzig Stunden in Haft, und alle sprechen schon vom Prozess, vom Urteil, vom Abschluss des Falls. Reichsanwalt, unser Polizeipräsident, die Presse, selbst Ihr Chef Weiß. Alle wollen die Sache vom Tisch haben. Tun Sie mir den Gefallen, Paul. Bitte.«

Es war das erste Mal, dass Gennat seinen älteren Kollegen mit Vornamen ansprach. »Vielleicht erfahren Sie etwas, das mir weiterhilft.

Uns.« Er schwieg kurz und tippte sich dann an die Stirn. »Mit dem Kopf denken wir. Viele Spuren und noch mehr Theorien, die ins Nichts führen. Es sind Fäden, die unseren Geist verwirren und verknoten, die den Blick auf das Unwichtige lenken. Aber die eine Wahrheit, die uns ruhig schlafen lässt, spüren wir nur hier.« Er zeigte auf seine linke Brustseite.

2

Berlin – Luisenstadt, Ende August 2021

»Det Brot zu zwei Märker. Eene Unverschämtheit!«, schimpfte eine ältere Frau, die Franz und Susanne beinahe umstieß, als sie wütend aus der *Backstube Kodtke* stürmte, die an der Oranienbrücke in der Nähe ihres Hauses lag. »Elende Lumpen! Wie soll ick mit dene paar Kröten Kostjeld fünf Mäuler stopfen?« Das Gezeter hielt noch einen Moment an, bis die Frau in Richtung Cottbus-Tor verschwand.

Auf dem Luisenstädtischen Kanal war nur ein kleiner Lastkahn zu sehen, der in den anliegenden Straßen Kohle lieferte. Der Wasserweg wurde kaum noch befahren, die Schleusen wurden nur wenig benutzt. Es roch nach Bracke, Kot, Abfällen und Algen. Berliner Luft eben. Der Luisenstädter Bürger oder Arbeiter scherte sich wenig darum, dass es ihn eigentlich seit über einem Jahr nicht mehr gab. Mit der Berliner Gebietsreform hatte »Luise« offiziell aufgehört zu existieren. Ein Teil des alten Stadtteils gehörte jetzt zu Kreuzberg, der andere zu Mitte.

»Schnurzpiepe«, pflegte man hier, darauf angesprochen, zu erwidern. »Eenmal Luise, imma Luise, wa?«

Auf Luise zu wohnen hatte etwas untypisch Berlinerisches. Hier war es auf leisere Art laut. Hier roch es auf angenehme Weise streng. Das Dekadente aus Dorotheenstadt traf auf die Enge Alt-Berlins und Alt-Köllns, vermählte sich mit ihr und brachte Gören hervor, die es liebenswert faustdick hinter den Ohren hatten. Franz legte den Weg zum *Open House* – ganz entgegen seiner sonstigen Vorlieben als Automobilist – gern zu Fuß zurück. Das erste Lokal, das die Sass-Brüder vor zwei Jahren eröffnet hatten, lag ihm immer noch besonders am Herzen. Es rückte ihm den Kopf zurecht, füllte sein Herz, ließ ihn spüren, woher er kam. Zwar nicht aus der Gosse – dafür hatten die Eltern mit harter, ehrlicher Arbeit gesorgt. Aber von unten. Und wer von unten kam, wusste, wie gut zwei Tage altes Brot schmeckte. Wusste, dass eine heiße Kohlsuppe im Magen besser war als die gefüllten Wachteln in den Träumen. Wer unten war, nahm das Paar Schuhe, ließ sogar den *Bugatti* oder *Benz* dafür stehen. Hin und wieder.

»In den Lokalen malen sie die Preise nur noch auf Tafeln, weil die sich ständig ändern«, sagte Susi Bentmann, die der Frau hinterherblickte, und riss Franz aus seinen Gedanken.

Sie hakte sich bei ihrem Lebensgefährten unter und legte die andere Hand an den Mantelkragen. Am Moritzplatz war es immer zugig, egal, ob im März, Juli oder September. Sie fröstelte. Sie verstand die Leute gut, die jeden Groschen umdrehten. Es war noch nicht lange her, da war sie selbst mit knurrendem Magen zu Bett gegangen. Jetzt wohnte sie in einem schönen, kleinen Haus unweit des hiesigen Kanals und hatte eine Mamsell, die die alltäglichen Dinge erledigte. Obwohl Susanne Bentmann älter war als ihr Verlobter, wirkte sie aufgrund ihrer zarten Statur und ihres feinen Teints, auf den sie immer stolz war, wie eine Sechzehnjährige.

»Der Vermieter vom *Open House* ist bankrott«, sagte Franz und nickte, als hätte er damit auf eine Frage geantwortet. »Sternwein meint, er hat sich aufgehängt.«

»Der Krämer erzählt immer so schaurige Geschichten«, meinte Susanne.

Sie bogen in die Stallschreiberstraße ein, in der es immer hoch herging. Hier wohnten die Leute, hier arbeiteten sie. Und hier tranken sie. Eine neue Redewendung hatte sich dafür in der Stadt gebildet. *Ick kieze* hieß es nun und war Beschreibung und Anspruch zugleich. Wohnen, lieben, lachen, weinen, leben. Und viel Arbeit. Alles an einem Ort. *Kiezen* eben.

»Hatte der Mann Schulden?«, fragte sie beiläufig, denn das Geschäftliche interessierte sie kaum.

»Ach was«, erwiderte Franz. »Im Gegenteil, der Kerl hatte zu viel Geld gehortet. Ein Haufen Papiermark, lange Wechsel und Kriegsanleihen, die alle nichts mehr wert sind. Mit den Spargroschen kannst du jetzt bald Straßen pflastern. Und die Scheine nimmst du als Tapete. Nee, Susi, wegen zu hoher Schulden bringt sich heute keener mehr um. Dat is jut, sacht der Jude.«

Er tat wissend, musste sich jedoch eingestehen, dass er die Argumente des Kaufmanns selbst nicht ganz verstanden hatte. Sein Vater hatte ihm eingebläut, dass nur kaufen konnte, wer etwas in der Tasche hatte. *Schulden sind Diebstahl* war immer die Devise von Andreas Sass gewesen. Aber was wusste der alte Lohnschneider schon von der neuen Zeit? Sternwein war ein gewiefter Geschäftsmann, Partner im *Syndicat* und erahnte Möglichkeiten und Veränderungen lange vor allen anderen.

»Wir sollten auch Schulden machen«, fuhr Franz großspurig fort, ohne Susannes Schmunzeln zu bemerken. »Sie sind in Zukunft die beste Art, um Gewinne einzufahren. Sagt jedenfalls Josef. Und bisher hatte er immer recht.«

»Versteh ick nich«, meinte sie kokett. Sie wusste, dass Franz die Berliner Schnauze ärgerte. Obwohl er bei innerer Verunsicherung – ohne es zu merken – selbst in den Jargon abrutschte. »Man muss dat Jeld doch habn, um et uffm Kopp zu haun.«

Es mochte seltsam klingen, aber Franz machte sich nicht allzu viel aus Geld. Dabei hatte es die Familie Sass in kurzer Zeit zu einigem Wohlstand gebracht. Er jedoch hatte sich einen kindlich naiven Bezug zum Mammon bewahrt. Wenn es dazu diente, dass es allen gut ging, dann war es eben gut, es zu besitzen. Und tatsächlich verspürte Franz nur dann ein Prickeln, wenn es darum ging, Geschäftsideen zu entwickeln und auszuprobieren. Aber Besitz allein langweilte ihn eher. Schon gar nicht konnte er verstehen, dass es Leute gab, die das Zeug horteten. Drachen, die auf ihren Schätzen hockten, kamen hinsichtlich ihrer charakterlichen Bewertung ja meist auch nicht gut weg. Also hatte Franz frühzeitig entschieden, sich in Geldangelegenheiten auf seinen Teilhaber Josef Sternwein zu verlassen. Der Mann hatte sich als guter Mentor erwiesen. Und immer den richtigen Riecher gehabt, wenn es ums Geld ging. Franz war immer noch ein Kind der Straße. Zwei Zimmer in Moabit. Für eine achtköpfige Familie. Da trieb man sich, so oft es ging, draußen herum.

»Zwei Sechser in der Hand sind doch besser als jeder Kronleuchter an der Decke«, sagte er jetzt nachdenklich.

Susanne schwieg. Sie hatte beobachtet, dass ihr Partner in letzter Zeit sehr oft abgelenkt war und seinen Gedanken nachhing. Insbesondere machte er sich fürchterliche Sorgen um seine Tante Antonia, die sich immer noch von ihrer schweren Operation erholte.

Nein, überlegte sie. Eigentlich sorgt er sich um alle. Und genau dafür liebte sie ihn.

»Der Block in der Stallschreiberstraße gehört jetzt der *Zentral-Bodenkredit*«, meinte er zu ihr. »Die Kerle streichen die Wände und bauen Zentralheizung in die Wohnungen. Danach vermieten sie für das Dreifache. Und das Gewerbe trifft es ganz übel. Von uns wollen sie zweitausend für die Räume. Für ein Kellerloch, das wir selbst umgebaut haben! Der neue Mietpreis gilt schon ab nächstem Monat. Oder raus. Die Leute rücken sonst mit Anwalt, Polente und een paar Muskelmännern an. Werfen dir einfach alles auf die Straße.« Franz Sass zeigte zum Bäckergeschäft. »Und das passiert überall. Vielleicht haben sie dem armen Kodtke auch die Miete für seine Backstube erhöht. Da muss er das Brot eben teurer machen. Steht ja auch in der Zeitung. Josef meint, dass einige Makler an der Börse Mehl auf Kredit kaufen und einen Teil vergammeln lassen. Dadurch steigt die Nachfrage. Spekulation nennt man det heute. Und alle müssen die Preise erhöhen, um noch über die Runden zu kommen.«

»Uns doch ejal, wa? Du sagst doch, kühle Molle und warme Schenkel, die jehn immer«, meinte Susi, grinste anzüglich und rückte näher an ihn heran.

Franz sah sie gespielt vorwurfsvoll an. Er wurde nur ungern daran erinnert, dass Susanne Bentmann vor einem Jahr selbst noch als Horizontale gearbeitet hatte. Die allgemeine Not nach dem Krieg hatte sie dazu getrieben. Ihr Vater war für die Ehre eines Kaisers, der ihn gar nicht kannte, gefallen. Und die Mutter hatte sich von einem schönen, russischen Grenadier trösten lassen und war über alle Berge. Also stand Susanne plötzlich allein da mit ihrer kleinen Schwester, die ständig Hunger gehabt hatte. Da war die adrette Rote Susi – ihre Haare leuchteten in natürlichem Karmesin – eben schnell auf ein verlockendes Angebot hereingefallen. *Tänzerin gesucht – zehn Mark am Abend.* So stand es damals auf vielen Schildern. Vor vielen zwielichtigen Lokalen. Es war zwar nicht so schlimm gewesen wie bei den billigen Nutten vom Nollendorfplatz. Aber Freier war Freier. Und manchen Dreck wurde man nur schwer wieder los. Neulich erst hatte ein vornehmer Stutzer sie in einem Varieté, in dem sie und Franz den Abend verbrachten, erkannt und Witze darüber gerissen. Und sich prompt eine blutige Nase eingefangen. Da verstand der junge Sass keinen Spaß.

Er hatte gehofft, im *Open House* seinen ältesten Bruder anzutreffen, der die einfachen Lokale unter seinen Fittichen hatte. Max Sass verhandelte jedoch gerade bei *Schultheiss* über neue Lieferbedingungen fürs Bier. Mittlerweile wurde in den drei Arbeiterkneipen, die dem *Syndicat* gehörten, so viel gesoffen, dass sie eigentlich Feuerwehrschläuche von der Brauerei hätten legen können.

Wir brauchen unbedingt überall Fernsprechapparate, überlegte Franz und seufzte laut. Er notierte den Gedanken in seinem abgegriffenen Geschäftsbuch, das er immer mit sich führte. Wieder eine Sache, um die er sich kümmern musste. Ihm wurde es langsam zu viel.

Das Paar schlenderte also kurz darauf unverrichteter Dinge wieder zu seinem Haus am Luisenstädtischen Kanal zurück. Am Oranienplatz machten sie halt, um den herrlichen Blick übers Wasser hinüber zur Kirche zu genießen. Franz hatte in der Frühe viel Zeit. Sein Arbeitstag begann meist gegen drei Uhr nachmittags.

»Die Gauner an der Börse und in den Bankhäusern arbeiten, wenn es hell ist«, pflegte sein jüdischer Geschäftspartner lachend zu sagen. »Wir ehrlichen Leute fangen erst danach an.«

Zu ihrem Haus an der Ecke Naunynstraße war es nicht mehr weit, als plötzlich eine Motordroschke mit überhöhtem Tempo in ihre Straße einbog. Das heiser röhrende Horn verschreckte zwei Straßenköter, die vor dem Gartenzaun herumlungerten und sich um ein Fettpapier angingen. Noch bevor der Wagen hielt, hatte Jekaterina, die in der Familie alle nur Katja nannten, bereits dessen Tür aufgestoßen.

»Überraschung!«, rief sie und wedelte mit einigen Karten in der Hand. »Ich habe vier Einladungen für heute Abend. In der *Akademie der Künste* finden eine Ausstellung und Modenschau statt. Künstler aus Paris und sogar New York sollen da sein. Es heißt, Coco Chanel kommt. Und Vollmoeller liest aus seinem Gedichtband. Toni wird begeistert sein.«

»Wirklich? Klingt nach einem sterbenslangweiligen Abend«, meinte Franz und erhielt umgehend einen Seitenhieb von seiner Angebeteten.

»Wenn du nicht bald aus deinen Kaschemmen herauskommst, wirst du nie die wichtigen Leute kennenlernen«, erwiderte die Russin.

Jekaterina Romanowa war nach der Revolution in ihrem Land in Berlin gestrandet und hatte sich mit ein wenig Hochstapelei und einigen Diebstählen angenehme Monate in der feinen Gesellschaft gemacht. Mittlerweile war sie, da sie über gute Kontakte verfügte, eine Teilhaberin des *Syndicats* geworden.

»Du kommst auf keinen grünen Zweig, wenn du den armen Schluckern das Bier für die Hälfte gibst, Franz. Und willst du auf ewig bei deinen Saftläden und Würfelbuden bleiben? Oder willst du dickes Geld verdienen? Dafür musst du dich mal bei den wichtigsten Anlässen zeigen. Und zu den besten Partys gehen.«

»Du und deine P-a-r-t-y-s.« Susanne verdrehte die Augen und dehnte das letzte Wort, an das sie sich noch nicht wirklich gewöhnt hatte.

Sie selbst liebte das Nachtleben ebenfalls, aber verglichen mit Katja war sie ein Mauerblümchen. Katja war das Enfant terrible der Berliner

Gesellschaft. Die junge Russin stand immer noch in dem Ruf, eine entfernte Verwandte der gemeuchelten Kaisersippe zu sein. Zwar leugnete sie solche Behauptungen mittlerweile, aber die Gerüchte waren dennoch nicht ganz verstummt. Sie ging immer nur auf »Partys« oder »Events«, nie zu einer schnöden Feier. Und dort trank sie selbstverständlich nur »gemixte Drinks« und »Cocktails«. Eine sprachliche Marotte, die sie sich während einer kurzen Liaison mit dem amerikanischen Journalisten Hemingway angewöhnt hatte. Katja trug das Haar kurz, fast burschikos gescheitelt. Oft erschien sie im Männeranzug, wobei sie ihre Weiblichkeit jedoch nie gänzlich verbarg. Ihre Haut war makellos, und sie trug nur meisterhaft aufgetragene, dünne Striche von weißem und schwarzem Kajal um die Augen. In ihnen schien sich die unschuldige Magie der Verderbnis zu spiegeln, die viele in ihrer Umgebung – egal, ob Mann oder Frau – in den Bann zog. Dass sie zwischenzeitlich Mutter geworden war, mit einer Tänzerin zusammenlebte und selbst reichlich Kokain konsumierte, nährte die Gerüchteküche um sie zusätzlich und schürte allerlei Phantasien.

Franz wollte etwas erwidern. Schließlich brachten der illegale Alkohol- und Zigarettenverkauf an den Straßenecken und das fliegende Würfelspiel bereits ordentliche Summen ein. Zapfsäulen, Saftläden und Glücksbretter waren zu normalen nächtlichen Vergnügungen geworden, sie gehörten zur Berliner Allnacht wie Molle und Bulette. Und an ihnen konnte das *Syndicat* ordentlich mitverdienen. Franz liebte es, sich durch die Straßen der Hauptstadt treiben zu lassen. Er lebte zwar gern auf großem Fuß, aß im *Wintergarten* für vierhundert Mark, tanzte zu Champagner in der *Weißen Maus* oder im *Schwarzen Kater* den Shimmy. Aber insgeheim sehnte er sich nach jener Einfachheit und Ehrlichkeit, die sein Leben in der Cliquen-Zeit bestimmt hatten. Manchen frühen Morgen streifte er allein und übermüdet durch die Friedrichstadt Richtung Spittelmarkt. Er spendierte »den Jungs« ein Glas Roten oder einen Becher Kaffee. Und natürlich kräftige Bouillon. Mit den ausgezehrten Alten, die das Leben zerstört hatte, kippte er oft ein Berliner Gedeck zum Frühstück. Niemandem war in solchen Momenten nach Reden zumute. Man blieb im Stillen hocken und verstand sich auch ohne Worte.

»Franz? Der is knorke! Uff den lass ick nüscht kommen«, hieß es in ganz Mitte.

Dit is meen Berlin, dachte er selbst oft wehmütig. Tagsüber hatten die Leute doch nur deshalb eine große Klappe und machten jede Menge Radau, weil sie sich in ihrem Inneren unerträglich einsam fühlten. In der deutschen Hauptstadt war immer Karneval. Ihre Bewohner trugen immer Masken. Und der ewige Lärm sollte nur die Geister vertreiben, die die Stille zu beschwören drohte. Die schmutzigen, verlebten Gesichter am Straßenrand waren ehrlicher. Und Franz erinnerte sich nur zu gut daran, wie fürstlich eine altbackene Schrippe und heiße Suppe um vier Uhr morgens sein konnten.

Vielleicht rührte seine Sehnsucht nach dieser Art von Ruhe daher, dass es beim *Syndicat* niemals bedächtig zuging. Vor allem nicht, wenn die Frauen da waren. Wie so oft kam Franz auch dieses Mal bei der jungen Russin kaum zu Wort.

»Hörst du mir eigentlich zu, du Rekel?« Katja stand jetzt vor ihm und schnippte mit dem Finger gegen seinen Hut. »Die Geschäfte der Zukunft machst du nicht mit Willy Meyer, Sternwein oder den Götzes«, sagte sie. »Wir müssen an den neuen Geldadel ran, wenn wir auf Dauer mitmischen wollen. Bei denen schlägt das Herz hier.« Katja rieb ihren Daumen an Zeige- und Mittelfinger. »Außerdem haben wir auch noch die Vereinbarung mit Paul. Er hat erst vor Kurzem bei mir nachgefragt, ob wir Informationen für ihn haben. Es ist wie beim Poker. Und gerade werden in der Stadt die Karten neu gegeben. Entweder wir sind mit einem guten Blatt dabei, oder wir bleiben Zuschauer.«

Susanne schien fasziniert von ihrer Freundin und deren Eloquenz, mit der sie beinahe jeden in ihren Bann zog. Aber Franz stöhnte erneut. Diese Frau hatte mehr Energie, als ihm um diese Zeit guttat.

»Und heute Abend wird Bürgermeister Böß da sein, dazu einige Abgeordnete«, fuhr sie fort. »Die Leute vom Film und von den Zeitungen kommen sicher. Dieser Stenz Hugenberg wird sich bestimmt ebenfalls zeigen. Er ist zwar ein spießiger Langweiler, aber wichtig für uns.«

»Hast du die Hoffnung auf eine Filmrolle immer noch nicht aufgegeben?«, stichelte Franz müde und kassierte einen weiteren Hieb.

»Und die höheren Offiziere von der Reichswehr lassen sich meist auch nicht lange bitten.« Jekaterina ignorierte die Bemerkung. »Wir müssen uns dort einbringen. Das *Syndicat* muss auf Dauer auf den Feldern Geschäfte machen, wo Betrug als legal gilt. Bauen, Banken, Börse. Diese Leute öffnen uns die Türen.«

Jeder ihrer Freunde wusste, dass sie tatsächlich hoffte, durch Hugenberg an eine Filmrolle zu kommen. Der Verleger versuchte seit geraumer Zeit, ins Kinogeschäft einzusteigen, und nach seinen Vorstellungen sollte die glamouröse Deutschrussin dort ein Star werden. Klang alles nach einer billigen Masche, um sie ins Bett zu bekommen, aber der Mann mochte Katja – aus welchen Gründen auch immer – auf eine väterliche und freundschaftliche Weise.

Franz erkannte, dass Widerstand hier zwecklos war. Wenn seine Susanne erst überzeugt war, hatte er in solchen Dingen nichts zu melden. Er hasste den Smoking, das gestärkte Hemd und dieses affektierte Gehabe, das sich mit der Kleidung offenbar sofort einstellte. Irgendwo hatte er gelesen, das Kleider Leute machten. Auf jeden Fall veränderten sie sie. Es war, als streifte man eine neue Haut über, die dann das Wesen beeinflusste. Er nickte nur ergeben.

»Also gut.« Er nahm Katja die Einladungen aus der Hand. Sie hatte vier, erinnerte er sich. »Wie geht es Tante Toni? Kann sie auch mitkommen?«, fragte er deshalb, als die drei ins Haus gingen.

»Recht gut«, antwortete die junge Russin. »Sie regt sich nur so verdammt schnell auf.«

Franz lief ein Schauer über den Rücken, als er an seine Tante dachte.

Lange hatte sie allen den Tumor verschwiegen, der in ihrem Kopf gewachsen war und sie jahrelang mit heftigsten Schmerzen gequält hatte. Dann war sie letztes Jahr auf der Rennbahn zusammengebrochen, und nur eine gefährliche Operation hatte sie retten können.

»Drei Monate hat die Arme geschielt«, meinte Susanne. »Und geredet wie ein besoffener Treidelbursche. Da wäre es um deine Geduld auch nicht zum Besten gestellt. Und für ihr Temperament war sie ja schon immer bekannt.«

»Also, abgemacht. Wir vier. Besorgst du ein Automobil, Franz?«, fragte Katja, nachdem sie ein Glas Milch getrunken und die Schlagzeilen der Mittagszeitung überflogen hatte. Franz nickte stumm.

»Ich werde noch bei Paul vorbeischauen«, meinte sie. »Dem Mann ist diese Mordsache auf den Magen geschlagen. Beißt sich da richtig fest. Der bräuchte eine Frau, um mal auf andere Gedanken zu kommen. Immer nur Akten, da vertrocknen die besten Gewächse.«

Katja zeigte auf die Schlagzeilen. Seit zehn Tagen ging es auf den Titelseiten aller Gazetten nur um den Frauenmörder Carl Großmann. Wieder hatten die Beamten Leichenteile gefunden.

»Ich traue mich nicht mehr allein aus dem Haus«, erwiderte Susanne. »Drüben im Engelbecken haben sie schon wieder neue Knochen gefunden. Im Kanal auch. Fürchterlich.«

»Wenn einem Stutzer oder Politiker der Schädel eingeschlagen worden wäre, hätten sie den Mörder viel früher gefasst«, meinte Katja, als sie ihren Mantel wieder überzog. »Aber so? Nur ein paar mittellose, liederliche Weibsbilder, da legt sich doch kein Beamter krumm.«

»Paul und Toni, das wäre es doch. Die beiden würden gut zusammenpassen«, wechselte Susanne das Thema.

»Und ihr Lümmelchen, der große Ritter, würde aufs Pferd steigen und seine Dulcinea aus den Fängen des Teufels befreien.« Katja lachte.

»Habt ihr sie eigentlich noch alle?« Franz wurde ungern an die amourösen Irrwege seiner Tante erinnert. »Klante ist ein wichtiger Teilhaber! Er macht ordentlich Umsatz.«

Allerdings klang sein Protest halbherzig, und er blickte aus dem Fenster. Er bekam noch mit, dass beide Frauen kicherten und in ihrer Phantasie seine Tante mit dem alternden Kripomann verkuppelten. Er selbst fand die Idee gar nicht abwegig, aber dazwischen stand dieser Traumtänzer und selbst ernannte Don Quichotte Klante, in den sich Toni unbedingt vergucken musste. Ihr *Lümmelchen*. Franz versuchte, die aufsteigenden Bilder zu verdrängen.

Ein offener Viertürer, das sollte gehen, dachte er im nächsten Moment, um sich abzulenken. Automobile waren seine neue Leidenschaft. *Nicht zu gediegen mit sportlicher Note*. Er hatte solche Texte in den Werbeprospekten der Händler gelesen. *Mit unseren Automobilen wird aus einem Mann ein Mann von Welt. Der Packard – das Kraftpaket. Einen Ford zu fahren bedeutet frei zu sein. Benz – deutsch und solide. Sei Patriot, nimm einen Steyr*!

Mit etwas Glück kann ich einen *Maybach* bekommen, entschied er nach ein paar Minuten.

3

Berlin – Pariser Platz

Im äußerlich eher schlicht gehaltenen Palais Arnim, das sich direkt seitlich an das Nobelhotel *Adlon* anschloss, war die Preußische Akademie der Künste untergebracht. Das Gebäude strahlte eine angenehme Bescheidenheit aus; ein Wesenszug, der den Berlinern näher lag als die Großmannssucht und Prahlerei der wilhelminischen Zeit. Es wurde schier erdrückt vom *Adlon* in seiner unpassenden Größe auf der einen und dem Palais Wrangel mit den geschmacklosen Kolossalpilastern auf der anderen Seite.

Große Plakate und Stoffbanner wiesen auf die internationale Ausstellung *Farbe-Mode-Neuzeit* hin, für die Jekaterina die Einladungen erhalten hatte. Das Ereignis war groß angekündigt, denn es sollte als Fanal einer Wiederaufnahme Deutschlands in die Kulturwelt gefeiert werden. Entsprechend hochkarätig war die Gästeliste. Einige Besitzer hochwertiger Automobile hatten aus ihren monetären Engpässen eine Tugend gemacht und vermieteten die teuren Fahrzeuge für Hochzeiten und Filmaufnahmen. Gelegenheiten wie die Ausstellung im Arnim waren jedenfalls geradezu prädestiniert, um sich der Öffentlichkeit in Prunk und Geberlaune zu zeigen. Und was vermochte ein – vorhandenes oder vorgegebenes – Vermögen mehr zu betonen als ein gutes Automobil? Wichtig in diesen Kreisen war es, den Schein zu wahren. Wer pleite war, gab das Geld nur umso großzügiger aus, denn er wollte ja von jedem Verdacht ablenken. Wer – wie die Familie Sass – von unten kam, umgab sich ebenfalls gern mit dem größtmöglichen Glanz. Eine Zeit lang hatte Franz dieses Spiel gefallen, aber im Grunde widerte es ihn an. Nur von den großen Automobilen konnte er nicht lassen. Maschinen faszinierten ihn von klein auf. Erst Eisenbahnen, dann auch Werkmaschinen. Dass man seit zwanzig Jahren auf ihnen reiten konnte und dabei am Steuer saß, hatte sein Kinderherz von jeher erfreut. Wenn drei Liter Hubraum ihren Bass auf die Straße warfen, dann durchströmte ihn dieses angenehme Gefühl von Leichtigkeit und Freiheit.

»Um Geschäfte zu machen, ist es nicht wichtig, das Geld zu haben«, hatte Tante Toni ihrem Neffen gepredigt. »Die Leute müssen nur fest glauben, dass du es hast.«

Sie verfügte über jene reife Weisheit, gegen die man sich in jungen Jahren mit Händen und Füßen wehrte. Franz und seine Brüder hatten zwar längst akzeptiert, dass sie das heimliche Oberhaupt des *Syndicats* war. Aber sie war klug genug, ihren Neffen und den anderen beteiligten Herren die Illusion zu lassen, sie hätten die Hosen an.

Franz hatte, dem Credo seiner Tante folgend, die in einer Annonce geforderten hundert Mark nebst Kaution bezahlt, so dass er jetzt mit den drei Damen stilvoll am Pariser Platz vorfahren konnte. Mit dem Wetter hatte er sich gründlich verschätzt. Wieder ein lausig kalter Maiabend mit Ostwind. Also froren sie jämmerlich im offenen *Mercedes 16/45*, aber der beige-braune Wagen glänzte beeindruckend mit den Lackschuhen der Gäste um die Wette. Toni grüßte die Reporter vor dem Gebäude winkend aus dem Fond heraus, als wäre sie die heimgekehrte Kaiserin Auguste.

Zu seiner Überraschung wurde Franz gleich hinter dem Empfang von Kriminalkommissar Konter angesprochen. Paul Konter war zwar mittlerweile ebenfalls stiller Teilhaber des *Syndicats*, legte jedoch Wert auf eine gewisse Distanz, zumindest in der Öffentlichkeit. Seine Rechtschaffenheit hatte der Familie in schweren Zeiten aus der Patsche geholfen. Sie war allerdings auch ein Hindernis gewesen, die Zusammenarbeit mit Toni und Franz zu vertiefen. Letztlich hatte er Frieden mit diesem Widerspruch gemacht, indem er seine kleinen Abwege mit dem Erreichen höherer Ziele rechtfertigte.

»Die Kleinen fängt man, die Großen lässt man laufen. Ab jetzt drehe ich den Spieß um«, hatte er vor wenigen Monaten beschlossen.

Paul Konter bedeutete Franz, ihm auf die Herrentoilette zu folgen. Dort wartete er beim Händewaschen, bis sie einen Moment unter sich waren.

»Wie ich sehe, willst du wohl jetzt ganz oben mitspielen, Franz?« Konter lachte. »Na, bei den vielen Begabungen deiner Tante wundert mich nichts mehr.«

»Sie hier, Paul?«, fragte Franz erstaunt. Er hatte noch immer gehörigen Respekt vor dem älteren Polizeibeamten, der vor zwei Jahren seinen Vater aus dem Gefängnis herausgehauen hatte. »Seit wann interessiert sich die Kriminalpolizei denn für Mode? Oder liegt wieder etwas in der Luft? Ich hoffe doch sehr, dass die Kommunisten nicht etwas Sprengstoff für uns dekadente Kapitalisten übrig haben.«

»Nein, reine Routine«, erwiderte Konter. »Die Schutzpolizei ist hier offiziell für die Sicherheit der Gäste zuständig, und zwei Kriminalbeamte haben die Leitung der Sache. Wir dürfen hinterher auch den Bericht schreiben. Die Kripo passt nur auf, dass die jungen, ausgehungerten Kollegen nicht über das Buffet herfallen.« Er lachte und musterte Franz durch den Spiegel. »Aber im Ernst, der Bürgermeister ist hier, ein paar Politiker und steinreiche Knacker prahlen und strahlen um die Wette. Da könnten Wirrköpfe oder Ganoven auf komische Ideen kommen.«

Franz schwieg. Er war nicht überzeugt, dass Konter ihn nur angesprochen hatte, um ihn zu begrüßen und Freundlichkeiten auszutauschen.

»Und bei der Gelegenheit kann ich mir gleich einen Überblick darüber verschaffen, wer in diesem Jahr mit wem die Köpfe zusammensteckt. Es war in den letzten Wochen vergleichsweise ruhig. Eine Tatsache, die mich schon fast wieder beunruhigt. In Berlin gibt es keine Ruhe, außer man liegt unter der Erde. Und ich dachte …« Er richtete seine Frisur und zog den pomadierten Scheitel nach, so dass kein Verdacht aufkommen konnte, wenn jemand die Tür öffnete. »Da ihr auch hier seid, könntet ihr mich ein wenig unterstützen.«

»Denken Sie an etwas Bestimmtes?«, fragte Franz. »Gibt es Gerüchte? Drohungen?«

»Nein, wie gesagt. Haltet nur die Augen und Ohren offen.« Kommissar Konter schüttelte den Kopf. »Und ich muss euch vorwarnen. Es heißt, dass Kapitän Ehrhardt ebenfalls kommt. Die Ratten trauen sich also schon wieder ans Tageslicht.«

»Man konnte ihm also wirklich nichts nachweisen?«, fragte Franz. »Erst der Putschversuch, die Morde und Anfang des Jahres die Sache mit Ebert. Unglaublich, da müssen Sie doch etwas gegen den Dreckskerl in der Hand haben.«

»Nein«, antwortete Konter. »Oder besser gesagt, man will gar nicht, dass wir ihm auf die Füße treten. Er wird von ganz oben gedeckt. Er hat sich nur ein paar Wochen in Schlesien aufgehalten und dort den Polen eingeheizt. Damit schafft man sich Freunde bei den Konservativen. Er hat eidesstattlich versichert, dass er von dem Aufstand nichts wusste. Und das reichte. Im Gegenteil, er wurde belobigt, da seine Männer die Unruhen in der Wilhelmstraße beendet haben.«

»Das kann doch nicht wahr sein!«

Franz war nicht begeistert von der Aussicht, an diesem Abend Ehrhardt über den Weg zu laufen. Alle wussten mittlerweile, dass das Schwein der geheimnisvolle *Consul* war. Dass er eine Organisation aus alten Frontkämpfern und neuen Nationalisten anführte, die sich sogar für Auftragsmorde bezahlen ließ. Der Mann war so geschickt, dass alle Hinweise, die ihn belasten konnten, vage blieben. Und da er über Freunde ganz oben verfügte, ließ man ihn in Ruhe. Natürlich ärgerte Franz diese Tatsache, aber er hätte damit leben können. Doch der *Consul* hatte seinen Bruder Georg entführen lassen, der dabei fast ums Leben gekommen wäre. Und das *Syndicat* war dem Marineoffizier gewissermaßen vierhunderttausend Mark schuldig, die man ihm – im wahrsten Sinn – vor zwei Monaten unterm Hintern entwendet hatte.

Keine guten Voraussetzungen also für eine Aussöhnung und einen gemütlichen Plausch heute Abend.

»Zeugen haben ihn damals mit Kapp gesehen!«, fing Franz wieder an. »In den Notizen dieses toten Schatzmeisters wurde er erwähnt.«

»Auf dem rechten Auge ist der Oberreichsanwalt offenbar blind.« Paul Konter hob die Schultern. »Ich bin beruflich und menschlich in dieser Hinsicht so oft enttäuscht worden, dass ich mir eine andere Haltung zugelegt habe. Statt mich über Dinge zu ärgern, die ich nicht ändern kann, setze ich meine Arbeitskraft da ein, wo ich was tun kann.«

»Darf man fragen, was ihr da drin treibt?« Katja klopfte energisch gegen die Vordertür. Sie hatte beobachtet, wie beide Männer zur Herrentoilette gegangen waren. »Wir sind hier, um uns zu amüsieren und um Kontakte zu knüpfen. Wenn es allerdings da drin interessanter ist, dann verschenke ich die Karte an einen galanteren Kavalier.«

Franz verdrehte die Augen. »Sie haben es gut, Paul. Nach diesem Abend werden mir die Ohren rauschen. Den Damen fällt immer etwas ein. *Ah! Oh! Da! Dort!* Auf dem Anhalter Bahnhof käme ich besser zur Ruhe.«

Als die beiden Männer wieder in den Seitengang traten, wurden sie von Katja mit einem strafenden Blick bedacht. Sie nickte Konter nur zu und hakte sich dann bei Franz unter, um ihn energisch unauffällig in ihre Richtung zu lenken.

Ihre Rolle in der Berliner Gesellschaft spielte sie gut. Zwar wollte niemand offiziell mit ihr zu tun haben, aber aus unerfindlichen Gründen wurde sie dennoch immer eingeladen. Es war wie so oft, zugleich echauffierte und ergötzte sich das Bürgertum am Anrüchigen und Zwielichtigen. Katjas kleine Gaunereien hatte man ihr verziehen, die Masche der armen Zarennichte zog zwar nicht mehr. Damit hatte sie manchen betuchten Exilrussen übers Ohr gehauen, aber Geld war in diesen Kreisen nichts, worüber man sich stritt. Man hatte es einfach. Sie war für die alten Knacker einfach nur ein Zeitvertreib und eine melancholische Erinnerung an die schönen Zeiten. An das Leben, das ihnen selbst so schnell durch die Hände geronnen war. Katjas Anwesenheit wirkte auf solche Herren wie ein Jungbrunnen. Sie sprengte die Enge der biederen Konventionen, ohne dabei vulgär zu sein. Jeder Mann – aber auch jede Frau – umgab sich einfach gern mit ihr.

»Sagen Sie, mein Lieber«, fragte sie kurze Zeit später einen Oberst, der gerade in den Ruhestand versetzt worden war, »ist das Soldatenleben nicht fürchterlich langweilig, seit der Krieg zu Ende ist? Ganz ohne Schlachten und Strategien?«

»Nein, ganz und gar nicht, Teuerste«, antwortete der alte Offizier und sprach betont laut. »Der Kampf gegen den Vertrag von Versailles, den unsere Feinde und die Erfüllungspolitiker uns aufgezwungen haben, ist nur die Fortsetzung des Krieges mit anderen Mitteln. Ihn und diesen Staat gilt es zu beseitigen. So gesehen befinden sich meine jungen Kameraden immer noch im Felde. Sie stehen am Beginn ganz neuer Schlachten.«

Vereinzelt gab es Beifall, aber auch Unmutsäußerungen waren zu hören. Mittlerweile begannen viele Leute, sich an die geänderten politischen Verhältnisse zu gewöhnen. Für das alte Geld gab es, zumindest in Berlin, viele neue Möglichkeiten, ausgegeben zu werden. Aber selbst in derart kleinen, eher an der Kultur interessierten Kreisen wie hier kam die Republik einfach nicht zur Ruhe.

»Darf ich nachher um einen Tanz bitten, Dame Romanowa?«, fragte plötzlich eine Stimme, die Jekaterina bekannt vorkam.

Aus der Menschenmenge, die sich in der Vorhalle angeregt unterhielt, trat Kapitän Ehrhardt auf sie zu. Auch er trug eine Uniform, obwohl er gar nicht der neuen Reichswehr angehörte. Aber statt strahlendem Marineweiß schien es eine wenig phantasievolle Mischung aus Schwarz und Grau mit hohen Schaftstiefeln, Reiterhose und taillierter Jacke zu sein. Einen Moment lang befürchtete die Russin, er würde sie auf ihre Affäre mit seinem ehemaligen Kameraden von Dehlbergh ansprechen, aber er nahm nur höflich ihre Hand und hauchte einen Kuss darauf. Es schien, als hätte er den toten Freund bereits lange vergessen.

»Kapitän! Welch angenehme Überraschung!«

Eine Frau musste um einiges flexibler sein als ihre männlichen Pendants, damit sie in dieser Welt der Falschheit und Intrigen überlebte. Und Katja hatte diese Fähigkeit der Anpassung zur Perfektion gebracht. Vor ihr stand ein Feind der Familie, ein Gegner des *Syndicats*. Der *Consul*. Aber was würde ihr ein Affront, ein Skandal jetzt bringen? Nichts. Also verzog sie keine Miene und hoffte nur, dass Franz weit genug entfernt stand. Denn sie wusste, dass er sich wohl ohne Zögern auf Ehrhardt stürzen würde. Susanne hatte ihn zu den Vitrinen geführt, in denen Modestücke aus Paris und Rom gezeigt wurden.

»Sofern es Ihnen beiden an irgendetwas mangelt, lassen Sie es mich wissen«, sagte Ehrhardt unverfänglich, nahm kurz Haltung an und verbeugte sich vor Katja.

Er weiß es, dachte sie und verspürte einen Stich. Warum sonst sollte er von *beiden* sprechen? Natürlich wusste der Mann, dass sie einen Sohn hatte. Und er wusste, dass das Kind das Ergebnis ihrer stürmischen Affäre mit Ehrhardts engstem Vertrauten war. Sie musste in diesem Moment jedoch zugeben, dass sein Angebot aufrichtig klang. Er wirkte meist aalglatt und berechnend. Aber von früheren Treffen und aus Gesprächen mit Offizieren wusste sie, dass er sich als Ehrenmann betrachtete. Sie nickte nur und deutete ein Lächeln an.

○ ○ ○

Während Katja in harmlosem Geplauder so tat, als wäre die kurze Liaison mit Ehrhardts Intimus und Freund für sie ohne Bedeutung gewesen, nutzte Antonia die Gelegenheit, um ihr Französisch vor dem Einrosten zu bewahren. Es gelang ihr, sich der berühmten Modemacherin Gabrielle Chanel zu nähern, die ihre neue Kollektion im Palais Arnim vorstellte. Bereits nach einer halben Stunde schien es, als wären die beiden Frauen seit Jahren beste Freundinnen. Chanel brachte einen weltgewandten Charme in die Hauptstadt, der noch weitgehend unbekannt war. Berlin erwachte offenbar gerade aus einem jahrzehntelangem Tiefschlaf und bemerkte, dass es seine Jugend in einem stickigen, engen Kellerloch zugebracht hatte. Dem Preußischen fehlten schlicht die Lebensart und die Nonchalance, den Sinn des Daseins in anderem als der Pflichterfüllung zu sehen. Plötzlich erkannten die Verleger, dass ihnen Magazine aus der Hand gerissen wurden, die von Rom, Paris und New York berichteten. Gabrielle »Coco« Chanel brachte Glanz in eine Stadt, die ihren Trübsinn in Suff und Koks zu betäuben begann. Ihre Biographie war dabei alles andere als bieder und brav. Ein Umstand, der die Philister umso mehr auf die Palme brachte. Ein pfiffiger Mitarbeiter von Rudolf Mosse, dem verstorbenen Besitzer des *Berliner Tageblatts*, hatte extra zweihundert Exemplare der Zeitschrift *Vogue* über den Atlantik bringen lassen. Die Ausgabe des Modemagazins kostete an einem Verkaufsstand vor dem *Café Kranzler* vierzig Mark und war innerhalb eines Tages vergriffen.

Toni wusste aus ihrer Zeit in Paris, dass Coco Chanel die »Nouvelle Femme« verkörperte. Die neue Frau, die nicht nur aus dem Schatten der Männer trat, sondern diese durch ihre eigene Art zugleich überstrahlte.

»*Mais oui*, meine Liebe«, sagte die Französin, als die immer noch gespannten Beziehungen zwischen den Ländern zur Sprache kam. »Es ist wirklich an der Zeit, dass wir Frauen unseren Platz beanspruchen. Dass wir uns nicht mehr unsere Kinder nehmen lassen durch die Ränkespiele alter Generäle. N'est-ce pas?«

Natürlich war das ein ungeheuerlicher Affront gegen einige umstehende Herren, die sich auch prompt erbost abwandten. Aber eben dies hatte die Französin beabsichtigt. Sie nahm kein Blatt vor den Mund. Und natürlich gewann sie mit einer solchen Äußerung sofort Tonis Herz. Dass sie selbst nach dem Krieg als Deutsche in Frankreich verleumdet worden war und schließlich beinahe mittellos aus dem Land gejagt wurde, hatte Antonia Sass mittlerweile auf verklärende Weise verdrängt. Sie liebte Paris und ihr eigenes Schicksal schien geradezu ein Beweis für die stumpfsinnig patriarchische Arroganz der Alten Welt.

»Sehr richtig. Madame Chanel«, sagte sie. »Wenn die Männer uns dank Ihrer Mode zu Füßen liegen, dann sollten wir diesen Umstand nutzen, um ein paar Rechte einzufordern.«

Toni vertrat vehement die Ansicht, dass das gerade in Deutschland eingeführte Wahlrecht für Frauen erst der Beginn, nicht der Abschluss einer Bewegung sein sollte.

»Nennen Sie mich doch Coco, meine Teure.«

Beide Frauen hatten schmerzhafte Erfahrungen gemacht mit Mesalliancen, mit der Demütigung und Ausnutzung durch Männer. Und in ihnen brannte ein Feuer. Der Wunsch nach Selbstständigkeit und Freiheit ließ fortan in ihrer beider Leben keine Kompromisse mehr zu.

»Sie haben damals Ihrem Kaiser den Rücken gekehrt, Toni?«, fragte die Modemacherin. »Für ein Leben im lasterhaften Paris? Mit einem Künstler, Filou und windigen Geschäftsmann. Chapeau!«

»*C'est la vraie vie*«, erwiderte die Ältere. »*Toujours douce et brutale.* Aber solche Erfahrungen mussten Sie, wie ich hörte, ja selbst machen.«

Nach der Präsentation ihrer Abendkleider und den üblichen Verpflichtungen, die solche Veranstaltungen mit sich brachten, schlug Chanel vor, den Abend in vergnüglicherer Umgebung ausklingen zu lassen. Sie war jetzt in Begleitung von Karl Vollmoeller, der eben die Rezitation einiger lyrischer Stücke beendet hatte. Der Mann sah aus wie ein gealterter Korpsstudent mit angelegtem Haar und runder Nickelbrille. Er schien selbst beim Essen zu rauchen und zog ständig ein Gesicht, als hätte man ihm gerade Essig zu trinken gegeben. Franz hatte ihn zunächst für einen weiteren Langweiler gehalten, der sein Erbe im Müßiggang verprasste und seine Zeit mit Versdichtung totschlug. Als er dann jedoch hörte, dass Vollmoeller Rennfahrer und Pilot gewesen war und sich als »Weltbürger« bezeichnete, war er plötzlich Feuer und Flamme für den Mann.

»Ich kenne am Ku'damm ein nettes Varieté. Da singt heute ein junger Hamburger. Albers heißt er, glaube ich. Und die Damen und Herren dort können wirklich tanzen. Es ist für jeden Geschmack etwas dabei.«

Vollmoeller warf Katja einen vielsagenden Blick zu. Es hatte sich herumgesprochen, dass die Russin mit einer anderen Frau zusammenlebte. Ein weiterer Skandal im klatschsüchtigen Berlin. Mutter mit Kind ohne Mann. Und dann noch unter einem Dach mit der Tänzerin Anna Bäumer, die die Stadt nur als *La Veuve Noire*, die Schwarze Witwe, kannte. Seit diese Gerüchte im Umlauf waren, bemühten sich alle Männer nur noch verzweifelter um sie. Unerreichbarkeit ließ die Trauben eben umso begehrlicher wirken.

»*Une idée excellente, Charles*«, rief Coco Chanel entzückt und klatschte in die Hände. »Du bist mein Retter. Diese vertrockneten Fachleute und Unternehmer hier rauben mir den letzten Nerv. Eine Stunde noch, dann habe ich meine Pflicht zur Genüge erfüllt.«

Nur wenig später saßen sie im *Nelson-Varieté* an einem Tisch in vorderster Reihe, den Rudolf Nelson für seinen Freund Vollmoeller frei halten ließ. Das Theater an der Ecke Kurfürstendamm und Fasanenstraße war im Erdgeschoss einer imposanten Gründerzeit-Villa untergebracht und hatte sich innerhalb eines Jahres vom Geheimtipp zur einer Top-Adresse der nächtlichen Berliner Unterhaltung gemausert. Die Hauptstadt pulsierte in Kontrasten. Auf der Bühne tanzten elfenhafte Gestalten in kaum vorhandenen Kostümen und verrenkten sich in unzweideutigen Posen. Im Saal scherzten, lachten und tranken ebenso halbseidene Gestalten, Ganoven, Politiker und Geschäftsmänner einträchtig miteinander, während sie sich im Alltag bitter bekämpften. Draußen klaubten Zehnjährige, die von zuhause ausgerissen waren, die halb gerauchten, teuren Zigaretten vom Pflaster und bettelten um einen Groschen. Und drinnen floss der Champagner, als käme er in dieser Stadt aus den Wasserleitungen. Hier war alles erlaubt, hier wurde alles verziehen. Gerade gestern hatte der stellvertretende Bürgermeister sich hier dieses neue, weiße Zeug in die Nase gerieben. Kurz danach hatte er auf einem Tisch getanzt, sein Monokel verloren und das Prickelwasser schließlich aus einem Damenschuh gesoffen.

° ° °

Zwei weitere Stunden waren im Amüsement schnell vergangen, die eigentliche Vorstellung war längst zu Ende, der Applaus verklungen, und ein müdes Rest-Orchester spielte leise Unterhaltungsmusik für die Stammgäste und unverbesserlichen Nachtschwärmer. Draußen war die Dämmerung eines neuen Tages nicht mehr fern, aber hier drinnen wollte man den alten noch nicht ziehen lassen. Plötzlich wurde es im Bereich der Bühne laut. Schon glaubte das Publikum an eine weitere, unangekündigte Aufführung, denn der schwere Vorhang beulte sich immer wieder aus. Vielleicht mochte es auch eine eheliche Szene sein, die sich dort abspielte. Eine weitere Belustigung und ein Gesprächsthema für gelangweilte Gäste. Es wurde jedoch stiller im Saal, als plötzlich dumpfe, gequälte Schreie zu vernehmen waren. Direktor Nelson war eigentlich – im Gegensatz zu vielen anderen Lokalbetreibern – nicht bereit, auf allzu billige Effekte zu setzen. Schmerzen, Blut und offen betriebene Kopulation zählten nicht zu den Attraktionen seines Theaters, so dass sich die Anwesenden fragten, wer dort hinter der Bühne eine Szene machte.

Plötzlich zeigte sich eine Hand im Spalt der beiden großen Vorhänge. Gleich darauf wankte eine blasse, dürre Gestalt auf die Bühne. Ein Aufschrei des Entsetzens ging nun doch durchs Publikum, das ja einiges gewohnt war. Der Eigenart der Menschen, sich in Kintopp und Theater willig täuschen zu lassen, stand der Rest eines uralten Instinkts entgegen. Wie ein Tier die Gefahr witterte, so war den Zuschauern in diesem Augenblick klar, dass etwas nicht stimmte. Dies hier war kein Spiel, kein Blendwerk für die überreizten Sinne. Nein, der wahre

Tod war unvermittelt zu Besuch erschienen. Empörte Rufe nach Rudolf Nelson wurden laut.

»Unerhört!«

»Buh! Ich will sofort den Direktor sprechen!«

»Das wird Folgen haben!«

»Sieh nicht hin, meine Liebe!«

Nur ein Blick auf die Genitalien der unbekleideten Gestalt machte deutlich, dass es sich um eine Frau handeln musste. Eher ein Etwas, das einmal eine Frau gewesen war. Ein bleicher, androgyner Geist, knochig und am Ende seiner Kraft. Ein Dämon, der in ein entsetzlich schrilles Kreischen verfiel, als mehrere Theaterleute versuchten, die Blöße mit einem Umhang zu bedecken. Plötzlich erhob sich Toni. Sie wirkte wie in Trance.

»*Ma chère*!«, rief Coco. »Was ist mit Ihnen?«

Das Spektakel auf der Bühne, für alle sichtbar, wurde nun von einer weiteren Szene an Vollmoellers Tisch untermalt.

»Nein!«, entfuhr es Antonia Sass. Ihre Stimme drückte Verwirrung und entsetzliche, innere Qualen aus. Sie *war* Schmerz, der fast greifbar schien. Die weiteren Worte waren kaum noch verständlich, ein Brabbeln und Sabbern. Die Gäste ringsherum wichen zurück, als sie sahen, dass Tonis linkes Auge sich nach hinten gedreht hatte. Ihr Mundwinkel hing herab, und schaumiger Speichel quoll daraus hervor. Aber das Schlimmste – darin waren sich später alle einig – war ihr Lallen und Grunzen. Es war, als spräche sie in Zungen. Der Tod stand auf der Bühne. Und sie war seine Souffleuse im Parkett. Eine Szene direkt aus der Hölle.

»Einen Arzt, so holt doch einen Arzt!«, rief Vollmoeller.

Die Gestalt auf der Bühne war zusammengebrochen, wimmerte nur noch leise. Endlich wagte es der Beleuchter, ihr eine Decke überzuwerfen.

»*Mon Dieu*! Toni, was ist mit Ihnen?«, fragte Coco Chanel, die es als Einzige gewagt hatte, sich ihrer offenbar tobenden, geifernden, wild gestikulierenden Begleiterin zu nähern. Selbst Franz, immer besorgt um das Wohlergehen seiner Tante, saß betroffen und wie gelähmt am Tisch. Plötzlich schüttelte sich die gepeinigte Frau, richtete sich auf und deutete zur Bühne. Sie sprach langsam, aber klar verständlich. Und in den Worten lag der Schmerz einer Mutter.

»*Ma fille*! Nein! *C'est* … Das ist Valerie. Meine Tochter!«

Schwankend bewegte sich Toni einige Schritte nach vorn. Die Schaulustigen wichen erschrocken zurück, als fürchteten sie, sich bei Berührung der Frau mit dem Wahnsinn anzustecken, der von dieser Szene auszugehen schien. Plötzlich brach sie zusammen. Niemand wagte, sie zu berühren, und ihr lebloser Körper schlug hart auf dem Boden auf.

4

Berlin – Luisenstadt, Anfang September 1921

»Ich brauche Geld, Franz«, sagte Klante. »Der Mob hängt mich sonst auf. Bitte, ohne deine Hilfe bin ich verloren!«

Das geräumige Haus in der Naunynstraße war im englischen Stadthausstil errichtet worden. Es lag in Spuckweite des Luisenstädtischen Kanals direkt neben der ehemaligen Gemeindeschule. Dort wurden im Hinterhof oft Theaterabende gegeben, am nahen Wasser trafen sich Verliebte. Leider war es bald vorbei mit der Idylle, wie Franz aus zuverlässiger Quelle wusste. Die Stadt plante, den wirtschaftlich nutzlos gewordenen Kanal zuzuschütten. Straßen mussten her. Der Zweite Bürgermeister hatte erst neulich gewarnt, dass Berlin ein Chaos drohte. Bereits zwanzigtausend Automobile kurvten durch die Stadt! Aber Luise ohne ihren Kanal? Dadurch würden die Immobilien in der Umgebung sicherlich an Wert verlieren, so dass ein Verkauf zu überlegen wäre.

Pläne. Gedanken. Keine Ruhe. Und jetzt stand die nächste Nervensäge in der Tür. Franz stöhnte, als er den – wieder einmal – in cremefarbenem Sommeranzug gekleideten Wettkönig von Berlin sah, der ohne Vorwarnung ins Haus gestürmt war.

»Hast du dich in der Adresse geirrt?«, schnauzte er seinen Gast an. »Das *Open House* ist in der Stallschreiber! Du kannst nicht einfach so hereinplatzen, Max! Susanne könnte gerade aus dem Bad kommen. Oder ich … wir … ach egal.«

»Ich bin erledigt«, rief Klante, legte theatralisch eine Hand an die Stirn, wobei er mit dem Gehstock, den er noch in selbiger hielt, wenig elegant zwei Kerzenständer vom Tisch fegte.

Er hatte es schlichtweg übertrieben. Sein Schneeballsystem des Geldverleihens und riesiger Wetteinsätze war derart erfolgreich gewesen, dass er den Überblick verloren hatte. Eine Villa in Karlshorst, ein Bankgebäude in der Innenstadt, ein Dutzend Buchhalter, die bei ihm angestellt waren. Er besaß eine Zeitung, die für seine Geschäfte warb. Und in zwei Lokalen gab es Freibier für Kunden, die ihm ihre Spartaler anschleppten. Er wurde hofiert, hatte Termine bei der Stadtverwaltung und in Kinderheimen, die er großherzig mit Spenden unterstützte. Jeder Mann und jede Frau in Berlin kannte Max Klante, den »Geldvermehrer und Volksbeglücker«, der als Bürstenmacher in Schlesien angefangen hatte. Er war der verkörperte deutsche Traum. Vom Bürstenmacher zum Millionär. Und er war ein Vorzeigeobjekt des neuen liberalen Kapitalismus, der allen »da unten« zeigte, dass in ihnen verkappte Millionäre steckten. Die nur quasi vorübergehend verhindert waren. Oder einfach zu faul. Dass er selbst mit harter Arbeit wenig im Sinn hatte, verschwiegen die Artikel über ihn natürlich. Auch seine größte Schwäche, die Nerven, war nur wenigen Menschen bekannt. Starke *Neurasthenische Zerrüttung* hatte ein Ordinarius der Charité salbungsvoll festgestellt. Ein Mann, der immens hohe Rechnungen für Diagnosen auszustellen pflegte, die niemand verstand. Wenn alles gut lief, war Klante der Strahlemann von Hoppegarten. Aber bei der kleinsten Schwierigkeit konnte er in tiefen Kummer und dunkelste Schwärze abtauchen.

»Ganz der Kaiser«, witzelte seine geliebte Toni. »Himmelhoch jauchzend oder zu Tode betrübt.«

Und heute schien der hagere Mann sogar noch nervöser als sonst. Mittlerweile war ihm ein Glas Wasser, das ihm Franz gereicht hatte, aus der Hand gerutscht. Als er nach dem Aufwischen hochgekommen war, hatte er sich den Kopf an der Tischkante gestoßen und musste sich wegen der sofort einsetzenden Kreislaufprobleme setzen. Der Kerl hätte einen dieser kurzen Stummfilme drehen können, die neuerdings vor dem Hauptfilm liefen und das Publikum entspannen sollten. Klante trug wie immer einen Strohhut, der etwas nach hinten gerutscht war, so dass er gehetzt wirkte. Als wollte er eine U-Bahn noch erwischen. Oder als stünde besagter Mob bereits mit dem Strick in Händen vor der Haustür. Franz hatte den Lebensgefährten seiner Tante im vorigen Jahr davor gewarnt, ins ganz große Bankgeschäft einzusteigen.

»Da geht es nicht nur ums Rechnen«, hatte er gemahnt. »Da brauchst du Beziehungen nach oben. Sonst machen sie dich fertig. Sprich erst mit Sternwein, bevor du voreilige Entscheidungen triffst.«

Die Warnungen waren – wie bei allen Don Quichottes dieser Welt – in den Wind gesprochen. Wenig später war das *M. K. Wett-Bureau Berlin* aus der Taufe gehoben. M. K. stand natürlich für Max Klante. Schon der Name weckte wenig Vertrauen, fanden Franz und seine Brüder. Dabei hatten Klantes Mauscheleien durchaus eine gewisse Ähnlichkeit mit dem üblichen Leihen und Sparen, dem Zins und der Dividende seiner Konkurrenz. Nur verfügten diese Bankiers über jene Beziehungen, die der »Bürstenmax«, wie man ihn in diesen Kreisen hinter vorgehaltener Hand verächtlich nannte, eben nicht hatte.

»Wenn ich es recht überlege, hat er tatsächlich eine Bank«, hatte später selbst Sternwein eingestehen müssen. »*Mit der Not und Gier dieser Welt verdient ein Medici sein Geld*. Sagte schon mein Großvater. Und das, was sie ständig uns Juden in die Schuhe schieben, haben die Herren bei der *Dresdner*, *Diskonto* und *Deutschen* schon längst in ganz andere Dimensionen gehoben.«

Max Klante war ein Rechengenie. Es schien, als sprächen die Zahlen in Worten und Sätzen zu ihm. Sie waren seine Sprache. Wettquoten und Zinsertragsrechnungen schienen für ihn die Kompositionen, zu denen seine Angestellten die Instrumente spielten. Und die Kunden tanzten, kamen in Scharen, lauschten den Geschichten vom sagenhaften Schatz der Nibelungen, dem Versprechen des leichten Geldes – an das er selbst glaubte.

»Wenn ich es nicht täte, dann wäre ich ja ein Betrüger«, hatte er allen Ernstes während seiner ersten Krise im Mai behauptet.

Und die Leute warfen ihm weiterhin ihre Groschen vor die Füße, stopften seine Tresore im Gebäude an der Großen Frankfurter Straße mit so viel Geld, bis sie fast barsten. Die *Diskontobank* bot fünf Prozent? Er bot zehn. Zehn? Zwanzig! In den vergangenen Wochen hatte er den Sparern sogar eine Verdopplung ihrer Einlagen binnen Jahresfrist zugesagt. Der reinste Irrsinn. Er hatte bereits so viel Bares, dass die Rennbahnen seine Wetteinsätze nicht mehr annahmen. Er musste teure Strohmänner bezahlen, um überhaupt noch zu platzieren. Aus seinem kleinen, äußerst lukrativen Totalisator-Geschäft war eine riesige Sparkasse geworden. Allerdings eine Bank ohne wirkliche Einnahmequelle.

»So schlimm wird es wohl nicht werden, Max«, sagte Franz in diesem Moment, seine Stimme klang dabei allerdings wenig überzeugend. Klantes Mauscheleien hatte er selbst nie ganz begriffen. Ware gegen Geld, das war einfach. Aber Geld gegen Versprechen? Geld für Geld? Erst neulich hatte ihm seine Tante ein Geheimnis verraten. Ihr Liebhaber bewegte Millionen, aber er selbst besaß real kaum hunderttausend Mark. Alles war Luft und Pump.

»Im Mai bist du doch auch aus der Krise herausgekommen«, sagte er, dieses Mal eindringlicher.

»Da konnte ich noch Wetten in sechsstelliger Höhe lösen«, jammerte sein Gast. »Jetzt weiß doch jeder, dass mich die Rennbahnen an die Luft gesetzt haben. Das ganze Geld steckt in Häusern, in den Lokalen, der Zeitung. Da komme ich so schnell nicht heran. Wenn ich nur einen Kunden nicht auszahlen kann, dann spricht sich das herum wie ein Lauffeuer. Ich brauche eine schnelle Lösung.«

»Ist irgendetwas durchgesickert?«

»In der *B.Z.* hieß es, dass doch mal jemand versuchen möge, sein Geld bei mir wiederzubekommen«, sagte Klante. »Dann würde sich ja zeigen, was die Versprechen wert seien. Und offenbar haben es viele gelesen.«

»Hört sich verdammt so an, als wärst du mal wieder jemandem auf die Füße getreten. Die Sache stinkt.«

»Mag sie stinken oder nicht, jedenfalls wirkt sie. Um neun öffnen die Schalter«, erwiderte Klante, warf seinen Hut auf den Tisch und raufte sich die Stoppelhaare. »Mein Prokurist hat mich vor einer Stunde angerufen. Auf der Großen Frankfurter stehen dreihundert Leute und wollen ihr Geld. Und tausend weitere Kunden müssen wir heute durch Postanweisungen, Geldboten und gekabelte Wechsel auszahlen.«

»Wie viel brauchst du?«, fragte Franz.

»Fünfzehn Millionen.«

Vor Schreck verschluckte sich Franz an seinem Kaffee und hustete. Susi, die bisher schweigend am Frühstückstisch gesessen hatte, stieß einen entsetzten Schrei aus.

»Was hast du gemacht, Max?«, fragte sie und sprach dabei ihrem Verlobten aus dem Herzen. »Die Schweiz gekauft? Oder den Mond? So viel? Du bist völlig übergeschnappt. Weiß Toni davon?«

»Nein«, antwortete Klante kleinlaut. »Es würde ihr das Herz brechen. Gerade jetzt, wo sie doch Ruhe braucht. Sie hält mich immer noch für ihren edlen Chevalier, den Ritter und strahlenden Gönner.«

»Wenn du ihr jetzt Ärger machst, dann ist der Mob ohnehin dein kleinstes Problem«, sagte Franz grimmig. »Das verspreche ich dir.«

»Was ist denn eigentlich genau passiert?«, fragte Susanne.

»Ihr wisst, dass ich den Leuten einen ordentlichen Zins versprochen habe, wenn sie ihr Geld zu mir bringen«, erklärte Klante und wirkte etwas gefasster. Wenn er über Zahlen sprechen konnte, wurde er meistens selbstsicherer. »Ich habe geglaubt, dass ich die Moneten auf den Rennbahnen und durch die Inflation vervielfache. Seit letztem Jahr sind die Preise ständig gestiegen, und die Papiermark wird immer weniger wert. Also dachte ich mir, es wäre eine einfache Rechnung. Ich bekomme Geld und investiere es. Das Gebäude in der Großen Frankfurter hat nur eine halbe Million gekostet, heute ist es zwei wert. Ich war überzeugt, ich zahle alles zurück, wenn die Inflation eine Null an die Scheine dran gemacht hat. Jetzt darf ich auf Hoppegarten und Mariendorf nicht mehr wetten. Und kaum jemand verkauft noch wertvolle Häuser oder Grundstücke, wenn er nicht unbedingt muss. Ich sitze auf dem Geld wie eine Glucke auf einem tauben Ei. Es vermehrt sich dann aber nicht! Ich bin ruiniert.«

Franz nickte. »Verstehe. Auch mit der Inflation ist es nicht so dramatisch gekommen, wie du gehofft hattest. Also geht deine Rechnung jetzt nicht auf.«

»Noch nicht, Franz«, erwiderte Klante hoffnungsvoll. »Noch nicht. Ich brauche nur etwas Zeit. Und Geld. Meine Prognosen sind richtig, glaub mir. Ein halbes Jahr noch, dann werden die Reparationen jeden Geldwert aufgefressen haben. Ein Vorstandsmitglied von der *Diskonto* hat sich beim Schampus neulich verplappert. Zu den Großkunden seiner Bank gehören *Giesecke & Devrient* in Leipzig. Na, klingelt es?«

»Was soll da klingeln?«, fragte Franz.

»Mensch, in Leipzig drucken sie die Papiermark«, erwiderte Klante. »Weiß doch jeder. Aber nun kommt es: Bei *Giesecke & Devrient* haben sich die Personalkosten innerhalb eines Jahres verdoppelt.«

Wieder wartete er auf eine Reaktion seiner beiden Gastgeber. Als sie ihn jedoch immer noch ratlos ansahen, fuhr er fort.

»Die arbeiten da Tag und Nacht, sieben Tage die Woche in zwanzig Schichten. Die Reichsbank lässt das Geld, das nach Paris und London fließt, einfach drucken. Also taugt es bald nur noch dazu, um den Hintern abzuwischen. Ich muss nur diese eine Krise durchstehen, dann wendet sich alles zum Guten.«

»Du solltest dich mal reden hören, Max«, meinte Susanne. »Wie die alten Suffköppe ums Eck. Die sagen auch immer: *Heute noch een Schluck, ab morgen bin ick trocken.*«

»Und fünfzehn Millionen sind für dich *etwas Geld?*«, empörte sich Franz. »*Etwas Geld?*«

»Das dicke Ende blüht uns noch. Mit der Geldentwertung lässt sich richtig verdienen. Aber für mich ist das zu spät. Die Leute wollen jetzt abheben. Heute!«

»Fünfzehn Millionen, Max. Bei dir brennt die Bude! Wie heißt das so schön? *Keene Haare uff'm Kopp, aba 'n juten Kamm inne Tasche!*«

»Bitte, Franz. Du musst mir helfen!«

»Wo denkst du hin? Ich habe keine fünfzehn Millionen, Max! Das *Syndicat* lebt zur Zeit von der Hand in den Mund, verstehst du? Expandieren nennt sich das. Wir haben zwei Lokale gekauft. Die anderen Schuppen und das Haus hier sind gemietet oder noch nicht abgezahlt. Der Wagen läuft auch auf Kredit. Bei Sternwein und den Zigeunern stehen wir ebenfalls in der Kreide. Und in drei Tagen muss ich den Kommissköppen von der alten Heeresverwaltung dreihunderttausend stecken, damit sie die letzten Warenlager für uns ausräumen. Wenn ick 'ne Million hätt, ick würd' mia een flottes Leben am Hula-Strand machen. Paar braune Bienen im Arm ...«

Er erwartete – und bekam – von Susanne den Tritt gegen das Schienbein, der schon fast zum Ritual geworden war, wenn seine Sprüche zu dämlich wurden.

»Dann bin ich geliefert«, seufzte Klante. Er schien plötzlich wieder zehn Zentimeter geschrumpft zu sein.

»Wie viel habt ihr bei euch in der Frankfurter?«, fragte Susi unvermittelt. »Ich meine, wie viel Bargeld liegt in euren Tresoren? Du sagtest, ihr sitzt auf den Scheinen.«

»Fünf oder sechs Millionen.« Klante nickte. »Aber das reicht nicht, wenn die Leute erst Lunte riechen.«

Franz pfiff durch die Zähne. Er kannte Klantes Firmensitz. Ein einfaches Bürohaus, keine Bank im herkömmlichen Sinn. Im Erdgeschoss liefen rechter Hand die Wettgeschäfte der Pferderennbahnen. Neuerdings waren Boxkämpfe und sogar Automobilrennen dazugekommen. Die Leute mussten auf diese Weise gar nicht mehr raus nach Karlshorst oder Mariendorf, um dort ihr Geld zu verlieren. Und auf der linken Seite des Gebäudes hatte Klante ein paar Wände wegreißen lassen, damit eine Art Schalterhalle eingerichtet werden konnte.

In den Stockwerken darüber lagert der Kerl einfach ein paar Millionen Mark, dachte Franz ungläubig. Er kann froh sein, dass die Scheine nicht schon längst Flügel bekommen hatten und in andere Taschen geflattert waren.

»Hör mir jetzt genau zu, Max«, sagte Susanne. »Ruf bei der *Druckerei Kuhlert* an. Die haben ihren Laden neben dem *Rose-Theater*. Ich kenne Horst Kuhlert. Sag ihm, er soll alles stehen und liegen lassen und gleich Handzettel drucken. Um zwölf muss er sechshundert Stück liefern. Wenn er sich querstellt, dann richte ihm Grüße von mir aus. Er wird sicher nicht wollen, dass die Rote Susi seiner Frau von seinen Ferkeleien und speziellen Vorlieben erzählen könnte.«

Franz wollte protestieren, aber Susanne hob mahnend die Handfläche und bedeutete ihm, den Mund zu halten. Beide wollten zwar nicht an ihre unrühmliche Vergangenheit als Hure erinnert werden, aber manchmal musste man eben über den eigenen Schatten springen. Vor allem, wenn es um die Familie ging.

»Was soll denn drauf stehen?«, fragte Klante, in dessen Augen ein Fünkchen Hoffnung trat.

Er konnte zwar mit Zahlen umgehen und war als lebender Totalisator bereits eine Legende auf Hoppegarten. Aber wenn der Kaufmann nebenan keine Eier hatte, war Max Klante hilflos wie ein Dreijähriger. *Was soll ich nur tun?* Diese Frage war fernab der Wettschalter sein ewiges Mantra, mit dem er seine Umgebung nervte. Und nur Antonia, seine »Toto«, seine »Dulcinea«, schien daran einen Narren gefressen zu haben. Franz nahm sich vor, mit seiner Tante zu sprechen, wenn sie sich von ihrem Zusammenbruch erholt hatte. Der Mann war doch nichts für eine reife, intelligente Frau!

»Mensch, mach den Geldgebern einfach ein besseres Angebot!«, sagte Franz recht laut, packte Klante an den Schultern und schien die Hoffnungslosigkeit aus ihm herausschütteln zu wollen. Er war es leid, für jeden Dussel im *Syndicat* die Kastanien aus dem Feuer zu holen.

»Susi hat recht. Denk nach, Max!«, fuhr er fort. »*Nur heute: Für jede Mark in drei Monaten sechs zurück!* So was in der Art. Dir fällt schon etwas ein.«

»Ah.« Max Klantes Augen leuchteten plötzlich auf. »Jetzt verstehe ich!«

»Dein Prokurist soll um neun aufmachen«, fuhr Susanne fort. »Alles ganz langsam. Bis zwölf zahlt ihr brav vier Millionen aus, dann beruhigen sich die Leute etwas. Und währenddessen verteilt ihr am Mittag die Handzettel. Aber unauffällig, hörst du! Schließlich soll niemand denken, dass du das Geld brauchst. Deine Angestellten machen in einem Raum nebenan das Zeichnungsbüro auf und kassieren dort das Geld wieder ein. Wirst sehen, die Gier der Leute kennt keine Grenzen. Wenn sie glauben, sie könnten eine Gelegenheit verpassen, werden sie ganz wild sein, dir die Piepen wieder aufs Auge zu drücken.«

»Jawoll! Fünf Millionen raus, fünf rein, fünf raus. Ein paarmal hin und her, und ich bin aus dem Schneider.« Klante war wieder obenauf.

»Danach verschwindest du besser nach Afrika«, meinte Franz. »Zu den braunen Bienen.« Er zwinkerte seiner Freundin zu und zog vorsichtshalber sein Schienbein nach hinten. »Rein rechnerisch dürftest du dann nämlich zwanzig Millionen Mark Schulden haben.«

»Ach was, erst in drei Monaten. Und die Inflation kommt«, erwiderte Klante, jetzt ganz euphorisch. »Nur etwas später, als ich dachte. Nächstes Jahr kaufe ich Hoppegarten, dann mache ich mir die Quoten eben selbst. In Karlshorst werden demnächst vier Häuser frei. Da schlage ich zu. Das neue Angebot wird hochgehen wie eine Bombe. Alles eine todsichere Sache.«

»Scheint mir auch so«, entgegnete Franz, aber Klante ignorierte diese Bemerkung, war bereits völlig in seinem Element.

Eben ist der Kerl noch am Boden zerstört, dachte er. Jetzt hüpft er wie ein Schuljunge in Erwartung eines Lutschers von einem Bein aufs andere. Was findet Tante Toni bloß an ihm?, fragte er sich zum tausendsten Mal. Sie war eine gestandene Frau, die einen Mann verdiente, der nicht nur Flausen im Kopf und Pudding in den Armen hatte.

»Hast du schon gehört, Franz?«, fragte Max Klante und griff bereits wieder nach seinem Überzieher. »Meiner Dulcinea geht es wieder ein Stück besser. Sie hat mir geschrieben. Auf dem Papier lag sogar ihr Duft. Das weckt süße Erinnerungen an gemeinsame Stunden.«

Franz versuchte, diese Details zu überhören. Toni stand ihm beinahe näher als seine eigenen Eltern. Da brauchte er keine schlüpfrigen Details über ihr Liebesleben.

»Erst hat sie sich ja beschwert, dass wir sie eingewiesen haben«, fuhr Klante fort. »Aber im Virchow-Krankenhaus sind sie auf Zack. Auf der Privatstation sieht es aus wie in einem Hotel. Ihr solltet sie mal besuchen.«

»Sehr witzig, Max«, ging Susanne dazwischen. »Du hast doch selbst gesagt, dass sie im Moment niemanden sehen will.«

»Ach ja! Stimmt.« Klante verlagerte das Gewicht von einem Bein zum anderen, als müsste er dringend zur Toilette. »Sie will übrigens in ein paar Tagen raus nach Hermsdorf. Zur Erholung. Sicherlich alles nur ein Missverständnis. Eine Verwechslung. Macht euch nicht zu viel Sorgen. Ihr müsst viel mehr Vertrauen haben. Behaltet einfach die Nerven, und nehmt nicht alles so schwer! Es richtet sich alles.«

»Gewiss, Max«, erwiderte Susanne und lachte. »Danke für den Rat. Wir werden ihn in Zukunft beherzigen.«

Franz hatte auf Durchzug geschaltet. Irgendwie fühlte er sich im Moment für alles und alle verantwortlich. Sein Vater wollte mit den Geschäften seiner Söhne nichts zu tun haben. Dabei wäre der alte Schneider längst verhungert, wenn Franz nicht seiner Mutter heimlich und regelmäßig Geld zugesteckt hätte. Sein ältester Bruder Max war leider etwas schwer von Begriff. Zwar führte er die drei Lokale für die weniger Betuchten recht gut, doch der Kerl brauchte für wichtige Entscheidungen derart lange, dass in der Zwischenzeit zweimal die Äpfel reif wurden. Und Georg war Anfang des Jahres durch diesen Freikorpsoffizier Dehlbergh schwer verletzt worden. Er hatte sich davon zwar gut erholt, aber er wirkte verändert. Es schien, als hätte ihn der Vorfall der eigenen Familie und dem *Syndicat* entfremdet. Mal lebte er in seiner Wohnung in der Bülowstraße. Zusammen mit einem Ringer, den er beim Training kennengelernt hatte. Mal kam er längere Zeit bei den Zigeunerfamilien unter, die in den Sümpfen nördlich des Hohenzollern-Kanals ihr Lager hatten. Seine Vorliebe für Männer hatte Franz dabei nie gestört, sie war ihm letztlich egal. Auch die Ehe mit Marya, die Georg zunächst zum Schein eingegangen war, damit das *Syndicat* ins Transportgeschäft einsteigen konnte, war kein Hindernis gewesen. Im Gegenteil, die Verbindung mit der hübschen Zigeunerin verlief harmonischer als erwartet. Sein zweitältester Bruder blieb immer häufiger draußen bei der Sippe und vernachlässigte seine Pflichten. Und schließlich war Erich, der jüngste Spross der Familie, zwar ein vielversprechender Bursche. Aber er musste zunächst trocken hinter den Ohren werden, bevor man ihn ins Unternehmen holen konnte. Natürlich sah er das nie ein und quengelte ständig herum. Und Tante Toni hatte bis vor Kurzem den Laden am Laufen gehalten. Aber ihre Geschwulst im Kopf und die Operation hatten ihr schwer zugesetzt. Gerade schien sie sich davon erholt zu haben. Und nun dieser Eklat im *Nelson-Theater*.

Darum muss ich mich auch noch kümmern, dachte er. Wer ist bloß diese Valerie? Seine Tante musste sich geirrt haben. Diese Halbtote konnte unmöglich ihre Tochter sein. Sie hatte nie davon gesprochen, dass sie mit dem Franzosen ein Kind hatte. Toni selbst hatte für den Abend eine Gedächtnislücke, und niemand wagte im Moment, sie mit weiteren Fragen zu belästigen. Franz erinnerte sich mit Schaudern an den Tumult. Toni war von Vollmoeller in ein Nebenzimmer getragen worden. Und die junge Frau auf der Bühne war in einem furchtbaren Zustand gewesen, halb verhungert. Offenbar war sie außerdem betrunken oder hatte irgendwelche Rauschmittel genommen. Entsetzlich, aber auf solche Mädchen traf man mittlerweile in ganz Berlin. Kein Wunder, dass es für einen Mörder leicht war, sich solche armen Wesen zu greifen. Wahrscheinlich war Toni nach ihrer Operation einfach noch zu labil gewesen. Vielleicht waren böse Erinnerungen an ihre Flucht aus Paris wieder in ihr Bewusstsein getreten. Schließlich hatte sie sich den ganzen Abend angeregt auf Französisch mit dieser Modemacherin unterhalten und dem Schampus zugesprochen. Wer wusste schon, zu welchen Eskapaden das Gehirn in solchen Momenten fähig war?

Die ersten Ergebnisse einer Untersuchung im Rudolf-Virchow-Krankenhaus waren wenig ermutigend. Seine Tante hatte nach Angaben der dortigen Ärzte wahrscheinlich einen Rückfall erlitten. Wahnvorstellungen, hatten sie gesagt. Durch eine Überlastung verursacht. Vielleicht war das Gehirn bei der Operation vor einem halben Jahr stärker geschädigt worden als zunächst angenommen. Im schlimmsten Fall konnte auch der Tumor wieder nachgewachsen sein. Jetzt sollte sie also zur Erholung in ein Sanatorium. Nach Hermsdorf. Franz hatte vor Kurzem ein Telegramm zur Klinik Greifswald geschickt und den bekannten Nervenarzt Professor Forster um eine Untersuchung gebeten. Der Mann war eine Kapazität auf seinem Gebiet und konnte sicherlich eine genauere Diagnose stellen. Was bedeutete schon *Nervenzusammenbruch*? Wenn dieses Tohuwabohu so weiterging, bekam er selbst bald einen!

»Genial! Ich werde diese Burschen einfach mit ihren eigenen Ersparnissen auszahlen«, rief Klante im Gehen. Er bemerkte gar nicht, dass ihm niemand mehr zuhörte.

Franz hatte seinen Besucher über seine Grübelei beinahe vergessen. In diesem Haus schienen die Besucher ohnehin zu kommen und zu gehen, wie es beliebte. Und auch Susanne hatte sich wieder ihrem Buch *Gute Hausarzneyen von 1890* zugewandt, in dem uralte Hausmittelchen beschrieben wurden. Einige Hexensalben, die angeblich die Spannkraft erhöhten. Elixiere der Fruchtbarkeit. Alles seltsam. Aber offenbar hatte es ihr *Von Hochrath's Hauttonicum* besonders angetan. Wahrscheinlich würde sie wieder ein halbes Dutzend Creme-Dosen in der Apotheke anrühren lassen. Auf ihre tadellose Haut ließ sie nichts kommen.

»Eine wunderbare Idee. Wirklich famos. Da hätte ich selbst … Wohltäter … sofort einen Artikel …«

Klantes Stimme wurde immer schwächer, aber selbst im Vorgarten und an der Straße schien er noch weiterzureden. Als die Tür endlich ins Schloss gefallen war und sich das Gemurmel entfernte, seufzte Franz und wandte sich wieder seinem Bohnenkaffee zu. Eine teure Mischung aus der Bonner *P. H. Inhoffens Dampf-Kaffee-Brennerei.* Dass eine Zeit käme, in der ein guter Kaffee Seelentrost war, hätte er sich vor einem Jahr nicht träumen lassen.

Wenn uns die Geschäfte weiter wegbrechen, dachte er, dann muss ich mir den auch noch verkneifen und wieder Lorke aus Birkenrinde saufen.

»Ich komme mir vor wie ein alter Mann«, sagte er zu Susanne. »Alle ziehen und zerren an mir, wollen Rat und Trost. Und natürlich Geld. Vor allem Geld. Ich glaube, wir sollten einfach verschwinden. Wir könnten in Urlaub fahren. Ist groß in Mode. Vollmoeller hat von Neapel geschwärmt. Liegt in Italien. Gute Luft, warm und tolle Aussicht. Und keine braunen Schönheiten, versprochen.«

»Klar«, erwiderte sie. »Max eins und Max zwei werden hier in der Zwischenzeit die Sache schon schaukeln. Ohne dich und Toni.« Sie lachte. »Nach zwei Wochen wäre das *Syndicat* doch nur noch ein Klub für blinde Filmvorführer. Mach dir nichts vor, Franz. Entweder es läuft jetzt mit dir. Oder es läuft gar nichts mehr. Dann kann ich wieder im *Temple de Salomé* anfangen.« Ihre Stimme hatte einen zynischen Unterton, den Franz überhaupt nicht mochte.

Aber leider hat sie recht, dachte er nur. Wie so oft.

ooo

Wenig später verließ Susanne mit einem Tross Freundinnen ihr Haus Richtung Engelbecken. Dort gab es ein kleines Café, in dem sie erst ein wenig plaudern würden. *Planung* nannten sie das. Eine Einkaufstour in

Mitte konnte nicht ohne eine ausgeklügelte Strategie erfolgreich sein. Schließlich galt es, auf den edelsten Boulevards der Stadt eine Bataille zu schlagen und siegreich daraus hervorzugehen.

»Aufgestaute Energien müssen ein Ventil bekommen«, hatte sie Franz anfangs erklärt. »Ihr Männer führt nur deshalb Kriege, weil ihr den Druck anders nicht ablassen könnt. Wir Frauen richten in dieser Hinsicht weniger Schaden an.«

Wenn Franz allerdings nach solchen Attacken an den Stand seines Privatkontos dachte, war er sich nicht sicher, ob das wirklich stimmte.

Kurze Zeit danach standen vor dem Café zwei Droschken bereit, um die Damentruppe an die Front zu fahren. Die Freundinnen würden die kleinen und großen Läden an der Leipziger Straße, am Werderschen Markt, Unter den Linden und später am Alex im Sturmangriff einnehmen. Die Konsumtempel *KaDeWe*, *Gerson* und *Wertheim* mussten etwas länger belagert werden, würden wohl aber noch am selben Tag die Fahnen streichen. Wegen ausverkaufter Ware. Und die *Kaisergalerie* würden die Frauen in einem geschickten Zangenangriff ebenfalls erobern. Wenn sie gemeinsam erst einmal davon überzeugt waren, sie hätten nichts anzuziehen, dann musste Franz morgen wieder seinen Berater bei der *Dresdner Bank* beruhigen. Der arme Mann hatte beim ersten Mal angenommen, dass üble Scheckbetrüger die Familie Sass heimgesucht und vollkommen ausgeplündert hätten. Ein Trost war, dass es wenigstens keine Toten auf diesen Schlachtfeldern gab. Nur Ruinierte.

Obwohl es erst halb zwölf war, entschied sich Franz, den mittlerweile kalten Kaffee mit einem ordentlichen Schuss Kognak zu veredeln. Er hatte in letzter Zeit überlegt, ob er vielleicht eine Nase Koks probieren sollte. Sein Freund Ian und auch Katja hatten davon geschwärmt.

»Da kommst du von null auf fünfzig in drei Sekunden.« Der Ire war aus dem Schwärmen nicht herausgekommen. »Eben noch bist du müde, und dann kannst du Bäume ausreißen. Und tust es sogar.«

Nee, nicht mit mir, dachte Franz. Wenigstens einer in der Familie muss ja bei klarem Verstand bleiben. Irgendwie schien allen der Erfolg zu Kopf gestiegen sein. Aber nicht nur seine Familie, ganz Berlin war offenbar irre geworden, was dieses Zeug anging. Er wusste, dass die Straßenverkäufer des *Syndicats* oft auch damit handelten, um ihre Kasse etwas aufzubessern. Bis zu einem gewissen Grad musste man das dulden. Kokain. Eine Berliner Sektkelterei importierte für das *Syndicat* sogar illegal den französischen *Vin Mariani*, einen Wein, der irgendwelche Urwaldextrakte enthielt und die Leute ausflippen ließ. Bürgermeister Böß hatte nach Genuss einer halben Flasche einer Dame in den Ausschnitt gefasst, die – da sie die andere Hälfte genossen hatte – allerdings von dem Übergriff höchst angetan gewesen war. Und das Zeug brachte zwanzig Mark die Flasche ein. Wohlgemerkt, zwanzig Mark Gewinn. Das Kokainpulver schwappte über Holland, Bremen und Hamburg in die Hauptstadt. Auch im Palais Arnim hatten sich Coco Chanel und Karl Vollmoeller unverhohlen »eine Linie durch die Nase gezogen«, wie man es in Kennerkreisen jetzt nannte.

»*Berlin est un paradis du péché. Et je suis son Ève*«, hatte sie in ihrer unnachahmlichen Art gesagt. Wer in diesem Paradies ihr beneidenswerter Adam war, hatte Coco, die ewige Sünderin, allerdings nicht verraten.

Brot zu zwei Mark. Das kleine Päckchen Koks gab es für zehn. Franz musste an die ältere Frau vorhin denken. Und er selbst soff feinste Spirituosen aus Cognac und Kaffee aus Bonn. Wie zur Bestätigung nahm er sich jetzt eine *R6*. Neue Marke. Ein Geschenk von Sternwein. Der Mann hatte Kontakte zu den besten Kreisen und von einem *Reemtsma*-Direktor gleich zwei Kisten geschenkt bekommen. Guter Zug, feines und volles Aroma. Ja, es gab Dinge, die es einem auf dieser Seite des Lebens erträglicher machten.

Ein Brot zu zwei Mark. Warum nur dachte er jetzt an das verdammte Brot? Er schüttelte den Kopf. Die Molle zu einer. Herrengedeck eins fuffzig. Verrückte Zeiten. Irre, die Leute. Vielleicht hatte Klappergestell Klante doch recht? Rauf aufs Karussell und mitfahren. Geld ausgeben, bis einem schwindlig wurde. Oder man herunterfiel und sich die Nase aufschlug.

○ ○ ○

Franz war am Tisch eingeschlafen und wurde durch ein Läuten an der Haustür geweckt. Mit Glück war es nur der Postbote. Mit Pech ein weiterer Hungerleider samt Hiobsbotschaft. Als Franz öffnete, wollte er bereits erleichtert nach einer zweiten Zigarette greifen. Sein ältester Bruder hatte sich etwas abgenabelt, machte am wenigsten Scherereien. Ein Dussel zwar, aber keene völlige Nulpe. Er bat ihn herein.

»Du jloobst nich, wer inne Stadt ist«, sagte Max Sass etwas außer Atem. Offenbar hatte er sich sehr beeilt, hierherzukommen.

»Kaffee?«, fragte Franz. »Mit Schuss?« Er zeigte auf die Kanne und die Flasche *Hennessy Private*.

»Der *Consul*!«, sagte sein Bruder, ohne zu antworten. »Sitzt seelenruhig im *Troubadour*. Schaut sich die Vorstellung an, scherzt mit den Gästen und pflanzt sich sogar zu einem Stadtrat an den Tisch. Was sagst du dazu?«

»Weiß ich doch längst«, erwiderte Franz mit matter Stimme. »Im Palais neulich hat er sogar mit Katja getanzt! Gott sei Dank hab ich das nicht mitgekriegt, sonst hätte ich dem Jraf Kacke eene verpellt.« Er ermahnte sich selbst, nicht wieder in den Jargon abzurutschen, was regelmäßig geschah, wenn er erregt war.

»Der Kerl wollte Georg ersaufen lassen! Nachdem seine Leute ihn halb tot geprügelt haben«, rief Max.

»Und was soll ich deiner Meinung nach tun? Beweisen können wir das nicht. Dehlbergh war angeblich der Schuldige, und der ist über den Jordan. Aber dem feinen Herrn Kapitän konnten Paul und seine Leute noch nicht mal im Zusammenhang mit dem Putschversuch irgendetwas nachweisen. Der Mann kannte sogar die Attentäter, die Ebert und Stresemann umlegen sollten. Und dieser Dehlbergh war sein Freund.

Jeder weiß, dass er Drahtzieher und Nutznießer des Waffenhandels ist. Dass er mit Hugenberg unter einer Decke steckt. Aber offenbar stört es niemanden. Also, wen interessiert es? Alle kennen den *Consul*. Der Kerl könnte mit rauchender Pistole neben der Leiche des Reichspräsidenten stehen. Aber die Reichsrichter in Leipzig würden wahrscheinlich sagen, es wäre ganz klar eine kommunistische Verschwörung, weil die Puste aus Russland kommt.«

Kapitän Hermann Ehrhardt, der die *Organisation Consul* leitete, war ein Marineoffizier aus dem Weltkrieg, der seinen eigenen Kampf gegen Linke und Demokraten mit einer Gruppe eingeschworener Fanatiker und ehemaliger Soldaten fortführte. Dabei schreckten er und seine Männer auch vor Mordtaten und Anschlägen nicht zurück. Anfangs hatte es noch eine Art Versteckspiel um seine Identität gegeben, aber mittlerweile wusste jeder in der Stadt, wer der *Consul* war. Ehrhardt schien dies egal zu sein, denn seine illegalen Aktivitäten hatten interessanterweise keinerlei negative Konsequenzen für ihn. Selbst die – eindeutig nachgewiesene – Teilnahme am Kapp-Putsch gegen die Republik hatte ihm nur die Empfehlung eingetragen, sich ein paar Wochen nicht in der Stadt blicken zu lassen. Die Familie Sass und das *Syndicat* waren ihm vor mehr als einem Jahr in die Quere gekommen und hatten entdeckt, dass es bei allen Ränkespielen vor allem ums liebe Geld ging. Die *Organisation Consul* verfolgte zwar politische Ziele, die allesamt gegen die Republik gerichtet waren. Aber sie ließ sich von Industriellen und Bankiers, die durch die neue Ordnung ihre Geschäfte gefährdet sahen, gut dafür bezahlen. Für Franz war längst klar: Ideologien waren etwas für Idioten. Nur dazu erdacht und unter die Leute gebracht, damit die Mächtigen zu noch mehr Mammon kamen.

»Du und Georg müsst euch darum kümmern, dass ich dem Mann möglichst nicht begegne«, sagte Franz. »Ich habe keine Lust, irgendwelche Rachegelüste bei ihm zu wecken. Und ich könnte in solch einem Augenblick auch für nichts garantieren. Am besten lassen wir die Sache auf sich beruhen. Auch Georg ist damit einverstanden. Dehlbergh hat sein Fett weg bekommen, also beenden wir den Krieg. Unsere Geschäfte kommen ins Stocken. Da können wir uns keine Auseinandersetzung mit dem *Consul* leisten.«

»Paul sieht die Angelegenheit offenbar anders«, meinte sein Bruder. »Der alte Mann beißt sich richtig fest an Ehrhardt. Er sucht noch immer nach handfesten Beweisen, um ihn drankriegen zu können. Auf dem Polizeipräsidium nennen sie ihn wohl schon scherzhaft den einsamen Retter der Republik, weil er immer am Ball bleibt und sich auch nicht schmieren lässt. Und weil er solche Leute wie Ehrhardt und Ludendorff auf dem Kieker hat.«

Paul Konter ging den Brüdern mit seiner überaus korrekten Art oft auf die Nerven. Andererseits, was konnten sie von einem Kripobeamten anderes erwarten? Der Mann leistete offenbar solide Arbeit. Und ohne seine Unterstützung säße ihr Vater jetzt vielleicht in der Plötze. Konter hatte dem *Syndicat* in üblen Zeiten mehrfach aus der Patsche geholfen und die Beteiligung, die Toni ihm zum Dank dafür angeboten hatte, vollkommen verdient.

Franz riss sich von seinen Gedanken los. Max hatte sich jetzt ebenfalls Kognak in eine Kaffeetasse geschenkt, auf die braune, kalte Brühe jedoch verzichtet.

»Ich habe ein ungutes Gefühl, Franz«, meinte er. »Die Leute sind total verrückt geworden. Die Mieten für unsere Lokale explodieren, die Mädchen und Kellner wollen jede Woche mehr Geld. Sternwein gibt Kredit für dreißig Prozent. Und unsere Lager leeren sich beängstigend schnell. Ich hab schon Schwierigkeiten, Rum und Korn zu bekommen. Die Käufer buhlen um die Lieferanten, zahlen Bestechungsgelder, damit Händler sie bevorzugen. Ich hab echt Probleme, die einfachsten Waren zu kriegen.«

»Wir müssen im Geschäft bleiben, Max. Zur Not musst du die geforderten Mondpreise eben bezahlen. Wenn wir nur einen Samstagabend auf dem Trockenen sitzen, spricht sich das schnell herum. Dann sind wir raus. Die Leute werfen uns saure Milch und Pissetöpfe gegen die

Fenster. Also sieh zu, dass du die Ware bekommst. Ich spreche mit Sternwein.«

Seit das *Syndicat* der *Organisation Consul* in die Quere gekommen war, hatten sich viele Türen der Lieferanten bei der Reichswehr, aber auch in der Stadt selbst verschlossen. Ehrhardt kannte offenbar viele Veteranen und Geschäftsleute, die jetzt den Kontakt zur Sass-Familie mieden. Die Lager der Kaiserlichen Armee waren bei Kriegsende prall gefüllt gewesen, und einige Offiziere waren mit den neuen Unternehmern gut ins Geschäft gekommen. Aber Ehrhardts Wort hatte viel Gewicht in nationalen Kreisen, und mancher Ganove in Uniform oder mit Monokel und Frack verkaufte ganz plötzlich keine Ware mehr an das *Syndicat*.

»Ich glaube, Ehrhardt sieht die Sache anders als du«, meinte Max. »Mir scheint, dass er uns eine ordentliche Rechnung für die erlittene Schlappe vorlegen will.«

Franz nickte nur. Der Verleger Alfred Hugenberg wetterte in seinen Zeitungen gegen das Verderbnis des Verbrechens und hatte dabei namentlich immer wieder die Klubs des *Syndicats* erwähnt. Auch dies sicherlich kein Zufall, denn Ehrhardt und Hugenberg standen sich recht nahe. Dabei wusste Franz, dass einige Truppenteile auch drei Jahre nach dem Krieg noch auf den bestens gefüllten Magazinen des kaiserlichen Heeres saßen. Zigaretten, Tuche, Seifen und Alkohol verdarben bei guter Lagerung nicht so schnell. Aber die Preise stiegen mit der Nachfrage schnell und stetig. Und was half es, wenn niemand mit dem *Syndicat* Handel treiben wollte? Die stille Rache des *Consuls* hatte inzwischen mehr Geld gekostet, als der Raubzug gegen seinen Geldtransport Anfang des Jahres eingebracht hatte.

»Ian kommt übrigens in ein paar Tagen mit dem Nachtzug aus Frankfurt«, sagte Max unvermittelt. »Das Telegramm für dich lag im *Club II*, da hab ich es einfach aufgemacht.« Er gab seinem Bruder das telegraphische Blatt. »Vielleicht hat er eine Idee, wie wir die Angelegenheit regeln können. Er kennt doch viele Leute aus der Verwaltung.

Wir könnten eine Vereinbarung mit Ehrhardt ...« Frustriert trank Max den Rest seines Kognaks. »Was rede ich überhaupt? Du hörst mir ja ohnehin nicht zu.«

»Ankunft Freitag aus Frankfurt – Sieben Uhr früh Potsdamer – Treffen dringend – Ian.«

Franz las den Text des Telegramms zweimal laut vor. Der Ire hatte in den letzten Monaten ein großes Geheimnis um seine Englandreisen gemacht. Seit Mitte letzten Jahres war er viermal auf der Insel gewesen. Vielleicht öfter. Franz hatte den Verdacht, dass sein Freund ihm etwas verschwieg. Erst hatte Ian sich in London mit jemandem treffen wollen, dann war er angeblich in den Norden gefahren, um Verwandte zu besuchen. Nach seiner Desertion aus der britischen Armee während des Kriegs und einer Odyssee durch Frankreich und Belgien hatte ihn das Schicksal vor zwei Jahren nach Berlin gespült. Franz musste sich eingestehen, dass er von dem Freund vieles nicht wusste.

»Ich tanze lieber mit den vertrockneten Preußen Cancan, als in einem englischen Militär-Zuchthaus zu vergammeln«, hatte Ian McCullen damals kurz nach seiner Ankunft in der Hauptstadt gesagt. »Wo sollte ich denn hin? Die Franzosen haben beim Sprechen offenbar ihre Schnecken im Mund, daran könnte ich mich nie gewöhnen. Die Italiener und Spanier leben fast noch im Mittelalter. Und Russland scheidet für jemanden, der das Geld und feine Anzüge liebt, ohnehin aus. Da blieben doch nur die Fritze.«

Obwohl er und Franz schnell Freunde geworden waren, umgab den Mann immer etwas Unnahbares und Rätselhaftes. Beim *Syndicat* war er zuständig für die Klubs und Lokale der gehobenen Kategorie. Allen voran für den *Klub Berlin* und den *Club II* in der Tauentzienstraße, die sich unter Kennern bereits einen gewissen Status erworben hatten. Vorn ging es um die offiziellen Tageseinnahmen. Aber in den beiden Hinterzimmern wurde eine Menge illegales Geld gezählt, das die Wettbetreiber, Alkoholverkäufer und freiberuflichen Mädchen einbrachten. Und vom »Privaten Salon« im *Klub Berlin* aus zogen Toni, Franz und der Schotte die Strippen beim *Syndicat*. Sogar ins Show-Business – so nannte Ian es – war man mit Kabarett-Nummern und Revuen eingestiegen. Natürlich, man war weit entfernt vom Erfolg der ganz Großen im Geschäft. Rudolf Nelson an der Friedrichstraße gab jetzt kulturell den Ton an. Die halb legalen Berliner Ringvereine – allesamt geführt durch Ganoven in guten Anzügen – sahnten ebenfalls weitaus kräftiger ab. Die städtischen Beamten hielten bei jeder Gelegenheit die Hand auf. Und die Banken oder etwas zwielichtige Kaufleute wie der Jude Sternwein verdienten durch ihr Kreditgeschäft an allem mit, ohne sich selbst die Finger schmutzig zu machen.

Aber Ian McCullen konnte im *Klub Berlin* oder *Club II* viele einträgliche Geschäfte mit wichtigen Leuten aus jenen Gesellschaftskreisen abschließen, die sonst keinen Fuß in die niederen »Höhlen des Proletariats« setzten. Die beiden Lokale boten nämlich mehr als das etwas abgegriffene Konzept »Suff und Puff«, das in den Arbeitergegenden gut florierte. Hier kamen nur die edelsten Rebsorten von *Henkell* auf den Tisch. Die Flasche für achtzig Mark. Unter der Hand gab es den beliebten Kokainwein. Und auf den Bühnen wurde Kultur geboten. Prostituierte gab es natürlich nicht, nur gebildete und geschmackvoll gekleidete *Dames de la Nuit*. Ian fühlte sich in dieser Welt wohl. Franz hingegen hatte hier Schwierigkeiten. Ihm war die schlichte Aufrichtigkeit eines Arbeiters immer noch lieber als die dickste Geldbörse. Er zog es deshalb vor, sich weiterhin vor allem um das *Open House* zu kümmern.

»Ein weißes Hemd und Lackschuhe verderben die Seele des Menschen«, hatte sein Vater immer gepredigt. Und je länger Franz im Geschäft war, umso mehr war er gewillt, dies zu glauben.

Der Halbire jedoch fühlte sich pudelwohl in Gegenwart der Reichen und Schönen. Und er hatte einen Charme, dem sich nicht einmal die hochgestellten Herrschaften aus Adel und Bankenkreisen entziehen konnten. Und manchem dieser Herren hatte er denn auch die Hörner aufgesetzt, denn deren Frauen lagen ihm sogar noch mehr zu Füßen.

Aber der Mann konnte auch knallhart sein. Mehrere Male hatte er für das *Syndicat* wirklich dreckige Arbeit erledigt. Er nannte so etwas dann »wetwork«. Denn es floss Blut. Franz verabscheute diese Seite an seinem Freund. Und an ihren Geschäften. Insgeheim wusste er jedoch, dass diese Dinge getan werden mussten. Wer bei den Haifischen schwamm, musste selbst einer sein. Erst vor einigen Wochen hatte Ian einen verrückten Russen »zur Ruhe gebettet«, nachdem dieser sich an mehreren Mädchen aus den Kneipen des *Syndicats* vergangen hatte. Wenn man so etwas durchgehen ließ, dann sprach sich das schnell herum. Dann urinierten einem bald die dreibeinigen Köter ans Bein.

»Wir sind eine Familie, Franz«, hatte Ian gesagt. »Von der kleinsten Wäscherin bis zu Tante Toni.« Er grinste, denn er wusste, wie gern das weibliche Oberhaupt der Familie den Begriff *Tante* hatte. »Wenn sich herumspricht, dass wir unsere Leute nicht schützen, dann Gute Nacht. Wir Iren fackeln mit solchen Schweinen nicht lange. Als Klub-Direktor bin ich verantwortlich für die Mädchen.«

Franz wollte nicht glauben, dass sein Freund und Partner nur nach Irland gefahren war, um die Heimat zu sehen. Hinter der vorgetragenen Gefühlsduselei musste etwas anderes stecken. Er nahm sich vor, der Sache auf den Grund zu gehen. Allzu oft hatte ihn sein Freund vertröstet und um den Finger gewickelt. Jetzt mussten die Karten auf den Tisch.

»Ich hole Ian morgen früh ab«, sagte er schließlich.

»Mit dem *Bugatti*?«, fragte Max und grinste wissend. »Ich will es nur wissen, weil ich mich dann von der Charlottenburger Chaussee fernhalte.«

»Natürlich mit dem *Bugatti*«, antwortete sein Bruder beinahe ungehalten. »Ein Automobil muss bewegt werden. Alte Männer führen Damen oder Hunde aus, ich fahre Auto. Und wenn Ian mit mehr als einem Koffer kommt, dann bringt eben eine Mietdroschke das restliche Gepäck. Ich brauche hin und wieder ein wenig Spaß.«

5

Berlin – Potsdamer Bahnhof

Franz war mit seinem *Bugatti* zunächst Richtung Hallesches Tor gefahren und hatte zur Entspannung drei Runden am Belle-Alliance-Platz gedreht. Viel zu schnell war er danach in die Königgrätzer Straße eingebogen. Dort hatte ein Bierkutscher zwei Fässer *Schultheiss* verloren, die nun in kleinen Fontänen ihren Inhalt von sich gaben. Natürlich waren sofort selbstlose Helfer herbeigeeilt, die das kostbare Nass vor dem sinnlosen Versickern in der städtischen Kanalisation bewahren wollten. Als Franz die Gefahr bemerkte, steuerte er im letzten Moment seinen Wagen auf die Gegenfahrbahn, wo er wiederum einem dunkelblauen *Citroën* ausweichen musste. Ein mit Briketts beladener Handkarren kippte nach hinten, als sein Besitzer vor Schreck auf den Bürgersteig sprang.

Wie immer war es am Potsdamer Platz brechend voll. Die Eile erwies sich zudem als vergeblich, da der Nachtzug aus Frankfurt wieder einmal Verspätung hatte. In dieser Hinsicht war auf die Reichsbahn eigentlich immer Verlass. Etwas außer Atem ließ sich Franz auf eine Bank am Beginn des Bahnsteigs fallen. Er rief zwei herumlungernde Cliquen-Jungs herbei, die nach unachtsamen Reisenden und vor allem deren Gepäck Ausschau hielten.

»Hier sind fünf Märker.« Franz zeigte auf den kleineren Burschen. »Du holst mir Kaffee und zwei Schrippen. Ei und Mett.« Den anderen Jungen wies er an, sich neben ihn zu setzen. Er grinste breit. »Ick bin nich von vorgestern, müsst ihr wissen. Ick war Bulle in der *Bruderschaft* und weiß, wie dat nu loofen wird. Klar? Du bleibst hier. Zur Sicherheit, damit deen Kumpel Klapper keene langen Beene mit meene Mücken kriegt. Wenn allet paletti jeht, gibt es noch mal een Fünfer.«

Nur wenig später waren alle zufrieden. Die Jungs konnten ihr Glück kaum fassen und zogen in dem festen Glauben ab, dass ihnen nun die Welt zu Füßen lag.

»Drei sind meene, die zwee für dir«, hörte Franz den Älteren sagen.

»Wat? Ick musste mir die Latschen krumm machen! Dat is unjerecht!«, rief der Kleine empört.

»Nee, dat is Kaptilismus …«

Franz trank die heiße Lorke und beobachtete den einfahrenden Nachtzug. Kaum hatte er quietschend und dampfend gehalten, quollen auch schon die vielen Reisenden aus den Türen. Dabei schienen sowohl sie als auch die Ausstattungsmerkmale der Reichsbahnwaggons eine Karikatur des von den Kommunisten ausgerufenen Klassenkampfs zu sein.

»In der Ersten bringt das Leben so viel Spaß, dass es einem schon wieder langweilig wird«, pflegte Toni zu sagen. »In der Zweiten schielen die Leute neidisch nach oben und gucken ängstlich nach unten. Und in der Dritten verdienen sie das Geld für die anderen, sitzen aber selbst auf Holz.«

Kaptilismus eben, dachte Franz.

Drei völlig übermüdete Zimmerleute auf der Walz stiegen gerade aus einem der besagten Waggons der Holzklasse. Direkt hinter der Lok war es laut und die Luft rußig. Die Sitzbänke hatten den jungen Männern in der Nacht offenbar ihren Rücken mächtig zugesetzt, denn sie streckten sich mehrfach und stöhnten dabei. Franz blickte die Wagenreihe entlang nach hinten. Sein Freund würde selbstverständlich in einem Schlafabteil der ersten Klasse reisen. Er bahnte sich einen Weg durch die Menge, die ihm entgegenkam. Der Duft der zweiten Klasse drang in seine Nase. Hier die preiswerte Seife und aufdringliches Rasierwasser. Dort ein schnell aufgelegtes Kölnisch Wasser, das die Gerüche der Nacht überdecken sollte. Danach rauschte von ganz hinten die lärmende Masse vorbei. Schweiß, Leder, Bier, Kartoffeln, Zwiebeln. Und Mettwurst. Offenbar hatten die meisten Proletarier nach harter Nacht auf ebenso harter Bank eben noch gefrühstückt.

Endlich stand Franz vor den Schlafwagen. Die Scheiben dieser Waggons waren sauber, ebenso Türen und Böden. Soweit Franz sehen konnte, war innen sogar Teppich ausgelegt, und aus einer Waggontür roch es nach gutem Tabak und Morgenkaffee. Er wies einen Kofferkuli an, sich bereitzuhalten, da er nicht wusste, wie viel Gepäck sein Freund dabeihatte. Mehr als zwei kleine Gepäckstücke würden nicht in seinen schnittigen *Bugatti 13 Brescia* passen, den er draußen am Potsdamer Bahnhof abgestellt hatte. Dort wartete zudem ein weiterer Kofferträger, der für ein üppiges Handgeld das teure Gefährt bewachte. Ein Automobil für elftausend Dollar konnte in dieser Zeit schnell Neider auf den Plan rufen und ungute Begehrlichkeiten wecken. In Berlin wurde schließlich alles geklemmt, was nicht dreimal festgezurrt war.

Ian McCullen war in gedrückter Stimmung, als er aus dem zweiten Schlafwagen stieg. Offenbar hatte er in seinem Abteil gewartet, bis die Menschenmenge vorübergezogen war. Die Miene des Iren verriet, dass er kaum geschlafen hatte. Und Franz kannte den Freund gut genug, um zu wissen, dass nur sehr schwere Gewitter dessen innere Ruhe zu stören vermochten. Als McCullen ihn bemerkte, hellte sich sein Gesicht sofort auf. Beide Männer umarmten sich lange und lachten.

»Alles in Ordnung?«, fragte Franz dennoch.

»Nicht hier, mein Freund«, erwiderte Ian und wurde wieder ernst. »Wir müssen reden. Nur wir zwei.«

Der Rennwagen, der seitlich geparkt am Potsdamer Platz stand, hatte mittlerweile ein paar Neugierige angelockt, die rege ihre Kenntnisse und ihre Bewunderung kundtaten. Der beauftragte Kofferträger hatte sich offenbar von einem Kutscher die Peitsche geborgt und vertrieb jeden, der Hand an das Gefährt legen wollte.

»Du wirst ja noch ein Snob«, meinte Ian McCullen, als er in den hellblauen Wagen stieg. Das Automobil hatte die Form einer übergroßen Zigarre und bot gerade eben Platz für zwei schlanke Männer. Gepäck war in der Welt Ettore Bugattis offenbar keine Konstante, die es zu beachten galt.

Franz kannte das Wort *Snob* zwar nicht, wollte sich jedoch keine Blöße geben und nickte nur stolz.

»Bald können wir auf der AVUS richtig Gas geben«, entgegnete er. »130 soll er laut Katalog machen. Wenn ich Alkohol zum Benzin gebe, geht er auf 150. Sagt der Meister.«

»In den Klub?«, fragte der Ire.

»Zu Hause haben wir mehr Ruhe.« Franz schüttelte den Kopf. »Susanne ist ganz früh los, um Toni zu besuchen. Nun sag schon, Ian, was ist denn so wichtig, dass du es gleich nach deiner Ankunft besprechen willst?«

»Geschäfte. *Much money*, mein Freund. *Many bucks*!« Er lachte. Sie fuhren einen großen Bogen über Königgrätzer und Budapester Straße am Brandenburger Tor vorbei. Dort bog Franz in die Charlottenburger Chaussee ein und gab kräftig Gas. Der Motor brüllte auf, und durch den plötzlichen Schub wurden beide Männer in ihre Sitze gedrückt. Ein Schutzmann griff nach seiner Pfeife, aber bevor er sie am Mund hatte, war der Wagen schon am Großen Stern vorbei. So kamen sie von Norden durch den Tiergarten zum Landwehrkanal und fuhren in Richtung jenseitiger Luisenstadt. Vor seinem Stadthaus bog Franz schließlich in einen winzigen Vorgarten ab.

»Ich musste ganz schön kämpfen, damit er hier stehen kann«, brüllte er gegen das Hämmern der Ventile und Röhren der Kolben an. »Sie wollte Blumenbeete.«

Als der Wagen endlich stand, schlug den Insassen vom Motor ein Schwall heißer Luft und der Geruch von Benzin entgegen. Das Metall des Motor knackte leise. Die ältere Dame von gegenüber schimpfte, da sie ihren verschreckten Spitz zum wiederholten Mal mit Hundekeksen aus der Hecke locken musste. Moderne Zeiten.

ooo

»Du hast was?« Franz war außer sich. Nach einem kurzen Frühstück hatten sich die beiden Männer in eine Art Salon zurückgezogen. Überall lagen Bücher herum, die Susanne bei verschiedenen Antiquariaten bestellt hatte. Nur war der Tischler immer noch nicht mit den Regalen fertig geworden. Also standen Farbeimer auf Goethes Gesamtausgabe und der Ledereinband einer Schopenhauer-Erstausgabe wurde gerade in getrocknetem Kleister eingelegt. Zum wiederholten Mal ärgerte sich Franz über diesen Kniefall vor dem Bildungsbürgertum, den Susanne zu verantworten hatte. Wer las diese alten Schinken überhaupt? Das Zeug stand doch nur herum, damit der Ruhm der Werke eines selbstverliebten Querkopfs auf dessen Besitzer abfärbte.

»Du willst die Waffen doch schon lange loswerden! Immer wieder hast du uns damit in den Ohren gelegen«, erwiderte Ian. »Die Sachen gammeln seit fast zwei Jahren in dieser alten Kutschhalle bei Köpenick vor sich hin. Die Zeiten werden härter, und die Margen bei den Geschäften werden ständig schlechter. Das richtige Geld machst du heute mit Koks, jeder Menge Mädchen oder eben mit Waffen. Du willst den Harussels nicht mit ihrem Opium- und Kräutergeschäft in die Quere kommen? Gut, also kein Koks. Susi macht dir die Hölle heiß wegen der Puffs? Meinetwegen, weniger Mädchen. Da bleiben uns nur die Waffen. Wach auf, Franz! Alkohol und Zigaretten laufen nicht mehr so gut. Zu viele Fische im Teich. Die Gewinne der Rennbahnen sind eingebrochen, seit Klante nicht mehr setzen darf. Das Geld verliert ständig an Wert, und das Finanzamt will drei Viertel aller Einnahmen aus Spielbetrieb. Mehrere Buchmacher sind hinter Klantes System gekommen und kopieren es. Die Götze-Bande macht ständig Ärger. Georg hat immer höhere Kosten für die Sicherheit. Und du willst ja schließlich nächstes Jahr deinen *Bugatti* auf der AVUS auf 150 Sachen bringen, vergiss das nicht. Dafür braucht es Penunze. So sagt ihr Berliner doch, oder?«

Er rieb Daumen und Zeigefinger aneinander. Es war seltsam, das Berliner Wort in irisch-englischem Dialekt zu hören. Es klang eher wie

»Peinanzi«, und Franz musste unwillkürlich lächeln. Da war er wieder, dieser raue Charme, mit dem dieser Mann jeden einlullte. Es war schwer, sich seinem Einfluss und seiner Überredungskunst zu entziehen.

Dieses Mal wickelst du mich nicht ein, mein Freund, nahm sich Franz jedoch fest vor. Er ließ den Redeschwall über sich ergehen. Und er vermochte den Argumenten auch wenig entgegenzusetzen. Dieses Jahr drohte zu einem Desaster für das *Syndicat* zu werden. Sie lebten jetzt schon von den unerwartet hohen Einnahmen des Vorjahres, als alles noch einfach schien. Franz hatte aus Heeresbeständen die Ware billig eingekauft, um sie teuer wieder zu verkaufen. Diese Masche zog nicht mehr ohne Weiteres. Es war zunehmend wichtiger, dass man Leute kannte, um ins Geschäft zu kommen. Und um dort zu bleiben. Selbst der Coup gegen Ehrhardts Geldtransport, mit dem dessen Hintermänner den Krieg im Baltikum bezahlen wollten, war im Nichts verpufft. Die dreihunderttausend Mark waren Geschichte. Konter hatte zudem darauf bestanden, dass die Hälfte legal beschlagnahmt wurde. Und die Kommunisten hatten für ihre Unterstützung ebenfalls einen ordentlichen Teil gefordert. Der Rest, den die Familie für sich abgezweigt hatte, war schon längst verbraten.

»Ich will nur nicht mit Waffen handeln«, versuchte Franz es noch einmal. Er wusste, dass sein Einwand halbherzig klang. Er war als Zwölfjähriger Zeuge eines schrecklichen Unfalls geworden. »Das Zeug macht mir einfach Angst.«

»Ich spreche ja nicht von einem groß angelegten Handel, nur von ein paar Deals«, meinte McCullen jovial.

Franz schwieg. Die Argumente seines Freundes überzeugten ihn nicht. Nur ein Deal statt Waffenhandel? Typische Wortspiele seines Kumpels, die in Wirklichkeit keinen bedeutenden Unterschied machten. Im Gegenteil. In der Stadt brachten die Knarren nur Ärger und lange Zuchthausstrafen ein. Das hatten die gewieften Gauner längst begriffen. Mit Informationen und Geld hingegen kam man viel weiter.

Sogar bis ganz nach oben. Das waren die Daumenschrauben, die man Politikern und Polizisten anlegte, damit sie einem auch noch den Weg dorthin wiesen. Wer nur herumballerte, den hatte die Kripo schnell auf dem Kieker. Warum sollte das anders sein, wenn man das Zeug nach Irland verkaufte? Wahrscheinlich machte man sich überall Feinde.

»Vielleicht machst du es lieber wie dieser Kafka«, sagte Ian ungeduldig. Er trat geringschätzig gegen ein Buch, das auf dem Boden lag. Die Erstausgabe von *Ein Landarzt* rutschte durch den Raum. »Geh zur Versicherung oder werde Beamter. Dreihundert Mark im Monat und ein geregelter Ruhestand. Sicherheit bei Wasser und Brot, bis du in einem kalten Januar an deiner Tuberkulose verreckst. Willst du das? Oder doch lieber ein wenig Risiko, dafür aber ein Leben mit Gänsebraten und Champagner? Entscheide dich!«

»Was hast du in Irland gemacht?«, fragte Franz. Dieses Mal wollte er sich nicht ablenken lassen. »Seit fast einem Jahr veranstaltest du dieses Theater. Hin und her. Erzählst uns etwas von Heimat und Familie. Und jetzt kommst du mir mit diesen Waffengeschäften. Hat man dich da drüben auf dem Markt einfach angesprochen, als du Milch und Butter haben wolltest? Ist das bei euch in der Heimat so üblich?« Er wurde lauter. »Verkauf mich nicht für dumm, Ian. Ich dachte, du bist halb Schotte, halb Ire. Und du wirst doch von den Briten gesucht, weil du aus der Army abgehauen bist. Also, was hast du plötzlich mit den Iren zu schaffen?«

»Mein Vater kam aus Schottland. Meine Mutter ist Irin. Und mein Herz schlägt nun einmal für die grüne Insel. Wer diesem Land einmal verfallen ist, den lässt es nicht wieder los.«

»Hör auf!« Franz warf sein Glas gegen ein paar Bretter, die an der Wand lehnten, und funkelte seinen Freund wütend an. »Jetzt habt ihr doch euren Willen. In der Zeitung stand, dass Irland unabhängig wird. Ihr habt euer eigenes Land. Wozu brauchen deine Landsleute also unsere Waffen? Die Wahrheit, Ian. Ich will die Wahrheit wissen!«

»Eigenes Land?« McCullen schnaubte verächtlich. »Unsere Politiker sind vor der englischen Krone zu Kreuze gekrochen. Allen voran dieser Verräter Collins! Sie haben der Teilung des Landes zugestimmt. Der ganze Norden bleibt bei den Engländern. Die Heimat meiner Mutter! Das ist für viele von uns unerträglich! Es ist also noch lange nicht vorbei.«

Franz überlegte. Er wusste nicht viel über den irischen Unabhängigkeitskrieg. Was ging es ihn auch an? Die Briten bekamen den Nordzipfel Irlands und hatten dafür der Gründung eines neuen, irischen Staats zugestimmt. Kompromisse waren ja auch in der Geschäftswelt üblich. Und wer war Collins? Wofür wurden die Waffen gebraucht? Von wem? Sein Freund blieb ihm viele Antworten schuldig.

»Eigentlich wollte ich dich bereits letzten Winter nach den Waffen fragen«, sagte Ian. »Da schien es so, als wäre die irische Sache auf einem guten Weg. Wir hätten beinahe jeden Engländer aus dem Land gebombt. Dann aber haben die Männer, denen ich geglaubt habe und für die ich eine Menge aufs Spiel gesetzt habe, einen Schmusekurs gegenüber London begonnen. Verständigung! Blödsinn, sage ich. Diese Schweine haben sich kaufen lassen. Danach musste ich Leute finden, denen ich überhaupt noch vertrauen kann. Und genau die brauchen jetzt unsere Waffen!«

Franz besaß einen handwerklich geprägten Verstand. Sichtbar und greifbar mussten die Dinge für ihn sein. Werkzeuge und Motoren. Schlösser und Metall. Maße und Gewichte. Mit diesen Dingen vermochte er umzugehen. Klare Kante, das liebte er. Absprachen mit Hintertürchen oder gar Konzepte mit doppeltem Boden und Fallen waren ihm ein Gräuel. Seine Wut machte jetzt einer Verzweiflung Platz. Hatte er sich so sehr in Ian getäuscht? War sein Freund nur ein verbohrter Fanatiker, wie sie Kapitän Ehrhardt und andere Rattenfänger in Deutschland zu Tausenden um sich scharten? Ehre? Heimat? Vaterland? Die Begriffe mochten anders klingen, aber das Blut wurde oft durch dieselben Waffen vergossen.

»Wenn dich dein Gewissen quält, dann mache ich das Geschäft auf eigene Rechnung«, fuhr sein Freund ungerührt fort. Er hatte offenbar das Zögern und Schweigen falsch gedeutet. »Die Ladung in der Kutschhalle bei Köpenick kaufe ich euch ab. Das *Syndicat* ist das Zeug los, dafür mache ich den ganz großen Reibach eben allein. Ist dir das vielleicht lieber? Schläfst du dann besser?«

Franz hatte diese Waffenladung, von der sein Freund sprach, tatsächlich nie gewollt. Sie war wie ein Pickel am Hintern der Familie. Lästig und schmerzhaft. Immer wieder wurde Franz an die brisante Ware erinnert, und jedes Mal kam er ins Schwitzen, wenn er an die Waffen dachte. Die Sass-Brüder hatten versehentlich eine ganze Lastwagenladung erhalten, die vor gut zwei Jahren für die russische Gegenrevolution bestimmt gewesen war. Als sie es bemerkt hatten, war der Zug im wahrsten Sinne des Wortes nach Osten abgefahren, und niemand hatte die Karabiner, Maschinengewehre und Pistolen vermisst. Dazu noch jede Menge Munition, Handgranaten und Sprengstoff. Sogar ein halbes Dutzend Minenwerfer war dabei. Franz hatte kurzerhand eine alte Halle angemietet und die brisante Ware dort versteckt.

»Du hast keine große Wahl, Franz«, sagte Ian. »Geschäftlich liegt irgendetwas in der Luft. Sternwein gibt Ware nur noch gegen Dollars heraus. Die Bosse der Ringvereine haben sich vor einem Monat getroffen. Natürlich waren wir kleinen Fische nicht dabei. Es hat mit dem Geldwert zu tun, aber ich bin da keine Experte. Sie wollen an der Inflation verdienen und gleichzeitig Leute wie uns ausbooten. Wir müssen aufpassen, Franz! Ich denke, die Großen werden versuchen, die Kleinen zu fressen. Das *Syndicat* könnte zwanzigtausend doch gut gebrauchen. Oder?«

»Nicht dein Ernst, Ian! Zwanzigtausend Mark decken noch nicht einmal annähernd die Kosten, die das Zeug bisher verschlungen hat.«

»Mark?« Ian McCullen lachte. »Ich spreche von Bucks, mein Lieber. Zwanzigtausend Dollar!«

Franz verschluckte sich an einem Bissen Marmeladenbrot und hustete. Er versuchte zu erraten, wie Toni über diese Sache denken würde. Wie sie entscheiden würde.

»Lass das Grübeln, Franz«, hatte sie ihm bei einem anderen Problem geraten. »Alles Schritt für Schritt. Und bei jedem Schritt entscheidest du so, dass du hinterher gut schlafen kannst.«

Eins nach dem anderen, überlegte er. Und klare Kante. Wenn das so weitergeht, nimmt uns ein anderer die Waffen sowieso weg. Und sie verursachen hier nur Kosten und Bauchschmerzen. Ich bin mit einer Rate für den *Bugatti* in Verzug. Der Ärger mit Klante. Sein Anwalt will Geld. Tonis Behandlung kostet ein Vermögen. Die Preise steigen. Der alte Jude stellt neue Bedingungen für einen Kredit. Vielleicht hatte Ian recht. Überall zogen Gewitter auf. Franz spürte, dass sich in seinem Kopf wieder alles zu drehen begann.

Schritt für Schritt, klare Kante, ermahnte er sich. Jetzt.

»Fünfundzwanzig, mein letztes Wort«, sagte er unvermittelt. »Dann kannst du mit dem Zeug machen, was du willst. Aber halte mich und das *Syndicat* da raus.«

Er streckte dem Freund die Hand entgegen. Ian McCullen lachte und schlug ein.

»Du warst schon immer ein Mann mit Prinzipien«, sagte er.

6

Berlin – Wilmersdorf, September 1921

Franz wollte nun endlich wissen, was es mit der jungen Frau auf sich hatte, deren Erscheinen seine Tante vor fast drei Wochen dermaßen aus der Fassung gebracht hatte. Um keine unnötige Aufmerksamkeit zu erregen, hatte er Rudolf Nelson gebeten, auf eine Meldung des Vorfalls bei der Polizei zu verzichten. Susanne hatte die Frau in derselben Nacht ins Krankenhaus Wilmersdorf begleitet und dort als entfernte Verwandte angemeldet. Sie erfand zudem die Geschichte einer Vertreibung der Familie während der Unruhen in Schlesien. Immerhin gab die Verwaltung zunächst Ruhe, als Franz sich bereit erklärte, die Kosten für eine Privatbehandlung zu tragen. Er wollte unbedingt vermeiden, dass eine Ermittlung die angeschlagene Toni weiter belastete.

Er hatte sich im Krankenhaus mehrmals nach der Frau erkundigt, jedoch befand sie sich tagelang in einer Art Umnachtung oder Dämmerzustand und war folglich nicht ansprechbar. Zunächst hatten die Ärzte sie sogar für eine Geisteskranke gehalten, da sie oft um sich schlug, grundlos schrie und nicht zu beruhigen war. Die Frau mochte gerade etwas älter als zwanzig sein, war jedoch schnell mit jenen Attributen belegt worden, die eine von Männern dominierte Ärzteschaft und Verwaltung recht schnell und selbstgefällig zur Hand hatten. Es verbreiteten sich Gerüchte, sie sei zerrüttet durch Alkohol oder Rauschmittel, verwahrlost, geschlechtskrank, hysterisch, unkeusch, krankhaft anstößig und triebgesteuert. In die Spalte Beruf hatte ein ganz eifriger Pfleger sogar »Prostituierte« eingetragen. Das Krankenhaus am Nürnberger Platz hatte nicht den allerbesten Ruf. Die Kranke war zwei Wochen lang vollkommen durch den Wind gewesen. Seit wenigen Tagen besserte sich ihr Zustand jedoch langsam.

»Ich kann jetzt noch nicht sagen, ob Schäden zurückbleiben werden«, meinte der Arzt am Telefon, als Franz nach einer Besuchsmöglichkeit fragte. »Ich und meine Kollegen gehen davon aus, dass eine Ursache für ihren deliranten Zustand der Hunger und Durst waren. Es könnte sein, dass sie sich geistig nicht vollständig von der Belastung erholt. Wenn Sie vorbeikommen, dann muss ich ohnehin ein paar Dinge mit Ihnen besprechen.«

Franz war nicht allzu überrascht, fand die Polizei doch in den Armenvierteln und Hinterhöfen Berlins beinahe täglich Menschen, die schwer krank und halb verhungert waren. Auf seinem Weg ins Krankenhaus legte er sich ein paar Fragen zurecht, die er der Patientin unbedingt stellen musste.

»Und Sie meinen, ich kann jetzt mit ihr sprechen?«, fragte er den Stationsarzt, als er den Krankentrakt für Frauen endlich erreicht hatte.

»Die junge Frau ist jetzt über längere Zeit wach und ruhig. Sie bekommt auch keine Medikamente mehr, die sie schläfrig machen. Sie wirkt nun gefasster und kann einem Gespräch durchaus folgen. Nur hat sie uns bisher keine Antworten gegeben. Vielleicht können Sie ja mehr erreichen.« Der Mann im weißen Kittel hob den Zeigefinger, als spräche er mit einem Schüler. »Sie sollten jedoch umsichtig sein, denn ihr Zustand ist noch labil. Das menschliche Gehirn ist sehr empfindlich. Der Hungerzustand wäre dabei nicht das größte Problem, aber auf Wassermangel reagiert das Nervensystem stark. Und manchmal kommt es zu irreversiblen Störungen.«

»Wie lange war sie in diesem Zustand?« Franz fand zunächst nicht die richtigen Worte. »Ich meine, wie lange hat sie nichts zu trinken und zu essen bekommen?«

»Wir schätzen, dass sie fünf bis sechs Wochen kaum Nahrung zu sich genommen hat. Ohne Wasser überlebt ein Mensch jedoch höchstens drei oder vier Tage. Und sie war kurz davor, zu verdursten.«

»Mein Gott! Hier in Berlin? Wie kann das sein?«

»Entweder war sie infolge der allgemeinen Schwäche längere Zeit ohne Bewusstsein«, meinte der Arzt. »Dann hätte sie ja auch nicht trinken können. Oder jemand hat ihr das gewaltsam angetan.«

»Angetan? Sie meinen, dass jemand sie bewusst verhungern lassen wollte?« In seiner Stimme lag Entsetzen, als Franz weitersprach. »Sie wurde also gefangen gehalten?«

»Denkbar wäre es. Sie zeigt Spuren einer längeren Fesselung an Armen und Beinen. Da ist auch noch eine Sache, die wir der Polizei melden mussten.«

»Ich hatte Sie doch gebeten …«, begann Franz, wurde jedoch sofort unterbrochen.

»Wir sind gesetzlich dazu verpflichtet, Herr Sass. In einer solchen Sache gibt es keinen Ermessensspielraum. Aber bisher hat sich ohnehin niemand darum gekümmert.«

»Was meinen Sie?« Franz schluckte, als er begriff. »Sie wurde zu Handlungen gezwungen …?«

»Das auch, Herr Sass«, erwiderte der Arzt. »Die Frau wurde eindeutig missbraucht. Wahrscheinlich mehrfach und über eine längere Zeit, denn im Genitalbereich fanden sich nicht nur frische Verletzungen, sondern viele Vernarbungen.«

»Narben?« Franz wurde übel.

»Es ist widerwärtig, aber es sieht so aus, als wären scharfe und spitze Gegenstände in sie eingeführt worden. Zusätzlich wurde sie auch auf andere Weise gequält. Am gesamten Körper finden sich viele verheilte Schnittwunden. Auch Brandnarben wie von Zigarettenglut. Und sie war offenbar an Armen und Beinen über längere Zeit gefesselt. Die Haut weist dort typische Verfärbungen und Schwielen auf. Ich denke, sie war wochenlang festgebunden. Vielleicht sogar über Monate.«

Franz überlegte, ob er Paul Konter anrufen und hinzu bitten sollte. Diese Unbekannte war eindeutig das Opfer eines Verbrechens. Aber die Polizei interessierte sich offenbar einen feuchten Dreck für solche

Taten. Er verspürte eine ungeheure Wut und hätte am liebsten die Stühle zerlegt, die unter dem hohen Flurfenster standen.

»Was soll ich bloß Toni sagen?«, rief er und raufte sich die Haare, als wäre er nicht gerade mitten in einem Gespräch. »Wenn sie ihre Tochter ist, das überlebt Tante Toni nicht! Ich könnte …«

»Wie bitte?«, unterbrach ihn der Arzt und fasste ihn an die Schulter. »Beruhigen Sie sich, Herr Sass. Es ist wirklich eine üble Sache. Vielleicht sollten Sie Ihren Besuch um einen Tag verschieben?«

»Ich rede kurz mit ihr«, entschied Franz abrupt. »Immerhin betrifft die Sache meine Familie. Indirekt zumindest. Zwar glaube ich nicht, dass die Frau mit uns verwandt ist, aber ich brauche Gewissheit. Ich denke, zu vorgerückter Stunde haben das schlechte Licht, der Champagner und die Übermüdung meiner Tante einen Streich gespielt. Das wird sich ja klären lassen. Und danach werde ich mit einem Vertrauten von der Polizei sprechen.« Er sah den Arzt eindringlich an. »In der Zwischenzeit kümmern Sie sich um sie, so gut es geht. Ich werde mich erkenntlich zeigen.«

Er öffnete die Tür zum Krankenzimmer. Im Raum lag der scharfe Geruch nach dem Schweiß einer Kranken, vermischt mit Karbol und Jodtinktur. Die Vorhänge waren fast geschlossen, so dass nur ein kleiner Spalt etwas Tageslicht hereinließ. Franz trat an das Bett heran und betrachtete die schlafende Frau. Ihr Gesicht war eingefallen und die Hautfarbe bleich. Das Haar wirkte strohig und war an den Schläfen ergraut. Die Knochen der Hände waren beinahe wie bei einem Skelett sichtbar, die Gelenke mit Mull verbunden. Sie sollte zwanzig sein, wirkte jedoch wie eine uralte Frau.

»Valerie?« Franz fühlte sich hilflos. Er kannte ihren wahren Namen nicht. Valerie. Zwar hatte Toni sie im Theatersaal so gerufen, bevor sie selbst zusammengebrochen war. Aber seine Tante musste sich einfach geirrt haben! Offenbar hatte sie das Mädchen auf der Bühne an jemanden erinnert, den sie von früher kannte. Er flüsterte den Namen noch einmal, schalt sich einen Narren. Aber er wusste nicht weiter. Sollte er die Frau wachrütteln? Der Name konnte bei ihr im schlimmsten Fall Erinnerungen wachrufen, sie wieder zum Toben bringen. Und er wagte nicht, sich auszumalen, welche Folgen eine Berührung haben mochte. Seine Befürchtungen erwiesen sich im nächsten Moment jedoch als unbegründet, denn die junge Frau öffnete die Augen und blickte ihn an.

»Ich bin Franz«, brachte er unbeholfen hervor. »Franz Sass. Meine Tante Toni hat Sie … Ich meine, in dem Theater … Wo wir dich …«

»Ich heiße Valerie DuPont«, erwiderte die Frau mit leicht heiserer Stimme.

Also doch Valerie, dachte Franz. Allerdings DuPont, nicht Sass. Er atmete erleichtert auf und entspannte sich etwas. Tante Toni hatte sie vielleicht gekannt. Aber wahrscheinlich waren die beiden sich im Varieté oder auf der Rennbahn begegnet. Es konnte auch ein zufälliger Kontakt aus der Zeit in Paris sein, beruhigte er sich. Denn der Nachname sagte ihm nichts.

»Sie waren im *Nelson-Theater*, Fräulein DuPont. Können Sie sich erinnern, was passiert ist?«

Sie stöhnte, als sie versuchte, sich im Bett aufzurichten. Franz hörte einige Gelenke knacken, als bewegte sich eine Greisin. Und wieder fühlte er sich hilflos. Er hätte ihr gern geholfen, wagte jedoch nicht, sich ihr zu nähern oder sie gar zu berühren. Sie schenkte ihm ein schwaches Lächeln, das ihn erschaudern ließ. Denn in ihren Augen lag ein großer Schmerz. Aber auch ein Feuer brannte darin.

»Nenn mich bitte Valerie. Wir sind dann wohl ebenfalls miteinander verwandt, denn Antonia ist meine Mutter.«

»Das kann nicht …« Die Erleichterung war augenblicklich einer ungeheuren, inneren Schwere gewichen. Das konnte nicht sein! Durfte nicht sein! »Toni … Sie hat nie davon gesprochen …«

Franz stand eine Weile da, unfähig, etwas zu sagen. Offenbar war die Frau zu geschwächt und schien dankbar, dass nun eine kleine Verschnaufpause eingetreten war. Dann jedoch mussten der halb geöffnete Mund und der ungläubige Blick seinem Gesicht einen fast komödiantischen Ausdruck verliehen haben. Denn plötzlich lachte Valerie hell auf. Seltsamerweise genoss Franz diesen kurzen Augenblick. Ihr Lachen hatte etwas sehr Intimes. Es lag keine Häme oder Anklage darin, sondern schien Zerbrochenes zusammenzufügen. Aber schon kurz darauf wurde sie von einem Hustenanfall geschüttelt.

»Toni ... Du ... Tante Antonia ist wirklich deine Mutter?«, fragte er schließlich, nachdem sich die Frau beruhigt hatte. »Bist du sicher?«

Selten dämliche Frage, gestand er sich sofort ein. Und auch Valerie sah ihn in einer Weise an, als zweifelte sie nun doch an seinem Verstand.

»Auch wenn es drei Jahre her ist«, meinte sie in erstaunlich scharfem Ton. »Ja, ich erkenne meine Mutter, wenn ich sie sehe. Also bitte, behandele mich nicht so, als wäre ich schwachsinnig.«

»Schon gut«, versuchte Franz, sie zu beschwichtigen.

Ihr Tonfall beunruhigte ihn mehr, als die gesprochenen Worte es taten. Denn er kannte ihn nur zu gut. Alle Mitglieder der Familie Sass reagierten schroff, wenn sie sich ungerecht behandelt fühlten. Und das eben hätte Toni sein können, musste er sich eingestehen.

»Es ist nur so, dass meine Tante nie davon gesprochen hat«, versuchte er, seine Reaktion zu erklären. »Und ich bin einfach nur erstaunt, dass ich plötzlich eine Cousine habe. Gib mir etwas Zeit. Bitte.«

Er fühlte sich plötzlich unglaublich schwach. Er war gekommen, um die Angelegenheit zu klären und abzuschließen. Nun stand er hier stotternd und hilflos. Überfordert. Eine Antwort hatte er zwar erhalten, aber hundert neue Fragen gingen ihm durch den Kopf.

»Meine Mutter und ich sind im Streit auseinandergegangen«, sagte Valerie. »Berliner Dickschädel eben. Na ja, bei mir kommt noch eine Prise Pariser Temperament dazu. Ich weiß ja nicht, wie das in deiner Familie ist. Aber Maman und Papa konnten ordentlich miteinander streiten.«

Franz hatte mit beinahe jedem Wort aus dem Mund dieser Frau mehr Gewissheit. Sie sagte die Wahrheit, und er brachte auf ihre Anmerkung hin kaum mehr als nur ein unverständliches Murmeln zustande. Was sollte er auch erwidern? Dass er und seine Brüder allesamt Sturköpfe waren? Seine Eltern? Und natürlich – allen voran – Tante Toni?

»Aber Familie ist etwas anderes«, brachte er schließlich hervor. »Ich meine, eine solche Trennung. Wie ist es dazu gekommen?«

»Ich bin weg aus Paris, weil ich in Frankreich bleiben wollte«, sagte Valerie. »Papa war unerwartet gestorben, ich war verwirrt. Und ich habe einen französischen Pass. Maman hingegen ist Deutsche. Im letzten Kriegssommer wurde es für die *Boches* unerträglich im Land. Man hätte die Leute beinahe mit Knüppeln durch die Straßen getrieben. Ich glaube, meine Mutter war sehr verletzt durch mein Verhalten. Und natürlich durch das Verhalten der Franzosen. Sie hat immer gesagt, dass sie sich nicht als Deutsche oder als Französin fühlt. Sie sieht sich als eine *cosmopolite*. Ich kenne das deutsche Wort dafür nicht. Aber die Welt ist ihr Zuhause.«

Franz verstand gar nichts. Für ihn war Berlin die Welt. Und die war bereits groß genug. Man konnte von der Spandauer Vorstadt nach Friedrichstadt ziehen. Von Tempelhof nach Charlottenburg. Köpenick und Grunewald waren bereits halbes Ausland. Aber eine Tochter, die in Frankreich blieb, während die Mutter zurück nach Deutschland ging? Eine Trennung von der Familie? Unmöglich.

»Glaub mir, so war es«, fuhr Valerie mit schwacher Stimme fort.

Plötzlich zog sie ungeniert die Bettdecke zur Seite und zeigte Franz ihren linken Oberschenkel. Er wollte verschämt zur Seite blicken, denn diese intimen Körperzonen kannte er bisher nur von Susanne.

»Sieh hin«, sagte sie jedoch. »Das Muttermal hier. Frag sie. Sie wird davon wissen. Wer, wenn nicht sie?«

○○○

Valerie hatte viele Fragen. Franz vielleicht noch mehr. Aber beide waren erschöpft. Und verletzt. Er konnte ihr noch erklären, weshalb Toni nicht kommen konnte. Er deutete die schwere Operation wegen der Geschwulst im Kopf nur an, um sie nicht zu sehr zu beunruhigen. Und von einem Moment zum nächsten sackte die junge Frau in ihrem Bett zusammen und schloss die Augen. Sie atmete zwar ruhig, reagierte jedoch gar nicht mehr auf Ansprache. Als Franz erschrocken den Arzt ins Zimmer rief, meinte der nur, dass diese Zustände immer mal wieder bei der Patientin aufträten. *Stupor* nannte er solche Phasen.

»Eine Erstarrung«, erklärte er schließlich vor der Tür. »Ich denke, dass es ausgelöst ist durch Erinnerungen an äußerst schwere Belastungen. Ein Teil von ihr ist dann wie tot, weil sich dieser Teil genauso tot fühlt.«

Nachdem er das Krankenhaus verlassen hatte, war Franz wie benommen. Er versuchte zunächst, sich mit zwei Zigaretten zu beruhigen. In seinem Kopf rauschte es. Eine Cousine, von der er nichts gewusst hatte und die ganz offensichtlich einem Verbrechen zum Opfer gefallen war. Sie hatte ebenso wie ihre Mutter eine Odyssee hinter sich. Sofern sie tatsächlich Tonis Tochter war. Immer noch suchte ein Teil in ihm nach Ausflüchten, wollte Zweifel nähren. Sah sie seiner Tante überhaupt ähnlich? Wann immer Franz jedoch versuchte, sich ihre feinen Gesichtszüge in Erinnerung zu rufen, schweiften seine Gedanken zu den Schenkeln und dem Muttermal ab. Er bekam Gewissensbisse. Vielleicht waren beide Frauen ebenso wenig verwandt miteinander, wie Jekaterina Romanowa eine Nichte von Zar Nikolaus war. Ja, so musste es sein, entschied er. Es waren seltsame Zeiten, in denen es weit mehr auf den Schein als auf das Sein anzukommen schien.

Er verlief sich zweimal auf dem Weg nach Hause. Dort schließlich angekommen, erwartete ihn nur die nächste Hiobsbotschaft. Susanne hatte ihm einen Zettel auf den Esstisch gelegt. Drei Worte nur, die ihn zugleich aus seiner Grübelei herausrissen und sofort in neue Verzweiflung katapultierten: *Max wurde verhaftet.* Franz meinte, eine getrocknete Träne auf dem Papier zu erkennen, und ballte die Fäuste.

Er entschied sich sofort, Kommissar Konter am Alexanderplatz aufzusuchen. Das Auto wollte er nicht nehmen, denn am Alex konnte man nicht parken. Neuerdings musste man sogar Strafe zahlen, wenn der Wagen *unvorschriftsmäßig* abgestellt war. Außerdem, so seine Überlegungen, würde er das Ding wahrscheinlich ohnehin an die nächste Laterne setzen. So nervös und aufgewühlt, wie er war. Also eilte er, in trübste Gedanken versunken, die Prinzenstraße hinauf. Als er beim Präsidium ankam, hatte er Glück, denn der Kriminalbeamte war gerade erst zum Dienst erschienen und dachte in seinem Zimmer offenbar noch über einen Fall nach.

»Was gibt es Neues auf der Straße?«, fragte er nach einer flüchtigen Begrüßung. »Hast du ein paar Tipps für mich, Franz?«

Offenbar hatte Paul Konter noch nicht von Klantes Verhaftung erfahren. Also hatte er erstens nichts damit zu tun, und zweitens hatte es sich wohl noch nicht in ganz Berlin herumgesprochen. Franz beruhigte sich etwas.

»Sehr witzig«, gab er dennoch in gereiztem Ton und müde lächelnd zurück. »Wenn Sie mir verraten, wo die nächste Razzia oder Durchsuchung stattfindet, Paul. Vielleicht habe ich dann ein paar Neuigkeiten von *der Straße*.«

Er hatte das Katz-und-Maus-Spiel mit Konter allmählich satt. Seine Verbindungen zum *Syndicat* waren für den Polizisten ein Quell an Informationen, die er seinen Kollegen voraushatte. Im Gegenzug erwies er zwar der Familie einige Gefallen, aber hinsichtlich seiner Rolle in der Organisation war er nicht Fisch noch Fleisch. Mal gab er den integren und unbestechlichen Kripo-Beamten, dann schien er wieder mit allen – auch schmutzigen – Wassern gewaschen.

Er muss sich endlich entscheiden, dachte Franz. Entweder steht er voll und ganz auf unserer Seite. Oder unsere Wege müssen sich trennen. Ungeklärte Beziehungen untereinander waren in etwa so bekömmlich wie halbgare Buletten.

»Ihre Kollegen haben Max verhaftet«, sagte er.

»Verdammt.« Paul Konter legte die Akten zur Seite. »Da haben die

Leute vom Gewerbebetrug mal tatsächlich dichtgehalten. Glaub mir, ich hätte ihn gewarnt, wenn ich es gewusst hätte.«

Franz atmete tief durch und ruderte zurück. Max hatte sich seinen Mist letztlich selbst eingebrockt, und Konter arbeitete in der Politischen Abteilung der Polizei. Schließlich konnte der Bäcker auch nicht wissen, wann der Schuster die Sohlen fertig hatte.

»Ich werde unseren Anwalt informieren«, gab er sich nun versöhnlicher. »Es wäre hilfreich, wenn Sie ein paar Dinge herausfinden. Was genau man ihm vorwirft. Vielleicht geht es gar nicht um die Bank. Und er hat nur einen Nachbarn beleidigt. Oder mit dem Fahrrad einen Hamster überfahren.«

»Sehr wahrscheinlich.« Konter lächelte.

Franz war immer noch aufgewühlt von dem Gespräch im Krankenhaus und nutzte nun die Gelegenheit, mit Konter über die Sache zu sprechen. Er schilderte in groben Umrissen Valeries Erlebnisse. Noch verschwieg er allerdings, dass sie möglicherweise seine Cousine war. Das wollte er zunächst mit seiner Mutter und später mit Toni besprechen.

»Ihr wurde Gewalt angetan, Paul«, sagte er, als er geendet hatte. »Der Arzt sagt, dass das möglicherweise über Monate so ging. Jemand hat sie gefangen gehalten! Da müsst ihr doch was wissen! Wer tut so etwas?«

Paul Konter versuchte, den jungen Mann zu beruhigen. Schließlich fiel ihm nichts anderes ein, als ihm ein wenig *Doornkart* einzuflößen. Nach einem zweiten Glas verebbte endlich das Fragen und Lamentieren.

»Berlin ist groß«, sagte er. »Eine Weltstadt. Und in solchen Städten gibt es immer auch Dreck. Ich meine nicht nur Mord oder Raub. Ich meine auch den anderen, ebenso üblen Dreck. Gewalt gegen Kinder, Mädchen, Frauen. Als ich jung war, hat die Kaiserliche Geheimpolizei einen Bund von Teufelsanbetern hochgenommen. Die haben Säuglinge gestohlen, die man vor Krankenhäusern abgelegt hatte. Die Kollegen fanden überall in den Häusern dieser Kerle kleine Knochen. Und vor zehn Jahren hat ein Mann frische Leichen ausgegraben, um sich an ihnen zu vergehen. Drei Millionen Menschen, da gibt es immer auch Irre und Perverse. Wer weiß schon, was in manchen kranken Gehirnen vor sich geht. Sieh dir nur diesen Großmann an.«

Franz hatte in den Zeitungen von der Verhaftung des Mörders gelesen. Die Schilderungen verursachten allerorten blankes Entsetzen und Abscheu.

»Werden Sie etwas unternehmen, Paul?«, fragte er.

»Ich höre mich mal bei der Sitte um. Solche Strolche fangen meist klein an. Kaufen erst ein paar Bildchen. Dann fummeln sie Mädchen unter den Rock oder an die Brust. Später fallen sie oft durch ihren brutalen Umgang mit Huren auf. Was du da erzählst, ist sicher nicht die Tat eines Neulings. Das Schwein wusste offenbar, was es tut. Ich werde auch mit Gennat sprechen. Aber warum interessierst du dich so für sie? Kennst du diese Valerie näher? Oder ist sie eine Freundin von Susanne?«

»Nur so, Paul.« Franz wusste, dass Konter nicht in alle Einzelheiten eingeweiht war. Daran wollte er jetzt auch nichts ändern. »Tante Toni hat sich an dem Abend im *Nelsons* so aufgeregt über die Sache. Und Sie wissen ja, Paul, dass sie generell bei solchen Geschichten sehr empfindlich ist. Ich bin es ihr schuldig, da ein wenig Licht ins Dunkel zu bringen.«

Konter wusste zwar, dass es Antonia nicht gut ging. Die Brüder hatten jedoch entschieden, dass im Moment nur von einem leichten Zusammenbruch wegen Überforderung die Rede sein sollte. Und dass eine verstörte, nackte Frau, die auf der Bühne erschienen war, das Fass zum Überlaufen gebracht hatte.

»Wie geht es deiner Tante im Moment?«

»Besser. Die Ärzte sagen, es war kein Schlaganfall, sondern die Aufregung. Sie muss wohl noch zu einer Untersuchung in die Charité. Sie wollen ausschließen, dass es wieder dieses Gewächs im Kopf ist. Hoffentlich nicht! Danach soll sie sich in einen Sanatorium erholen. Irgendwo im Norden.«

Aufregung, dachte Paul Konter und fühlte sich bestätigt. Es ist dieser verdammte Klante. Der Kerl brachte nur Ärger. Da brauchte es nicht viel Sachverstand oder Menschenkenntnis. Dieses Windei war nichts für eine Dame wie Antonia. Offenbar hatten die Kollegen von der Gewerbeaufsicht Lunte bei Klantes Geschäften gerochen. Die Betrugsabteilung und Steuerfahndung waren Gerüchten zufolge an ihm dran. Wie sollte sich Antonia da schonen? Und das nach der schweren Operation vor einem Jahr. Nein, der Mann war definitiv nichts für sie. Konter versuchte, sich seine Sorge nicht zu sehr anmerken zu lassen. Vor allem jedoch wunderte er sich wieder einmal über sich selbst. Wenn er an Toni dachte, stieg ihm der Duft von Fliederwasser in die Nase. Mit einem Hauch von Anemonen. Und da war noch etwas anderes …

»Alles in Ordnung mit Ihnen, Paul?«, fragte Franz, als er bemerkte, dass der Mann durch ihn hindurchzusehen schien.

»Was? Ja, ja, ich werde Antonia besuchen, sobald sie sich etwas erholt hat«, murmelte Konter nur. »Gib mir dann Bescheid. In Klantes Sache werde ich mich umhören. Vielleicht kann ich eurem Anwalt ein paar Tipps geben. Und bei der Sitte hake ich nach. Versprochen.«

○ ○ ○

Marie Nitsche war der Name von Großmanns letztem Opfer. Bei der Sitte war sie wegen »häufigen, unzüchtigen Verhaltens« und »Gelegenheitsprostitution« aktenkundig. Konter ließ sich einen Abzug eines unscharfen Fotos von ihr anfertigen und klebte ihn zu seinen Ermittlungsskizzen. Eine Marotte. Er sah Opfern und Tätern gern in die Augen. Für ihn war es, als wären die Taten dann mehr als nur Akteneinträge. Sie wurden persönlich. Er dachte gerade mit Grauen daran, dass die Leichenteile, die die Polizei in der Wohnung des Täters gefunden hatte, wahrscheinlich von diesem Fräulein Nitsche stammten.

»Marie Nitsche wurde Mitte August aus dem Frauengefängnis Moabit entlassen und traf wenig später auf Großmann«, sagte Konter und legte seine Hand auf eine dünne Akte. Er hatte Ernst Gennat um ein Gespräch gebeten. »Das Frauenzimmer war nicht gut beleumundet. Mehrmals als Hilfskraft oder zweites Dienstmädchen angestellt und wegen Diebstahls angezeigt. Aufgegriffen bei Ausübung der Prostitution zum Erwerbszweck ohne Erlaubnis. Zuletzt verdächtig des Raubes an ihrer Zimmerwirtin. Allerdings wurde sie erneut nur wegen einfachen Diebstahls angeklagt. Sie erhielt zur Besserung ihrer asozialen Veranlagung und als Wiederholungstäterin eine Strafe von neun Monaten Gefängnis.«

»Not kennt kein Gebot«, murmelte Gennat. »Offenbar haben diese Herren bei Gericht niemals Hunger gelitten. Niemals gefroren. Niemals unter Brücken geschlafen.«

»Wären es zehn Monate Haft gewesen, dann würde sie wohl noch leben«, entgegnete Konter. »Sie muss Großmann gleich nach ihrer Entlassung in die Arme gelaufen sein. Und die Nachbarn sagen, dass er ganz reizend zu diesen jungen Mädchen war.«

»Auf der Suche nach ein bisschen Wärme ging es für sie direkt in die Hölle.«

»Niemand kümmert sich großartig um diese Frauen«, sagte Konter. Er war wütend und schlug mit der Handfläche etwas zu heftig auf die Akte. »Sie sind bereits vorverurteilt, haben nie eine echte Chance. Liederlich, asozial, enthemmt, unzüchtig. Beinahe klingt es so, als wären sie selbst schuld, wenn man sich an ihnen vergeht.«

»Na, nun werden sie mir mal nicht zum Sozi«, entgegnete Gennat. »Ich gebe Ihnen recht, aber unsere Aufgabe ist es, innerhalb des bestehenden Systems zu arbeiten. Nicht, es zu verändern.«

»Ihre Vorgeschichte macht mich allerdings stutzig. Hier steht, dass ihr gleich nach dem Krieg ein Leutnant den Hof gemacht habe. Sogar von einer Verlobung ist die Rede. Danach hat sie das Elternhaus in der Nähe von Greifswald verkauft und ist nach Hamburg gezogen. Dort war sie allerdings nie gemeldet. Und vor einem Jahr tauchte sie in Berlin auf, galt seither als verwahrlost und war oft alkoholisiert. Sie wurde mehrmals aufgegriffen, weil sie apathisch an Plätzen herumhockte. Und dann wieder randalierte sie und schlug wahllos um sich.«

»In Zeiten wie diesen scheitern viele Träume«, meinte Gennat. »Großmann gibt an, dass Fräulein Nitsche ihn bestohlen und beleidigt hätte. Daraufhin wäre es zu einem Handgemenge gekommen. Er hätte sie nur geschlagen und gewürgt. Sagt er.«

»*Und plötzlich war sie tot.*« Konter nickte. »Ich kenne seine Aussage. Die Wut muss ja unbändig gewesen sein, wenn er die Frau danach noch mit einem Fleischerbeil zerhackt.«

»Er hat zwei Morde gestanden, die vorher begangen wurden. Er hatte also Erfahrung.«

»Drei Tote? Und aus den Kanälen der Umgebung wurden allein drei Dutzend Oberarmknochen und siebzehn Unterkiefer geborgen. Ich bin kein Rechengenie, aber behaupte, dass das nicht passt. Entweder Großmann lügt, oder wir übersehen etwas.«

»Wir klären zunächst diesen Fall, dann den nächsten.« Gennat schien in sein typisches Phlegma zurückgefallen zu sein. Aber Konter war unzufrieden. Monatelang hatte Gennat keine Spur gehabt. Der Polizeipräsident hatte ihm die Hölle heißgemacht, endlich den oder die Täter zu fassen. Im Südosten der Stadt ging die Angst um. Und jetzt gab er sich mit Großmann zufrieden. Sicher, ein Erfolg. Aber sollte dieser Kerl tatsächlich für das Verschwinden von einhundert Frauen verantwortlich sein?

»Bleiben Sie am Ball, Paul«, meinte Gennat. »Ich werde aus dem Mann nicht schlau. Verstrickt sich in Lügengespinste und Widersprüche, dabei könnte er es zu einiger Berühmtheit bringen. Für manche Menschen ist das Leben derart öde und beschissen, dass sie für ein wenig Aufmerksamkeit sogar den Tod in Kauf nehmen würden.«

7

Berlin – Klinikum Charité, Oktober 1921

Nach ihrem Zusammenbruch war Antonia Sass umgehend in die Charité gebracht worden, hatte sich dort jedoch vehement geweigert, weitere Untersuchungen durchführen zu lassen. Es war klar ersichtlich, dass sie Angst hatte. Todesangst, die sie – im wahrsten Sinne – lähmte. Ein Umstand, der sie umso mehr verunsicherte, als sie ihr Leben bisher souverän und mit einem aus innerer Stärke geborenen Gleichmut gelebt hatte. Die Hirngeschwulst war knapp ein Jahr zuvor operiert worden, und sie hatte sich nur schleppend davon erholt. Und jetzt tauchte plötzlich Valerie auf. Die alten Symptome, Sehstörungen, Gesichtslähmung und Schwindel, waren völlig unerwartet zurückgekehrt. Ihre Sprache klang verwaschen, ein Mundwinkel hing etwas herab. Zwar hatte die Familie noch versucht, sie von den Neuigkeiten um ihr geliebtes »Lümmelchen« abzuschirmen, aber natürlich hatte sich die Presse auf den Skandal gestürzt. Max Klante saß seit einem Monat in Schimpf und Schande hinter Gittern. Man würde ihn wegen Betrugs und Steuerhinterziehung anklagen. Als Toni davon erfuhr, schien sie vollends zu resignieren. Außer Susanne und Katja ließ sie niemanden mehr an sich heran. Sie sprach nur selten, verweigerte sogar zeitweise das Essen. Sie stand kurz davor, aufgrund »anhaltender, seelischer Zerrüttung« – so die Einschätzung der Ärzte – in einer Nervenheilanstalt weggeschlossen zu werden. Ihr Gemütszustand wechselte mehrmals täglich von Weinkrämpfen zu Wutanfällen, gefolgt von Apathie. Eine von den Professoren verordnete Laudanum-Behandlung konnte zwar die stärksten Ausbrüche dämpfen, gleichzeitig sank jedoch ihr Lebensmut auf einen Tiefpunkt. Sprach jemand den Vorfall im *Nelson-Theater* an oder drängte sie gar, dessen Hintergründe zu schildern, dann machte sie vollends dicht. Behutsam vermochten die beiden jungen Frauen in den folgenden Wochen jedoch, Tonis Lebensmut neu zu wecken. Katja hatte ebenso wie sie die Odyssee einer Vertriebenen durchgemacht. Das schweißte zusammen. Und Susanne war eine besondere Gabe zuteil, die sie schon oft bei verwahrlosten Straßenkindern und den verzweifelten, jungen Huren eingesetzt hatte. Sie war von Natur aus einfühlsam und teilnehmend, ohne ihr Gegenüber zu bedrängen. Aus diesen Gründen waren die beiden Frauen die einzigen Menschen, die Antonia im Moment bei sich duldete.

Schließlich war es Professor Edmund Forster, der bekannte Greifswalder Nervenarzt und Konsiliarius, der sie in ihrem Refugium am Hermsdorfer See, wohin sich Toni zurückgezogen hatte, aufsuchte. Das Hotel *Seeschloss* war zwar keine offizielle Heilanstalt, aber die salzhaltigen Tongruben und die idyllische Abgeschiedenheit machten den Ort bei betuchten Berlinern, die etwas ausspannen wollten, recht beliebt. Der Mann besaß im Gegensatz zu vielen seiner Kollegen die Einsicht, das Gesundheit nicht allein ein Ausdruck der körperlichen Verfassung war.

»Der Schmerz an der Seele vermag stärker zu sein als jener, den der heftigste Schwerthieb zufügt.«

Mit diesen Worten hatte er ein langes Gespräch mit seiner Patientin begonnen, an dessen Ende sie sich bereit erklärte, die Ursachen ihrer weiterhin sporadisch auftretenden Lähmungen abklären zu lassen. Forster war zu dem Schluss gekommen, dass sie dafür nochmals an der Berliner Charité untersucht werden sollte. Also war Toni nach drei Wochen Aufenthalt in Hermsdorf wieder in die Stadt gefahren worden. Ihr graute vor den widerlichen Prozeduren, die sie dort würde über sich ergehen lassen müssen. Noch mehr jedoch fürchtete sie sich vor dem, was diese Untersuchungen ergeben könnten.

○○○

Franz bestand an diesem Oktobermorgen darauf, Susanne und Katja in das weltweit bekannte Klinikum am Humboldthafen zu begleiten. Er musste wissen, wann das *Syndicat* wieder mit Antonia rechnen konnte. Ihm wuchsen die Anforderungen langsam, aber sicher über den Kopf. Er machte Fehler. Lieferanten und Konkurrenten, die Toni gut im Griff gehabt hatte, wurden immer frecher.

»Es muss sein, Susi«, sagte er. »Ich brauche ihren Rat.«

Susanne hatte ihm berichtet, dass Toni mehrmals geröntgt worden war, dass man ihr Schläuche in alle möglichen Körperöffnungen gesteckt und eine lange Nadel in den Rücken gerammt hatte.

»Sie wollen ihr sogar Luft in den Kopf blasen«, hatte sie nach dem letzten Besuch gesagt und dabei geweint.

Jetzt endlich wollten die Ärzte eine Entscheidung treffen, ob eine weitere Operation notwendig wäre.

»Sie hat uns ausdrücklich aufgetragen, dass sie niemanden außer uns sehen möchte«, stellte Katja nochmals klar, doch dieses Mal ließ sich Franz nicht von seinem Vorhaben abbringen.

»Ist mir schnurzpiepe«, erwiderte er. »Schließlich geht uns ihr Zustand alle etwas an. Das *Syndicat* ist das eine, die Familie das andere. Wir machen uns alle Sorgen und haben ein Recht darauf, zu erfahren, was passiert ist. Und ich muss wissen, wie es weitergeht.«

Die Neurologische Abteilung war immer noch offiziell der Inneren Medizin untergeordnet. Franz hatte mitbekommen, dass sich Tonis behandelnder Arzt darüber aufgeregt hatte. Die Herren Professoren erkannte man auf den Gängen schnell. Silbernes Haar, ordentlicher Mollenfriedhof unter dem Kittel und um sie herum immer ein Tross von Untergebenen. Nur die jungen Ärzte schienen hier wirklich zu arbeiten, während die grauen Eminenzen vornehmlich dozierten.

Wie im richtigen Leben, dachte Franz. Ist bei *Siemens & Halske* unter den Gesellen und Meistern auch nicht anders gewesen. Lehrjahre und Herrenjahre eben. Als er mit seinen Begleiterinnen zur üblichen Besuchszeit am Nachmittag im Krankentrakt für Frauen ankam, wurden sie vor Tonis Zimmer Zeugen einer heftigen Auseinandersetzung zwischen zwei Medizinern.

»Ich bin weiterhin der Ansicht, dass es sich um eine banale Frauenmalaise handelt, Herr Kollege«, meinte ein älterer Arzt, an dessen Kittel polierte Silberknöpfe glänzten. Offenbar war er der internistische Oberarzt. »Eine einfache Unterzuckerung, ein hysterischer Zustand, prämenstruelle Unpässlichkeit … Es gibt bei einer Frau viele Gründe.«

»Herr Oberarzt«, unterbrach ihn der andere, deutlich jüngere Kollege, »bei allem Respekt, aber es sollte zunächst eine neurologische Diagnose gestellt werden. Der Tumor könnte erneut gewachsen sein. Nur ein Pneumencephalogramm würde uns genauen Aufschluss darüber bringen. Professor Forster hatte das in seinem Konsiliarbericht vorgeschlagen.«

»Ich stimme nicht zu. Und Forster hat hier gar nichts zu melden. Ende der Diskussion, Dr. Berger.«

Der Grauhaarige war erkennbar indigniert, drehte sich nun einfach um und ließ den Stationsarzt wie einen Schuljungen stehen.

»Kennt ihr den?«, flüsterte Franz und deutete mit dem Kopf in Bergers Richtung.

»Nee, hier laufen ständig andere Ärzte herum«, erwiderte Susanne. »Und beim letzten Mal war Toni auf der bewachten Station.«

»Psychiatrie«, ergänzte Katja.

»Entschuldigen Sie«, wandte sich Susanne an den jüngeren Mediziner. Sie wirkte dabei ungewöhnlich zaghaft. »Frau Sass ist … Ich meine, ich bin die …«

»Tochter!« ergänzte Franz. »Und ich bin ihr Sohn. Wir würden gern mit Ihnen über ihren Zustand sprechen.«

Dr. Berger wirkte erschöpft, verunsichert und verärgert zugleich. Es schien, als wäre ein Gespräch mit Angehörigen das Letzte, was er jetzt ertragen konnte. Mit einem Nicken und einer fahrigen Handbewegung zeigte er in Richtung Krankenzimmer. Franz ließ sich allerdings nicht so leicht abwimmeln und trat näher an den Arzt heran.

»Wie sieht es aus, Herr Doktor?«

»Also gut«, seufzte der Mann. »In aller Kürze. Ich habe Ihre Mutter vorhin untersucht. Ich konnte einige kleinere Zeichen der von Professor Forster beschriebenen, alten Halbseiten-Symptomatik finden. Wahrscheinlich handelt es sich um einen Residualzustand.«

Warum müssen diese Kerle immer Worte benutzen, die niemand außer ihnen versteht?, fragte sich Franz und hob die Augenbrauen. Berger sprach in leicht gereiztem Tonfall weiter: »Ein Hirntumor kann Schäden anrichten, die nicht immer vollkommen ausheilen. Oder aber es ist eine Operationsfolge. Professor Forster sieht das ebenfalls so. Um Genaues sagen zu können, brauchen wir eine weitere Untersuchung in der Röntgen-Abteilung.« Jetzt wies er in Richtung Flur, in dem sein Oberarzt verschwunden war. »Die Fachärzte beraten sich gerade. Aber lassen Sie das mal unsere Sorge sein. Regen Sie Ihre Mutter vor allem nicht auf. Sie braucht Ruhe.«

Mehr war aus dem Arzt nicht herauszubekommen. Er war mit seinen Gedanken bereits bei seinen Notizen. Er kritzelte etwas in ein Buch, das er aus der Kitteltasche gezogen hatte. Als er sich entfernte, schüttelte er mehrmals den Kopf und murmelte etwas von *Frauenmalaise* und *Hysterie*.

»Blödsinn. Bornierter Ignorant«, murmelte er noch, als er glaubte, außer Hörweite zu sein.

»Läuft ja alles prima hier«, sagte Franz betont laut. »Kann man für hundert Mark am Tag auch erwarten.«

Ich muss unbedingt mit Forster sprechen, nahm er sich vor. Susanne und Katja gingen ins Zimmer. Er sollte noch einen Augenblick draußen warten. Seine Tante konnte, vorsichtig formuliert, recht impulsiv auf Überraschungen reagieren. Kurz darauf waren durch die angelehnte Zimmertür leise Stimmen zu hören. Die beiden Frauen hatten vorgeschlagen, die Patientin zunächst allein auf den unerwarteten Besuch vorzubereiten. Beinahe amüsiert lauschte Franz der heftigen Auseinandersetzung im Krankenzimmer.

»Ich habe gesagt, ich will keinen Besuch!«

»Wir machen uns doch alle Sorgen, Toni. Auch die Jungs.« Susannes Stimme hatte diese Schwingung, die Franz nur zu gut kannte und die an einen Griff in Zuckerwatte erinnerte. In dieser Hinsicht war sie ziemlich durchschaubar.

»Rede nicht mit mir, als wäre ich eine begriffsstutzige, masurische Matrone, deren Schoßhund vermisst wird.«

»Dinge müssen besprochen und entschieden werden«, sagte Katja. »Du würdest dich später ebenso beschweren, wenn wir dich übergehen würden.«

Diese Frau ist durchs Feuer gegangen, dachte Franz. Und mit allen Wassern gewaschen. Wieder einmal bewunderte er die Kraft, die der jungen Russin zu eigen war. Sie konnte Menschen begeistern und mitreißen. Aber an Tonis Sturheit schien sie sich die Zähne auszubeißen.

»Niemand bedeutet niemand. Und wenn ihr so weitermacht, dann setzte ich euch auch an die Luft!«

»Franz ist doch von den Kerlen der verträglichste«, fuhr Katja unbeirrt fort. »Also, spring über deinen Schatten, Toni. Es wird ohnehin Zeit, dass für dich das Leben wieder anfängt. Probleme werden nicht dadurch gelöst, dass man den Kopf in den Sand steckt. Das weißt du besser als ich.«

Was meinte sie mit *der Verträglichste*? Franz nahm sich kopfschüttelnd vor, bei Gelegenheit ein Wörtchen mit Katja zu wechseln. Er konnte sich jetzt nicht mehr beherrschen und entschied sich für einen Frontalangriff. Innerlich bereitete er sich auf eine fliegende Bettpfanne und einen Schwall von Verwünschungen vor.

»Hallo, Toni«, sagte er in unverfänglichem Ton und stand einen Augenblick später vor dem Krankenbett seiner Tante. Dabei hielt er die Blumen, die er beim Straßenstand am Luisenplatz gekauft hatte, vor sich wie ein Schild, das ihn vor dem Gröbsten bewahren konnte.

Und tatsächlich fluchte Antonia mehrmals wenig damenhaft. Ihrem Neffen entriss sie die Herbstastern und zerlegte den Strauß über seinem Kopf. Insgesamt wirkte sie trotz des Ausbruchs immer noch matt. Das Feuer in ihr brannte weniger stark, als es die Familie gewohnt war. Dabei schien sie vor dieser Sache im *Nelson-Theater* gerade die Nachwirkungen ihrer schweren Operation überwunden zu haben, war fast wieder zu alter Form aufgelaufen.

»Ach, egal«, sagte sie, nachdem sie sich etwas beruhigt hatte. »Sollen doch alle Nachtwächter und Straßenkatzen Berlins an mein Bett kommen. Damit es morgen die ganze Stadt weiß.«

»Wir sollten ein paar Dinge klären.« Franz wollte umgehend zur Sache kommen, wurde aber sofort wieder unterbrochen.

»Wie geht es meinem Lümmelchen?«, fragte seine Tante. »Sitzt er in der Plötze oder auf Moabit ein?«

»Moabit. Untersuchungsgefängnis«, erwiderte Franz. »Und danke der Nachfrage, mir und deinen anderen Neffen geht es auch gut. Außer dass uns die Socken qualmen und die Ohren rauschen. Probleme, Fragen, Ärger.«

»Was meint Renger?«, hakte Toni nach, ohne auf die Spitze zu reagieren.

»Er denkt, dass er die Sache hinbiegen kann«, log Franz. Er hatte mit den anderen besprochen, die Angelegenheit kleinzureden. »Der Betrug mit der Banksache ist nicht so schlimm. Die Steuerhinterziehung macht etwas mehr Ärger. Aber es ist ja nur Geld.« Seine Stimme zitterte leicht. Schwindeln war noch nie seine Stärke gewesen.

Susanne und Katja wechselten kurz einige Blicke, die nichts Gutes verhießen. Zum Glück war Toni blind und taub, wenn es um ihren geliebten Max Klante ging.

»Über unseren Zahlenkasper können wir auch später sprechen«, meinte Susanne. »Du weißt, dass wir über den Vorfall vor einem Monat im *Nelson* reden müssen. Du kannst dich nicht ewig in Schweigen hüllen, Toni. Wir haben uns ein paar Dinge zusammengereimt, aber jetzt ist es wichtig, dass du uns endlich reinen Wein einschenkst.«

»Mir geht es gut«, gab Antonia unwirsch zurück. »Ich habe es auch diesen Idioten im weißen Kittel erklärt. Ich weiß, was …« Sie stockte, und ihre Stimme wurde weicher. »Wen ich gesehen habe. Dieses junge Mädchen ist meine Tochter. Sie heißt Valerie. Und wie fühlt sich eine Mutter wohl, wenn sie ihr Kind nach fast drei Jahren das erste Mal wieder sieht? Und wenn es in einem solchen Zustand ist wie …?« Sie wischte eine abgebrochene Asterblüte von ihrer Bettdecke. »Es ist doch völlig egal, wie es mir geht. Sie ist wichtig!«

»Ich habe mit ihr gesprochen«, sagte Franz. »Sie erholt sich langsam. Aber der Arzt sagt, sie steht noch immer unter Schock. Bitte, erzähl uns, was passiert ist.«

Nach seinem Besuch bei Valerie war er hin- und hergerissen gewesen. Zunächst hatte er ihre Geschichte geglaubt. Dann waren ihm jedoch Zweifel gekommen, ohne dass es dafür handfeste Gründe gab. Das Auftauchen dieser Frau hatte nicht nur Tonis Welt erschüttert. Und instinktiv ahnte er, dass sie die Wahrheit sagte. Alles passte einfach zu gut zusammen. Die intime Szene, als Valerie ihm das Muttermal gezeigt hatte, behielt er für sich. Das Offensichtliche lag zu klar vor ihm. Da musste er seiner Tante nicht noch mehr Schmerz zufügen.

»Sie sah so furchtbar aus da oben auf der Bühne«, sagte Toni und nickte. Ihre Augen füllten sich mit Tränen. »Wie ein Geist, eine Erscheinung. Sie war kaum zu erkennen, aber ich habe gespürt, dass sie es ist.«

»Du hast nie von ihr erzählt«, meinte Franz unbeholfen.

»Wann denn? Ich komme vor drei Jahren hier an und erfahre als Erstes, dass mein Bruder in Haft sitzt. Dann lasst ihr Appelköppe euch in diese Sache mit dem *Consul* reinziehen. Und mein Lümmelchen braucht auch immer eine helfende Hand. Ich bin doch kaum zum Atmen gekommen, seit ich nach Berlin zurückgekehrt bin.«

»Ja, aber sie ist deine Tochter«, druckste Franz herum und sah Susanne hilfesuchend an. »Hast du dich nicht gefragt …? Ich meine, wolltest du nicht wissen, wie es ihr geht?«

»Jeden Tag, Herr Neffe!«, erwiderte Toni in scharfem Tonfall. »Wir sind damals kurz vor dem Frieden im Streit auseinandergegangen. Sie ist aus Paris weg, wollte zu Verwandten. Ich konnte ja nicht wissen, dass ihr dort derart Schreckliches widerfährt. Ich wollte nach ihr suchen, sobald sich diese geistige Brandstiftung zwischen Deutschen und Franzosen etwas beruhigt hätte.«

»Ist gut, Toni«, meinte Katja, nahm ihre Hand und hielt sie lange fest. »Wenn es nicht geht, ist es in Ordnung. Manche Dinge brauchen Zeit, bis man drüber reden kann. Viel Zeit.«

»Aber eben sagtet ihr doch ...«, protestierte Franz, erntete jedoch von Katja und Susanne nur strafende Blicke, die ihn verstummen ließen.

Was habe ich denn jetzt wieder falsch gemacht, fragte er sich. Eben hatte es noch geheißen, dass Antonia nun endlich ihre Geschichte aufklären sollte. Jetzt wollte ihr Katja wieder alle Zeit der Welt lassen. Das konnte doch keiner verstehen! Er wollte doch auch nur das Beste für seine Tante. Sie mussten entscheiden, wie sie mit Valerie in Zukunft umgingen. Und für Max »Lümmelchen« Klante musste die beste Verteidigung organisiert werden. Wenn Toni erfuhr, dass der Anwalt mit mindestens fünf Jahren Zuchthaus rechnete, dann würde Antonia wohl endgültig zusammenbrechen. Franz musste sich eingestehen, dass Katja doch irgendwie recht hatte. Vielleicht war es am besten, wenn er zusammen mit seiner Tante den Kopf in dasselbe Sandloch steckte. Nichts sehen, nichts hören.

»Komm, Franz«, sagte Susanne und zog ihn bereits zur Tür. »Wir lassen die beiden für einen Moment allein.«

Auf dem Flur machte Franz seinem Ärger Luft. Er zündete sich eine Zigarette an. Am liebsten wäre er zu den Schwestern gegangen und hätte nach einem Weinbrand gefragt.

»Seit Wochen gibt es kaum Zeit für uns, Susi«, rief er aufgebracht. »Alle Dinge müssen sofort erledigt werden. Die Probleme nehmen zu. Ich fühle mich, als würden hundert Hände an meinen Ärmeln zerren. Immer gibt es irgendetwas zu tun. Und irgendjemand braucht meinen

Rat oder Hilfe. Ein Gefallen hier, etwas Geld da. Ich schaffe das nicht mehr alleine. Jetzt sind wir uns da drinnen einig, dass Toni endlich Farbe bekennen muss. Und dann kommt Katja und sagt seelenruhig, dass wir alle Zeit der Welt haben.«

»Du musst noch einiges lernen, mein Lieber«, erwiderte sie. »Zum Beispiel, dass es Situationen gibt, die es erfordern, ein wenig vom ersten Entschluss abzurücken. Momente, die es erfordern, ein wenig sensibler vorzugehen. Hast du nicht gemerkt, dass Toni jeden Moment zusammengeklappt wäre? Das würde uns auch nicht helfen.«

Die Lasten des *Syndicats* hatten von Anfang an zwei Personen getragen. Toni und Franz. Seine Brüder hatten einfach nicht den Überblick. Und nicht genügend Grips fürs Geschäft. Franz hatte gehofft, Ian mehr einbinden zu können. Aber nach dem Gespräch neulich war er schwer enttäuscht. Da musste erst einige Zeit ins Land gehen, bevor er dem Iren wieder so vertraute, dass er für die Leitung ihres ganzen Unternehmens infrage kam.

»Alles bleibt an mir hängen, Susi! Ich merke doch, dass es dir auch nicht gut geht. Dass dich diese Hautstellen belasten, für die niemand eine Erklärung hat. Valerie braucht eine Bleibe, wenn sich herausstellt, dass sie wirklich zur Familie gehört. Max sitzt im Gefängnis. Ian hat irgendwelche gefährlichen Ideen. Was soll ich bloß tun?«

»Manche Dinge können wir nicht beeinflussen«, erwiderte sie und strich ihm sanft über die Wange. »Manche schon.« Sie nahm seine Zigarette und drückte sie auf einer Gipsbüste von Robert Koch aus, die neben der Sitzbank stand. »Ich fürchte, dass die erste Kategorie weitaus größer ist. Da hilft nur Vertrauen.«

In diesem Moment öffnete Katja die Tür zum Krankenzimmer und winkte sie herein. Dabei nickte sie Susanne kaum merklich zu. Toni saß jetzt auf einem Stuhl vor dem Fenster.

»Die Trennung von Valerie tat so verdammt weh, dass ich froh war, viele Dinge um die Ohren zu haben«, fuhr sie fort, als hätte es gar keine Unterbrechung gegeben. »Manchmal ist es das Einzige, was mich überleben lässt. Als Jean-Luc, ihr Vater, im Frühsommer 1918 unerwartet verstarb, brach für mich die Hölle los in Paris. Es war, als hätte ich mit ihm den Schutzschild verloren, der mich vor den Gehässigkeiten der Leute abschirmte. Fast alle mieden mich plötzlich. Ich war nur noch die *Boche*, *La Traître*, *La Pute*. Die Deutsche, eine Verräterin und Hure. Auch Valerie wurde Zielscheibe von Anfeindungen. Dabei ging sie doch ganz normal auf eine französische Mädchenschule. Sie spricht perfekt Französisch, trägt einen französischen Namen, hat sogar einen Pass. Um alles noch komplizierter zu machen, hatte sie sich gerade in einen jungen Mann verliebt. Und dann das! Sie wurde angespuckt, niemand wollte mehr etwas mit ihr zu tun haben.«

»Und warum ist sie nicht mit dir gegangen?«, fragte Susanne. »Du sagtest, dass es in ganz Frankreich für Deutsche nicht mehr auszuhalten war.«

»Jean-Lucs Verwandte haben herausgefunden, dass wir beide gar nicht verheiratet waren. Sie wollten an das Erbe und haben Valerie aufgehetzt. Dabei war eine Ehe ihm und mir immer egal gewesen. Nur ein Stück Papier, das wir nicht brauchten. Daraufhin taten seine Geschwister aber alles, um das Testament anzufechten. Es war gar keine große Summe. Vor Gericht fand sich dann plötzlich ein gekaufter Zeuge, der sogar behauptete, dass Valerie seine Tochter wäre. Was ich aussagte, war dem Richter vollkommen egal. Sie ist weinend zusammengebrochen, als sie davon erfuhr. Und dann hat man sie noch gezwungen, im Verhandlungssaal zu erscheinen. Sie ist am selben Nachmittag fortgegangen. Wenig später habe ich dann einen Brief von ihr bekommen. Darin hat sie sich von mir losgesagt. Ich war am Boden zerstört.«

»Um Gottes willen«, rief Franz empört. »Dabei musst du doch am besten wissen, wer der Vater ist.«

»Der Richter hat mir gar nicht zugehört. Unverheiratet, die Tochter angeblich nicht von Jean-Luc. Für ihn war ich nur ein deutsches Flittchen, das mit jedem ins Bett stieg. So einfach war das. Wegen meines angeblich verwerflichen Lebenswandels wollten sie mir auch noch das

Sorgerecht aberkennen, aber zu der Verhandlung bin ich dann nicht mehr erschienen. Die Demütigung hätte ich nicht ertragen. Das Erbe wurde Valerie zugesprochen und Jean-Lucs Angehörige sollten es für sie verwalten.«

Antonia Sass wurde von einem Weinkrampf geschüttelt. Ihre Verzweiflung war im Krankenzimmer beinahe greifbar. Sie hatte lange Zeit Stärke bewiesen, ihren Bruder aus der Untersuchungshaft geholt, das *Syndicat* aus der Taufe gehoben und sogar den Ringvereinen in Berlin erfolgreich die Stirn geboten. Selbst ihre eigene schwere Erkrankung hatte sie beinahe klaglos ertragen. Nun jedoch schien sie am Ende zu sein. Das Schicksal ihrer Tochter hatte sie eingeholt. Ihre eigene Geschichte war über sie hinweggefegt wie ein Orkan und hatte in ihr scheinbar nur Trümmer und Leid hinterlassen.

»Ich glaube, es reicht jetzt, Franz«, sagte Katja mit fester Stimme und erhob sich von der Bettkante.

Sie gab Susanne ein Zeichen, die nickte und Franz unauffällig anstieß. Aber Toni winkte ab, bedeutete ihren Besuchern, wieder Platz zu nehmen. Offenbar wollte sie sich auch den Rest der Geschichte von der Seele reden.

»Sie haben mir einhundert Franc angeboten, wenn ich sofort das Land verlasse«, fuhr sie fort. »Ansonsten wollten die Schweine mir sogar einen Prozess anhängen. Betrug, Misshandlung, solche Dinge hatte der feine Anwalt sich ausgedacht. Mein Pflichtverteidiger stimmte zu, bevor ich etwas sagen konnte. Valerie hatte mir geschrieben, dass sie bei Jean-Lucs Verwandten untergekommen war. Was sollte ich also tun?«

»Und später? Warum hast du sie nicht sofort gesucht? Oder suchen lassen? Warum hast du uns nicht davon erzählt? Wir hätten dir doch …«

»Franz! Schluss jetzt!«, ging Susanne energisch dazwischen und zog ihn zur Tür.

»Ist gut. Er hat ja recht. Ich will es ja auch endlich loswerden. Ich habe noch ein paar Postkarten bekommen, dann hörte das plötzlich auf. Ich habe einen Detektiv aus dem Elsass beauftragt. Er war ein Bekannter von früher, und ich vertraute ihm. Er konnte herausfinden, dass Valerie erst in Marseille, später in Lyon gewesen war. Ein Jahr nach Kriegsende hatte sie sich schließlich an die deutsche Botschaft in Paris gewandt. Plötzlich verlor sich ihre Spur. Weder bei der Botschaft noch hier in Berlin wusste jemand etwas über eine Valerie DuPont. Ich konnte nur abwarten. Ich habe mich in die Arbeit gestürzt.«

Die Botschaft in Paris, dachte Franz. Davon hatte die junge Frau ihm ebenfalls berichtet. Man wollte dort ihre Heimreise organisieren, hatte sie behauptet. Nur, weshalb gab es dann darüber gar keine Aufzeichnungen? Waren kriegsbedingt Akten verschwunden? Hatten die Franzosen kurz vor der Ausreise doch noch dazwischengefunkt? Da Franz fürchtete, dass seine Begleiterinnen ihn jeden Moment am Kragen aus dem Zimmer schleifen könnten, behielt er seine Gedanken für sich.

»Ich muss zu ihr«, sagte Toni.

»Ich habe mit dem Arzt gesprochen«, entgegnete Franz. »Er schlug vor, Valerie für einige Zeit in ein Sanatorium zu verlegen, damit sie sich dort erholen kann. Was hältst du davon, wenn ihr beide zusammen dorthin fahrt? In Lychen soll es ein hervorragendes Sanatorium geben. Nicht zu weit weg, aber ganz idyllisch gelegen. Du lässt noch die restlichen Untersuchungen machen. Und Valerie braucht noch eine Woche, bis sie reisefähig ist. Was denkt ihr?«

Susanne lächelte und warf ihrem Gefährten eine Kusshand zu. Auch Katja nickte.

»Lychen?«, fragte Toni. »Im Brandenburger Land? Da sterben doch Fuchs und Hase vor Langeweile.«

Franz, der sich eben noch über seine eigene Idee gefreut hatte, stand wie ein begossener Pudel da. Plötzlich lachte seine Tante.

»Du bist mein Lieblingsneffe, aber erzähl es den anderen nicht«, meinte sie. »Eine tolle Idee, Franz. Wirklich.«

An dieser Reaktion erkannte Franz, dass ihr der Vorschlag wohl doch gut gefiel. Er atmete erleichtert auf, denn solche Frotzelei schien ein hoffnungsvolles Zeichen zu sein.

»Ich denke, du kannst die Ruhe der Natur gebrauchen, Tante Toni.« Er hatte wieder Oberwasser und grinste beinahe unverschämt. »Keine Zigaretten, keinen Champagner und keine amerikanischen Cocktails. Und natürlich keine Männer.«

»Pah, wir sind doch keine Nonnen!«, rief sie. »Wie soll ich mich denn da erholen?«

Toni schenkte ihren Besuchern das erste Mal nach langer Zeit ein zuversichtliches Lächeln. Plötzlich wurde sie wieder ernst und wandte sich direkt an ihren Neffen. Ihre Stimme klang nicht nur entschlossen. Etwas Gefährliches schwang in ihr mit.

»Ich will wissen, was passiert ist. Wer war der Kerl, der Valerie das angetan hat? Hast du verstanden, Franz? Hol dir Hilfe bei Paul und Renger. Setz deine Straßenkontakte darauf an. Hör dich bei Sternwein und Meyer um. Wir brauchen Informationen. Jemand muss etwas gesehen oder gehört haben. Versprich den Leuten eine Belohnung. Ich will wissen, wo Valerie in diesen zwei Jahren war. Wenn jemand dafür verantwortlich ist, wird er es büßen.«

Den letzten Satz sprach sie mit solcher Eindringlichkeit aus, dass Franz ein Schauer über den Rücken lief. Rache wurde kalt serviert, sagte der Volksmund. Und Tonis Worte stachen wie Eisnadeln. Niemand würde diese Frau zur Feindin haben wollen. Wer auch immer Valerie misshandelt hatte, er würde es bereuen. Davon war Franz überzeugt. Die Rechnung, die seine Tante dem Kerl dafür irgendwann ausstellte, würde hoch sein. Totsicher.

8

Berlin – Westend

»Toni hat also tatsächlich eine Tochter«, stellte Katja noch einmal fest, als hätte es noch nicht jeder im Raum begriffen. Es schien, als müsste sie sich vor allem selbst von der Richtigkeit des Gesagten überzeugen.

»Warum hat sie uns davon nie erzählt?«, fuhr sie fort. In ihrer Stimme lag auch eine gewisse Enttäuschung.

»Du hast sie doch gehört. Es gibt eben Dinge, die ein Mensch gern für sich behält«, erwiderte Susanne. »Manchmal aus Angst oder Scham. Manchmal auch weil es ein süßes Geheimnis ist. Ihr beide erzählt ja auch nicht jedem, was ihr in den Laken treibt.«

Die Mitglieder des *Syndicats* waren zu einem Krisentreffen in Katjas und Annas gemeinsamer Wohnung am Branitzer Platz zusammengekommen. Katjas Sohn war kaum ein Jahr alt und erforderte oft ihre gesamte Aufmerksamkeit. Sofern sie nicht wieder einer Einladung gefolgt war. Der lebhafte Kleine war das Ergebnis einer kurzen, stürmischen Liaison mit einem Heeresoffizier, der später als Mörder entlarvt worden war.

»Ob, wann, wie und wo Anna und ich es treiben, wie du es nennst, geht ja nun wirklich niemanden etwas an.« Katjas Stimmung drohte offensichtlich zu kippen. Ihr Temperament hatte sie schon mehrmals fast um Kopf und Kragen gebracht.

»Ist gut.« Anna Bäumer, ihre Lebensgefährtin, versuchte, sie zu beruhigen. »Susanne hat doch recht. Es ist wirklich Tonis Angelegenheit. Und Verschweigen hin oder her. Dass sie jetzt unsere Hilfe bekommt, steht wohl außer Frage.«

Katja wandte sich ab und blickte aus dem Fenster in Richtung der prächtigen Häuser am Rondell. Sie war auch nach vier Jahren Exil noch empfindsam, wenn es um das Thema Familie ging. Ihre Eltern und Geschwister waren von den Bolschewiki abgeschlachtet worden. Und der einzige Grund dafür war gewesen, dass sie zufällig denselben Namen trugen wie die verhasste Zarenfamilie. Umso bedeutsamer war für sie ihre Nähe zu den Mitgliedern des *Syndicats*. Der Zusammenhalt, das Vertrauen.

»Wir sind zwar eine Familie«, meinte Anna Bäumer, als hätte sie Katjas Gedanken erraten, und strich ihr zärtlich über das Haar. »Dennoch darf jeder seine kleinen Geheimnisse haben. Ob bitter oder süß.«

»Vielleicht ist es doch nur eine Ähnlichkeit«, sagte Franz, seine Stimme klang wenig überzeugt. »Ich meine, es war schon sehr spät damals in dem Lokal. Und noch dazu ziemlich dunkel. Und Tante Toni hatte zu viel getrunken. Der Arzt sagte, dass sie wegen der Operation eigentlich keinen Alkohol verträgt. Und dann noch die ewigen Sorgen um ihren Max.« Er blickte in die Runde, als suchte er Bestätigung und Unterstützung. »Zuerst habe ich auch gehofft, alles wäre nur Einbildung. Eine Täuschung, eine Art Fata Morgana in ihrem Kopf.«

Die Anwesenden schienen zu spüren, wie wenig überzeugend diese Erklärung war. Vor allem nach dem Gespräch mit Toni im Krankenhaus. Katja, die ohnehin gereizt und aufgebracht wirkte, schüttelte heftig den Kopf, erhob sich von ihrem Stuhl und stemmte die Fäuste auf die Tischplatte.

»Klar, sie denkt sich aus, dass sie eine Tochter namens Valerie hat«, entgegnete sie bissig. »Und zufällig heißt das Mädchen, das auf der Bühne zusammengebrochen ist und jetzt im Spital liegt, wirklich so. Sehr wahrscheinlich.«

Franz hob beinahe hilflos die Hände. Er wirkte sichtlich überfordert, und die heftige Erwiderung überraschte ihn.

»Ich habe mit den Kollegen von der Sitte gesprochen«, versuchte Konter jetzt, dem Thema die Brisanz zu nehmen. »Eine Frau namens

Valerie DuPont ist nicht in Berlin oder im Umland gemeldet. Es liegt keine Akte vor, sie wurde nie auffällig. Wirklich niemand kennt sie.«

»Ich habe meine Jungs losgeschickt«, bestätigte Franz. »Mit einem Foto von ihr. Am Nolle und Spittel oder in den Puffs hat sie keiner wiedererkannt.«

»Der Arzt meint, sie könnte über sehr lange Zeit Rauschgift genommen haben«, fügte Konter hinzu. »Dass sie nicht auf dem Straßenstrich war, bedeutet noch nicht …«

»Angesichts ihrer Verletzungen dürfte klar sein, dass ihr das Zeug gegen ihren Willen verabreicht wurde«, unterbrach ihn Anna.

»Langsam«, meinte der Kommissar. »Vieles spricht dafür, dass sie missbraucht und misshandelt wurde. Ein sicherer Beweis dafür sind die Verletzungen nicht. Sie muss sich unbedingt erinnern. Namen, Orte, Beschreibungen, dann kommen wir weiter.«

»Die Rauschmittel erklären zumindest ihre Wahnvorstellungen, unter denen sie fast zwei Wochen gelitten hat«, sagte Franz. »Dazu noch Hunger und Durst. Beinahe hätten die Ärzte sie in die Irrenanstalt Dalldorf verlegt. Da kriegen die Patienten Stromschläge und Wasserkuren.«

»Sie könnte irgendein Flittchen sein, das sich mit Koks zugeschüttet hat.« Konter unterband den Protest, der sich erhob, indem er energisch weitersprach. »Wenn schon die Kollegen der Sitte auf solche Vermutungen kommen, dann wird ein Staatsanwalt gar keine Ermittlungen aufnehmen. Das Ganze ist völlig undurchsichtig. Verwahrlosung? Krankheit? Verbrechen? Rauschgiftsucht? Und selbst wenn ihr mir jetzt den Kopf abreißt. Sie könnte auch eine Prostituierte sein, die einfach völlig die Kontrolle verloren hat. Aber bitte, nur eine Hypothese. Nicht meine Meinung.«

»Sieh dir doch die Berber an«, meinte Anna. »Verdient einen Haufen Geld, aber steigt mit jedem ins Bett und kokst mehr, als dass sie überhaupt isst. Jeder Mensch hat ein Recht, sich selbst hinzurichten. Sagt sie.«

Katja sah ihre Lebensgefährtin an. Anna hatte eine kurze, stürmische Affäre mit Anita Berber gehabt. Und obwohl die Russin selbst kein Kind von Traurigkeit war, saß bei diesem Thema der Stachel der Eifersucht tief.

»Fassen wir doch zusammen, was wir haben«, schlug Konter vor. »Wir können davon ausgehen, dass Valerie DuPont wirklich Tonis Tochter ist. Ihr Vater war Tonis Lebensgefährte, Jean-Luc DuPont, der noch vor Kriegsende verstarb. Das Schicksal bringt Mutter und Tochter bei Kriegsende auseinander. Sie verlieren sich aus den Augen. Jetzt taucht die junge Frau halb tot in Berlin auf. Die Untersuchungen weisen auf starke Misshandlungen, Missbrauch und Rauschgiftgaben hin.«

»Wer macht so etwas?« Franz erinnerte sich an das erste Gespräch mit Konter über Valerie. »Das ist doch krank und widerwärtig.«

»Meine Kollegen von der Sitte haben nichts ausgegraben«, fuhr der Polizist fort. »Es gibt keine weiteren gemeldeten Fälle im Raum Berlin. Sie sind jetzt an ein paar Fällen in Dresden, Hannover und Baden-Baden dran, bei denen besorgte Eltern Anzeigen aufgegeben haben. Möglicherweise gibt es da Ähnlichkeiten. Ohne konkrete Hinweise wird es schwer. Allein im letzten Jahr wurden reichsweit über zweitausend Minderjährige, meistens Mädchen, als vermisst gemeldet.

»Man muss doch etwas tun«, meinte Susanne. »So etwas darf doch nicht im Sande verlaufen!«

»Ich verstehe euch ja.« Der Kommissar hob beschwichtigend die Hände. »Es mag seltsam klingen, aber für Ermittlungen braucht es eine Anzeige oder ein öffentliches Interesse. Valerie lebt. Sie kann sich an nichts erinnern. Die Sucht, die Spuren von langer Misshandlung. Vielleicht war es Entführung. Vielleicht war es ein Gewaltverbrechen. Alles Mutmaßungen! Der Reichsanwalt wird müde abwinken. Wenn sie selbst Anzeige erstattet, sieht es ebenfalls nicht viel anders aus. Sie wird sich dann äußerst demütigenden Fragen stellen müssen. Ohne klare Angaben wird das eine Tortur, die sie wieder stark belasten wird.«

»Schon klar«, sagte Anna in eisigem Tonfall. »Eine Frau provoziert das Ganze schließlich nur durch ihr Verhalten. Ich weiß, wie das läuft. Du kommst blau geschlagen auf der Wache an, und der Gendarm fragt, ob du das Essen hast anbrennen lassen. Oder ob die Wäsche unter dem Glätteisen verbrannt ist.«

Alle wussten, dass sie von ihrem Ehemann lange tyrannisiert und geschlagen worden war. Und dass Toni sie aus dieser Hölle herausgeholt hatte.

»Das habe ich nicht behauptet«, fuhr Paul Konter fort. »Aber ohne konkrete Anhaltspunkte wird leider nichts geschehen.«

»Und wo sollen die herkommen?«, fragte Susanne.

Einen Moment lang schwiegen alle. Die Antwort lag auf der Hand.

»Es betrifft die Familie«, sagte Franz schließlich. »Also müssen wir die Fragen stellen und die Antworten finden.«

»Wie ist sie aus Frankreich hierhergekommen?«, wollte Katja wissen. »Ist sie einfach in den Zug nach Berlin gestiegen und hier auf die schiefe Bahn geraten?«

»Nicht ganz«, antwortete Franz. »Genau dies hatte sie wohl befürchtet, da sie vollkommen mittellos war. Und sie kannte die Adresse ihrer Mutter nicht. Also ist sie bei der deutschen Botschaft vorstellig geworden. Dort versprach man ihr Hilfe bei der Ausreise.«

»Verstehe ich nicht«, meinte Susanne. »Warum haben die ihr dann nicht geholfen, ihre Mutter zu finden? Oder wenigstens uns? Familie Andreas Sass in Berlin. Botschaft. Polizei. Meldeamt. Für alles gibt es in diesem Land Akten.«

»Das fragen sich meine Kollegen und ich auch«, sagte Konter. »Valerie kann sich vage erinnern, mehrere Male zur Botschaft gegangen zu sein. Man versprach ihr offenbar, sie beim nächsten Wechsel von Teilen des Personals im Sonderwaggon des Auswärtigen Amts mitzunehmen. Ich weiß, dass das durchaus üblich ist. Die Botschaften in Rom, London und Petersburg haben das ähnlich gemacht. Und ab diesem Punkt sind bei Valerie die Lichter aus.« Er tippte sich an die Stirn.

»Keinerlei Erinnerung mehr, bis sie vor einer Woche im Krankenhaus wieder zu Bewusstsein gekommen ist.«

»Wie geht das denn?«, rief Franz erstaunt. »Wir sprechen wahrscheinlich von drei Jahren!«

»Ich habe mit einem Nervenarzt an der Charité gesprochen«, erwiderte Konter. »Er sagt, dass es manchmal große Erinnerungslücken bei operierten Patienten und bei Kriegsverletzten gibt, die sich niemand erklären kann. Sie hatten dort einen Fall von totaler Verblödung bei einem jungen Soldaten, der als Einziger einen Sturmangriff in Verdun überlebt hatte. Dabei war der Mann am Körper völlig unversehrt! Bei einer Überdosierung oder langen Einnahme von Rauschmitteln soll das ebenfalls vorkommen, meinen die Ärzte.«

»Könnte Valerie drei Jahre lang solche Drogen genommen haben?«, fragte Katja. »Das Zeug liegt nicht auf der Straße. Und billig ist es auch nicht.«

»Ich werde der Sache nachgehen«, versprach Paul Konter. »Aber ich weiß im Moment nicht, wo ich den Hebel ansetzen soll.«

»Letztlich ist uns Toni noch ein paar Erklärungen schuldig«, sagte die Russin, und alle nickten. »Und sie muss zusammen mit ihrer Tochter entscheiden, was wir tun sollen. Es könnten Dinge ans Licht kommen, die man lieber im Dunkeln lassen möchte. Sofern aber beide es wollen, müssen wir die Kerle finden, die Valerie das angetan haben.«

Wenig später war das Treffen beendet. Alle schienen verwirrt und mit ihren Gedanken woanders zu sein.

»Wir müssen dringend über die Zukunft unserer Vereinigung sprechen«, sagte Franz, als alle bereits im Aufbruch waren. »Wir stehen fast überall mit dem Rücken zur Wand. Unsere Partner, Meyer und Sternwein, sind im Moment keine Hilfe. Unsere Lieferanten haben Probleme. Die Ringvereine werben uns gute Leute ab. Wir müssen reagieren.«

»Lass gut sein«, meinte Paul Konter. »Nicht heute. Solange man private Dinge im Kopf hat, wird Geschäftliches nicht gut gedeihen. Hat Stinnes mal gesagt.«

Franz wollte etwas entgegnen, aber Susanne schüttelte energisch den Kopf. Sie begleitete Paul Konter zur Tür und verabschiedete ihn, als wäre sie hier zu Hause. Danach wandte sie sich an Katja und Franz.

»Paul hat recht. Die Sache muss so schnell wie möglich geklärt werden. Und du hast ebenfalls recht, Katja. Es geht um die Familie. Deshalb wäre es das Beste, wenn Anna und du eure Ohren aufhaltet. Ihr seid doch ständig auf diesen Events, wie du es nennst. Fragt die Leute aus. Nelson, Vollmoeller, Hugenberg und wie sie alle heißen.«

»Und was sollen wir sie fragen? Ich meine, wenn jemand dafür verantwortlich ist, dann wird er doch merken, wenn wir herumschnüffeln.« Anna wirkte wenig überzeugt.

»Wir haben keine Wahl«, erwiderte Susanne. »Paul führt die offiziellen Ermittlungen. Und wir müssen eben aus der Deckung heraus, denn sonst erfahren wir nichts.«

»Ich könnte die Jungs von der *Bruderschaft* auch darauf ansetzen«, schlug Franz vor. »Bei der Sache mit dem Foto haben sie sich bewährt. Sollen sie sich ein wenig umhören. Schaden kann es nicht.«

»Gute Idee«, erwiderte Susanne. »Du solltest dich aber um die Geschäfte kümmern. Außer Toni bist du der Einzige in der Familie, der den Laden zusammenhalten kann.«

Franz fühlte sich geschmeichelt. Allerdings wusste er auch, dass seine Gefährtin es faustdick hinter den Ohren hatte. Wenn sie etwas wollte, bekam sie es meist auch. Manchmal mit Hilfe von Drohungen, aber oft verteilte sie einfach nur den berühmten Honig um den Bart.

II

BERLIN 1922

1

Berlin – Alt-Kölln, Januar 1922

Hermann Göring saß an einem einfachen Tisch und blätterte lustlos in einem Atlas, den er zufällig im Regal entdeckt hatte. Der Lesesaal der Leihbücherei im Alten Marstall war gerade erst eröffnet worden und roch bereits nach muffigem, altem Wissen. Das Papier in Leder gebunden. Die Körper mit Kernseife geschrubbt. Und der Holzboden aus dem Barock mit *Sigella* gewachst. Göring fühlte sich an den Karzer des Heinrich-Schliemann-Gymnasiums in Fürth erinnert, in dem er manche Buße für ungebührliches Verhalten tun musste. Und an das verbotene Herrenzimmer auf Burg Veldenstein, die seine Familie einige Jahre bewohnt hatte. Der dekorierte Flieger schüttelte den Trübsinn ab, dachte einen Moment lang – und dieses Mal mit Wehmut – an seine Kampfeinsätze. Er sah sich als Mann der Tat. Er war kein Bücherwurm, der zwischen zwei Zeilen über die Bedeutung der Welt nachgrübelte. Das Schicksal der Nationen wurde auf dem Schlachtfeld gestaltet. Wer dies nicht sah, blieb zeit seines Lebens nur Sklave.

Und nun, fast drei Jahre nach dem schmachvollen Frieden von Versailles? Er, der letzte Kommandant des legendären Luft-Jagdgeschwaders *Manfred von Richthofen*, war zu einem ordinären Versorgungs- und Transportflieger verkommen! Botendienste für ein paar hundert Mark! Man hatte ihn einfach aus dem Dienst entlassen und in ein Leben geworfen, das nicht für ihn gemacht schien. Dazu verdammt, für ein lausiges Handgeld zu arbeiten. Hier inmitten der Bücher, an diesem Ort vertrockneter Professorenköpfe fühlte er sich völlig fehl am Platz. Hier war Göring nur einer unter vielen. Schlimmer, hier fühlte er sich dumm. Denn sein Sinn stand wahrlich nicht nach Geistesübungen. Er war keineswegs begriffsstutzig, aber diese Art von Wissenserwerb hielt eben nicht jene Herausforderungen für ihn bereit, die ihn reizten. Geschichte wurde zwar an den Kathedern gelehrt, aber sie wurde nicht dort gemacht. Doch nur mit Letzterem, mit dem Anpacken und Machen hatte man Chancen, gesehen zu werden. Deutschland befand sich auf dem Weg zu einer zweitrangigen Nation, die von Marktschreiern, Bürokraten und Buchgelehrten geführt wurde. Und er selbst würde mit in diesen Abgrund gerissen werden. Es war zum Verrücktwerden!

Görings Stimmung verschlechterte sich von Minute zu Minute. Naturgemäß wollte er hoch hinaus. Der Krieg war für ihn viel zu früh zu Ende gegangen. Mit Mühe und Not hatte er noch die nachträgliche Beförderung zum Hauptmann erreichen können. Aber seine militärische Laufbahn war am Ende, bevor sie richtig begonnen hatte. Der Versailler Vertrag verbot es dem Reich, weiterhin eine Luftwaffe zu unterhalten. Und dazu überall das Gerede von Frieden und deutscher Kriegsschuld. Die Speichellecker der Siegermächte fanden sich in den Parteien, der Regierung, Presse und sogar in der Reichswehr selbst.

»Danke, dass Sie meiner Bitte nachgekommen sind«, unterbrach plötzlich eine vertraute Stimme seine trüben Gedanken.

Keinen Moment zu früh, denn Göring hatte sich regelrecht in Rage gedacht. Der teure Foliant, der vor ihm lag, hatte bereits büßen müssen für seine miese Laune. Mehrere Seiten waren eingerissen und zerknüllt. Kapitän Hermann Ehrhardt hatte sich aus den Regalen ebenfalls ein Buch genommen und war langsam an Görings Tisch getreten. Für einen Beobachter musste es wirken, als fragte er zufällig nach einem freien Platz. Der ehemalige Marineoffizier war in einen schlichten Anzug gekleidet. Es kam selten vor, dass er sich ohne seine graue Phantasieuniform zeigte, die sein gesamtes Auftreten bestimmte. Mit der Kleidung schien auch der Charakter wie ausgewechselt. Sonst eher blasiert und kühl, wirkte er heute wie ein Angestellter, der seinen freien Tag genoss und für Studien nutzte.

»Sie erobern gerade den Osten für Deutschland, wie ich sehe«, sagte Ehrhardt mit einem Lächeln und deutete auf die zerschlissenen Seiten. »Polen und die baltischen Ländern haben Sie bereits in der Hand. Bevor Sie sich Russland vornehmen, sollten Sie den Atlas lieber bezahlen.«

Tatsächlich hatte Göring, vielleicht ohne es zu merken, in dem Atlas vornehmlich die Karten Osteuropas zerstört.

»Ich bin doch kein Agent«, brummte er missmutig und wies mit einer Handbewegung auf den gegenüberliegenden Stuhl. »Was soll diese Geheimniskrämerei, Ehrhardt? Ein Treffen in einer Bücherhalle, das ist doch unter unserer Würde.«

Ehrhardt wusste, dass Göring es lieber pompös mochte. Ein Tisch im *Kranzler* oder im Varieté an der Gedächtniskirche wäre eher nach seinem Geschmack gewesen. Erste Reihe natürlich. Sehen, gesehen werden. Den Salonlöwen markieren. Und andere später die Zeche bezahlen lassen.

Durchschaubarer Geck, dachte er nur.

»Die Sache mit den Iren geht zu Ende«, sagte Göring leise. »Das Pack ist zerstritten. Norden gegen Süden. Und alle gegen die Krone. Durchschaut doch keiner mehr. Jetzt, nach der Unabhängigkeit mehr denn je. Die Kerle gönnen sich gegenseitig weder Geld noch Waffen. Wir könnten zwischen die Fronten geraten. Und ich habe keine Lust, in einem englischen Zuchthaus zu verrotten. Gibt es schon andere Pläne?«

»Wir müssen unsere gesamte Strategie überdenken«, erwiderte Ehrhardt. »Die Anschläge im Reich haben zu nichts geführt. Schon die Sache Eisner in Bayern war heikel. Kapp und Lüttwitz waren Rohrkrepierer. Und ich war auch dagegen, dass man Erzberger …«

Er hielt inne, als er bemerkte, dass Göring ihn sehr genau beobachtete. Den Plänen zur Ermordung des Reichsministers Matthias Erzberger vor einem halben Jahr hatte Ehrhardt nur mit Widerwillen zugestimmt. Seine Männer hatten zur Tat gedrängt. Angesichts einiger

Misserfolge glitten dem Kapitän zunehmend die Zügel aus der Hand. Seine Leute waren zu hitzköpfig. Sie handelten, ohne die langfristigen Folgen zu bedenken.

Aber dieser neugierige Fatzke muss nicht alles wissen, dachte Ehrhardt in diesem Moment und tat, als interessierte ihn eine Passage seines Buchs.

»Sie waren doch immer ein Verfechter der harten Linie, mein Lieber«, meinte Göring mit süffisantem Unterton in der Stimme. »Woher der plötzliche Sinneswandel? Werden Sie mir ja nicht zu einem sentimentalen Republikfreund.«

»Die Liquidationen bringen doch nichts. Im Gegenteil, die Leute auf der Straße sind empört, stellen sich gegen die nationale Sache. Im Reich paktieren KP und Sozis mit den Bürgerlichen schon gegen uns. Und die Iren haben auch nicht das Versprochene geliefert. Von wegen, das britische Empire zerfällt, wenn sich die Völker erheben. Lachhaft. Michael Collins hat sich mit London geeinigt. Jetzt jagen ihn seine früheren Verbündeten. Und unsere eigenen Ziele liegen in weiterer Ferne als je zuvor. Wir drohen, in die politische Isolation und Bedeutungslosigkeit zu rutschen.«

»In einer Hinsicht gebe ich den Roten sogar recht«, sagte Göring. »Die verdammten Geldsäcke müssen weg. Pressen das Volk aus und streuen allen Sand in die Augen. Der gute Kapp war einfach kein Mann der Massen, sondern ein Stutzer, dem der Arbeiter voller Verachtung auf die Füße spuckt. Die elenden Attentate machen den kleinen Leuten Angst. Eine nationale Erhebung kann jedoch nicht ohne die völkischen Massen erfolgen.«

»Hört, hört«, erwiderte Ehrhardt in leicht spöttischem Tonfall. »Mit solchen Worten kommen Sie noch glatt auf die Titelseite der *Roten Fahne*. Und bei uns schnell auf die Abschussliste. Aber ich weiß, was Sie meinen, Göring. Bisher musste unsere Bewegung auf die Arbeiterschaft reaktionär wirken. Das sollten wir ändern. Zukunft hat die deutsche Sache nur, wenn es uns gelingt, als Revolutionäre für den kleinen Mann aufzutreten. Schlagen wir die Kommunisten mit ihren eigenen Waffen. Machen wir ihnen das Proletariat abspenstig.«

»Also, wie sehen die Pläne für die Zukunft aus?«, wiederholte Göring seine Frage vom Anfang.

»Ich habe mir zwei Stoßrichtungen überlegt. Erstens, die Beziehungen zu unseren Geldgebern müssen sich grundlegend ändern. Bisher erhalten wir lediglich Almosen. Wir sind doch die Bettler bei den Bankiers und Industriellen. Wir müssen die Leute mit Versprechungen ködern. Und gleichzeitig müssen wir sie unter Druck setzen. Ich brauche mehr Informationen aus diesen Kreisen. Vorgeschichten, Skandale, Mätressen, spezielle Vorlieben, solche Sachen. Dann werden sie auch mehr lockermachen. Die Strategie der Zukunft ist deshalb zweigleisig. Den Herren da oben müssen wir Zügel anlegen. Und dem gemeinen Volk müssen wir Honig ums Maul schmieren. Danach können wir nach Belieben die eine Seite gegen die andere ausspielen.«

»Für Ihre Informationen müssen Sie sich eine Illustrierte kaufen«, entgegnete Göring. »Sollen wir etwa Detektive auf diese Leute ansetzen? Oder selbst schnüffeln gehen?«

»Kommen Sie, Göring!« Kapitän Ehrhardt wurde ungehalten. Er verabscheute das Phlegma und die Selbstgefälligkeit seines Geschäftspartners. »Sie haben doch gute Beziehungen zum nordeuropäischen Adel. Hören Sie sich einfach um. Wer mit wem gut steht. Wo und warum es Feindschaften gibt. Vor allem mögen die Herrschaften aus den vornehmen Häusern die arroganten neureichen Bankiers und Unternehmer ja oft selbst nicht. Es sind Emporkömmlinge in ihren Augen.«

»Also bitte, ich bin doch kein Spitzel!«, rief Göring empört und etwas zu laut.

»Ihr neuer Lebensstil verschlingt viel Geld«, sagte Ehrhardt ungerührt und bedeutete seinem Gegenüber mit einer Geste, die Stimme zu senken. »Ich hörte, dass Ihre Lebensgefährtin recht hohe Ansprüche hat. Ich kann Sie bei der *Liga* als Berater durchdrücken. Was meinen Sie? Festes, monatliches Salär von zweitausend Mark. Und eine

Art Fangprämie, wenn Sie etwas Brauchbares liefern. Zusätzlich kann ich Sie bei den Zeppelin-Werken reinbringen. Ich hörte, Sie können gut mit Ingenieur Fokker. Und das wiederum ist gut fürs Geschäft. Beziehungen! Da spielt jetzt die Musik. Der Posten bei Zeppelin könnte weitere tausend Mark bringen. Wenig Arbeit, viel Glanz. Ist doch nach Ihrem Geschmack. Was halten Sie davon?«

Göring murmelte ein paar unverständliche Worte. Seine Leidenschaft, die Fliegerei, hatten ihm die Alliierten ordentlich vergällt. In Deutschland gab es keine Laufbahn mehr für ehemalige Luftwaffen-Offiziere. In Schweden hatte er Testflüge für die Fokker-Werke gemacht, die ein neues Flugzeug entwickelt hatten. Die kleinen Aufträge in Irland, die er über Ehrhardts *Organisation Consul* bekommen hatte, waren wenigstens eine Art Abenteuer gewesen. Waffen nach Spanien, Irland und Syrien zu schmuggeln, schien ihm auf Dauer jedoch eher unter seiner Würde. Und Carin, die von ihm Vergötterte, war in der Tat recht anspruchsvoll. Zweitausend Festgehalt klangen verlockend.

»Ich überlege es mir«, knurrte er. »Sie sprachen aber von zwei neuen Strategien, Ehrhardt.«

»Uns bricht die Schlagkraft weg«, sagte der Kapitän. »Auf die Offiziere meiner Brigade kann ich zwar weiterhin zählen. Sie sind Krieger, die nur den Krieg kennen. Und lieben. Aber die Unteroffiziere und Mannschaften heuern ab. Wir brauchen Straßenkämpfer nach dem Vorbild der Spartakisten. Am besten mit Anbindung an kleinere Parteien, die der Sache dienlich sind. Ich persönlich werde eine solche Truppe hier in Berlin aufbauen. Und den Osten übernehme ich ebenfalls. Für den Norden und das Rheinland habe ich bereits Leute. Sie könnten unser Mann im Süden werden.«

Göring überlegte. Er lebte mit Carin von Kantzow in der Nähe von Bayrischzell. Sie planten, nach München zu ziehen, da er sich dort für ein Studium der Politikwissenschaften eingeschrieben hatte. Natürlich hatte sich Ehrhardt vorher über ihn erkundigt. Es war also kein Zufall, dass er ihn jetzt fragte. Die Zeppelin-Werke am Bodensee waren nicht allzu weit entfernt. Angenehme Dienstreisen konnten das werden. Wie und wann er »Straßenkämpfer« für Ehrhardt finden sollte, wusste Göring im Moment zwar nicht. Aber in München würde sich schon etwas ergeben. Die zweitausend im Monat wären also schnell verdient.

»Ich überlege es mir«, sagte er schließlich. »Ich gebe Ihnen insofern recht, als dass wir unser dilettantisches Auftreten schnellstens ablegen müssen. Irgendein überdrehter Spinner brütet einen Plan aus und erschießt einen Politiker. Nicht dass es um diese Leute schade wäre, aber das Ganze muss eine klare Stoßrichtung haben. Gerade wir Frontkämpfer wissen das. Ziellos operierende Einheiten erreichen nichts, reiben sich nur auf.«

»Ich sehe, wir verstehen uns«, erwiderte Ehrhardt und schien zufrieden. »Schließen wir also zügig die Aktion Irland ab. Wir müssen unsere Kräfte im Reich bündeln.«

»Es ist gerade ein größerer Transport geplant«, murmelte Göring, der langsam Hunger bekam. »Zwei oder drei Maschinen für den Süden von Belfast. Die Jungs dort wollten vor allem Sprengstoff.«

Kapitän Ehrhardt kannte die Einzelheiten der Transaktionen nicht, er hielt jedoch die Fäden in der Hand. Genauer gesagt, verließ keine Munitionskiste die Magazine, die er in Schlesien eingerichtet hatte, ohne seine Einwilligung. Sein besonderes Engagement in dieser Region galt vor allem dem Schutz seiner Ressourcen. Denn von jedem Geschäft floss ein Teil auf seine privaten Konten. Nach außen trat er jedoch vor allem als Retter der deutschen Ostgebiete gegen das gierige Polen auf.

»Wir sollten dann auch vorsorglich alle Verbindungen kappen«, sagte er. »Nicht dass ein übereifriger Schmierfink wieder Unruhe stiftet, indem er unliebsame Mitwisser befragt. Sprechen Sie sich mit Feldwebel Reimers ab, Göring. Sorgen Sie dafür, dass man uns später nicht auf die Schliche kommt, weil ein Schwachkopf in der Plötze plaudert. Hier ist eine Liste der Leute, die besser verschwinden sollten.«

Kapitän Ehrhardt zog ein mit Maschine beschriebenes Papier hervor, auf dem mehrere Namen standen, und übergab sie seinem Gegenüber.

»Ich spreche mit Eckener über Ihre Stelle bei Zeppelin«, fuhr er fort und erhob sich. »Sie überlegen in der Zwischenzeit, wen Sie für den Aufbau einer schlagkräftigen Truppe im Raum Bayern, Württemberg und Sachsen noch gewinnen können.«

2

Berlin – Friedrichshain, Ende Januar 1922

Kommissar Konter hatte die Nase gestrichen voll. Zusätzliche Dienste, Berichte, Routinearbeit und ewige Besprechungen. Er war Verwalter in einer Verwaltung, die zunehmend sich selbst verwaltete. Alle interessanten Fälle musste er an andere Abteilungen abgeben. Und hinsichtlich seines Antrags auf Versetzung zu Gennats Mordinspektion wurde er seit über zwei Jahren von seinem Vorgesetzten vertröstet.

»Sie sind einfach ein zu wichtiger Mitarbeiter für uns«, hatte Bernhard Weiß, der Leiter der Politischen Polizei, beim letzten Mal gesagt.

»So? Bekomme ich deshalb ständig Akten aus der Kaiserzeit zur Prüfung auf Vollständigkeit?«

Folglich war Konters Stimmung jetzt nichts Neues. Beständig erlebte er ein Wechselbad der Gefühle. Wenn er sich gerade motiviert hatte, wurde er prompt wieder enttäuscht. Fand er tatsächlich etwas Interessantes, dann wurde ihm die Zuständigkeit meist schnell entzogen. Dabei hatte er voller Elan vor zwanzig Jahren seine Polizeistube in einem ländlich geprägten Berliner Vorort verlassen, um im Präsidium der Hauptstadt als Kriminalanwärter noch einmal anzufangen. Als er Mitte dreißig war, hatte er nämlich ernsthaft befürchtet, am Schreibtisch von der herabfallenden Wanduhr erschlagen zu werden. Oder sich vor Langeweile in einen angespitzten Griffel zu stürzen. Wahrscheinlich wäre ein solcher Tod dann das Spektakulärste in seinem Leben geblieben.

Er hingegen hatte Träume. Berlin lebte. Berlin war laut. Es hämmerte den Takt, nach dem ein neues Jahrhundert errichtet wurde. Diese alte Hexe auf dem Brandenburger Sand hatte sich sogar zu einer

Lebedame gemausert. Oder zumindest mit dem Zauber einer solchen belegt. Viele gleichaltrige Kollegen schwärmten von einer ruhigen Idylle und frühen Pension. Für sie war »früher alles besser« gewesen.

Für Konter waren solche Äußerungen sentimentaler Unfug, und er hielt bei diesen Gesprächen immer dagegen. Schon zu Wilhelms Zeiten gab es die viel beschworenen »alten Zeiten« nicht mehr. Berlin baute. Berlin fluchte. Berlin soff. Berlin hurte. Und er, Konter, wollte dabei sein, wenn das neue Jahrhundert groß wurde. Mit dem Krieg war dann alles ganz anders gekommen. Die erste Zuversicht der kleinen Leute war einer nackten Verzweiflung gewichen. Und die neue Republik war hilflos wie ein Säugling. Nationale Kräfte und Kommunisten beanspruchten den Staat für sich. Pöbelei, Verleugnung und üble Nachrede, sogar Fememorde wurden zu alltäglichen Instrumenten der Politik.

Alles ist etwas heftiger als früher, gab Konter jetzt in einem stillen Selbstgespräch zu. Aber letztlich geht es doch zu allen Zeiten nur um Macht und Geld. Die Pharisäer und Eiferer haben bei Hof intrigiert, nun tun sie es eben in den Parlamenten.

Er hatte getrunken. Gleich um die Ecke in der Eckkneipe am Alex. Die zwei Herrengedecke waren schneller weg gewesen, als die Wirtin brauchte, um – wie immer – ihren großen Busen bei ihm in Stellung zu bringen. Er hätte ihr auch ohne die beiden dicken Berthas vor dem Gesicht ein ordentliches Trinkgeld gegeben. Der Zehner war kaum auf den Tisch gesegelt, da stand Paul Konter bereits wieder vor dem Lokal und schritt entschlossen Richtung Friedrichshain. Dabei lag sein Ziel, Tonis Adresse, doch in Wilmersdorf. Egal, entschied er. Etwas frische Luft würde ihm guttun. Am Holzmarkt auf Höhe der U-Bahnstation Jannowitzbrücke hatte ihn der Mut jedoch bereits wieder verlassen. Und so tankte er am dortigen Saftladen, der zum *Syndicat* gehörte, kurz und ausgiebig nach.

Er nahm einen immer größeren Umweg. Er war unschlüssig, brauchte einerseits endlich Gewissheit. Denn er war verliebt. Immer noch. Seit über zwei Jahren. Es reichte ihm. Als Mann jenseits der fünfzig würde er jetzt Nägel mit Köpfen machen. Andererseits machte er sich vor allem Sorgen. Immer noch. Und wieder. Antonia Sass war seine Angebetete, die, für alle seine Avancen blind, stattdessen diesem Bruder Leichtfuß hinterherlief.

Wie kann ein Mensch nur Max Klante heißen, fragte er sich und stolperte beinahe über einen Hydranten. Bereits der Name ist ein Witz aus einer billigen Kabarettnummer. Und erst der Hut! Wie kann Antonia so blind sein? Aber jetzt ist Schluss, nahm er sich vor. Im nächsten Moment rempelte er eine Litfaßsäule an und lüftete sofort albern kichernd zur Entschuldigung seinen Hut. Er war am Alex aufgebrochen und hatte zunächst überlegt, zu Tonis kleinem Haus am Landwehrkanal zu schlendern. Dann war ihm eingefallen, dass Franz davon erzählt hatte, dass seine Tante letztes Jahr, kurz vor dieser Sache im *Nelson-Theater*, ein Haus in der Nähe vom Charlottenpark gekauft hatte. Seltsamerweise hatten ihn seine Füße jedoch trotz aller Entschlossenheit in die entgegengesetzte Richtung getragen. Egal, sie war ohnehin nicht zu Hause. Konter glaubte, sich zu erinnern, dass sie für einige Zeit bei Katja untergekommen war. Und Klante saß im Gefängnis. Das Windei! Dieser Blender!

In die Bresche muss ich jetzt springen, dachte er. Der Clown ist aus dem Weg. Und die Gelegenheit werde ich nutzen. Aber sofort plagte ihn ein schlechtes Gewissen. Besonders ehrenhaft war sein Verhalten nicht, gestand er sich ein. Aber in seinem Alter wurden die Möglichkeiten rarer. Zumal bei den Frauen. Bei den schönen Frauen. Und das Springen in die frei werdenden Breschen fiel zunehmend schwerer. Alles knackte und schmerzte. Und mit der Verdauung wurde es auch schlechter.

Nach einer weiteren hochprozentigen Stärkung an der Ecke Breslauer Straße war die Strategie klar. Er würde bei Katja vorbeischauen, einfach unschuldig tun und sich erstaunt zeigen, dass Antonia ebenfalls dort war. Wäre Konter bei klarem Verstand gewesen, wäre ihm aufgefallen, dass er jeden Zeugen für eine solche Behauptung in der Luft zerrissen hätte. Alles sehr glaubwürdig. Unter der Woche, um neun Uhr abends.

Der Plan hat irgendwo einen Haken, dachte Konter und sann darüber nach, als er die Lichter des Schlesischen Bahnhofs links an sich vorüberziehen sah. Nur einen kleinen Haken, beruhigte er sich. Toni war geschwächt. Ihr Max saß hinter Gittern. Und plötzlich war ihre Tochter böse zugerichtet in der Stadt aufgetaucht. Starker Tobak.

Vielleicht kommt ein Geständnis in Liebesangelegenheiten jetzt doch ungelegen, überlegte er. Ansonsten aber ist es ein guter Plan. Die Ausführung muss halt verschoben werden. Wie es verliebten, zumal unglücklich verliebten Menschen oft widerfuhr, geriet seine anfängliche innere Entschlossenheit auf dem weiteren Weg zunehmend ins Wanken. Der Kripobeamte verspürte eine leichte Übelkeit. Er hatte über Tag kaum etwas gegessen und vertrug Alkohol eher schlecht. Mal lenkte er jetzt den Schritt energisch nach Osten, um nach fünfzig Metern umzukehren und zögernd wieder in Richtung Spree zurückzugehen.

»Ein guter Plan«, murmelte er dabei vor sich hin. »Ich bringe den Kerl um. Man wird denken, der Kasper hätte sich in seinen Gamaschen verfangen und danach an den Schnürsenkeln erhängt. Ja, es wird wie ein Unfall aussehen. Oder ich werfe ihn in den Fluss mit einer Ankerkette um den Hals. Nein, doch zu auffällig. Und zu brutal, ich bringe den Kerl einfach um.«

Wer ihn hörte, mochte ihn für einen angetrunkenen Wirrkopf oder gehörnten Ehemann halten. Gegen halb zehn hatten sich seine Vorsätze, Toni die Aufwartung zu machen und endlich seine Gefühle einzugestehen, endgültig in Luft aufgelöst. Mittlerweile war er nach einer Odyssee durch Friedrichshain wieder an der Gasanstalt in Höhe des Schlesischen Bahnhofs angekommen.

»Die Sache hast du jut hinjekriegt, Paul«, sagte er leise zu sich selbst. »Du könntest jetzt inne Federn liegen oder ein Buch lesen.

Fehlt nur noch, dat eener von den blassen Pupjungen am Schlesischen anjedackelt kommt und dir seene Dienste anbietet.«

Rechts am dunklen Spreeufer lag die Völkische Badeanstalt. Sie war von der Stadtbehörde gesperrt worden, da ein Lastkahn flussaufwärts mehrere Fässer Schweröl verloren hatte, deren Inhalt genau hier an Land geschwappt war. Statt des vertrauten Plätscherns am Ufer hörte man nun eine Art dumpfes *Schwomp-Plupp*, wenn sich das Wasser in der schwarzen Pampe brach. Tote Fische und Vögel hätten dann ohnehin noch den letzten, verwegenen Badegast abgeschreckt. Paul Konter passierte in seine Gedanken versunken die Schillingsbrücke, dann die dahinter liegende Zwillingsbrücke und wollte am nördlichen Ufer des Luisenstädtischen Kanals endlich den Heimweg antreten. Es war mittlerweile fast zehn, und er war hundemüde.

Bist ja wirklich ein Held, ein ganz Mutiger, Paul, schalt er sich selbst. Ein Draufgänger, ein d'Artagnan der unglücklich Verliebten.

Plötzlich hörte er Schritte hinter sich, die sich rasch näherten. Als er sich umdrehte, war es bereits zu spät. Etwas Hartes traf ihn an der Schläfe. Seit Hut flog weg und mit dem Ding – so schien es ihm – sein Verstand. Dann traf ihn eine Baulatte von hinten. Der zweite Strauchdieb musste ausgeholt und gezielt haben, als der erste gerade seinen seitlichen Schlag landete. Konters Kopf war für einen kurzen Moment nach rechts gekippt, als ihn das Holz traf. Und wahrscheinlich rettete ihm dieser Umstand das Leben. Da er außerdem seinen Überzieher über die Schulter gelegt hatte, wurde der Hieb in seiner Wucht etwas abgeschwächt. Was danach geschah, konnten später nur Zeugen berichten, die der Lärm anlockte. Konter selbst erinnerte sich für den Rest seinen Lebens nicht mehr an die folgende Minute, denn kaum länger dauerte der einsetzende Kampf. Offenbar war ein dritter Mann hinzugekommen, der ein Messer in der Hand hielt und auf den Polizisten losging. Die Latte, die Konter an der Schulter getroffen hatte, war für den Angreifer offenbar einen kurzen Moment lang zu schwer, um sie sofort wieder anzuheben. Konter nutzte seine Chance, griff nach dem Holz, zog mit aller Kraft daran und brachte den anderen Mann zu Fall. Die Klinge, die erst in seinen Unterarm eindrang und dann seine Flanke streifte, bemerkte er gar nicht. Er schwang die Baulatte mit fast übermenschlicher Kraft zur Seite und ließ sie gegen den Schädel des Messerstechers krachen. Kurz erklang ein ekelhaftes Knirschen, das nicht vom Holz kam, dann sank der Mann zu Boden. Eine Blutfontäne schoss ihm aus der Nase. Kurz darauf stürzten sich die beiden anderen auf Konter, der seine Waffe fallen ließ und auf alles einschlug, was in Reichweite seiner Fäuste lag. Die Zeugen versicherten später, er habe sich mehrmals sogar selbst geschlagen und dann auf die Parkbank eingedroschen, neben der die Kämpfenden sich am Boden wälzten. Konter streckte einen Gegner nieder, der so schwer blutete, als hätte ihn eine Bierkutsche überrollt. Auch er selbst konnte kaum noch aus den geschwollenen Augenlidern schauen, als der noch verbliebene Kerl hinter seinem Rücken einen Pflasterstein hob. Ein Treffer hätte Konter sicherlich den Rest gegeben, jedoch kam ihm im letzten Moment ein Tabak kauender Flussschiffer zu Hilfe. Die Zeugen wussten hinterher nicht, aus welcher Gasse der Mann aufgetaucht war. Er spuckte bedächtig den Priem zu Boden, betrachtete ihn zufrieden im Schein der Gaslaterne und zog dann aus der Jackentasche einen Tampen hervor. Der Mann mit dem Stein hatte sich Konter mittlerweile schwankend genähert. Er war offenbar selbst benommen und konzentrierte sich auf den alles entscheidenden Schlag. Hinter ihm holte der Matrose aus und ließ den Tampen im Halbkreis mit voller Wucht auf den Kopf des Angreifers niedersausen. Paul Konter brach im selben Moment zusammen.

3

Berlin – Neuer Westen

»Du hast deine eigenen Leute betrogen?«, fragte Franz seinen Freund noch einmal ungläubig. »Auf wessen Seite stehst du eigentlich?«

Er saß seit Stunden mit Ian im Herrenzimmer des *Klub Berlin*. Eigentlich hatte er dessen Rolle im *Syndicat* neu verhandeln wollen. Toni war einverstanden gewesen, dass die Leitung des Unternehmens fortan auf drei Schultern verteilt werden sollte. Schnell war jedoch wieder der alte Streit über den Waffenhandel ausgebrochen.

Der Ire lächelte hintergründig. Es war das erste Mal, dass er jemandem von allen Plänen und seinen geheimen Geschäften der letzten Monate erzählt hatte.

»Ich sage es dir im Vertrauen, Franz. Meine Leute werden Collins liquidieren. Nordirland darf nicht in englischer Hand bleiben. Mein Leben lang wusste ich nicht, wohin ich gehöre. Schottland, Irland, Britannien? Dann kam der Krieg, meine Desertion aus der Armee. Die Engländer wollten mich zehn Jahre in den Bau schicken. Dann boten sie mir diesen Handel an. Ich sollte helfen, die Unruhestifter in Dublin und Belfast hochzunehmen. Oder zu beseitigen.«

»Aber damit nicht genug«, unterbrach ihn Franz. »Plötzlich hast du deine irische Seele wiederentdeckt und für diesen Collins gearbeitet.« Er warf eine leere *Overstolz*-Packung in die Ecke. »Jetzt ist der Kerl wieder der Bösewicht und ihr wollt ihn loswerden. Wie oft willst du eigentlich noch die Seiten wechseln?«

McCullen begann einen längeren Vortrag über Politik, das Recht auf Heimat und seine Verantwortung in dem, was er »Spiel« nannte.

»Ich verstehe nur Bahnhof«, unterbrach ihn Franz nach kurzer Zeit.

»Es ist mir auch egal, wer da mit wem gegen wen seine Intrigen spinnt. Und ein Spiel ist es schon gar nicht, Ian! Es sterben Menschen in deinem Land. Jeden Tag. Weil Leute wie du den Mördern die Waffen beschaffen. Du weißt doch schon gar nicht mehr, was du tust.«

»Wir hatten eine Vereinbarung, an die ich mich gehalten habe«, entgegnete McCullen. »Du hast das Geld schließlich nicht abgelehnt, also tu jetzt nicht so, als wärst du ein Unschuldslamm. Ein oder zwei Ladungen noch, dann ist unsere Halle in Köpenick leer. Und du kannst ruhig schlafen. Mit meiner Rolle im *Syndicat* hat das nichts zu tun. Sag Toni, dass sie auf mich zählen kann. Ich halte den Laden am Laufen.«

»Aber nur, weil du dir jeden Tag mehr Kokain durch die Nase bläst.« Franz hatte bemerkt, dass Ian wieder in dieser typischen Weise aufgekratzt und locker war.

»Was geht es dich an? Das Ergebnis zählt. Solltest es auch mal probieren. Du wirkst reichlich angespannt, mein Freund. Ich bringe die Sache in Irland dieses Jahr über die Bühne. Ich bin es meinen Kameraden schuldig. Collins …«

»Verschone mich bitte mit Politik.« Franz war erschöpft. »Unsere Abmachung gilt für die Waffen und anderen Sachen aus dem Lager. Ich dachte, die Sache wäre schon längst erledigt. Und jetzt erfahre ich, dass du dort sogar andere Lieferungen zwischengelagert hast. Die Kutschhalle läuft auf meinen Namen, Ian! Weißt du, was das heißt? Wenn dir die Polizei auf die Schliche kommt, dann ist auch das *Syndicat* dran. Du hintergehst uns seit Monaten. Also, auf wessen Seite stehst du eigentlich?«

»Auf meiner.« Ian McCullen lachte. »Hör zu, deine Familie und das *Syndicat* haben mir vor drei Jahren wieder das Gefühl gegeben, irgendwo zu Hause zu sein, eine Heimat zu haben. Etwas, das ich lange vermisst habe. Und das werde ich euch nicht vergessen. Ja, ich habe dich belogen. Meine Reisen ins Königreich hatten andere Gründe. Ja, die Waffensache zieht sich länger hin als geplant. Aber ich habe alles im Griff, Franz. Ende des Jahres mache ich Schluss. Ich habe ein kleines Anwesen drüben im Auge. Da fahre ich dann zweimal im Jahr hin, um mich zu erholen. Und ansonsten werde ich in Berlin euer Mann für die Führung der Klubs sein.«

»Nette Rede! Große Worte eines Mannes, der längst den Überblick verloren hat«, schimpfte Franz. »Der so oft die Seiten gewechselt hat, dass es gar keinen Boden mehr unter seinen Füßen gibt. Deine Predigt kannst du den Idioten vortragen, die sich für Politik und Parolen den Arsch wegschießen lassen. Zehn Millionen liegen wegen solcher Lügen bereits unter der Erde.«

»Ich habe niemals gesagt, dass Schluss ist«, erwiderte der Ire scharf. »*Du* hast mir Waffen verkauft, die *du* schon lange loswerden wolltest. *Du* hast dir eingeredet, dass ich danach ganz aufhöre. Weil *du* dein schlechtes Gewissen beruhigen musstest. Und *du* hast das Geld gern genommen, um Löcher bei den anderen Geschäften zu stopfen. Also erspare *du* mir deine Sonntagspredigten! Schließlich bin ich für die Drecksarbeit gut genug. Von der *du* natürlich auch nichts wissen willst. So laufen Geschäfte nicht!«

Die Freunde hatten sich in ihrem Schlagabtausch erschöpft. Und beide ahnten wohl, dass nicht viel fehlte und es käme zu einer Schlägerei. Sie standen einander am Tisch gegenüber, taxierten sich wie zwei Kampfhähne, bis aufs Blut gereizt. Es war schließlich Ian, der versuchte, die Situation zu entspannen. Er füllte zwei Gläser randvoll mit *Single Malt* und schob Franz ein Glas über der Tisch.

»Ja, ich habe meine Landsleute unterstützt, ohne euch davon zu erzählen«, sagte er nach einer Weile in ruhigerem Tonfall. »Was ist daran so schlecht? Die *Sinn Féin* und *IRA* sind ebenfalls meine Familie. Ziemlich gefährlich das Ganze, das gebe ich zu. Aber genau so liebe ich es. Immer an den Klippen, den Abgrund vor Augen. Und mit der Halle habe ich einen Fehler gemacht. Sorry.«

»Familie?«, entgegnete Franz. »Ich dachte, wir wären deine Familie. Du bist total verrückt geworden, Ian. Über zehn Lieferungen hast du organisiert! Und wir dachten, du fährst zu Verwandten. Wir waren für dich die ganze Zeit über nur Mittel zum Zweck. Ein bisschen Geld, dazu die Waffen. Prima Idioten, die man hinters Licht führen konnte.«

»Vorsicht, mein Freund.« Der Ire sprach jetzt bedrohlich leise. »Das Schicksal hat uns damals nach dem Krieg hier zusammengeführt. Als ich nicht wusste, wie es weitergeht. Als du und deine Brüder noch Zigaretten auf der Straße verkauft habt. Die Familie hat eine Menge durch mich zurückbekommen. Vergiss das nicht! Und ich habe immer hinter dir gestanden, wenn es Ärger mit den Götzes oder den Ringvereinen gab. Nicht zu vergessen, dass ich die Dinge erledigt habe, für die du zu zartbesaitet warst. Wir brauchen einander.«

Franz musste sich eingestehen, dass McCullen in diesem Punkt recht hatte. Die schmutzige Arbeit, bei der auch mal Blut floss, hatte er immer Georg und Ian überlassen. Aber es war wie mit allem Dreck, den man nur in die Ecke kehrte. Er war nur für gewisse Zeit aus den Augen, doch irgendwann kam es dann ganz dicke. Wütend fegte er jetzt die Morgenzeitung vom Tisch.

»Ich weiß nicht, wie es weitergeht, Franz«, fuhr der Ire fort. »Ich kann dir nichts versprechen. Ich bin gern in dieser Stadt und werde weiterhin euer Teilhaber sein.« Er schlug seinem Freund auf die Schulter. »Und natürlich bin ich ein Teil unserer Familie. Sofern ihr es wollt. Aber ich muss auch meinem Herzen folgen. Und ich brauche die Gefahr, um zu spüren, dass ich lebe. Koks und Sekt sind auf Dauer nichts. Sie betäuben nur das Gefühl, ganz langsam zu sterben. Und das normale Leben ist doch nichts weiter als ein langsamer, öder Tod. Tag für Tag nur Geschäfte, Geld, Frauen, das reicht mir nicht. Da gibt es noch andere Dinge. Du weißt genau, was ich meine. Etwas hier drin.« McCullen schlug sich mit der Faust auf die Brust. »Ein Mensch, der nicht auf diese Stimme hört, ist tot, noch bevor er gelebt hat.«

»Ich muss darüber nachdenken«, wiederholte Franz.

Das Gespräch hatte ihn aufgewühlt und verunsichert. Erst vor Kurzem hatte er ein Gespräch mit Susanne über die Prostitution in den Lokalen des *Syndicats* geführt. Er hatte ihr Zugeständnisse gemacht.

Keine Minderjährigen, kein Ausnutzen von Notsituationen, ein gewisser Schutz für die Frauen. Aber reichte das? Wer im Dreck wühlte, wurde notgedrungen auch schmutzig. Man konnte sich vielleicht eine Zeit lang betäuben. Oder nicht hinsehen. Oder man ließ andere die üblen Arbeiten machen. Man konnte auch jede Menge Duftwasser und Schminke über den Kot kippen, der einen umgab. Aber tief drinnen, da blieb der Gestank. Sein Freund hatte nichts anderes getan, als ihn mit der Nase daraufzustoßen. Das *Syndicat*. Wetten, Alkohol, Prostitution, Hehlerware, ein bisschen Koks. Und ein paar Waffen. Das alles war kein Spiel. Wer hier mitmischte, hatte unwiderruflich seine Unschuld verloren. Und wer es nicht ertragen konnte, saß auf dem falschen Pferd.

»Ich will mit meinen Brüdern darüber sprechen. Du hast viel Porzellan zerbrochen. Auch hier.« Er ahmte Ians Geste nach.

∘ ∘ ∘

Nachdem er das Lokal verlassen hatte, ließ Franz sich durch die Stadt treiben. Er nahm sich wieder einmal die Zeit, in seine alte Welt, die Gassen und Hinterhöfe, einzutauchen. Er vermisste die Clique. Damals in der *Bruderschaft* war vieles einfacher gewesen, schien es ihm. Der Magen war voll oder leer. Man fror jämmerlich, oder man hatte einen Platz in der Wärmehalle mit Suppe ergattert. Der Schlafplatz, etwas Geld, Schuhe, Freunde. Es waren einfache Ja-Nein-Entscheidungen gewesen, die das Leben bestimmt hatten. Ja, letztlich ging es nur um ein Leben oder Sterben. Heute jedoch befand sich Franz in einer Welt des Abwägens und Planens. In dieser Welt konnten einen sogar Freunde hinters Licht führen.

Er hatte den Kontakt zu seiner Jugendbande aufrechterhalten, aber mittlerweile kannte er die meisten Jungs nicht mehr. Die *Bruderschaft* hatte schon immer teils aus gänzlich abgerissenen Kindern und Jugendlichen bestanden, teils allerdings auch aus etwas besser Gestellten wie den Sass-Brüdern. In der Hölle Berlin überlebten sie nur gemeinsam. Es gab zwar wenige, dafür eiserne Regeln: Beklaue keine Schwachen und Armen. Verkaufe deinen Körper nicht. Teile mit Brüdern. Betrüge keine Freunde. Für die Cliquen hatte der Herrgott wahrlich andere Gebote in seine Bibel geschrieben. Härter zwar, aber auch ehrlicher. Franz schlenderte über den Spittelmarkt und ging danach in Richtung Schlesischer Bahnhof. Am Rolandufer traf er endlich einen der Jungs von der *Bruderschaft*. Sein Bruder Max hatte die alte Clique und zwei weitere Banden auf die Sache mit Valerie angesetzt.

»Gibt es etwas Neues?«, fragte er.

»Wir sind da an wat dran«, meinte der Junge, dessen Wange geschwollen war. Er sprach undeutlich. »Uff de Fischerinsel sind een paar Schwalben jesichtet worden. Is aber schon bisken her. Waren wohl mal janz knusprig, aber jetzt total im Eimer. Passt zu der anderen.«

Die Fischerinsel. Der alte Stadtteil zwischen den beiden Spreearmen. Es hieß, dort lebten noch die letzten Ureinwohner aus der Zeit, als es die Stadt noch gar nicht gab. Seltsame Gestalten mit hoher Stirn und Hakennase. Sie verfügten angeblich über Zauberwissen, und ihr Blick konnte verhexen.

Altweibergeschwätz, auf das Franz natürlich nichts gab. Dennoch wäre er nicht auf die Idee gekommen, sich in den engen Gassen allein oder gar bei Nacht herumzutreiben.

»Ein paar, sagst du?«, fragte er und zog einen Zehner aus der Tasche. »Zusammen?«

»Quark! Immer mal eene eben.«

»Wann zuletzt? Komm schon, spuck es aus!«

»Ick weeß nüscht Jenaues. Hab det von Hannes, aber den hat die Fürsorge hopsjenommen. Frag den Pinselheinrich. Der hat wohl eene jemalt.« Der Junge sah Franz an, und als der nicht reagierte, schnappte er den Geldschein und gab Fersengeld in Richtung Molkenmarkt.

Pinsel-Heinrich Zille? Was hatte der Maler damit zu tun? Franz war derart verblüfft, dass er alles um sich herum vergaß. Er ging langsam über die Waisenbrücke Richtung Luisenstadt. Er wusste, dass Zille gern seine Modelle in den Niederungen der Berliner Armutsviertel auswählte.

Soll Paul sich darum kümmern, entschied er. Als er etwas später beim *Open House* in der Stallschreiberstraße ankam, hatte er – wieder einmal – einen Tross frierender und hungriger Jungs im Schlepptau. Für sie gab es in der Halle, wie der vordere, einfach gehaltene Raum genannt wurde, eine dünne Molle und eine Bouillon mit Altbrot. Und sie konnten im Winter bis vier Uhr sitzen bleiben. Auch »ohne Verzehr«, wie es in der Sprache der Kellner hieß. Franz bestand darauf, dass die Burschen zahlten. Manche hatten ein paar Mark, andere arbeiteten ihre Schulden ab. Dabei ging es ihm nicht um die armseligen Penunzen, sondern darum, dass sie ihr Gesicht vor ihm – und vor allem vor sich selbst – wahren sollten.

»Der Teufel kann es ruhig wissen«, war immer sein Wahlspruch gewesen. »Egal, was er uns auftischt, wir zahlen. Für einen Tritt in den Arsch bekommt er drei zurück. Und für eine warme Suppe küssen wir ihm seinen Bockfuß.«

Nun, die ehemaligen Leidensgenossen mussten Franz keineswegs die Füße küssen. Es gab andere Wege, sich auf den Straßen der Hauptstadt erkenntlich zu zeigen. Manches Gerücht hatte er über seine Banden schneller zu Ohren bekommen als die Spitzel der Ringvereine. Sie zeigten sich erkenntlich, indem sie Ware verluden, Schmiere standen, den Mädchen aus den Lokalen des *Syndicats* ihren Schutz anboten. Aber das Wichtigste war, dass Franz sich in diesem Milieu verstanden fühlte. Er genoss die Momente, in denen sich bei einfachen Gesprächen und zotigen Witzen die Härte, die sich um sein Herz zu legen begann, langsam löste. Diese Jungs hatten Träume, die einmal seine gewesen waren. Manche wollten nur einen Beruf und ein geregeltes Einkommen. Andere hingegen wollten in die Welt hinaus. Paris, Wien, Rom, vielleicht sogar New York und Rio de Janeiro. Und der berühmte

»Costa-Rica-Kalli« war auch tatsächlich aufgebrochen, allerdings schon in Köln-Deutz von der Bahnpolizei und Jugendfürsorge aufgegriffen worden. Allen gemeinsam war, dass sie sich die Erinnerung an diese Träume bewahrt hatten. Mit den Jahren wurden viele von ihnen zwar zu verbissenen Ahabs, die ihrem persönlichen, weißen Wal nachjagten. Aber tief im Inneren blieb immer ein Abbild der Cliquen-Zeit, die Hoffnung auf ein kleines Glück. Ein winziges Stück, das sie Fortuna aus ihren Taschen stibitzen mochten.

»Sie haben Paul fast totgeschlagen«, wurde Franz plötzlich von einer Stimme aus seinen Gedanken gerissen. Er sah auf. »Ist erst zwei Stunden her«, keuchte sein Bruder Max, der die Neuigkeit eben erfahren hatte. »Drüben am Engelbecken.«

4

Berlin – Mariannenplatz

Franz fand in den folgenden zwei Nächten kaum Schlaf und eilte zwischen seiner Wohnung und den Lokalen des *Syndicats* hin und her. Er brauchte unbedingt nähere Informationen über den Vorfall. Ein unklares Bedrohungsgefühl hatte von ihm Besitz ergriffen. Tonis Erkrankung, Valeries Erscheinen, Klantes Verhaftung und sogar Ians Eskapaden waren Herausforderungen, die ihn zwar belasteten. Aber er glaubte, dass er sie meistern konnte. Der Angriff auf Konter war etwas ganz anderes.

»Vielleicht waren es nur ein paar Schläger, die es auf eine fette Börse abgesehen hatten.« Georg klang so, als wäre er selbst nicht von dem überzeugt, was er sagte.

»Oder jemand hatte noch eine persönliche Rechnung mit Paul offen«, schlug Max vor. »Er hat neulich erst erzählt, dass er in all den Jahren über zweihundert Leute in den Bau gebracht hat. Da wollte sich vielleicht einer für die nette Betreuung bedanken.«

Franz hingegen hatte seine eigene Theorie. Wieder sprach er mit den Cliquen-Jungs und heuerte sie an, sich umzuhören. Er beriet sich mit Messer-Willy und Josef Sternwein über die neuerliche Krise. Niemand wusste etwas. Einfache Gauner waren in den meisten Fällen erstaunlich redselig. Dass sich spontan eine Bande aus drei Kerlen zusammenfand, die einen Spaziergänger ausrauben wollten, erschien wenig glaubhaft. Und meistens nahmen solche Leute Reißaus, wenn sich der Überfallene wehrte. Und der Plan, sich an Konter zu rächen, wäre in den Kneipen der Umgebung irgendjemandem bekannt gewesen. Weil nach dem dritten Bier immer geprahlt wurde.

»Sie haben zwar nur Paul überfallen, aber diese Kerle meinten uns. Das war ein Angriff aufs *Syndicat*«, sagte er schließlich vollkommen übermüdet. »Alles deutet darauf hin. Seit Wochen gibt es Scherereien mit den Götze-Brüdern. Immer öfter werden wir im letzten Moment bei den Geschäften ausgebootet. Kellner wollen nicht bei uns arbeiten, weil ihnen jemand Prügel angedroht hat.«

»Ich werde dir Schutz besorgen«, meinte Georg.

Franz wollte protestieren, aber sein Bruder ließ nicht locker. In der Familie seiner Frau gab es einige kräftige Burschen, denen man besser nicht krumm kam.

»Keine Widerrede, Franz! Wenn wir dich auch noch verlieren, dann gehen die Lichter aus. Ich frage Stjepan. Er wird dich in den nächsten Tagen begleiten. Nur zur Vorsicht. Wer weiß, wer dahintersteckt und was als Nächstes kommt.«

»Also gut«, erwiderte Franz. »Wir haben fast nichts. Von Pauls Assistenten weiß ich, dass zwei Schläger in der Nacht von der Polizei festgesetzt wurden. Ein unterbelichteter Gendarm von der Wache am Moritzplatz hat sie wohl am Morgen danach laufen lassen.«

»Und Paul?«

»Nicht ansprechbar. Wir müssen warten, bis er wach wird.« Franz blickte in die Runde. »Wenn er wach wird.«

○ ○ ○

Stjepan Harussel war zwar etwas vierschrötig, nicht der Gesprächigste und auch nicht der Hellste, aber auf ihn und seine Muskeln war stets Verlass. Er folgte Franz jetzt als Leibwache auf Schritt und Tritt. Endlich, am dritten Tag nach dem Überfall auf Konter, bekam Franz eine Nachricht aus dem Krankenhaus, dass der Kriminalbeamte wieder ansprechbar war. Er war in der Nacht des Überfalls in das nächstgelegene Krankenhaus gebracht worden. Wohl auch, weil man zunächst wenig Hoffnung hatte, dass er die Sache überleben würde. Das Diakonissen-

Haus am Mariannenplatz hatte den Charme einer Dragoner-Kaserne. Und die dortigen Schwestern führten ein Regiment, das diesem ersten Eindruck durchaus entsprach. So wurden Franz und seine Begleiter erst am Nachmittag zur exakt vorgeschriebenen Besuchszeit vorgelassen. Im Gegensatz zur Charité gab es hier noch große Krankensäle, keine kleinen Zimmer. Die Atmosphäre hatte etwas von der seltsam ambivalenten Intimität einer Bahnhofshalle. Jedoch schufen das Rufen, Stöhnen und andere, nur allzu menschliche Laute eine einzigartige Kakophonie von Krankheit. Eine dumpfe, gedrückte Stimmung lag im Raum, die sich sofort der Besucher bemächtigte. Konter war in seinem Bett, das am Fenster stand, kaum zu erkennen. Die Krankenschwestern hatten versucht, ihm das Liegen erträglicher zu machen, indem sie ihn in einen Berg von Kissen gepackt hatten.

»Kannst du dich an irgendetwas erinnern, Paul?«, fragte Franz ohne Umschweife und wenig einfühlsam, als der Schwerverletzte die Augen aufschlug. »Hast du jemanden erkannt? Wenn ich die Schweine kriege! Wer könnte es auf dich abgesehen haben? Sag doch was!«

Konter lag auf dem Krankenbett und rührte sich nicht. Jede Bewegung schien zu schmerzen. Er war beinahe zwei Tage nicht bei Bewusstsein gewesen, und die Ärzte hatten bereits das Schlimmste befürchtet.

»Für den Dickkopp jibt et noch jar keen Knüppel, der hart jenug is«, hatte Max etwas hilflos versucht, seinen Bruder zu trösten, als ihnen die Nachricht überbracht worden war. »Dat wird schon, jloob mia.«

Das *Central Diakonissen-Haus Bethanien* stand nicht im besten Ruf bei den Berlinern, sagte man ihm doch nach, seit jeher mehr um das jenseitige Seelenheil seiner verletzten Schafe denn um deren Gesundung im Diesseits besorgt zu sein. Das Auftreten der Ordensschwestern galt als entsprechend spröde, die Pflege war jedoch vorbildlich. Bethanien war ein Spital alter Prägung und offensichtlich im vergangenen Jahrhundert steckengeblieben. Im großen Krankensaal für Männer roch es nach allem, was der Mensch zwischen Leben und Tod absondern konnte. Man hörte Stöhnen, Jammern und Gebete. Das einzig Intime war das, was unter den Bettdecken verborgen blieb. Das Fenster war geöffnet, und Konter blieb deshalb von dem infernalischen Pestilenzhauch weitgehend verschont. Dafür fror er erbärmlich. Sein Gesicht sah aus, als wäre es in eine Dampframme von *Siemens-Halske* geraten.

»... alles zu schnell ...« Mühsam deutete der Verletzte ein Kopfschütteln an, quittierte die Anstrengung jedoch sofort mit einem Ächzen. »... dunkel. Und der erste Schlag kam von hinten. Drei ...«

»Ist gut, Paul. Wir klären das. Immerhin haben wir ja noch einen Zeugen, den wir befragen können.«

Konters Assistent hatte Franz ein paar Geheimnisse verraten. Zwar waren die anderen Täter entkommen, aber der Mann, dem Paul Konter die Holzlatte über den Schädel gezogen hatte, war ebenfalls ins Bethanien eingeliefert worden. Da es schlecht um ihn stand, hatte die Kriminalpolizei zunächst Stillschweigen darüber vereinbart.

Dass der Zeuge, von dem Franz sprach, in Wirklichkeit ein Haupttäter war, verschwieg Franz im Moment lieber. Er wollte Konter nicht unnötig aufregen, war jedoch selbst verdammt wütend. Er warf einen letzten Blick auf den Kommissar und stampfte hinaus auf den Flur.

»Die Kerle haben ihn fast zu Brei geschlagen«, meinte er zu Stjepan. »Jetzt ist es endgültig klar. Das war kein normaler Überfall. Die wollten ihn totprügeln.«

Ein paar Minuten später hatte er den Stationsarzt ausfindig gemacht. Dr. Alfred Weiser war ein Mann mit altmodischer Hornbrille, der sich beeilte, den beiden Besuchern seine überaus wichtige Rolle in der Krankenhaus-Hierarchie klarzumachen.

»Die Besuchszeit ist vorüber, meine Herren«, krähte er unüberhörbar. Dann sah er sich hilflos um. »Schwester Luise! Wo ist sie denn? Schwester!«

»Wie sieht es bei Herrn Konter aus, Doktor?«, fragte Franz und ignorierte den Versuch, ihn abzuweisen. »Wird alles wieder heilen? Oder bleiben Schäden?«

»Sie sind?«, gab der Mann im Kittel blasiert zurück, nachdem er erkannt hatte, dass ihn das Pflegepersonal nicht aus dieser Notlage befreien würde.

»Ich bin sein Sohn aus erster Ehe«, log Franz, und seine Stimme ließ keinen Zweifel daran, dass er dieser Flitzpiepe jeden Moment an die Gurgel gehen konnte, wenn er keine Auskunft erhielt. Viele Medizinstudenten übten sich zwar in ihren Burschenschaften im Faustkampf oder Fechten, waren dann jedoch als Akademiker im wirklichen Leben müde Pfeifen, die schnell einen Rückzieher machten, wenn man ihnen krumm kam.

»Na, dann«, erwiderte der Arzt zögerlich, erkannte jedoch offenbar den Ernst der Lage. »Die Röntgenbilder zeigen mehrere Frak…« Er korrigierte sich. »… Brüche an Schulter, Rippenbogen und Armen. Zwei sind gerichtet, der Rest steht gerade. Wird ausheilen, denke ich. An der linken Schulter sind mehrere Bänder gerissen. Ärgerlich, aber eine Operation ist riskant und könnte alles schlimmer machen. Da wird aber vermutlich etwas zurückbleiben.«

»Und da oben?« Franz zeigte an die Stirn.

»Sieht schlimmer aus, als es ist«, erwiderte Dr. Weiser. »Ein paar Platzwunden, viele Prellungen, eine schwere Gehirnerschütterung. Daher auch diese Erinnerungslücken. Insgesamt nicht viel anders als bei einer ordentlichen Kneipenschlägerei. Haben wir jeden Samstag hier auf Station. Ich denke, in vier Wochen ist er fast wieder der Alte.«

»Er bekommt alles, was er braucht«, sagte Franz. »Nur das Beste. Haben wir uns verstanden, Herr Doktor? Rechnen Sie mit der Beamtenkasse ab, was Sie wollen. Ich zahle dann zusätzlich die Privatrechnungen. Und Sie bekommen Zigaretten und Kognak obendrauf, wenn Herr Konter …« Er verzog keine Miene, als er seinen Fehler bemerkte. »Sie sammeln jede Menge Pluspunkte, wenn mein Vater hier Erste Klasse fährt. Klar so weit?«

Beim Wort *Privatrechnungen* hellte sich die Miene des Mannes deutlich auf. Als er dann *Zigaretten und Kognak* vernahm, strahlte Dr. Weiser förmlich.

»Wo ist übrigens der andere Kerl?«, fragte Franz plötzlich. »Ich meine den Mann, den Sie mit Herrn Konter ...« Er räusperte sich. »... mit meinem Vater zusammen gebracht haben.«

»Er liegt in einem separaten Krankenbereich. Da darf ich keine Auskunft geben. Er ist ein Tatverdächtiger. Die Polizei hat jeden Kontakt untersagt.«

»Mein Freund hier ist sein Sohn.« Franz zeigte auf Stjepan, der seltsam knurrte und sich zu voller Größe aufrichtete. Er zog eine Packung *JUNO* hervor und gab sie dem Arzt.

»Eine Familientragödie, Sie verstehen? Wir Söhne müssen das unbedingt klären, bevor es unter den Vätern zu einer Katastrophe kommt. Auch in dieser Hinsicht werden wir uns selbstverständlich erkenntlich zeigen.«

»Na, dann.« Der Arzt zuckte mit den Schultern. »Kommen Sie mit. Sehr schön, wenn sich die Söhne um ihre Väter kümmern.« Er sah Stjepan beinahe belustigt an. »Ich will da nicht im Wege stehen. Dem Patienten im Isolationszimmer geht es sehr schlecht. Offener Schädelbasisbruch. Wir nehmen an, dass das Gehirn anschwillt, denn aus Ohren und Nase läuft ständig Liquor.«

»Likör?«, fragte der Rom ungläubig.

»Liquor.« Der Stationsarzt schüttelte den Kopf und tippte sich an die Schläfe. »Die Flüssigkeit, die Gehirn und Rückenmark umgibt. Durch einen Schädelbruch mit Schwellung wird es quasi herausgepresst. Wie Saft aus einer Zitrone, die man fest drückt.«

»Wird er es schaffen?«, fragte Franz.

»An der Charité hätte er vielleicht eine Chance. Hier? Eher nicht. Tragen Sie für ihn ebenfalls die Rechnungen?«

»Nein«, antwortete Franz knapp und ohne weitere Erklärung. »Ist der Mann wach?«

»Mal ja, mal nein. Dämmerzustand nennen wir das.«

»Tun Sie etwas, damit er wach wird, Doktor«, sagte Franz. »Ein paar Minuten reichen. Mein Freund möchte sich doch nur von seinem Vater verabschieden.« Stjepan grunzte bedrohlich zur Bestätigung. »Sie verstehen das sicherlich. Heute Abend können Sie Ihrer Frau von dem anstrengenden Tag bei einem Glas Champagner berichten. *Feinkost Beck* in der Leipziger Straße macht Ihnen einen Sonderpreis. Sagen Sie nur, dass Sie Franz kennen. Und Sonntag führen sie die Gattin dann ins *Nelson-Theater*. Ich lasse zwei Karten für Sie beide zurücklegen.« Franz zog einen Hundertmarkschein aus seiner Hosentasche und klemmte ihn Weiser hinter die Holzstäbchen, die aus der Brusttasche seines Kittels ragten.

Der Arzt überlegte, dann gab er beiden Männern ein Zeichen, und sie folgten ihm in den Krankentrakt für Schwerverletzte.

»Warten Sie, ich hole ein paar Instrumente«, meinte er, als sie vor einer verschlossenen Tür standen.

Einige Minuten später bereitete er sich im Zimmer offenbar auf einen ärztlichen Eingriff vor, denn er wusch sich ausgiebig die Hände, wickelte Instrumente aus Tüchern, wusch sich wieder die Hände. Franz musterte derweil den Verletzten. Der Kerl sah bei Weitem nicht so mitgenommen aus wie Paul. Er hatte Tücher vor Nase und Ohren, die feucht waren. Um die Augen herum war ein dunkler Schimmer zu sehen, als hätte man ihm auf beiden Seiten ordentlich eine verpasst.

»Nichts für empfindliche Mägen«, sagte Dr. Weiser, als er mit einer Riesenkanüle, die eher einer Lanze ähnelte, und einer Glasspritze an den Patienten herantrat.

»Sie sollen ihn aber nicht abmurksen.« Franz war nun doch etwas verunsichert, als er das Folterinstrument in Händen des Mannes sah.

»Keine Sorge, ich entlaste den Hirndruck, indem ich aus den Kammern den Liquor abziehe. Dadurch bekommt der Hirnstamm mehr Platz, und er wird wach. Hoffentlich.«

Der Stationsarzt hielt in seiner Bewegung kurz inne, als wäre ihm noch etwas eingefallen.

»Ach ja. Vorher sollte ich ihm noch etwas Morphin geben. Sonst schreit er uns vor Schmerzen die Bude zusammen.«

Was nun folgte, war in der Tat nichts für schwache Nerven. Zunächst erhielt der Patient eine Spritze in die Armvene. Franz schien es, als beruhige sich sein Atem augenblicklich, und auch das Flattern der Augenlider, das er an dem Bewusstlosen bemerkt hatte, ließ nach. Als der Arzt die große Spritze wieder in die Hand nahm, drehte sich Stjepan zum Fenster. Franz jedoch konnte seinen Blick nicht losreißen. Der Arzt drückte zunächst mit einem Finger im linken Augenwinkel des Verletzten herum. Dann setzte er dort die Kanüle an und schob sie langsam vor. Ein ekelhaftes, leises Knirschen war zu hören, als die lange Nadel im Schädel verschwand. Und plötzlich füllte sich die Spritze mit hellgelber Flüssigkeit.

»Na also, geht doch. Dann haben Ordinarius Krause und sein Assistent von Bramann also recht behalten. Ihr *Lehrbuch der Eingriffe am Cerebrum* ist immer noch bahnbrechend.« Alfred Weiser war erkennbar fasziniert vom eigenen Tun. »Werde einen Artikel verfassen. Vielleicht für das *Correspondenz-Blatt*«, murmelte er kaum hörbar vor sich hin. »Der Ordinarius wird erfreut sein. Vielleicht ein Vortrag im Ärzteverein …«

»Wat is nu?«, fragte Stjepan mit ungeduldiger Stimme, ohne sich umzudrehen. »Is er jetzt hin?«

»Geduld, meine Herren«, erwiderte der Arzt, der die Kanüle mittlerweile herausgezogen und auf einem Tablett abgelegt hatte. »Die Entlastung des Liquordrucks verbessert die Durchblutung in den Gehirnarealen, die unser Bewusstsein steuern. Es können einige Minuten …«

Als wollte er sich endlich auch ins Gespräch einmischen, wurde der Patient schlagartig wach und atmete tief ein. Seiner Hautfarbe nach zu urteilen, kam er aus Südeuropa, vielleicht aus einem Balkanstaat. Die Augen hatte er derart weit aufgerissen, dass deren Weiß nun in starkem Kontrast zu seinem Teint stand. Franz fühlte sich an eine Ausstellung von Afrikanern erinnert, die Carl Hagenbeck vor einigen Jahren im Rahmen seiner *Völkerschau* in die Hauptstadt gebracht hatte. Diese

Menschen hatten immer verschreckt und erstaunt zugleich in diese fremde Welt geblickt.

»Na bitte.« Fasziniert beobachtete Dr. Weiser, wie sein Patient erwachte.

»Lassen Sie uns bitte allein, Doktor«, sagte Franz.

Weiser wollte protestieren, aber Stjepan packte ihn auf einen Wink hin am Kittelkragen und zog ihn zur Tür.

»Bitte. Danke. Du rauchst jetzt«, sagte der Rom und schob Weiser unsanft hinaus.

Franz ahnte, dass sie nicht viel Zeit hatten. Der Mann, der Konter in der Nacht überfallen hatte, sah sich verwirrt um, dann stöhnte er, als er den Kopf bewegte.

»Wer hat euch bezahlt?«, begann Franz die Befragung.

Gewalt jeder Art war ihm zuwider. Und doch wusste er, dass sie in dieser Welt oft das einzige Argument war, das zählte. Er nahm die große Spritze und zeigte den Mann die lange Nadel.

»Du kannst es dir schwermachen«, sagte er. »Dann wird die nächste halbe Stunde die längste deines Lebens. Und deine letzte. Oder du erzählst uns alles. Dann wird dir der Doktor nachher noch eine nette Schmerzspritze geben.«

Zwei Minuten lang redete der Mann wie ein Wasserfall. Dann schien es, als wäre erneut ein unsichtbarer Schalter in seinem Verstand umgelegt worden. Sein Kopf fiel zur Seite.

»Tot?«, fragte Stjepan ungerührt.

Franz war mulmig zumute, und er betrachtete den Verletzten eingehend. Es war gespenstisch. Seine Augen waren weiterhin geöffnet, aber als Franz mit der Hand vor seinem Gesicht winkte, reagierte er nicht. Aus seiner Kehle drang bei jedem Atemzug ein Röcheln, als liefen Kakerlaken seine Luftröhre entlang.

»Besser wir gehen jetzt«, meinte Franz. »Es würde mich wundern, wenn der Bursche überhaupt jemals wieder etwas sagt.«

5

Saatwinkel, nördlich vom Hohenzollern-Kanal

»Steinway heißt der Kerl, der das Ding gebaut hat«, meinte Georg Sass stolz, als seine Brüder und Ian ungläubig den weißen Konzertflügel betrachteten, der auf einer wackligen, provisorischen Holzbühne inmitten der nördlichen Jungfernheide stand. Aus weiter Ferne drang der Lärm der Baumaschinen und Handwerker an ihre Ohren, die an den neuen Wohnblöcken der Siemensstadt arbeiteten. Das Hämmern der Rammen, Trommeln der Betonmischer und Kreischen der Großsägen boten eine dissonante Untermalung für die zarten Klänge, die Georg dem Instrument jetzt entlockte.

»Was willst du mit dieser Klimperkiste?«, fragte Franz entgeistert. »Wusste gar nicht, dass du bei Bäcker Bolle Klavierspielen gelernt hast. Dachte immer, du hättest nur bei seener Lütten kräftig die Tasten jedrückt.«

Sein Bruder ignorierte die Stichelei. Er bot einen beinahe skurrilen Anblick. Früher ein magerer Hänfling, war er nach zwei Jahren Muskeltraining im Boxsport und Ringkampf jetzt fast doppelt so schwer. Er lebte die Hälfte seiner Zeit bei der Zigeunersippe, aus deren Mitte er eine hübsche, resolute Frau geheiratet hatte. Jetzt saß »Acht-Finger-Schorsch«, wie viele ihn nannten, weil ihm nach einer Entführung und schwerer Misshandlung zwei Finger fehlten, auf einer feinen Klavierbank. Und er streichelte beinahe zärtlich die Tasten. Seine Brüder nickten sogar anerkennend, als eine Art Melodie erklang. *Bolle reiste jüngst zu Pfingsten* mochte zwar vom Niveau etwas unpassend sein, aber es schien Spieler, Instrument und Zuhörer gleichermaßen zu erfreuen.

»Ein *Steinway B-211*«, meinte Georg mit Kennermiene, als er seine kleine Darbietung beendet hatte. »Sagt der Verkäufer. Armer Schlucker. Von und zu Steckendorff. Blaues Blut inne Adern, aber keene Wurst uffm Brot. Wir haben ihm das Dach jedeckt, dafür gab's det Ding hier.«

Franz sah sich um. Das Land nördlich des Hohenzollern-Kanals war wild, morastig und unwirtlich. Kaum zu glauben, dass die Großstadt nur wenige Kilometer weiter begann. Frösche und Kröten gaben hier Konzerte. Wer zu lang barfuß im Wasser stand, an dem bissen sich die Blutegel fest. Die ekelhaft anzusehenden Olme galten – gekocht und in Essig eingelegt – als Delikatesse bei den Zigeunern. Niemand hatte dieses Land bisher haben wollen, so dass das fahrende Volk, unter ihnen die Familie Harussel, hier stadtnah und ungestört ihr Lager aufschlagen konnte. Aber ihre Tage waren gezählt. Der Moloch Berlin fraß sich durch die Erde. Und in seinen Adern flossen Stahl und Beton. Die gierige Stadt machte urbar, was vorher ursprünglich gewesen war. Südlich des Kanals war im vergangenen Jahrzehnt Siemensstadt entstanden. Der Konzern brauchte Arbeitskräfte. Und Arbeiter mussten wohnen. Wohnen war Profit. Also würden sich die Unternehmerblicke bald auch auf Jungfernheide und Saatwinkel richten.

»Dat Klavier is doch in een paar Tagen hin«, mischte sich Erich ein. »Bin ja keen Studiosus, aber det is hier so feucht wie inne Keller von Schusters Fritze. Dann haste bald nur noch Planken zum Verfeuern.«

Er stieß mit seiner Schuhspitze gegen ein Bein des Flügels, was ihm ein drohendes Knurren seines Bruder eintrug.

»Wir sind nicht hier, um dein Klimpern zu hören, Georg«, wechselte Franz das Thema, nachdem ihnen Georgs Frau Marya eine Karaffe Holunderwein gebracht hatte.

Da sie sich auf dem Territorium der Sippe befanden, musste nach der Tradition auch ein Oberhaupt der Harussels bei der Beratung anwesend sein. Joaquin gesellte sich also nach kurzer Zeit zu ihnen.

»Es liegt Ärger in der Luft«, fuhr Franz fort. »Sie haben Paul vor ein paar Tagen überfallen und fast totgeschlagen. Die Kerle wollten ihm nicht nur eine Abreibung verpassen, weil er ihren Saftladen oder ihre Koksbude hochgenommen hat. Aber unser guter Paul hat selbst mächtig ausgeteilt. Ein Schläger lag drei Zimmer weiter, viel übler zugerichtet. Stjepan und ich haben ihn befragt. Und als er die Nadeln auf dem Tisch gesehen hat, trällerte er uns sein schmutziges Liedchen ins Ohr.«

»Komm zur Sache«, meinte Ian.

»Wer steckt dahinter?«, fragte sein Bruder Georg.

»Die Götze-Brüder!«, antwortete Franz.

»Die Schweine wollen Krieg?«, rief jetzt der jüngste Sass dazwischen. »Dann sollen sie ihn kriegen!«

»Halt, halt. Ihr glaubt doch nicht im Ernst, dass diese Trottel mehr als nur die Pferde vor dem Wagen sind?« Franz trank den Holunderwein, der ungewöhnlich stark war. »Wir müssen wissen, wer der Kutscher ist!«

»Politisch oder geschäftlich?«, fragte Ian. »In München und Breslau hat man auch vor Kurzem Polizisten kaltgemacht. Weil sie nicht spurten und den Großen auf die Füße getreten sind.«

»Nein, nein«, erwiderte Franz. »Und nichts gegen Paul«, erwiderte Franz. »Aber er ist doch im Präsidium nur eine kleine Nummer. Nein, die Sache galt uns. Und außerdem, die Götzes haben bestimmt nichts mit dem Politikkram am Hut.«

»Hättest du die Blindgänger nicht erwähnt, dann käme mir ein ganz anderer Verdacht«, sagte Georg. »Unser ehrenwerter *Consul* hat bei mehreren Gelegenheiten erklärt, dass er das *Syndicat* fertigmachen will.«

»Da wird ein Schuh draus«, stimmte Ian zu. »Ehrhardt wird sich wahrscheinlich nicht die Finger schmutzig machen. Schon gar nicht bei einem Polizistenmord. Also heuert er die Götzes für die Drecksarbeit an. Das *Syndicat* wäre nach Konters Tod stark geschwächt gewesen. Die Götze-Bande hätte Oberwasser und hätte versucht, uns direkt anzugreifen. Alle zerfleischen sich, und der Herr *Consul* wäscht seine Hände in Unschuld.«

»Wir wissen einfach zu wenig«, sagte Franz ungehalten. »Alles Spekulationen! Das würde Paul jetzt dazu sagen. Wir wissen, es waren drei Schläger. Zwei wurden verhaftet, aber ein bescheuerter Schupo auf der Wache hat sie gehen lassen, weil ein Assessor eine Anweisung von Gericht vorgelegt hat. Natürlich gefälscht. Und den dritten Kerl haben wir ja nun im Krankenhaus befragt. Gott sei Dank, sonst hätten wir nichts.«

»Aha«, meinte Max. Er war in der Familie nicht als großer Geistesakrobrat bekannt. »Und wat heeßt det nu jenau?«

»Mensch, du Hornochse! Das war kein einfacher Überfall der Götzes. Die Kerle hatten es nicht auf Moneten abgesehen. Und wer würde den Aufwand betreiben, für solche Ganoven eine Gerichtsverfügung zu fälschen? Na, klingelt wat?«

»Ja, klar«, erwiderte Max beleidigt, aber so ganz war das Gesagte nicht angekommen. »Wieso?«

»Vergiss es.« Franz Sass stöhnte. »Wir müssen zu den beiden Bekloppten. Am besten sprechen wir gleich mit ihrem Vater. Keiner will einen Krieg. Da verlieren beide Familien, und die Aasgeier fressen den Rest.«

»Können wir helfen?«, fragte Joaquin.

»Ich will euch da ungern hineinziehen. Aber ich brauche zwei weitere Männer. Stjepan muss abgelöst werden. Er schiebt bei Paul im Krankenhaus Wache. Damit die Schweine nicht auf die Idee kommen, zu Ende zu bringen, was sie angefangen haben. Und mit den Harussels wird sich niemand anlegen wollen. Also schick einen eurer Leute ins Bethanien. Und einen brauche ich bei dem Gespräch mit den Götzes. Ein paar Muskeln hinterlassen bei denen mehr Eindruck als tausend Gebete.«

»In Ordnung«, sagte der alte Rom. »Wenn es hart auf hart kommt, könnt ihr auf uns zählen. Georg gehört zu Marya. Also seid ihr ebenfalls Familie.«

»Eine Sache ist mir noch völlig unklar.« Franz entspannte sich etwas. »Zeugen haben ausgesagt, dass da ein weiterer Unbekannter war.

Er soll auf die Angreifer eingedroschen haben. Und ohne ihn hätte Paul die Sache vielleicht nicht überstanden.«

»Ich nehme an, dass der Kerl sich nicht bei der Polizei gemeldet hat?«, fragte Ian.

»Du hast recht.« Franz nickte. »Er war offenbar älter, groß und kräftig, so beschreiben ihn die Zeugen. Und der Mann war plötzlich wie vom Erdboden verschluckt. Er hat einen Tampen als Waffe benutzt und diesen ekelhaften Kautabak ausgespuckt.«

»Na dann. Mehr als ein paar hundert Spreeschiffer kommen da kaum infrage.«

»Mehr wissen wir eben nicht. Aber eins nach dem anderen. Erst die Götzes, dann sehen wir weiter.«

»Gut«, meinte Georg. »Ich habe in der Stadt noch ein paar Leute, die wissen, wo der Hammer hängt.«

»Und ich werde mit Schmidtchen sprechen«, schlug Ian vor. »Er schuldet mir noch einen Gefallen. Zwei seiner Leute und Papa Götze geht der Arsch auf Grundeis.«

Franz war zufrieden. Er hatte das *Syndicat* für wehrloser gehalten, als es offenbar war. Jetzt, wenn es darauf ankam, ließ sich doch eine recht schlagkräftige Truppe zusammentrommeln. Obwohl ihm Ians Vorschlag auch Angst machte. Carl »Schmidtchen« Smith – selbst Sohn deutscher Auswanderer – war nach Konflikten mit der amerikanischen Justiz kurz nach dem Krieg in Berlin aufgetaucht. Er hatte sich auch in der deutschen Hauptstadt mit seinem Bestattungsunternehmen der besonderen Art schnell einen Namen gemacht. Der Mann ging im wahrsten Sinn über Leichen. Und nur der Preis bestimmte, wen er flachlegte.

»Können wir nicht auf Schmidtchen verzichten?«, fragte er, klang aber selbst wenig überzeugt.

»Nicht schon wieder, Franz«, erwiderte Ian und hob mahnend den Finger. »Du weißt, dass Walter und Max gefährlich sind. Willst du mit Papierkugeln werfen, wenn sie dir die Knarre vors Gesicht halten?

Nein, mein Lieber, solchen Leuten musst du sofort ihre Grenzen zeigen. Dann hast du am ehesten die Chance, ohne Blutvergießen aus der Sache herauszukommen.«

»Er hat recht«, stimmte Georg zu. »Wir müssen mit ihnen auf Augenhöhe sein. Und vor allem müssen wir ihre Sprache sprechen. Die beiden Idioten und ihr Vater verstehen uns sonst nicht.«

»In Ordnung«, sagte Franz nach einer Weile. »Aber erst reden wir mit ihrem Vater. Ihr wisst, dass Papa und Hermann früher mal Freunde waren. Vielleicht lässt sich die Angelegenheit doch noch friedlich regeln.«

»Du bist viel zu sentimental für diesen Job«, erwiderte Ian.

∘ ∘ ∘

Man konnte die Harussel-Sippe nicht besuchen, ohne die Zeichen ihrer Gastfreundschaft anzunehmen. Alles andere hätten sie als Beleidigung aufgefasst. Nach den Gesprächen musste gegessen, getrunken und getanzt werden. So war es Brauch. Franz war froh, dass er das Rauchen von Tschandu ablehnen konnte, ohne dass Joaquin und die anderen beleidigt waren. Georg ging zu dem hölzernen Wohnwagen, in dem er seit einem Jahr mit seiner Frau wohnte. Marya kam ihm entgegen. Erst jetzt bemerkte Franz, dass sich ihr Bauch deutlich wölbte. Sie war ohne Zweifel schwanger. Er hatte sich fest vorgenommen, sich nicht allzu sehr in die Angelegenheiten seiner Brüder einzumischen, sofern sie nicht das *Syndicat* betrafen. Er war in einer kleinen Wohnung mit fünf Geschwistern groß geworden. Da hatte es nichts Privates gegeben. Seife und Handtuch, selbst das Bett und die Wäsche wurden geteilt. Von den intimsten Aspekten des Lebens ganz abgesehen. Folglich ließen sich die Brüder in Ruhe, wenn es um ihre Eigenheiten ging.

Georg war schwul und lebte mit einem anderen Mann in einem alten Anwesen am Viktoriapark. Gleichgesinnte Männer fanden in seinem Haus Aufnahme und Schutz. Allzu oft wurden nämlich männliche Paare in der Stadt auf offener Straße angegriffen, bespuckt und sogar geschlagen. Oftmals war sich bei solchen Attacken dann der rote und schwarze Mob seltsam einig. Ob reaktionär oder revolutionär, diese Form des Anderssein war beiden Seiten verdächtig. Die Heirat zwischen Georg und Marya hatte zunächst nur den Zweck erfüllt, ein Bündnis zwischen der Zigeuner-Familie und dem *Syndicat* zu besiegeln. Beide Seiten hatten davon profitiert. Die Harussels waren ganz groß im illegalen Transportgeschäft engagiert, ein immenser Wettbewerbsvorteil für das *Syndicat*. Und im Gegenzug erhielten sie mit der Sass-Familie Zugang zur neu entstandenen Berliner Zwischenwelt, die – so sah es Franz jedenfalls – zwischen »ehrbaren« Bürgern, Kaufleuten, Beamten, Arbeitern auf der einen und den freischaffend Kreativen auf der anderen Seite vermittelte. Zudem hatte sich das »Harussel-Kraut«, eine krude Mischung aus Opium und Kokain, mittlerweile zur beliebten Rauchware in den Klubs entwickelt. Kokain wurde zu manchen Gelegenheiten öfter gereicht als Zucker oder Salz. Da war das Tschandu-Gemisch der Zigeuner natürlich hoch willkommen. Allerdings wurde es auch immer schwieriger, den Opium-Bedarf der Hauptstadt zu decken.

Franz beobachtete, wie Georg seiner Frau zärtlich über den gewölbten Bauch strich. War sein Bruder der Vater des Kindes? Oder duldete er einen Nebenbuhler? Er riss sich von diesen Gedanken los. Vielleicht wäre etwas Tschandu jetzt doch das Richtige. Georg winkte ihm zu und ging dann zügig zu den Männerzelten. Offenbar verkündete er dort einen weiteren, willkommenen Anlass, ausgiebig zu feiern.

»War das etwa ein anderer?« Max kicherte albern und wies auf Marya. »Oder nascht unser Brüderlein gern von beiden Früchten?«

»Halt bloß die Klappe!«, zischte Franz. »Wenn er das hört, kaust du in Zukunft auf den Balken, mein Lieber.«

6

Berlin – Hamburger Bahnhof

Die Brüder Walter und Max Götze waren für kurze Zeit Verbündete des *Syndicats* gewesen. Ihr Vater war zwar ein Bekannter von Andreas Sass, aber beide Familien wurden nie wirklich warm miteinander. Walter und Max liebten das »schnelle Geld«, raubten Passanten und Kioske aus, ließen Mädchen auf die harte Tour am Nollendorfplatz anschaffen und schreckten auch vor Aufträgen nicht zurück, die bei den Betroffenen mehr als ein blaues Auge oder einen ausgeschlagenen Zahn hinterließen. Als Vater Götze dann unverhohlen die Hälfte des *Syndicat*-Geschäfts forderte, war es zum Bruch zwischen den ungleichen Familien gekommen. Tatsächlich hatten die *Moabiter*, wie sich die Götze-Bande jetzt nannte, zwei Rennbahnen unter ihre Kontrolle gebracht. Sie hatten die Schwäche ihrer Konkurrenten geschickt genutzt, als Max Klante zunächst Hausverbot in Hoppegarten bekommen hatte und schließlich verhaftet worden war. Und in letzter Zeit störten sie immer häufiger Lieferungen des *Syndicats*, machten Ärger in den Lokalen und schüchterten das Personal ein. Es wäre also ohnehin nur eine Frage der Zeit gewesen, bis es zu einer Klärung zwischen den beiden rivalisierenden Gruppen kommen musste.

Die *Moabiter* hatten in einem alten Schuppen der Reichsbahn auf dem Gelände des aufgelassenen Hamburger Bahnhofs ihr Quartier bezogen. Der Ort war gut gewählt, lag er doch zentral und gleichzeitig abseits des grellen Lichts der Ordnungsbehörden. Der brave Michel mied solche Gegenden, die Schupo war nicht zuständig, da hier die Bahnpolizei das Sagen hatte. Und diese Kerle waren bekannt dafür, dass sie für einen Zehner die eigene Mutter verkauften. Franz hatte entschieden, bei dem Treffen nicht sofort die großen Geschütze aufzufahren. Dumme Männer wie die Götzes hatten ein seltsames Verständnis von Ehre. Sie verziehen nie. Und wenn sie auch alles andere vergaßen, an eine abschätzige Bemerkung, falsche Geste oder gefühlte Bedrohung erinnerten sie sich noch nach Jahren. Und dann bekam man – selbst hatte man die Sache längst vergessen – das Messer in den Rücken gerammt.

»Wie geht es deinem Vater?«, fragte das Familienoberhaupt, Hermann Götze, nach einer knappen Begrüßung. »Näht er immer noch fleißig Hemden?«

»Seine Rechtschaffenheit ist ihm immer wichtiger gewesen als seine Brieftasche«, erwiderte Franz.

»Ich nehme an, eure Geschäfte laufen nicht gut, Sass? Warum sonst bist du hier? Brauchst du Hilfe?«

Franz schwieg. Walter, der ebenfalls am Tisch saß, grinste hämisch. Sein Bruder Max rieb derweil demonstrativ das Holster einer Pistole mit Lederfett ein. Die Waffe selbst war nicht zu sehen.

»Wir konsolidieren, Herr Götze«, erwiderte Ian auf seine unnachahmliche Art. Da er annehmen musste, dass ihn niemand im Raum verstand, schob er die Erklärung sofort nach. »Nichts wirft für immer Gewinn ab. Wir trennen uns von Anteilen und Personen, die in Zukunft keinen Gewinn mehr versprechen.« Jetzt lächelte er. »Oder für die schlichten Gemüter unter uns: Niemand braucht einen Pickel am Arsch.«

Hermann Götze war schlau genug, sich den Schuh nicht anzuziehen. Seine Söhne jedoch waren in die Falle getappt und wurden laut.

»Krieg oder Frieden«, rief Franz dazwischen. Er hatte sich gerade an ein Buch erinnert, das irgendwo zu Hause in der nicht renovierten Bibliothek herumlag. »Darum geht es, Herr Götze. Ich rede nicht lange um den Brei. Ein Mann wurde überfallen, der unserem Unternehmen nahesteht.«

»Na und?«, knurrte Hermann Götze. »Was haben wir damit zu tun?«

»Ein Täter wurde von der Polizei verhört«, log Franz. »Er liegt zwar noch im Krankenhaus, wird jedoch bald ins Untersuchungsgefängnis verlegt.«

Dass der Kerl nur noch einmal verlegt werden würde, nämlich ins Grab, brauchten diese Idioten nicht zu wissen. Franz spielte gerade das, was man im Skat *Null* nannte. Und *Null ouvert* musste es ja nicht unbedingt sein.

»Till, Hans und Ludwig«, fuhr Franz fort. »Die Namen sollten Ihnen bekannt sein. Bisher weiß nur ich davon. Ich habe meine Beziehungen im Präsidium.«

Franz nahm die Kopie einer Polizeiakte aus seiner Manteltasche. Darauf war das Wappen der Stadt Berlin und des Kriminalamts gut zu erkennen. Er warf die Akte vor Götze auf den Tisch.

»Steht alles drin. Wie gesagt, euren Till haben sie bereits. Die anderen beiden kriegen sie noch. Und dann werden die Daumenschrauben angelegt. Das wird nicht lustig werden. Angriff auf einen Kriminalpolizisten. Ich hörte, dass der Alex kopfsteht. Alle dort wollen die Leute kriegen, die einem von ihnen ans Leder gegangen sind. Wenn unser lieber Till sich erst erholt hat, dann wird er sicherlich ein paar Dinge zu beichten haben.«

Hermann Götzes Gesichtszüge verhärteten sich. Seine Söhne schienen wie Kettenhunde, die nur auf ein Zeichen des Gutsherrn warteten, um die Eindringlinge zu zerfleischen.

»Was wollt ihr?«, brachte der Alte zwischen den Zähnen hervor.

»Frieden. Fürs Erste«, sagte Franz gönnerhaft.

Er war erstaunt über seine eigene, innere Ruhe. Noch gestern hätte er am liebsten alles kurz und klein geschlagen, wollte die Götzes bluten lassen für den Überfall auf ein Mitglied des *Syndicats*. Jetzt hatte die Vernunft gesiegt. Die beste Rache war die, deren Wirkung lange anhielt. Die man genießen konnte wie einen guten Kognak.

»Ich kann jeden Hinweis verschwinden lassen, der irgendein ungutes Licht auf die *Moabiter* wirft«, fuhr er fort und klopfte auf die Akte. »Unter zwei Bedingungen. Ich erfahre, wer die drei Wirrköpfe, die selbstverständlich nichts mit euch zu tun haben, angeheuert hat. Und ihr geht in Zukunft dem *Syndicat* aus dem Weg. Die Stadt hat Platz für alle.«

Mit einer Kopfbewegung jagte Hermann Götze seine Kettenhunde aus dem Zimmer. Franz bedeutete seinen Begleitern – außer Ian – ebenfalls vor der Tür zu warten.

»Was willst du wissen, Sass?«, fragte der alte Mann.

ooo

Als sie eine halbe Stunde später auf der Sandkrug-Brücke standen, bot Ian seinem Freund eine Zigarette an.

»Ich gebe zu, dass ich anfangs dachte, die schießen uns über den Haufen«, sagte der Ire.

»Es geht auch ohne Blutvergießen«, erwiderte Franz. Seine Hand zitterte, als er tief an dem Glimmstängel zog.

»Du hattest ja auch ein paar Trümpfe in der Hand, von denen ich nichts wusste. Ich dachte, der Schlägertyp ist hin? Und dass er mehr als die Vornamen seiner Kumpel verraten hat, war mir auch nicht klar.«

Ian deutete auf die Akte, die sich zusammengerollt in der Manteltasche seines Freundes befand.

»Und woher hast du überhaupt die Akte? Wen kennen wir denn am Alex noch? Ich meine, außer Konter? Hast du seinen Laufburschen, diesen Mahler, geschmiert?«

»Ach, ich habe einfach darauf vertraut, dass Leute, die etwas zu verbergen haben, immer befürchten, dass andere ihnen schon auf die Schliche gekommen sind. Hat Paul mir beigebracht.« Franz zuckte mit den Schultern und drückte die Kippe mit der Schuhspitze aus. »Übrigens, der Kerl, der Paul überfallen hat, ist tatsächlich tot. Und er hat wirklich nur die Vornamen seiner Komplizen genannt, mehr nicht.« Dann deutete er auf die Akte. »Die Unterlagen hatte ich noch bei mir liegen. Es sind die Ergebnisse der Ermittlungen gegen meinen Vater vor drei Jahren. Wegen der Liebknecht-Sache. Wappen und Siegel machen doch in Deutschland immer was her. Und ich habe drauf vertraut, dass diese Analphabeten sich keine Blöße geben wollten.«

»Du bist der abgebrühteste Drecksack und beste Bluffer auf Gottes Erdboden«, meinte Ian und lachte nervös. Jetzt war er es, der zitterte.

Hätte auch schiefgehen können, dachte Franz. Und bei *Null ouvert* hätte es geheißen: Hosen runter.

»Verdammt knappe Kiste«, murmelte er nur.

7

Berlin – Nollendorfkiez

»Man muss doch etwas tun können!« Franz lief in dem kleinen Zimmer aufgebracht hin und her, ereiferte sich seit einigen Minuten, hatte sogar mit beiden Fäusten auf den viel zu großen Schreibtisch geschlagen.

»Wir können rein gar nichts tun, Herr Sass«, erwiderte Dr. Alfons Renger gelassen.

Der Mann hatte ein zweites Büro in der *Anwaltskanzlei Kohn & Brüderlein* angemietet, die direkt am Nutten-Nolle lag und einen sehr zweifelhaften Ruf in Fachkreisen genoss. Es gab in der Umgebung mehrere »Luden-Buden«, wie der Volksmund jene Sozietäten nannte, die sich auf das Rotlicht-Milieu spezialisiert hatten. Das Gebiet rund um den Nollendorfplatz mit Teilen der Kleiststraße und Motzstraße war das Revier von männlichen und weiblichen Prostituierten und deren Zuhältern, aber auch illegale Wettbuden und fliegende Kokain-Händler fanden sich hier an jeder Ecke. Zudem hatten sich in dieser Gegend Männer zusammengefunden, die Männer liebten. Ein Umstand, der Ian dazu veranlasst hatte, den Kiez *Gay Village* zu taufen. Aber auch – oder gerade – dieses Klientel brauchte oft anwaltlichen Zuspruch, wenn der Arm des Gesetzes zu streng mit ihnen wurde. Renger, der selbst einer angesehenen Kanzlei in der Spandauer Straße zwischen Rotem Rathaus und Schloss vorstand, wollte sein bieder großbürgerliches Publikum nicht durch die halbseidene, wenn auch zahlungskräftige Kundschaft aus dem Rotlichtmilieu abschrecken.

»Unser Hauptzeuge ist tot«, fuhr er fort. »Abgesehen davon, dass sich dieser Umstand vor Gericht per se negativ auswirkt, könnte jemand auf die Idee verfallen, nach den Umständen zu fragen, wie Sie, Herr Sass, an seine Aussage gekommen sind. Und man würde sich wundern, warum der Mann verstarb, kurz nachdem Sie mit ihm gesprochen haben. Nein, an Ihrer Stelle wäre ich froh, wenn erst niemand solche unangenehmen Fragen stellt.«

Der schwer verletzte Täter im Bethanien war nach dem Verhör gestorben. Franz schlug sich mit heftigen Gewissensbissen herum. Der Stationsarzt hatte sich verleugnen lassen, so dass er nicht wusste, ob das erzwungene Verhör den Tod direkt verursacht hatte. Die qualvolle Prozedur hatte jedoch sicherlich nicht zu besseren Heilungsaussichten geführt.

»Aber der alte Götze hat bestätigt, dass er drei Kerle angeheuert hat.« Franz wollte sich nicht beruhigen. Ihm war das Gefühl zuwider, im Recht zu sein, es allerdings nicht zu bekommen. »Und zwar auf Geheiß des *Consuls*. Ehrhardt steckt hinter dem Anschlag auf Paul. Fast wäre es Polizistenmord gewesen!«

»Hermann Götze ist nicht unbedingt gut beleumundet und wird sich vor Gericht an nichts erinnern können. Und Ehrhardt gilt vielen Politikern und Juristen als Mann der Tat, der von ehrenhaften Absichten für Deutschland gelenkt wird.«

»Vielleicht können Sie die Information wenigstens an Konters Kollegen weiterleiten«, schlug er dem Anwalt vor. »Die Götze-Brüder treiben es immer dreister. Und hinter allem steckt Ehrhardt. Der Mann will sich einfach nur an uns rächen. Paul hätte draufgehen können. Angriff auf einen Polizisten, da muss doch der ganze Alex ausrücken. Und meine Nachforschungen …«

»Ihr noch jugendlicher Eifer in Ehren, Herr Sass. Aber es sind doch rein egoistische Motive, die Sie zu mir führen«, sagte der Anwalt. »Es würde Ihnen nämlich gut in den Kram passen, wenn Sie Ihre Konkurrenz, die Götzes, auf diese Weise loswerden könnten. Und Ehrhardt ist regelrecht eine Bedrohung für Sie und das *Syndicat*. Aber vor diesen Karren wird sich kein Ermittler oder Richter spannen lassen. Ich mich übrigens auch nicht. Ihre Straßenangelegenheiten müssen Sie dort klären, wo sie hingehören, auf der Straße.«

Ganz unrecht hatte der Anwalt nicht. Als Wut und Empörung langsam abklangen, musste Franz sich eingestehen, dass die Götze-Brüder bereits seit Monaten immer gefährlicher wurden und die Geschäfte des *Syndicats* empfindlich störten. Zwar wusste er jetzt, dass die vereinzelten Überfälle und die Randale in den Sass-Lokalen tatsächlich von den *Moabitern* ausgingen. Mehr noch, verantwortlich für die Aktionen und auch das Attentat auf Paul war Kapitän Ehrhardt. Aber es gab – wieder einmal – keine handfesten Beweise. Vor Gericht konnten die Indizien höchstens ein müdes Lächeln verursachen. Und Renger hatte es angedeutet: Um die Probleme zu lösen, blieb eigentlich nur Ians Methode. Zuschlagen, bevor es die andere Seite tat. Nur auf diese Weise konnte sich das *Syndicat* auf Dauer die unliebsame Konkurrenz vom Hals halten.

»Wenn wir die Sache selbst in die Hand nehmen, bedeutet das Krieg«, sagte Franz leise.

»Natürlich möchte ich Ihnen nicht vorschreiben, wie Sie Ihre Geschäfte zu führen haben, Herr Sass. Aber ich rate zur Vorsicht. Die Ringvereine haben sich einen gewissen politischen Einfluss gesichert. Sie wollen ihre Pfründe schützen. Emporkömmlinge wie Sie – nichts für ungut – sind denen ein Dorn im Auge. Also haben die Herren veranlasst, die Polizei möge stärker gegen die bandenmäßige Kriminalität vorgehen. Natürlich meinen sie nur die kleinen, unliebsamen Konkurrenten, nicht sich selbst. Wenn Ihre Leute und das *Syndicat* jetzt zu viel Staub aufwirbeln, wird man das als willkommenen Anlass sehen, Lorbeeren einzuheimsen. Abgesehen davon denke ich, dass Sie gegen den *Consul* ohnehin den Kürzeren ziehen werden.«

Auch da hat dieser gewiefte Hund leider recht, musste Franz sich eingestehen. Die Ringvereine standen kurz davor, sich als ehrwürdige Unternehmen zu etablieren. Sie zahlten Steuern, waren verlässliche Arbeitgeber und sorgten in der Stadt untereinander für eine gewisse

Ruhe. Bosse wie Adolf Leib und Willy Meyer hatten sogar erste Aufträge von der Stadtverwaltung erhalten. Geld stank eben nicht. Dabei waren die beiden Anführer des *Immertreu 1919 e. V.* und *Berliner Bundes* auch nichts weiter als Ganoven im Anzug, die die Berliner Unterwelt aufgeteilt hatten, um ihren Gewinn zu maximieren. Selbst das *Syndicat* musste an einen mächtigen Ringverein eine Art Schutzgeld bezahlen, um den unsicheren Frieden zu wahren.

»Es war doch zu erwarten, dass Herr Ehrhardt die Demütigung nicht vergisst«, beendete Renger das Gespräch. »Aber ich fürchte, diese offene Rechnung müssen Sie anschreiben. Wenn sich später eine Gelegenheit ergibt, können Sie sie vielleicht mit ihm begleichen. Bis dahin halten Sie im eigenen Interesse die Füße still, Herr Sass. Ich darf mich empfehlen. Meine Verehrung auch an Ihre Tante.«

o o o

Franz war stocksauer. Das Gespräch mit dem Anwalt war ein Reinfall gewesen. Der Waffenstillstand mit der Familie Götze schien ihm unerträglich, eigentlich eine Demütigung. Und den *Consul* sollte man einfach davonkommen lassen? Wieder einmal? Wer aus der Familie wäre dann als Nächstes dran? Er selbst? Georg? Toni?

Er entschied, den Weg nach Hause zu Fuß zurückzulegen. Am Ufer des Landwehr-Kanals konnte er ein wenig auslüften, damit er nicht in dieser Stimmung zu Hause ankam. Am Ende der Bülowstraße geriet er fast in eine Schlägerei. Überall in Berlin und zu beinahe jeder Zeit prügelte sich das Proletariat. Oft mit der Polizei, aber auch untereinander. Es gab die Arbeiterwehren, den kommunistischen M-Apparat, die Mitglieder der politischen »Klubs« und der Schwarzen Reichswehr sowie die Rote Brigade, wütende Erwerbslose, frustrierte Frontsoldaten und Kriegsversehrte, bezahlte Streikbrecher und Unruhestifter. Knüppel und Faust waren die Ventile, über die sich in den Großstädten des Reichs die Spannung entlud. Die Themen wechselten, die Darsteller auf der Straßenbühne blieben. Die Niederlage im Weltkrieg, die immensen Reparationsforderungen der Sieger, Geldentwertung, Arbeitsbedingungen, Wohnungsnot. Es gab genügend Zündstoff, der jedes Mal aufs Neue Anlass für eine handfeste Auseinandersetzung bot.

In diesem Moment verwünschte sich Franz dafür, dass er wieder leichtfertig den von Georg angebotenen Schutz abgelehnt hatte. Er selbst wusste sich zwar durchaus zu wehren, aber gegen einen Muskelmann mit Lederprügel würde er schlecht aussehen. Also sah er sich jetzt gezwungen, die Potsdamer Straße bis zur Brücke zu nehmen, und bog dann rechts ans Schöneberger Ufer ab. Er verlor wertvolle Zeit und sah immer wieder auf die Uhr. Dr. Pfahl, Susannes Hausarzt, hatte sich zu einem Besuch angemeldet und wollte einen weiteren Kollegen, eine Kapazität aus der Charité, mitbringen. Denn Susanne ging es immer schlechter. Die Hautausschläge waren in den letzten Wochen derart stark geworden, dass sie sich sogar weigerte, das Haus zu verlassen. Als er abgehetzt in der Naunynstraße ankam, erkannte er den Arzt und dessen Kollegen im Vorgarten. Beide stritten heftig miteinander.

»… der Aderlass eine anerkannte Methode …«

»Unsinn! Mittelalterlicher Humbug!«

»Der überflüssige Schleim muss abgeleitet werden.«

»Es ist eine Infektion, werter Kollege. Eine Infektion! Schaudinn und Hoffmann konnten das Bakterium nachweisen.«

»Der Wassermann-Test war negativ!«

»Kommt vor, Herr Kollege. Sagt gar nichts.«

Bevor nun bald die gesamte Nachbarschaft ins Bild gesetzt wurde, griff Franz ein und stürmte wutentbrannt durch das Tor.

»Geht es ein wenig lauter, meine Herren? Ich glaube, in Köpenick hat man noch nicht alles verstanden«, rief er.

»Und wer sind Sie?«, fragte der ihm unbekannte Arzt mit jener seltsamen Arroganz, die seinem Berufsstand zu eigen schien.

»Ich bin ihr …« Franz räusperte sich verlegen, obwohl er diese Art Fragen schon kannte. Zwar lebten viele Paare offiziell in illegitimer Beziehung – *wilde Ehe* war neuerdings eine Bezeichnung dafür. Aber gegenüber den Autoritäten war es meist besser, den bürgerlichen Schein zu waren.

»Mein Name ist Sass. Ich bin der Verlobte von Fräulein Bentmann«, erklärte Franz schließlich.

Die Grauhaarige schien sich etwas zu entspannen, und Dr. Pfahl lächelte wissend. Um die Geheimnisse ihrer Zunft machten Mediziner stets ein großes Gewese. Franz war sicher, dass sie dies nur taten, um ihre Fehler zu verbergen. Gerüchten zufolge hatten unfähige Feldärzte an den Fronten hundertfach gesunde Gliedmaßen amputiert, weil sie im Suff die Seite verwechselt hatten. Diese edlen Herren führten heute ihre wohlfeile Praxis, ohne dass ihr Tun von damals irgendeine Konsequenz gehabt hätte. Außer natürlich für die bedauernswerten Kreaturen, die sie zu Vollkrüppeln gemacht hatten.

Susanne und Franz hatten im Garten einen Teepavillon nach englischer Art errichten lassen. Allerdings wurde darin weniger Tee getrunken als vielmehr allerlei Kraut geraucht, denn seit einiger Zeit vertrug Susanne den Zigarettenqualm nicht mehr. Franz bat die beiden Herren zu einem Gespräch dorthin.

»Meine Honorarnote …«, begann der ältere Ordinarius, der mit seinem *Benz* aus der berühmten Charité zum Hausbesuch erschienen war.

»… lassen Sie an diese Adresse senden. Zu meinen Händen. Franz Sass. Anweisung erfolgt prompt oder Zahlung mittels Geldbote.«

Franz nahm eine Visitenkarte hervor, der neueste Trend unter Geschäftsleuten. Selbstverständlich machten Kleider Leute, aber damit allein war niemand mehr zu blenden. Titel und papierner Firlefanz schienen hingegen die Zukunft des Hochstapelns zu sein. Für zehntausend Mark konnte man sich von einem bettelarmen Baron adoptieren lassen. Und mit einer simplen Karte, auf welcher der Name, eine möglichst gute Wohn- oder Geschäftsadresse und – zur Krönung – die Nummer eines Fernsprechapparats gedruckt waren, ließ sich ebenfalls Eindruck schinden.

Professor Dr. Gernot Körner – als solcher hatte ihn Susis Hausarzt vorgestellt – betrachtete Franz etwas skeptisch, aber sein Kollege nickte beruhigend, woraufhin sich seine Stimmung erkennbar hob.

»Könnte ich jetzt bitte erfahren, zu welchem Ergebnis der Herr Ordinarius bei seiner Untersuchung gekommen ist?« Franz war kurz davor, vor Wut zu platzen.

»Morbus Gallicus sive Schaudinn«, sagte der Professor in gekränktem Tonfall. Er hatte wohl gehofft, wie bei Ärzten üblich weit ausholen zu können.

»Ich widerspreche da energisch«, entgegnete Dr. Pfahl, der sich seit fünf Monaten keinen Reim auf Susannes Unpässlichkeit und Ausschläge machen konnte. Franz hielt ihn definitiv für einen Quacksalber, der neuerdings sogar kleine weiße Zuckerkugeln als Medizin anpries.

»Es bestehen kaum Zweifel.«

»O doch, werter Kollege, es bestehen!«, rief Pfahl aufgebracht. »Die Kranke zeigt keinen harten Schanker, keine Drüsenschwellungen und keine Gelenkschmerzen.«

»Nicht selten, nicht selten. Zudem haben sich seit zwanzig Jahren die Zeichen der Erkrankung verändert. Das erste Stadium wird immer öfter übersehen. Vielleicht ist meinem niedergelassenen Kollegen da einiges entgangen.«

»Ich darf doch bitten. Im *Correspondenten der Deutschen Medicinischen Fachkunde* …«

»… steht nur Blödsinn. Das Geschmiere inkompetenter Idioten, die nie einen Kranken gesehen haben.«

»Also! Wie können Sie so etwas sagen, Herr Kollege? Virchow und Koch haben dort …«

Franz hörte nur mit halbem Ohr zu. In seinem Kopf rauschte es, als hätte er zehn Zigaretten hintereinander geraucht. Zunächst wusste er gar nicht, worum es ging. Als jedoch das Wort *Schanker* fiel, brach eine Welt in ihm zusammen. Es war fast drei Jahre her, dass Susi … Er konnte seine Gedanken kaum fassen. Damals im *Temple de Salomé*. Mit anderen Männern. Unmöglich. Sie hatte nur eine kurze Zeit nach dem Krieg ihre Liebesdienste gegen Geld angeboten. Aus der Not heraus. Und auch nicht auf der Straße, sondern in einem edleren … Sie hatte aufgepasst.

Die plötzliche Erkenntnis traf Franz wie ein Schlag. Ein Bordell war ein Bordell. Mit allen möglichen Konsequenzen.

Syphilis, dachte er nur voller Entsetzen. Das konnte nicht wahr sein! Die beiden Stümper mussten sich irren. Sie hatte Hautausschläge am Körper. Und diese Magenkrämpfe. Eine Hautkrankheit. Ein einfacher Darmkatarrh. Gewiss nichts anderes.

»Das dritte Stadium«, erläuterte Professor Körner, als hätte er die Gedankengänge seines Gegenübers erahnt. »Hätte der Herr Kollege Hand an seinen Schützling gelegt, so hätte er unschwer festgestellt, dass es verschiedentlich Gummen gibt. Sechs an der Zahl. Sie liegen an der Haut, im Rachen und – verzeihen Sie die Indiskretion – im weiblichen Genitalbereich.«

»Wir … Was … Wann fangen Sie mit einer Behandlung an?«

»Schwierig, Herr Sass, sehr schwierig«, antwortete der Arzt. »Im dritten Stadium hat sich das Bazillus im gesamten Körper ausgebreitet. Eine Quecksilber-Kur könnte …«

»Aderlässe«, unterbrach ihn sein Kollege. »Waschungen und Hildegard-Salbe von der Galle des Adlers würden …«

»Unsinn! Sie leben ja wirklich noch in der Vorzeit, Herr Kollege. Semmelweis, Koch, Virchow und die anderen haben uns längst aus dem Dunkel des Aberglaubens und Götzendiensts geführt, also scheuchen sie uns nicht wieder hinein!«

»Unerhört! Ich werde bei der Kammer Beschwerde einlegen. Sie verstoßen gegen die Grundsätze unserer Arbeit. Ihr Verhalten ist ehrenrührig!« Wütend stampfte Dr. Pfahl davon, ohne sich zu verabschieden. Unter anderen Umständen wäre Franz froh gewesen, den Kerl endlich los zu sein.

»Kretin«, sagte Körner leise. »Es wird schwer, Herr Sass. Durch die Ausbreitung des Bazillus ist der Körper Ihrer Verlobten geschwächt. Das *Salvarsan* von Ehrlich hat leider die Erwartungen nicht ganz erfüllt. Nun sind wir wieder bei einer Mischung mit Quecksilber und Arsen. Man nennt es *Neosalvarsan*. Alles mit vielen, unerwünschten Wirkungen verbunden, die ich der Kranken im Moment gar nicht zumuten könnte. Sie muss umgehend auf meine Station eingewiesen werden. Dort muss sie zunächst zu Kräften kommen. Ich werde mich derweil mit Kollegen beraten. Sofern …«

Franz stöhnte, da er wusste, worum es ging.

»Ja, doch. Was immer es kostet, es wird beglichen.«

»Ich denke, wir sollten nach einer gewissen Stabilisierung alsbald eine Therapie mit dem neuen Präparat einleiten. Jede Woche zählt«, meinte der Arzt noch, bevor er sich verabschiedete. »Es geht auf Leben und Tod! Zögern Sie nicht, junger Mann. Überzeugen Sie Ihre Verlobte von der dringenden Notwendigkeit einer Behandlung.«

Franz fühlte sich, als wäre ihm Blei in die Glieder gegossen worden. Ganz langsam schlich er zum Haus zurück. Als er nach oben blickte, sah er Susanne am Fenster stehen. Einen Moment lang trafen sich ihre Blicke, dann wandte sie sich ab. Es war, als entglitte sie ihm. Der Mensch, den er liebte, löste sich seit Wochen in Tränen, Verbitterung und Selbstvorwürfen auf.

»Du trinkst zu viel«, sagte sie, als er wenig später mit einem halb vollen Glas Schnaps in ihr Zimmer kam.

Susanne hatte auf getrennten Schlafräumen bestanden, seit ihr die Ausschläge am Körper auch – und gerade – Franz gegenüber peinlich geworden waren. Die Atmosphäre zwischen beiden war seit Wochen belastet. Vielleicht hatte die junge Frau bereits längere Zeit geahnt, dass ihre Vergangenheit sie jetzt auf grausame Weise eingeholt hatte. Vielleicht waren es gerade die Selbstvorwürfe, die sie zu ungerechten Wutausbrüchen und Zurechtweisungen gegenüber Franz verleiteten.

»Anders ist es kaum zu ertragen«, murmelte er gekränkt.

Es stimmte, er trank zu viel. Nein, er soff regelrecht. Aber er tat es aus Sorge. Die Spannung zerriss ihn beinahe, und er wusste keinen anderen Ausweg.

»Du weißt es«, stellte Susanne nüchtern fest.

»Hör zu, Liebes, ich mache dir keine Vorwürfe. Was damals war, interessiert mich nicht. Professor Körner sagt, du brauchst dringend eine gute Behandlung.«

»Falls du es noch nicht mitbekommen hast. Wir Frauen bestimmen in dieser neuen Republik jetzt über uns selbst«, erwiderte sie in barschem Tonfall. »Du hast nicht zu entscheiden, was ich tue oder lasse. Wir sind schließlich nicht verheiratet.«

»Blutegel und Essigumschläge bringen doch nichts!«, rief Franz. »Sieh dich doch an!«

»Aha, endlich rückst du heraus mit der Wahrheit. Du ekelst dich vor mir! Sag es doch einfach.«

»Blödsinn.« Franz packte seine Gefährtin an den Schultern. Viel heftiger, als beabsichtigt. »Ich ekele mich vor diesen Geschwüren und Schwellungen. Ja, das stimmt. Aber nicht vor dir! Ich will dir helfen!«

Plötzlich brach ihr Widerstand zusammen. Es war, als hätte eine Nadelspitze einen Ballon zum Platzen gebracht. Franz konnte gerade noch verhindern, dass sie vor ihm auf den Boden stürzte. Behutsam führte er sie zum Bett.

»Du kommst auf die Privatstation, Susi. Offiziell geht es nur um eine vereiterte Skrofulose, sagte Körner. Keine Ahnung, was das ist. Aber niemand erfährt von …«

»Ich habe Syphilis, Franz.« Susanne Bentmann schluchzte. »Du kennst die Leute, die an der Straße sitzen. Die zerfressenen Gesichter, der Gestank, der von ihnen ausgeht, wenn sie lebendig verfaulen. Es ist zu spät!«

»Ich frage Toni. Vielleicht hat sie eine Idee«, erwiderte Franz. Als Susanne protestieren wollte, fügte er schnell hinzu: »Natürlich werde ich ihr sagen, es ginge um einen alten Freund aus der Cliquen-Zeit.«

Er hatte Angst. Und zum ersten Mal in seinem Leben war es eine besondere, tiefe, bohrende Angst. Todesangst. Keine Schlägerei, kein schiefgelaufenes Geschäft, nicht einmal Ians Waffen vermochten es, ihn innerlich derart schwer zu treffen. Sicher, der Hirntumor seiner Tante hatte ihn mitgenommen, aufgerieben, angespannt. Er war in Sorge um sie gewesen. Susanne jedoch war ein Teil von ihm. Ein Teil, der vor seinen Augen langsam verfiel. Ein Teil, der starb.

»Und wenn ich den Mond herunterholen muss, ich setze alle Hebel in Bewegung, Susi. Diesen Kampf stehen wir gemeinsam durch.«

»Ich glaube, ich bin schwanger, Franz.«

Ihre Stimme war tonlos, kaum lauter als ein Vorhang im Wind. Und er war einen Moment wie betäubt, hoffte, es könnte nur ein böser Streich sein, den ihm seine Sinne eben gespielt hatten. Dann sah er direkt in ihre Augen. Wusste, dass alles wirklich war. Hilflos wollte er etwas erwidern, aber Susanne legte einen Finger auf seine Lippen und schüttelte den Kopf. Beide ahnten, was das Gesagte bedeutete. Ahnten das Grauen der Ungewissheit, das sie über die nächsten Monate begleiten würde. Die Qualen des Zweifels, die vor ihnen lagen. Das Einzige, was ihnen in diesem Moment blieb, war, gemeinsam zu weinen.

o o o

Zunächst hatte es so ausgesehen, als wäre das Wundermittel, das Körners Assistenten ihrer Patientin täglich spritzten, gut wirksam. Die harten Schwellungen und Knoten unter der Haut wurden kleiner. Und die schuppenden, nässenden Ekzeme schienen zu heilen. Susanne entwickelte sogar wieder Appetit und verschlang zwei riesige Kalbsschnitzel mit Kartoffelsalat täglich. Nach zehn Tagen kam dann die Ernüchterung. Sie erbrach und hustete Blut.

»Die inneren Geschwüre öffnen sich«, sagte der Professor besorgt, als Franz ihn zur Rede stellte. »Wir nennen es die Crisis. Wie beim Fieber. Jetzt entscheidet sich, ob es zur Heilung kommt oder …«

Er schwieg.

»Oder?«, drängte Franz.

»Zum Zusammenbruch aller wichtigen Organe. Leber, Lunge, Niere. Das Drüsenversagen würde Ihre Verlobte wahrscheinlich nicht überleben. Sofern Sie an Gott glauben, Herr Sass, wäre es jetzt Zeit für ein Gebet.«

»Sie sagten doch, dass das Mittel wirkt!«

»Tut es ja auch. Jedoch sind die Arsen-Anteile im Präparat äußerst toxisch. Neuerdings geben wir bei Kranken im Stadium von Frau Bentmann auch wieder Quecksilber hinzu, um die Wirksamkeit zu erhöhen. Mein Kollege Pfahl würde sich angesichts dieser Entwicklung wahrscheinlich sogar in seinen mittelalterlichen Überzeugungen bestätigt sehen. Die Lues ist leider ein tückisches Leiden.«

Franz glaubte, sich verhört zu haben. Arsen? Quecksilber? Hatten sie hier den einen Scharlatan gegen den nächsten ausgetauscht? Jeder wusste doch, dass diese Stoffe giftig waren. Selbst bei den großen Betrieben fing man an, die Arbeiter vor solchen Dämpfen zu schützen. Und diese Besenreiter kippten das Zeug absichtlich in Susanne hinein.

»Ich habe noch eine sehr delikate Sache zu besprechen.« Es schien, als wäre Körner verlegen. »Das gynäkologische Konsil hat ergeben, dass Frau Bentmann ein Kind erwartet. Äußerst unpassend. Hochgradig gefährlich. Sie braucht ihre ganze Kraft. Der Fötus nimmt ihr die letzten Reserven. Und wir müssen leider davon ausgehen, dass das Kind bereits jetzt schwer geschädigt …«

Franz hielt es nicht länger aus. In solchen Momenten konnte ein Mann nur zuschlagen oder zusammenbrechen. Er wollte niemanden seine Tränen sehen lassen und rannte auf den Flur, wo er direkt Antonia in die Arme lief. Er war derart überrascht, dass er das Weinen vergaß.

»Seit wann bist du wieder in Berlin?«, fragte er.

»Ich bin da, wo ich gebraucht werde«, erwiderte sie und umarmte ihn lange.

Toni hatte natürlich sofort durchschaut, für wen und weshalb ihr Neffe die Erkundigungen einzog. Er hatte mit ihr im Sanatorium telefoniert und ziemlich ungeschickt versucht, das Geschehene zu verbergen. Und sie gehörte zu jenen Menschen, die irgendwo immer noch Kraft schöpfen konnten, wenn es darum ging, Menschen zu helfen, die ihr wichtig waren.

»Ich sitze doch nicht in Lychen, wenn ich hier gebraucht werde«, meinte sie. »Wie geht es ihr? Was sagen die Ärzte?«

»Es sieht nicht gut aus, Toni«, erwiderte Franz. »Wir müssen jetzt deinen Weg versuchen. Zumindest dann, wenn sie die nächsten Tage übersteht.«

Es ist genug, dachte er. Die Kerle haben Susi lange genug gequält. Vielleicht hatte Tante Toni ja recht, als sie meinte, dass man in Paris schon vor dem Krieg stark an der Wirksamkeit der Entdeckung von Paul Ehrlich gezweifelt hatte. Franz hatte zunächst geglaubt, dass diese Einwände nur unsinniges, eifersüchtiges Gerede der Franzosen waren. Aber seine Erkundigungen hier in Berlin hatten ein ähnliches Bild ergeben. Sternwein hatte ihm sogar eine russische Abhandlung vorgelesen, in der behauptet wurde, *Salvarsan* wäre völliger Humbug. Warum verabreichte man das Zeug dann überhaupt?

»Susanne und ich gehen nach Hamburg, Toni. Wie du gesagt hast. Würdest du bitte die Adresse, von der du sprachst, heraussuchen? Ich gehe zu Sternwein. Er muss die Geschäfte leiten, wenn ich weg bin.«

Seine Tante nahm sein Kinn und dreht seinen Kopf so, dass er ihr in die Augen sehen musste.

»Nein. Sternwein soll bei seinen Krediten und Devisen bleiben. Ich bin wieder da, und ab jetzt stehe ich wieder am Ruder.«

Franz konnte sich nicht recht über diese Nachricht freuen. Die Verzweiflung hatte ein Trümmerfeld in seiner Seele hinterlassen und scheinbar alles verwüstet, was schön und lebenswert war. Jetzt blieb ihm nur noch fester Wille.

8

Hamburg – St. Pauli, März 1922

Einige Tage später hatten die Brüder Sass alles organisiert. Georg kannte durch die Harussels eine Familie in Hamburg, die zur Not für Schutz sorgen konnte. Sternwein empfahl ein ordentliches Hotel in der Hansestadt und gab Franz einige Tipps für das doch etwas andere Milieu dort. Max buchte den Expresszug nach Hamburg. Erste Klasse im privaten Abteil. Franz hatte zunächst vorgeschlagen, den *Bugatti* zu nehmen. Er musste jedoch einsehen, dass Susanne nicht in der körperlichen Verfassung war, im offenen Wagen über Stock und Stein zu rattern. Die Straßenverbindung zwischen den beiden größten, deutschen Städten war hundsmiserabel, und man konnte sich nicht nur die Radaufhängungen ruinieren.

Nach Tonis Angaben lebten in Hamburg einige Hundert Chinesen. Frachtschiffe hatten diese Menschen in jeder Hafenstadt der Welt an Land gespült, und in Altona gab es ebenfalls eine solche fernöstliche Exklave. Mit ihnen waren wohl auch einige Ärzte gekommen, die sich auf eine Heilkunst verstanden, die fast zweitausend Jahre alt war.

»Wenn sie Susanne wieder Schröpfgläser auf den Rücken legen, dann bringe ich die Kerle um«, hatte Franz zunächst unwirsch auf den Vorschlag seiner Tante reagiert, Susanne dort vorzustellen.

Natürlich hatte Toni nicht selbst einen Kontakt zu den Hamburger Chinesen hergestellt. Sie kannte aus ihren Pariser Jahren eine ältere Puffmutter, die mittlerweile in Antwerpen ihren Ruhestand genoss. Über Seeleute aus aller Welt hatte die Frau von der chinesischen Heilkunde erfahren und verfügte über entsprechende Adressen in allen großen Hafenstädten. Dass diese Medizin auch zerstoßene Kröteneier,

Kristalle von Bärenurin und giftige Pilze nutzte, verschwieg Toni ihrem Neffen vorsorglich. Ein Eilbrief an die Bekannte mit dem Versprechen, ihr umgehend zweihundert Franc anzuweisen, hatte zur Anbahnung eines Termins in der *China Town* Hamburgs geführt.

»Männer sind Schweine. Frauen wissen das seit Urzeiten und mussten sich schützen.« Mit diesen Worten gab sie Franz das Antworttelegramm, das Zeit und Ort des Treffens mit einem chinesischen Arzt benannte. »Es gibt ja nicht nur Syphilis und Tripper. Ich könnte dir auch von Blasenausschlag und Intimwarzen berichten. Pilze und manches Getier bringen die Herren ebenfalls gern mit in unsere Betten.« Sie sah ihren Neffen lange an. »Es bringt nichts, vor so etwas die Augen zu verschließen. Die Ärzte haben das jahrzehntelang getan, und sie können meistens nichts tun. Aber diese chinesischen Heiler haben ihre eigenen Mittel. Vertrau mir, Franz. Ich würde euch da nicht hinschicken, wenn ich nicht Hoffnung hätte.«

o o o

Franz hatte beschlossen, seinen jüngsten Bruder in die Hansestadt mitzunehmen. Erich drängte in letzter Zeit immer öfter darauf, an den Aktionen des *Syndicats* beteiligt zu werden. Dennoch hatte Franz bisher alle Versuche des jungen Mannes, aktiver einzusteigen, abgeblockt. Entsprechend oft war es in den vergangenen Monaten zu Auseinandersetzungen gekommen. Erich war nicht auf den Kopf gefallen, und Franz musste zugeben, dass er den Wünschen seines Bruders irgendwann nachkommen musste. Besser, er band ihn langsam in die Geschäfte ein, als dass er mit seinen Kumpels auf dumme Ideen kam.

»Als du so alt warst wie ich, bist du mit Max und Georg ins *Adlon* eingestiegen«, argumentierte Erich immer wieder. »Und jetzt wollt ihr mir alles verbieten. Fehlt nur noch, dass ich aufhören soll, zu trinken und zu rauchen. Wenn das so weitergeht, mach ich die Fliege zu Willy Meyer. Oder ich gehe zu Leib.«

»Gib ihm eine Aufgabe«, meinte sogar Susanne. »Du bist nicht sein Vater. Noch schaut er zu dir auf, aber wenn du ihn nicht mitmachen lässt, wird er dich irgendwann hassen.«

Nun gut, soll er doch die Koffer für uns schleppen, hatte Franz beschlossen. Was kann in Hamburg schon schiefgehen?

Susanne und die beiden Brüder nahmen den Frühzug am Lehrter Bahnhof. Und noch vor elf Uhr waren sie in Hamburg. Die Adresse ihrer Kontaktperson lag im Amüsierviertel St. Pauli. Josef Sternwein kannte den Besitzer eines guten Hotels am Spielbudenplatz, und Franz hatte dort reservieren lassen.

Befragt nach den Chinesen in der Hansestadt, hatte ihn Sternwein gewarnt.

»Vorsicht bei denen«, hatte er gemeint. »Sie lächeln immer, sind immer höflich. Du merkst nicht mal, wenn du sie gerade tödlich beleidigt hast. Das heißt, du merkst es schon. Nur sehr viel später. Also verkneift euch Berliner Scherze und benehmt euch!«

Am Hamburger Hauptbahnhof hing ein seltsamer Mief nach alten Socken, Mettwurst-Stullen und Kohle in der Luft. Franz fühlte sich sofort wie zu Hause.

»Janz jut, aber bisken kleen dit allet«, sagte Erich, als sie vor der Bahnhofshalle auf ein Taxi warteten und in Richtung der kleinen Gassen der östlichen Altstadt blickten. Zunächst ging es durch ein Verkehrschaos am Rathaus, wenig später an den mächtigen Hafenanlagen vorbei, dann leicht bergan auf die Reeperbahn und zum Spielbudenplatz. Franz war enttäuscht, als er den biederen Charme des Straßenzugs erblickte. Am Vorabend hatte er im *Open House* zwei Hamburger ausgehorcht, die von St. Pauli geschwärmt hatten. Dann hatte er sich noch einen *Baedeker*-Plan gekauft. Er war gern vorbereitet. *Rauer als auf den Londoner Docks und sündiger als am Montmartre* hatte es in dem Büchlein geheißen. Und solche Beschreibungen regten doch immer die Phantasie an. Umso größer war die Ernüchterung, die jetzt folgte. Die Reeperbahn bei Tag war wie eine Tanzrevue ohne Orchester und

Damen. Einfach nur öde. Da machte die Friedrichstraße sogar am Sonntagmittag deutlich mehr her. Auch in Hamburg traf man immer wieder auf eine bauliche Mischung aus großbürgerlicher Zuckerbäcker-Verspieltheit, farbloser Kasernen-Strenge und Armutsbaracken. Das Erbe der Wilhelm-Zeit allerorten. Das *Hotel Hanse* lag in der Nähe des Kaffeehauses *Rheinterrassen*. Eine gute Wahl, wie sich schnell herausstellte. Zentral und dennoch ruhig.

»Sieh mal, Modehaus *Eden*«, sagte Franz zu Susanne, als der *Benz* langsamer wurde. Er wies in Richtung einer Front aus Glasfenstern mit üppigen Auslagen der neuesten Kleiderwaren. Was als Aufmunterung gedacht gewesen war, verfehlte jedoch völlig seine Wirkung. Im Gegenteil, sie sah kaum auf, schnaubte nur und starrte dann wieder apathisch vor sich hin. Die Reise hatte sie zusätzlich stark geschwächt.

Nachdem die Brüder sie sicher im Hotel untergebracht und das Gepäck verstaut hatten, streiften sie ein wenig um die Häuser. Wie in allen Großstädten breiteten sich hinter den prachtvollen Fassaden nur ein oder zwei Straßen weiter schon weniger ansehnliche Wohnquartiere aus. Aber hier war der Kontrast besonders deutlich. Ganz in der Nähe qualmten Schornsteine kleiner Fabriken, und es wurde gehämmert, gesägt, geschmiedet. Und immer wieder wurden die beiden jungen Männer von Frauen angesprochen. Mal schienen sie kaum älter als vierzehn, mal waren es zahnlose Baba Jagas, die wohl schon in der Franzosenzeit ihre Liebesdienste angeboten hatten. Franz und Erich waren Kinder Berlins und einiges gewohnt. Aber auf St. Pauli schien die Hurerei eine Art Volkssport zu sein, denn nicht nur die Professionellen traf man hier. Es war, als könnte aus jedem Straßenfenster, aus jeder Arbeiterstube ein Ruf wie dieser ertönen:

»Na, du lütt Söötsch! Hest du keen Tied to'n Beden? Denn hest du bestimmt Tied to'n Bummen.«

»Was meint die mit Beden und Bummen?«, fragte Erich seinen Bruder leise.

»Beten und bumsen, du Knalltüte.«

»Is ja wie am Nolle«, meinte Erich und tat gelangweilt.

Franz sah auf die Uhr, deren Zeiger sich nur quälend langsam bewegten. Sie waren erst am frühen Nachmittag mit dem chinesischen Kaufmann verabredet, der alles Weitere mit ihnen besprechen wollte. Franz war erstaunt gewesen, zu erfahren, dass die asiatischen Ärzte »vermittelt« wurden. Er hatte eher erwartet, für Susanne einen Termin in einer normalen Praxis zu bekommen. Er trug folglich ein paar Hunderter bei sich, denn »uff Kasse« lief da sicherlich nichts. Stattdessen nun diese Geheimniskrämerei.

»Die chinesischen Ärzte arbeiten im Ausland nur für ihresgleichen«, hatte Sternwein erklärt. »Außer du hast eine Empfehlung. Überhaupt läuft bei den Schlitzaugen alles über einen Vaterfreund. So nennen sie einen Älteren, der einen Jüngeren unter seine Fittiche nimmt. Wenn du den nicht hast, sind alle Türen für dich verschlossen.«

»Und den Vaterfreund muss ich auch noch bezahlen?«

»Nein, biete einem solchen Mann niemals Geld an. Er ist eine Art Mentor. Ein Mann, der in seiner Gemeinschaft für dich bürgt. Und in dessen Schuld du dafür stehst. Geld ist zwar auch bei denen wichtig, aber ohne Vaterfreund helfen dir keine Millionen.«

Franz und sein Bruder streiften durch den Stadtteil. Neben einer Werkstatt entdeckten sie einen winzigen Laden. Ein Schild wies ihn als *Gummilager* aus, und die Auslagen im Fenster zeigten Dutzende Kondome in allen Größen und Formen. Eine Straßenecke weiter warb ein Konditor mit seinem »Prachtstück«, einem unzweideutigen Gebilde aus Schokolade. Zusätzlich pries er auf einem Schild an, dass er in der Lage wäre, auf Wunsch alle erdenklichen Körperteile aus Zucker und Teig zu modellieren. Langsam musste Franz zugeben, dass St. Pauli doch ein wenig anders war.

»Lass uns zum Treffpunkt gehen«, meinte er schließlich zu seinem Bruder, nachdem sie an einem Wurststand ein kaum genießbares Etwas mit roter Soße und seltsamen Gewürzen gegessen hatten. Er zog den *Baedeker* aus der Tasche und suchte nach der Adresse.

Sie kamen nach kurzer Zeit in eine kleine Straße, die jenen Gassen ähnelte, die sich überall auf der Welt in der Nähe großer Häfen gebildet hatten. Abgemusterte Seeleute, Händler und Gastwirte, aber auch viele Glücksritter und Abenteurer brachten immer ein Stück ihrer Heimat mit. Die Schmuckstraße machte ihrem Namen keine Ehre, war winzig, schmutzig, grau. Überall spielten Kinder. Franz und Erich tauchten fast von einem Schritt zum nächsten in eine fremde, östliche Welt ein. Eine Welt, die sie bisher nur aus Kintopp, Magazinen und Schundromanen kannten. Hier lebten also die Chinesen Hamburgs. Dass der Taxifahrer am Bahnhof von *China Town* gesprochen hatte, wirkte angesichts der paar Häuser, die hier standen, doch reichlich übertrieben. Zusammengenommen hätte man das Viertel kaum als Dorf bezeichnen können. Viele Leute trugen einfache, bunte Sandalen statt der sonst so typischen klobigen Schuhe aus Holz, Leder oder Segeltuch. Zwei Mädchen trippelten mit kleinen Schritten über die Straße, da sie in einen fein geschnittenen Umhang gehüllt waren. Aber im Gegensatz zu den üblichen Wohnhöhlen der Proletarier schienen hier auch Familien mit bescheidenem Wohlstand zu leben. Ihre Herkunft schweißte diese Menschen zu einer Gemeinschaft zusammen, die anderswo bereits zerbrochen wäre. Franz blickte auf einen Zettel.

»Nummer 25. Gaststätte *Schanghai.*«

»Wir werden beobachtet«, meinte Erich.

»Stell dich nicht an, Mensch. Am Spittelmarkt wirst du auch ausgespäht. Ist doch normal, wenn ein Fremder kommt. Halt nur die Brieftasche fest.«

Die Stadthäuser zu beiden Seiten der Gasse platzten aus allen Nähten. Neben den normalen zwei oder drei Stockwerken waren auch die Kellerwohnungen und Dachbuden belegt. Überall hing Wäsche an Leinen, die die Bewohner über die Straße gespannt hatten. Und es roch nach unbekannten Gewürzen und Farben, die ein uralter Handwerker gerade vor seinem Laden anrührte.

Der von Tonis Bekannter genannte Treffpunkt erwies sich als Kellerlokal, über dessen Eingang chinesische Schriftzeichen kunstvoll auf eine Tafel gemalt waren. Darunter stand – offenbar nachträglich mit rauem Pinsel hingeschmiert – der Name *Schanghai*.

»Na also«, sagte Franz und versuchte, sich seine zunehmende Verunsicherung nicht allzu deutlich anmerken zu lassen. Er ging die vier Stufen zum Souterrain hinab und versuchte vergeblich, durch eine verdreckte Glasscheibe im Inneren des Lokals Einzelheiten zu erkennen. An der Tür erklang der helle Ton einer Glocke, als sie eintraten. Und im nächsten Moment wurden die Brüder bereits von der Dunkelheit verschluckt.

»Pünktlich auf die Minute, die Herren«, sagte eine dünne Stimme, die aus dem Nichts zu kommen schien. »Sehr schön. Und sehr höflich.«

Franz und Erich hörten ein Rascheln, dann flog aus dem tiefen Schwarz ein kalkweißes Gesicht auf sie zu. Erich konnte gerade noch einen Aufschrei unterdrücken. Langsam gewöhnten sich ihre Augen an das Dunkel. Der Mann, der sie angesprochen hatte, war ein hochgewachsener Asiate. Er hatte sein Gesicht offenbar hell geschminkt, trug jedoch einen traditionellen Umhang aus schwarzer Seide. Der Kontrast war für das menschliche Auge kaum erträglich.

»Ich bin Franz Sass. Und das ist mein Bruder Erich.«

Franz verbeugte sich leicht. Sternwein hatte ihm geraten, das Gespräch mit dieser Geste zu beginnen. Es folgte eine Art Zeremonie. Für eine Begrüßung galten augenscheinlich feste Regeln. Und auch darauf hatte der jüdische Geschäftsmann sie vorbereitet.

»Es ist wie bei den Tauben«, hatte er gesagt. »Jeder weiß, was kommt, aber ohne vorherige Balz läuft nichts. Wenn du unsicher bist oder nicht weiterweißt, verbeuge dich und lächele dazu.«

Franz war ungeduldig, aber er musste seine Ungeduld zügeln. Er warf seinem Bruder einen warnenden Blick zu, es ihm gleichzutun. Der Mann stellte sich als Zhi Chao vor. Er ließ Tee servieren. Franz konnte dem Zeug zwar nichts abgewinnen, doch er trank brav aus der kaum Fingerhut großen Tasse. Die Minuten vergingen langsam, schlichen regelrecht dahin. Die Männer sprachen zunächst über Belanglosigkeiten. Tasse um Tasse leerte sich die kleine Kanne.

»Wir Chinesen sind ein geborenes Händlervolk«, meinte Zhi. »Es liegt in unserer Natur, die Dinge aus den entlegensten Winkeln des Reichs untereinander zu tauschen. Geld ist dabei nur ein Hilfsmittel. Das unterscheidet uns von euch. Für die Europäer ist hingegen das Geld die Ware selbst. Und bei euch heißt es: Zeit ist Geld. Wir hingegen sagen: Zeit ist ein Geschenk. Ein Geschenk, das wir untereinander tauschen. Ein guter Geschäftsmann sollte das Schöne auch um seiner Schönheit selbst willen lieben. Nicht nur wegen des Betrags, den es in seine Taschen zu spülen vermag.«

»Die Familie Sass macht auch Geschäfte«, meinte Erich, den diese lange Prozedur des Kennenlernens besonders quälte. Es lag in der Natur junger Menschen, sofort zur Sache zu kommen. »Deshalb sind wir hier.« Sein Bruder warf ihm einen warnenden Blick zu, und er verstummte.

»Gewiss.« Zhi Chao nickte. »Die ehrwürdige Nǚshì Poubard aus Antwerpen berichtete mir, dass die jungen Brüder in Berlin aussichtsreiche Händler seien. Geschickt und ehrlich. Unter Freunden ist das unerlässlich.«

Franz hatte den Eindruck, dass die letzte Bemerkung mit Nachdruck gesprochen war und eine gewisse Schärfe hatte. Sie klang wie eine Mahnung. Überhaupt schien der Chinese seinen Worten immer noch zusätzliche Bedeutungen zu geben. Durch Nuancen im Tonfall, feine Gesten und fast unmerkliche Veränderungen der Körperhaltung. Bei diesen Leuten war offenbar die Bedeutung des gesprochenen Worts noch von vielen anderen Dingen abhängig. Dann endlich, nach einer gefühlten Ewigkeit, kam der Mann zur Sache.

»Wie kann Zhi Chao helfen?«, fragte er knapp.

Franz hatte sich entschlossen, nicht um den heißen Brei herumzureden. Er verschwieg zwar, dass Susanne als Prostituierte gearbeitet hatte, ansonsten legte er jedoch die Karten offen auf den Tisch.

»Sie ist schwer krank, Herr Zhi. Josef Sternwein meinte, dass Sie sich mit Heilmethoden auskennen, die in Ihrer Heimat verwendet werden.«

»Ich bin kein Arzt, junger Freund. Aber es gibt einen Heilkundigen, der unsere Matrosen betreut. Er versteht sich auf die alte Art, Krankheiten auszuleiten. Aber vorher müssen wir …«

»Wir bezahlen gut, Herr Zhi.«

Kaum hatte er es gesagt, biss sich Franz auf die Zunge. Sternwein hatte ihm erklärt, dass Chinesen niemals den Eindruck erwecken wollten, sie wären käuflich.

»Ich bitte um Entschuldigung, ich meinte natürlich die Medikamente, nicht Sie, Herr Zhi«, stammelte er und verbeugte sich.

Zhi Chao erhob sich und ging in einen Nebenraum. Kurz darauf kam er mit einem kleinen Holzkasten zurück, den er öffnete und auf dem Tisch abstellte. Darin befanden sich unterschiedliche Substanzen: ein trockenes Kraut, eine dunkle Kugel, eine Art Paste. Schließlich noch ein helles Pulver neben einem winzigen Apothekerfläschchen und einer Glasampulle mit durchsichtiger Flüssigkeit.

»Sind das die Medikamente für Susanne?«, fragte Erich etwas voreilig.

Franz spannte sich. Er wusste, was da vor ihm auf dem kleinen Teetisch lag. Opium. In allen Formen, die auf den Märkten der Welt angeboten wurden. Er erkannte das Tschandu, das die Harussels so gern rauchten.

War er dafür gekommen?, fragte er sich. Hatte er Susanne für ein paar Drogen die Strapazen der Reise zugemutet? Sollte das die Medizin sein? Das Zeug gab es zwar in Berlin nicht an jeder Ecke, aber mit seinen Kontakten hätte er es auch dort bekommen.

»Die jungen Herren missverstehen mich«, sagte Zhi Chao. Er schien amüsiert. »Herr Sass, für Eure Verlobte werde ich Kontakt zu unserem Arzt aufnehmen und ihn bitten, Euch seine Heilkunst anzubieten. Selbstverständlich, ohne dass ich eine Gegenleistung oder Bezahlung dafür verlange. Schon morgen wird er sie sich ansehen und eine Behandlung beginnen. Ich hoffe lediglich, dass meine bescheidenen Dienste Euch in Erinnerung bleiben, Herr Sass. Vielleicht kommt der Tag, an dem ich Euch um einen Freundschaftsdienst bitte.«

»Ist das alles Opium?« Franz deutete auf den Inhalt der Schachtel. Das Kraut und die Paste waren ihm vertraut, das Pulver und die Flüssigkeit nicht.

Zhi Chao nickte. »Die verschiedenen Gesichter des *Papaver somniferum*. Mohnstroh, Tschandu, Opiumpaste, Pulver, Tinctura Opii und die neueste Errungenschaft der Moderne.« Er nahm die Glasampulle zwischen die Finger. »Solutio per injectionem. So nennen es eure Heilkundigen. Spritzbares Morphium. Sehr rein. Sehr wirksam.«

Tschandu, überlegte Franz und musste an seine ersten Erfahrungen mit dem Zeug denken. Die Familie Harussel nutzte das Rauchopium für ihre Palaver. Und sie handelten wohl in letzter Zeit damit. Wenn er Georg richtig verstanden hatte, dann mischten sie das Kraut mit Kokain. Franz überlegte. Er musste hier und jetzt eine Entscheidung treffen. Wenn er die Hilfe des Chinesen annahm, war er ihm etwas schuldig. Und es war klar, dass er offenbar sein Opium in Berlin unter die Leute bringen wollte. Das ganze Gerede von Freundschaft, Tausch und Ehrlichkeit ging ihm auf die Nerven. Ein offen genannter Preis wäre ihm in diesem Moment lieber gewesen. Er konnte nur mutmaßen, dass die von ihm erwartete Gegenleistung etwas mit dem Opium zu tun hatte. Vielleicht sollte das Geschäft so eine Art Versuchsballon sein, weil die Hamburger Chinesen in den Berliner Markt drängten. Franz fühlte sich bei diesen Gedanken gar nicht wohl. Er kannte die zerrütteten Koks-Schnüffler, die immer häufiger im Nachtleben der Hauptstadt auftauchten. Kichernde, verblödete Geistergestalten, die sich sogar von Häuserdächern stürzten, weil sie glaubten, sie wären Vögel. Kokain war schlimm. Opium und das neue Morphium waren schlimmer. Der Kram war ebenso beschissen wie Ians Waffensache. Und da hatte Franz den gekränkten Moralapostel gespielt. Aber er musste sich eingestehen, dass das eigene Hemd immer näher war als die Schuhe des Nachbarn. Es ging um Susanne. Für sie würde er dem Teufel persönlich die Pfeife stopfen.

»Meine Geschäfte sind Eure Geschäfte, werter Herr Zhi.« Er erhob und verbeugte sich. »Niemals werde ich den Gefallen vergessen, den Ihr in Eurer Freundlichkeit meiner Verlobten erweisen wollt.«

Franz konnte selbst nicht erklären, was ihn in diesem Moment dazu gebracht hatte, die blumige Ausdrucksweise des Chinesen zu übernehmen. Aber er hatte damit offenbar den richtigen Ton getroffen, denn der Mann strahlte. Er schob seinen Gästen die Holzkiste über den Tisch.

»Nehmt dies als Geschenk und Zeichen meiner Dankbarkeit.« Sein Lächeln gefror im nächsten Augenblick. »Zehn weitere Kisten seht bitte als den Beginn einer aussichtsreichen Zusammenarbeit.«

Franz bemerkte, dass sein Bruder ihn anstarrte. Offenbar hatte auch er begriffen, was hier gerade geschehen war.

»Noch etwas Tee?«, fragte Zhi.

9

Lychen, Brandenburg

Die *Auguste Viktoria Heilanstalt* in Lychen bestand aus einer Ansammlung recht seltsamer Bauten. Der vordere Abschnitt erinnerte an eine verspielte, kleine Ritterburg mit Turm und Zinnen. Für einen anderen Teil hatten sich die Erbauer offenbar Vorbilder bergiger Regionen im Stile kerniger Holzhäuser gesucht. Dabei lag die Anlage doch inmitten einer flachen, bewaldeten Seenlandschaft. Neben einem Haupthaus für Lungenkranke der Versicherungsanstalt gab es abseits gelegen die Bereiche für die illustren Gäste. Irgendein Prinz von Baden oder Bayern kurierte eine Lebermalaise, die durch exzessive Trunksucht verursacht war. Ein etwas debiler Dauergast war das Ergebnis einer herzoglichen Bruder-Schwester-Verbindung und hatte keine Aussicht, je entlassen zu werden. Die ältliche Witwe eines Grafen aus dem Hause Sachsen-Coburg laborierte an einer Hysterie, verursacht durch die Ohrfeigen eines übereifrigen Sozialisten, die er im Gefühlsüberschwang der Revolution großzügig unter Adligen verteilt hatte.

Antonia hielt sich von dem üblichen Erholungstrubel weitgehend fern, der aus Klatsch, Tratsch, einer Menge Kognak im Nachmittagskaffee und abendlichem Schwof bestand. Sie hatte sich gemeinsam mit ihrer Tochter fast ein Vierteljahr in dem Kurort erholt. Vor allem waren die Frauen einander in dieser Zeit wieder nähergekommen. Und Katja hatte der Familie eingeschärft, sich tunlichst von den beiden fernzuhalten. Sie und Susanne waren weiterhin die Einzigen, die Toni um sich herum duldete.

»Sie ist im Moment sehr verletzlich. Und sie möchte nicht, dass ihr sie so seht«, hatte Katja ihren Neffen erklärt.

Der Überfall auf Paul Konter und die fehlenden Fortschritte bei den Nachforschungen zu Valeries Vergangenheit waren über Wochen von den beiden Frauen verdrängt worden. Als jedoch Susanne sie nicht mehr besuchte und kurz darauf ihr Neffe nach Ärzten fragte, die sich mit einer Behandlung der Syphilis auskannten, hatte Toni selbstverständlich eins und eins zusammengezählt. Und sich innerlich bereits auf ihre Rückkehr nach Berlin vorbereitet. Ende Februar hatten es Mutter und Tochter schließlich nicht mehr ausgehalten in der Einöde Brandenburgs. Alle Wege waren mehrfach beschritten, jeder Stein erkundet und die Karpfen im Teich mit Vornamen bekannt. Das Fass wurde schließlich zum Überlaufen gebracht, als ein älterer, vertrockneter Prokurist, der in der Gemeindeverwaltung tätig war, sich großzügig bereit erklärte, Toni zu ehelichen, obwohl sie »doch ein gefallenes Mädchen« wäre.

»Es reicht! Ich habe mein ganzes Leben in zwei Weltstädten verbracht«, war daraufhin Tonis abschließender Kommentar gewesen, bevor sie ihre Tochter anhielt, die Koffer zu packen. »Da werde ich meine alten Tage doch nicht auf einer Bank am See sitzen und Stickarbeiten für den Adventsbasar anfertigen. Und der interessanteste Mann hier ist ohnehin dieser junge, knackige Pastor. Da muss ich ja befürchten, mich noch mehr zu versündigen, als ich es ohnehin schon getan habe.«

Da sie eine Frau der Tat war, kam die Entscheidung Hals über Kopf. Und ihre Familie wurde nur durch ein knappes Telegramm vorgewarnt: *Wir kommen morgen. Das Haus muss blitzen. Wehe, wenn nicht! Nachmittags Besprechung. Katja, Max, Georg, Ian.* Franz war mit Susanne in Hamburg. Also brauchte das *Syndicat* eine Führung. Paul lag immer noch im Krankenhaus. Und die Sache mit Valerie drohte im Sande zu verlaufen. Es schien, als wäre Toni aus einem Nebel herausgetreten, der sie monatelang orientierungslos gemacht hatte. Die Ärzte in Lychen und nicht einmal Professor Forster wagten es, sich ihrem Vorhaben entgegenzustellen.

»Sie sollten in sechs bis acht Wochen für einen kurzen Erholungsaufenthalt zurückkehren, meine Liebe«, meinte der bekannte Nervenarzt zum Abschied. »Erfahrungsgemäß nimmt das Leben da draußen wenig Rücksicht auf die inneren Befindlichkeiten eines Menschen.«

○ ○ ○

Max war es tatsächlich gelungen, auf die Schnelle eine rührige Hausangestellte zu finden, die mit zwei Aushilfen an nur einem Vormittag Tonis Haus am Landwehrkanal auf Vordermann brachte. Gegen zwei Uhr trafen seine Tante und Cousine ein. Und zur Kaffeezeit versammelten sich die Familienmitglieder. Toni war clever genug, um diese scheinbare Hals-über-Kopf-Entscheidung als erste Prüfung ihres Führungsanspruchs innerhalb des *Syndicats* zu sehen.

»Wir geben Susanne und Franz die Zeit, die sie brauchen«, entschied sie gleich zu Beginn der Besprechung, und alle Anwesenden nickten. »Paul muss sich erholen. Aber Franz hat angedeutet, dass Ehrhardt hinter der Sache steckt.« Sie blickte die anderen fragend an.

»Es sieht so aus, als hätten die *Moabiter* auf seine Anweisung gehandelt«, sagte Ian. »Vater Götze hat geplaudert und ist im Moment eingeschüchtert, weil Franz gedroht hat, der Polizei Beweise vorzulegen. Beweise, die er aber gar nicht hat. Es ist nur eine Frage der Zeit, bis die Kerle wieder aufmucken.«

»Wir wissen, dass der *Consul* seit Langem gegen uns intrigiert«, ergänzte Katja. »Aber die Sache mit Konter war ein Frontalangriff gegen uns.«

»Franz will keine offene Auseinandersetzung. Nicht jetzt. Wir sind geschwächt.« Ian legte beide Hände auf den Tisch und ballte sie dann zu Fäusten. »Ihr wisst, dass ich bei diesen Angelegenheiten gern anders denke. Und handele. Aber im Moment gebe ich Franz recht. Einen Schlagabtausch mit dem *Consul* und den *Moabitern* überstehen wir nicht.«

»Ich will ein Treffen mit Ehrhardt«, meinte Toni plötzlich. »Er muss die Götzes an die Leine nehmen.«

»Du willst mit dem Schwein verhandeln?«

»Diese Leute verstehen nur eine Sprache!«

»Warum sollte er dir zuhören?«

Es kam zu einer längeren, hitzigen Debatte. Und einmal mehr zeigte sich, dass das *Syndicat* in der Krise steckte. Aber Toni, die das Ganze auch als eine entscheidende Machtprobe sah, setzte sich schließlich durch.

»Wenn in den Lokalen und bei unseren Straßengeschäften Ruhe einkehrt, dann wäre viel gewonnen«, gab Max zu.

»Die Königin hat Ärger mit einer anderen Sippe«, sagte Georg. »Die Harussels brauchen ihre Jungs, um die eigenen Probleme zu regeln. Da wäre eine Abmachung mit Ehrhardt und den Götzes wirklich hilfreich. Sonst muss ich Schmidtchen um ein paar Schläger bitten. Und das wird teuer.«

»Ich kann dich in die Sache einweihen, die Franz mit Hermann Götze besprochen hat.« Ian wirkte zwar nicht überzeugt, aber offenbar sah auch er keine andere Möglichkeit. »Ich habe noch ein paar interessante Informationen über Ehrhardts Geschäfte. Könnten hilfreich sein, denn er möchte bestimmt nicht, dass die *Vossische Zeitung* oder der *Vorwärts* darüber berichten.«

»Also gut, die Sache ist entschieden«, sagte Toni. »Katja, du begleitest mich. Zwei Frauen wird er sicherlich die Bitte um eine Zusammenarbeit nicht abschlagen. Außerdem weiß er, dass du mit Anna zusammenlebst. Das wird ihn reizen.«

»Wieso Zusammenarbeit?« Georg horchte auf. »Eben war noch von einer Art Waffenstillstand die Rede. Warum sollten wir mit ihm zusammenarbeiten? Der Mann hat uns angegriffen. Er wollte Paul eiskalt umbringen lassen. Hast du das vergessen, Toni?«

»Ich vergesse nichts, glaub mir.« Tonis Stimme war jetzt gefährlich leise. »Niemals. Der Kerl wird büßen. Aber im Moment brauchen wir ihn.«

»Warum sollte er zustimmen?«, fragte Katja.

»Valerie hat mir einige Dinge erzählt, die ihn interessieren könnten.

Er verliert an Einfluss in Berlin. Wenn er sich in Grabenkämpfen mit uns aufreibt, wird es uns alle schwächen. Und das werden wir ihm klarmachen.«

»*Got nuts, Lady*«, murmelte Ian anerkennend.

»Georg, du stellst uns für dieses Treffen ein paar Jungs an die Seite. Sie werden sich aber im Hintergrund halten. Ian, wir brauchen einen Verhandlungsort. Ein gutes Lokal oder ein Varieté, öffentlich und doch intim genug. Katja, du stellst den Kontakt her. Vielleicht über Hugenberg oder einen der vielen Offiziere, die dir aus der Hand fressen. Max, rechne mal grob zusammen, welchen Schaden die Götzes bereits bei uns angerichtet haben. Damit können wir Ehrhardt zeigen, wie mächtig er ist und wie beeindruckt wir sind. Männer mögen das und machen dann Fehler.«

Vor dem Abendessen kam Valerie hinzu, und ihre Mutter bat sie, von ihren Erlebnissen zu berichten. Die Erinnerungen der jungen Frau waren wenigstens zum Teil zurückgekehrt, aber das Bild, das sich daraus ergab, blieb unscharf. Bisher kannten nur Katja, Franz und Paul bruchstückhaft ihre Geschichte. Nun schilderte sie, teils unterstützt durch ihre Mutter, ihre Erlebnisse. Ian fluchte, während er zuhörte, und kippte mehrere Whiskys in sich hinein. Auch Max und Georg schienen entsetzt.

»Hört sich an, als stecke da etwas Größeres dahinter«, sagte Ian.

»Wir wissen leider nicht viel«, meinte Toni, als ihre Tochter mit ihrem Bericht geendet hatte. »Die Rolle der Götzes, der Überfall auf Paul, Ehrhardts Geschäfte mit Reichseigentum, Valeries wenige Hinweise. Aber es muss reichen, um den *Consul* zu ködern. Und das wird meine Aufgabe sein!«

An diesem Abend, als die Familie nach einem ausgiebigen Essen auseinandergegangen war, gab es keinen Zweifel mehr. Toni war wieder an Bord. Und sie stand am Ruder.

∘ ∘ ∘

Katja gelang es, über einen befreundeten Attaché an Kapitän Ehrhardt heranzukommen. Der Mann logierte in verschiedenen Hotels, speiste immer in wechselnden Lokalen und zeigte sich überhaupt nur wenig in der Öffentlichkeit. Wurde er fotografiert, dann riss eine Leibwache, die sich immer in seiner Nähe befand, dem Reporter gleich danach den Apparat aus der Hand.

»Ihm fehlt das Verständnis für gesellschaftliche Kontakte«, sagte der Diplomat zu Katja, als sie ihm ein Schreiben für Ehrhardt übergab. »Die Eskapaden auf der Straße, die ewigen Kleinkriege in Polen und im Ruhrgebiet sind den Bürgern ein Gräuel. Sie wollen nur ihre Ruhe. Kultur und Gesellschaft entscheiden jetzt darüber, wer in Zukunft das Sagen hat. Unser werter Kapitän ist auf diesem Feld einfach zu blass. Zudem sammeln sich an der rechten Flanke der Republik neue Kräfte, die er nicht zu kontrollieren scheint.«

Toni war zufrieden, als sie davon erfuhr. Kurz vor dem geplanten Treffen musste sie jedoch mit Paul Konter über die Pläne des *Syndicats* sprechen. Der Kripobeamte hatte sich im Krankenhaus etwas erholt. Ihn in dieser Angelegenheit zu übergehen, fand Toni weder den Mut noch hielt sie es für ratsam. Sie war erstaunt, als Konter sich einsichtig zeigte.

»Ich würde die Kerle am liebsten in den Bau bringen«, sagte er, als Toni an seinem Krankenbett saß. »Noch lieber würde ich sie eigenhändig erwürgen. Aber was haben wir schon? Ein paar Hinweise von ebenso dämlichen wie brutalen Gaunern, an die Franz nur durch einen Bluff gekommen ist. Du weißt, was ich von so etwas halte.«

»So seltsam es klingt«, erwiderte Antonia. »Wir und Ehrhardt haben etwas gemeinsam. Wir sind geschwächt.«

»Das wird sich herumsprechen wie ein Lauffeuer«, seufzte der Polizist. »Der unbestechliche Paul Konter lässt sich mit dem *Consul* ein. Mit welchem Recht kann ich in Zukunft einen Taschendieb verhaften?«

»Na, ganz so unbestechlich bist du ohnehin nicht mehr«, sagte Toni und lächelte. »Was machst du eigentlich mit dem ganzen Geld, das du als Teilhaber erhältst? Wohnst immer noch in der kleinen Bude. Keine teuren Anzüge. Kein Automobil. Keine Frauen.«

Konter drehte bei der letzten Bemerkung seinen Kopf zum Fenster. Es schien, als wollte er etwas sagen, jedoch stöhnte er nur und bat Toni zu gehen.

Noch am selben Abend sollte das Treffen mit Ehrhardt stattfinden. Ian hatte sich für das Lokal *Weiße Maus* in der Jägerstraße entschieden. Die Vergnügungsstätte bot – wenn auch in gehobenem Ambiente – nur an, was derzeit in der Stadt beliebt war. Jeden Abend wurden hier aufs Neue die schon längst entblößten Tabus gebrochen. Etwas Kultur, immer wildere Tänze, viel Alkohol und noch mehr nacktes Fleisch waren seit drei Jahren das ungebrochene Erfolgskonzept. Das Treffen sollte weder konspirativ noch geheim sein. Und dennoch boten die halbrunden Blendbögen, hinter denen Sitzecken eingerichtet waren, einen gewissen Schutz vor neugierigen Blicken. Mehr noch drang von den dort geführten Gesprächen kein Laut nach draußen. Als Katja und Toni in dem Etablissement eintrafen, saß Ehrhardt bereits auf dem Sofa, das ein Dreiviertelrund um einen Tisch beschrieb. Die Begrüßung war zwar knapp, aber der ehemalige Offizier verstand sich auf Umgangsformen.

»Wie geht es der verehrten Frau Bäumer?«, fragte er Katja, nachdem er Champagner bestellt hatte.

»Recht gut, denke ich«, erwiderte die Russin in kühlem Tonfall. »Sie muss sich allerdings tagsüber von den Blicken und Rufen der Männer erholen, die zu ihren Darbietungen kommen. Und das tut sie dann bei mir.«

»Frau Bäumer bat mich, Ihnen Grüße auszurichten, Herr Kapitän.« Toni warf ihrer Begleiterin ein warnenden Blick zu.

»Ich schlage vor, dass wir das Geschäftliche zu Anfang besprechen.« Ehrhardt hatte ein für ihn typisches Lächeln aufgesetzt. Es wirkte charmant und bedrohlich zugleich. »Erstens wird uns der Champagner dann nicht zu Konzessionen veranlassen, die wir vielleicht gar nicht eingehen wollten. Zweitens ist der Abend lang, und wir können ihn danach genießen. Was sagen Sie, meine Damen?«

Das Kabarettprogramm in der *Weißen Maus* hatte einen deutlich vulgären Einschlag. Überhaupt glich die Atmosphäre an manchen Abenden eher der einer Spelunke am Westhafen. Bis vor Kurzem hatte hier die berühmte Anita Berber getanzt, gepöbelt, kopuliert und gekokst. Auf der Bühne wohlgemerkt. Nach ihr musste es notgedrungen schwer werden, überhaupt noch neues, verbotenes Terrain zu erschließen. Versuche des Inhabers, die Darbietungen sittsamer zu gestalten, wurden mit Umsatzrückgängen quittiert, so dass das alte Niveau nun wieder fast erreicht war.

»Ich hoffe, dass es Ihnen wieder besser geht.« Mit diesen Worten wandte sich Ehrhardt an Toni. »Ich freue mich wirklich, Sie wiederzusehen. Vor einem halben Jahr im Palais Arnim wirkten Sie unpässlich. Und man hört ja einiges. Aber heute, *mon dieux! Une vénus de la mer*! Die Gäste werden ihre Augen nicht auf die Bühne richten, weil Sie heute Abend alles überstrahlen, meine Teuerste!«

Toni nickte nur. Sie hatte sich fest vorgenommen, dem Mann die kalte Schulter zu zeigen und nur über die Geschäfte zu sprechen. Aber seine Worte klangen ehrlich. Und er verstand es, die richtigen Knöpfe zu drücken.

»Nun gut, kommen wir also zum Grund unseres Treffens«, fuhr Ehrhardt fort, als der Champagner gereicht wurde. »Ich gestehe, dass ich zunächst skeptisch war. Aber schon morgen wird man über uns sprechen. Und was gibt es Besseres, als Freund und Feind zu verwirren? Alle werden sich fragen, was wir unter unserer Decke treiben. Die Karten werden neu gemischt. Allianzen zerbrechen, Allianzen entstehen. Und wir sind heute am Zug.«

Toni gestand sich ein, dass da etwas dran war. Gerade wenn alle Mitspieler in ihrem Verhalten berechenbar waren, wurden die Geschäfte gefährlich. Jemand konnte plötzlich mitbieten oder bessere Ware anbieten. Je unberechenbarer man nach außen hin auftrat, umso mehr

Abstand hielten die Leute. Andererseits war das Gespräch hier kein munterer Skatabend unter Kutschern, sondern eher ein Tanz mit dem Teufel.

In der kommenden halben Stunde zogen Toni und Katja alle Register, um Ehrhardts Interesse an einer Vereinbarung zu wecken. Sie gestanden die Verluste ein, die das *Syndicat* im letzten Jahr durch ihn erlitten hatte. Sie schilderten, wie Hermann Götze seinen Auftraggeber verpfiffen hatte. Sogar die wenigen Andeutungen, die Ian über illegalen Waffenhandel gemacht hatte, kamen zur Sprache. Aber Ehrhardts Miene blieb unergründlich. Fast schien es, als wäre das Unterfangen gescheitert. Schweren Herzens berichtete Toni schließlich von den Erlebnissen ihrer Tochter in Paris. Und plötzlich schien Ehrhardt sich anzuspannen.

»Erwähnten Sie gerade Fabian?«, fragte er. »Walter Fabian vom Auswärtigen Amt?«

»Sie kennen ihn, Herr Kapitän?« Katja hatte bemerkt, dass die Schilderungen Toni stark belasteten.

»Fabian ist ein Emporkömmling«, erwiderte Ehrhardt. »Er ist zwar ein Mann der hinteren Reihen, aber er kennt wichtige Leute in Industrie, Verwaltung und Politik. Im Ministerium gibt es Strömungen, die es bedauern, dass man dort die alte Bedeutung eingebüßt hat.«

Katja blickte ihn fragend an.

»Der Außenminister und sein Stab sahen sich seit der Reichsgründung als wichtigste Säule des Staates, natürlich neben dem Kaiser und seinem Kanzler. Bismarck sagte einmal: *Staat sein bedeutet für Deutschland Außenpolitik zu betreiben*. Man ist in der Wilhelmstraße 74 sehr betrübt darüber, dass man jetzt ein Ministerium unter vielen ist.«

»Leute wie Fabian wollen den Umsturz?«, fragte Toni. »Dann müssten sie Ihnen doch nahestehen.«

»Politisches Denken erfordert ein Mindestmaß an Moral, Frau Sass. Ich gestehe sogar meinen linken Widersachern zu, über eine, wenn auch fehlgeleitete Moral zu verfügen. Nein, Fabian gehört zu einer neuen Spezies. Und diese Spezies formiert sich gerade erst. Bereit, die eigenen Kinder zu opfern, wenn es der Macht dienlich ist.«

Kaum hatte er die Worte ausgesprochen, bemerkte Ehrhardt seinen Fehler.

»Entschuldigen Sie, Frau Sass. Wie unsensibel von mir. Aber diesen Mann fehlen jegliche Würde und Skrupel. Und so etwas macht selbst einen Biedermann gefährlich.«

»Fabian hat meiner Tochter wehgetan. Sehr weh.« Unter Tränen berichtete Toni von Valeries weiterem Schicksal. Katja wollte sie zurückhalten, aber sie schüttelte ihren Arm ab. »Soll er es doch erfahren! Dieses Scheusal hätte Valerie fast zerstört.«

Kapitän Ehrhardt wirkte verlegen. Und er ließ sich sogar zu einer ungewöhnlich intimen Geste hinreißen, indem er Tonis Hand berührte.

»Ich bedaure sehr, was Ihnen und Ihrer Tochter widerfahren ist. Und ich wünschte, ich könnte behilflich sein, dieses widerwärtige Wesen zur Strecke zu bringen. Aber ich bin Soldat und Geschäftsmann. Überlassen Sie die Angelegenheit der Polizei.«

»Sie wissen ebenso gut wie ich, dass ein solches Verbrechen schon längst aufgeklärt wäre, wenn das Opfer die Tochter des Reichspräsidenten und nicht ein Arbeiterkind gewesen wäre. Am Alex wurde nicht einmal eine Anzeige aufgenommen, Herr Ehrhardt.«

Toni funkelte den Mann an. Plötzlich entspannte sich jedoch ihr Körper, und Katja hatte kurz die Befürchtung, die Belastung könnte neuerlich zu groß gewesen sein. Aber Toni nahm langsam eine *JUNO* aus einem silbernen Etui, steckte sie auf ihre Spitze und ließ sich Feuer geben. Sie wartete eine halbe Zigarettenlänge, bis sie fortfuhr.

»Sie meinten, dass Fabian viele wichtige Männer kennt.«

»So ist es.«

»Informationen über ihn und diese Leute sollten doch von einigem Wert sein für einen Mann in Ihrer Position. Sehe ich das richtig?«

Hermann Ehrhardt überlegte einen Moment und nickte dann. Er lächelte Toni an.

»Sie sind eine überaus intelligente Frau«, sagte er. »Ich werde meine Haltung zum Wahlrecht vielleicht ändern müssen. Sie denken an eine Vereinbarung, nehme ich an?«

»Ich werde alle Hebel in Bewegung setzen, diesen Fabian und seine Mitwisser an die Wand zu nageln«, erwiderte Toni. »In dieser Frage kann man nur für oder gegen mich sein.«

»Oh, ich bin ganz auf Ihrer Seite.« Ehrhardt lachte, jetzt sogar herzlich. Dann wurde er ernst. »Was erhalte ich als Gegenleistung?«

»Wissen. Fabian wird uns alles sagen, was er weiß. Wie sagt man bei den Reportern?« Sie tat, als müsste sie überlegen. »Sie, Herr Ehrhardt, bekommen die Exklusivrechte.«

Es folgte eine lange Pause. Ehrhardt verschwand für eine Weile, kehrte dann zurück. Katja erkannte sofort, dass er Kokain genommen hatte. Er wirkte unruhiger, seine Bewegungen und sein Sprechen waren einen Tick zu schnell.

»In Ordnung«, meinte er. »Ich pfeife die *Moabiter* zurück. Zunächst erfolgt für drei Monate keine Störung Ihrer Geschäfte mehr. Die Kerle, die Herrn Konter unsanft angegangen sind, verschwinden von der Bühne. Richten Sie aus, dass es mir leidtut. Es sollte eine Lektion sein, aber diese Götze-Bande ist dümmer als Brot. Von meiner Seite ist vergessen, dass Ihre Neffen mich in meinen Kreisen bloßgestellt haben. Und die Sache mit dem Geldtransport vor einem Jahr ist adäquat verbucht.«

»Wir knüpfen uns Fabian vor, und mein Neffe unterrichtet Sie über seine Kontakte.«

»Ich rate zur Vorsicht«, entgegnete der Offizier. Er sprach jetzt sehr leise. »Der Mann ist eine Art graue Eminenz im Auswärtigen Amt. Wenn er Schaden nimmt oder verschwindet, wird eine Lawine ins Rollen kommen und das *Syndicat* unter sich begraben.«

»Ich habe nicht vor, einen offenen Krieg gegen ihn zu führen«, sagte Toni. »Wir werden ihm Gift verabreichen. Wir finden seine Schwachstellen, streuen Gerüchte, erfinden Bedrohungen, die es gar nicht gibt.

Seine Freunde werden sich abwenden, weil sie ihn für einen Verräter halten. Dieses Gift wird langsam wirken, aber es wird ihn zerstören.«

»Ich denke, ich muss meine Haltung gegenüber Frauen auch in anderer Hinsicht überdenken«, erwiderte Ehrhardt und deutete eine kurze Verbeugung an. »Packen Sie ihn dort, wo es Männern in seiner Stellung immer schmerzt. Ansehen, Macht und Geld. Bleiben Sie selbst in Deckung. Er hat gute Beziehungen zur Polizei, kann Akten jederzeit einsehen und ist in bestimmten Dingen der Politischen Abteilung gegenüber weisungsbefugt.«

Plötzlich erhob er sich und goss Champagner nach.

»Trinken wir auf unsere Partnerschaft! Auf Ihre Welt und meine Welt. Eine Vernunftehe zwar, keine Liebesheirat. Aber gemeinsam können wir Berlin regieren.«

Toni blickte Katja an, die sich mehrmals die Nase rieb und dabei vielsagend die Brauen hob. Ehrhardt schien jetzt vollkommen durch die Wirkung des Rauschgifts gesteuert zu sein. Beide Frauen wussten, dies war nicht mehr nur ein Spiel mit dem Feuer. In diesem Augenblick begann ein Höllentanz, der alle verzehren konnte.

10

Hamburg – St. Pauli

Susanne hatte sich beinahe aufgegeben. Sie saß im Hotelzimmer am Fenster und blickte lethargisch aus dem Fenster. Die Tür öffnete sie nur, nachdem sie eine Art Schleier über das Gesicht gelegt und dünne Handschuhe angezogen hatte. Franz merkte, dass es nicht mehr nur Scham war, die sie quälte. Sie begann, Abscheu vor sich selbst zu bekommen. Die Nachricht, dass der Arzt sie zügig empfangen würde, vermochte sie auch jetzt nicht von ihren Ängsten und ihrer gedrückten Stimmung abzulenken. Nachdem sie Franz kurz angesehen hatte, sah sie wieder auf die sich langsam belebende Reeperbahn hinunter. Dabei wiegte sie ihren Körper hin und her, streichelte ihren Bauch und summte eine immer gleiche Melodie. Als wollte sie sich selbst beruhigen und trösten.

Sie und Franz hatten zunächst befürchtet, sie würde sich wieder den Belastungen einer umfassenden, ärztlichen Untersuchung aussetzen müssen. Umso überraschter waren sie, als der chinesische Kaufmann Zhi ihnen durch einen Boten mitteilen ließ, dass der Arzt sie im Hotel aufsuchen würde.

»Hier kann er doch gar nichts machen«, nörgelte Franz.

Susanne war jedoch erleichtert. Ihre Hautausschläge waren durch die Strapazen der Reise nochmals schlimmer geworden. Ihr Kreislauf spielte verrückt. Gegen fünf Uhr traf der chinesische Heiler endlich ein.

»Mein Name ist Huang Jingyun.«

Der Mann verbeugte sich in der Art, wie es Gelehrte taten. Die Geste zeigte deutlich, er stand zwar zu Diensten, aber er war kein Untergebener.

»Dr. Jingyun! Endlich, wir haben … wir müssen …«

Franz vergaß beinahe jede vorher sorgsam überlegte Etikette und bestürmte den Besucher in einer Mischung aus Ungeduld und Verzweiflung. Vielleicht hatte er auch gerade den Vornamen mit dem Familiennamen verwechselt. Ihm rauschte der Kopf vor Aufregung und Ungeduld.

»Nicht Doktor, bitte. Nennen Sie mich einfach Huang Fu Tzu. So tun es meine Landsleute ebenfalls.«

Franz fand zwar nicht, dass dies eine große sprachliche Erleichterung war, er gewann jedoch ein wenig seine Fassung zurück und bot dem Arzt endlich Tee an. Die Miene des Mannes hellte sich sofort auf. Nach weiteren, quälenden Minuten des Lächelns, Nickens und der Teeverkostung, der Höflichkeiten und des Schweigens schien Huang Jingyun die Zeit reif, um endlich zur Tat zu schreiten.

»Herr Sass, ich darf Sie bitten, mich für eine Weile mit Ihrer Frau allein zu lassen. Es gibt viel zu besprechen«, sagte er.

»Besprechen?«, fragte Franz verwirrt. »Sie müssen doch erst untersuchen, Huang Fu Tzu.«

»Der Unwissende handelt, der Weise lauscht«, erwiderte der Mann und lächelte nachsichtig. »Ein Ausspruch des verehrten Kung Fu Tzu.«

Susanne nickte, und Franz verließ widerstrebend das Zimmer. Im Flur lief er danach unruhig auf und ab. Als eine halbe Stunde vergangen war, bestellte er bei einem vorbeieilenden Zimmermädchen einen starken Kaffee, der ihn nur noch nervöser machte. Nach einer Stunde ließ er sich einen doppelten Kognak kommen. Schließlich hielt er es nicht mehr aus und wollte gerade an die Zimmertür klopfen, als Meister Huang öffnete. Sein feines Lächeln verwirrte Franz vollends.

»Der Fall legt sich mir dar als eine sehr schwere Schleim-Erkrankung«, begann er, als Franz neben Susanne Platz genommen hatte. »Heißer Schleim und kalter Schleim sind vereint eine große Gefahr. Gemeinsam hemmen sie das Qi und verbrauchen das Blut. Das Jin ist bereits angegriffen. Es ist notwendig, sofort eine Behandlung zu beginnen.«

»In Ihrer Klinik?«, fragte Franz hoffnungsvoll. Er wusste nicht einmal, ob der Mann eine solche überhaupt hatte.

»Ich habe Ihrer Frau einen Beutel mit den Wurzeln der Päonia und Archangelika zusammengestellt. Ein paar seltene Zutaten muss ich durch einen Boten aus Holland bringen lassen«, meinte Huang Jingyun und deutete auf ein Stoffsäckchen. »Es ist ein Absud herzustellen. Noch heute! Hier sind die Anweisungen, wie Sie vorzugehen haben.« Er reichte dem vollkommen verdutzten jungen Mann ein Stück Papier.

Kräuter? Kräuter! Susanne braucht Medizin, keinen Abführtee oder Schwedenbitter, dachte er wütend. Gerade wollte er etwas entgegnen, als Susanne die Hand auf seinen Arm legte.

»Lass gut sein. Er hat es verstanden«, sagte sie leise. »Ich spüre es.«

»Wie? Was hat er verstanden?«

»Die Erkrankung. Mich. Bitte, ich möchte es versuchen.«

»Ich will noch erwähnen, dass sich ein Absud aus verschiedenen fermentierten Pilzen als sehr wirksam erwiesen hat gegen diese Art des Schleims«, mischte sich Huang Jingyun ein. »Eure Ärzte nennen diese Erkrankung ein fortgeschrittenes, luetisches Stadium. Sie sehen jedoch nur das Ergebnis eines langen Ungleichgewichts im Körper. Wir chinesischen Ärzte suchen die Art der Störung, die den Energiefluss im Körper hemmt. Jetzt, in diesem Augenblick. Denn die Vergangenheit ist bereits vorbeigezogen. Sagt der ehrenwerte Kung Fu Tzu. Und wer ihr hinterherschaut, übersieht den Weg, der vor ihm liegt.«

Franz war kurz davor, das Mobiliar zu zerlegen. Oder diesem China-Mann an die Gurgel zu springen.

»Vielleicht sollte ich außerdem erwähnen, dass meine Kollegen in Shanghai erst vor einem Jahr die dort ansässige deutsche Gesandtschaft von dieser Misere befreit haben. Seltsamerweise waren alle der dreiundzwanzig ehrenwerten Herren davon befallen. Natürlich wird es sich um einen Zufall gehandelt haben.«

Der Arzt lächelte hintergründig, sprach jedoch nicht weiter, sondern verabschiedete sich. Natürlich nicht ohne vorherige Verbeugung.

»Was hat er getan? Hat er dich untersucht? Was meinst du damit, dass er dich verstanden hat?«, fragte Franz, kaum dass die Tür ins Schloss gefallen war.

»Wir haben geredet«, erwiderte Susanne. »Er hat mir Fragen gestellt über meinen Schlaf und die Träume. Er wollte wissen, ob ich nachts schwitze, ob ich Durst verspüre. Solche Dinge. Dann hat er sich meine Zunge angesehen. Und an den Handgelenken getastet. Franz! Er weiß, was er tut. Bereits nach einer Minute sagte er, ich wäre in anderen Umständen. Dabei hatte ich nichts erwähnt! Ich vertraue ihm.«

Träume? Durst? Zunge? Franz sackte in einem Sessel zusammen und ließ sich einen weiteren Kognak bringen. Danach orderte er die Flasche.

ooo

Nach dem ersten Becher des Kräuterabsuds schien fast augenblicklich jene enorme Spannung von Susanne abzufallen, die sie seit Wochen befallen hatte. Sie glitt für drei Tage in einen Schlaf, aus dem sie nur erwachte, um die Toilette aufzusuchen. Und um den Tee zu trinken. Franz konnte den beißenden Geruch nach saurem Harn, Schweiß und Stuhl, der sich in der kleinen Suite ausbreitete, kaum ertragen. Er trug einem Hotelpagen auf, jede Stunde nach seiner Gefährtin zu sehen, und ließ sich wieder durch die Straßen St. Paulis treiben. Suff, Huren und Glücksspiel gab es zwar auch in Berlin, jedoch wurde das derb animalische Vergnügen hier noch unverhohlener zur Schau gestellt. Seltsamerweise war es gerade diese brutale Ehrlichkeit, die er jetzt brauchte. Auf St. Pauli war eine Hure zwar eine Hure, aber eben auch ein Mensch. Und mehr als einmal gab er den Damen eine Runde aus, nur damit sie sich mit ihm unterhielten. Kellerlokale wie *Die offene Ritze* und ein Seemannspuff namens *Rein und raus* waren noch die harmloseren Spielarten. Luden, Huren und Gastwirte schienen hier einer Art Gemeinschaft anzugehören. In Berlin waren die Nutten und Strichjungen vom Nolle immer für sich allein. Hier in Hamburg schien es Franz beinahe, als sähe man sich als eine große Straßenfamilie. Selbst die Schupos wirkten nicht als Fremdkörper. Es gab offenbar ungeschriebene Regeln, an die man sich zu halten hatte. Und solange man es tat, war – im wahrsten Sinn – Ruhe im Puff. Langsam begriff er, warum die Leute von ihrem Kiez sprachen, als er wäre er ein Kumpel aus Fleisch und Blut.

Einige Tage später war er wieder mit Zhi Chao verabredet, der ihn in seinem Haus in der Schmuckstraße erwartete und mit frittierten Hühnerfüßen überraschte.

»Bitte, greift nur zu. Ich hoffe, es geht Eurer Verlobten besser«, sagte der Chinese nach der Begrüßung. »Verzeiht, dass ich bereits so zügig nach unserer ersten Begegnung eine Bitte an Euch richte. Es muss ja aussehen, als verlangte ich für meine bescheidenen Dienste eine Gegenleistung.«

Franz wiegelte pflichtgemäß ab. Er hatte zwar enorme Schwierigkeiten mit dieser übertriebenen Höflichkeit und gespielten Zurückhaltung. Seine Nerven lagen einfach blank. Andererseits war ihm lieber, dass er sich jetzt bei dem Chinesen erkenntlich zeigen konnte, als dass er ihm auf unbestimmte Zeit zu Dank verpflichtet war. Erstens würde ihn eine Aufgabe ablenken, und zweitens wäre seine Position gegenüber dem Mann wieder gestärkt.

»Sagen Sie doch, was Sie wollen, Herr Zhi«, meinte er. »Sie helfen mir. Ich helfe Ihnen. So einfach ist das. Ganz ohne viele Worte und Verbeugungen.«

Einen Moment lang schien Zhi Chao verärgert über die Direktheit seines Gastes. Dann lächelte er.

»Die erfrischende Direktheit der Jugend.«

»Also?«

»In den Ländern, die wir bereisen, sind die Angehörigen meines Volkes nicht immer willkommen. Und schon gar nicht genießen wir dort die gleichen Rechte wie die Einheimischen. Dieser Umstand führt manches Mal zu überaus kostspieligen Verwicklungen. Im Moment haben wir hier Probleme mit einer gemieteten Wohnung am Pauls

Platz Ecke Silbersack. Meine Firma hilft dort Kapitänen und Kaufleuten aus Fernost, die Sorgen des Alltags zu vergessen und ein wenig von der Heimat zu träumen.«

»Verstehe«, unterbrach ihn Franz. »Dort wird also Tschandu und das andere Zeug geraucht. Stimmt's?«

Auch in Berlin wurden illegale Opiumhöhlen immer beliebter. Und offenbar hatte die Hamburger Polizei ein solches Etablissement ausgehoben.

»Ein überaus schlauer Mann seid Ihr, Herr Sass.« Zhi Chao nickte. »Unser Geschäftsmodell wird von der hiesigen Polizei nicht recht verstanden. Vielleicht ist es noch zu neu. Dabei können alle nur gewinnen. Der Kunde entspannt, die Kinder der Schupos bekommen neue Schuhe. Und ich eine bescheidene Provision.«

Ganz bescheiden, da war Franz sicher.

»Vielleicht liegt es auch nur daran, dass wir Chinesen sind. Die Kriminalpolizei hat die Wohnung beschlagnahmt. Nun befinden sich dort aber noch große Mengen an Ware. Gut versteckt, jedoch für uns unzugänglich.«

»Was habe ich damit zu tun?«, fragte Franz.

»Ein kleiner Gefallen nur.« Der chinesische Geschäftsmann schob ein Blatt Papier über den Tisch. »Ein Mietvertrag, in dem Ihr durch Eure Unterschrift als Mieter ausgewiesen sein werdet. Wir haben einen schlauen Anwalt, der leider aufgrund einiger Missverständnisse nicht mehr vor Gericht erscheinen darf. Der uns aber weiterhin mit gutem Rat zur Seite steht.«

»Ich verstehe überhaupt nichts. Ich halte doch nicht meinen Kopf hin für eure Koks-Höhle!«

»Nein, nein, werter Herr Sass. Die Polizei stellt bisher nur Vermutungen an, aber hat nichts gefunden. Da wir Ausländer sind, kann sie die Wohnung unbefristet verschlossen halten. Ein deutscher Bürger hingegen hat das Recht, dass die Beschlagnahme begründet oder aufgehoben werden muss.«

»Was springt für mich dabei heraus? Ich meine, ich gehe ein erheblich größeres Risiko ein als Sie mit Ihrem Kräuter-Druiden für meine Frau.«

Zhi Chao schenkte zwei kleine Teeschalen voll. Dampf stieg auf, und er reichte Franz das kostbare Porzellan.

»Vertrauen, Herr Sass. Ihr erwerbt mein Vertrauen. Und damit habt Ihr und das *Syndicat* Zugang zu dem, was wir die *Weiße Seidenstraße* nennen. Ihr könntet mein Geschäftspartner in der Hauptstadt werden. Wenn Ihr unsere Ware aus der Wohnung freibekommt, dann steht es Euch frei, sie in Berlin auf den Markt zu bringen. Ihr könntet herausfinden, wer dort welche Art und Mengen von Opium kauft. Für Eure freundliche Hilfe gehören Euch dann zwanzig Prozent des Verkaufserlöses.«

»Woher wissen Sie, dass ich Sie nicht übers Ohr haue, Herr Zhi?«

»Wie ich schon sagte, Vertrauen.« Zhis Lächeln gefror zu einer kalten Maske. »Außerdem würdet Ihr sicher nie erfahren wollen, wie wir mit unehrlichen Partnern umgehen. Neulich erst haben wir einen englischen Gentleman bestrafen müssen. Für eine Angelegenheit, die zehn Jahre zurücklag. Wir banden ihm Steine an die Füße und setzten ihn auf einer Sandbank der Themse aus. Das Wasser steigt dort zwei Meter bei Flut. Seine Frau und sein Sohn, die ihn bei diesem Ausflug begleiten durften, waren bedeutend kleiner als er. Deshalb hatte er noch ausreichend Zeit, sich von ihnen zu verabschieden. Untreue ist ein wirklich fürchterliches Übel, Herr Sass. Eine Krankheit, für die es jedoch Medizin gibt. Die Furcht vor einer solchen Strafe zum Beispiel.«

Zwanzig Prozent sind doch ein überaus faires Angebot, dachte Franz schaudernd. Zumindest für den Anfang.

»Versuchen wir es, Herr Zhi. Unter drei Bedingungen«, sagte er trotzig. »Sollte die Behandlung bei meiner Verlobten nicht wirken, ist unsere Vereinbarung hinfällig. Wenn das *Syndicat* Erfolg hat mit Ihrer Ware, dann wird über den Anteil neu verhandelt. Und niemand wird mit Steinen an den Füßen ins Wasser geworfen. Geben Sie mir Ihr Wort.«

Zhi Chao verbeugte sich ein wenig tiefer als bisher üblich. Er lächelte wieder freundlich und öffnete eine kleine Schatulle, die vor ihm stand. Darin lag ein winziger Elefant aus Jade.

»Unser Wort ist das Eisen, das uns aneinanderbindet. Nehmt dafür dieses Pfand. Das Schmuckstück gehörte meiner Schwester und bedeutet mir viel. Geben Sie mir dafür etwas, das Ihnen wichtig ist.«

Franz überlegte kurz. Wie in jungen Jahren üblich, kamen und gingen die Dinge einfach. Beständigkeit erschien ihm nur als Stillstand. Und Stillstand bedeutete Endgültigkeit, von der man in seinem Alter nichts wissen wollte. Er spürte jedoch in diesem Moment, dass der Jadeelefant einer angemessenen Erwiderung bedurfte. Aus seiner Geldbörse nahm er eine Münze hervor. Sie war alt, abgegriffen, die Jahreszahl 1843 und das Konterfei eines längst verblichenen, preußischen Königs waren kaum noch erkennbar. Ein schlichter Silbergroschen, den Franz seinem Gastgeber reichte.

»Von meinem Urgroßvater.« Mehr wusste er nicht zu sagen.

Aber Zhi Chaos Augen strahlten, und wieder verbeugte er sich, nachdem er die Münze kurz betrachtet hatte. Danach kam er sofort wieder zum Geschäftlichen. Er schob das vorbereitete Papier über den Tisch.

»Wenn Ihr so freundlich seid, Herr Sass, zu unterzeichnen. Hier erhaltet Ihr noch ein zweites Schriftstück unseres verehrten Anwalts, in dem er alle Paragraphen benennt, denen Euer Volk so viel Bedeutung beimisst. Beides sollte die Polizei überzeugen, Euch vorzulassen.«

∘ ∘ ∘

Auf der Davidwache an der Reeperbahn ging es hoch her. Das Polizeirevier schien viel zu klein für das Publikum, das sich hier drängte. Von der Beschaulichkeit, die dem Gebäude einmal angehaftet haben musste, war nichts geblieben. In einer Zeit errichtet, als es vor allem um Zollstreitigkeiten und Maßbetrug ging, konnte der kleine Vorraum den modernen Menschen und seinen Lärm gar nicht fassen. Es war später Nachmittag und roch bereits wieder – oder immer noch – nach den Ausschweifungen der Nacht. Kotze, Bier und Schweiß schienen die Baustoffe dieses Stadtteils zu sein. Auch galt auf St. Pauli ein anderes Zeitempfinden. Der brave deutsche Michel verstand die Nachtruhe als willkommene Unterbrechung und Einteilung seines Alltags. Das Herz des Kiezes schlug jedoch in einem gänzlich anderen Takt. Erst um acht Uhr abends begann das Pulsieren, das Bewohner und Besucher gleichermaßen durch die Straßen und in die Lokale trieb.

Als sich Franz durch die Schlange der Wartenden auf der Wache vordrängte, musste er manchen Knuff einstecken. Den beinahe angeborenen Respekt des Arbeiters vor der Oberschicht hatten sich Bürgertum und Adel durch den Krieg endgültig verspielt. Gute Schuhe und feiner Anzug allein reichten nicht mehr, damit Schiffermützen, Joppen, Lumpen und Holzpantinen Platz machten.

»Hinten ist das Ende!«

»Nicht vordrängeln.«

»Ich polier dir gleich die Kauleiste. Danach gibt's Suppe, du Kasper!«

»Unerhört. Wachtmeister, tun Sie was!«

Unbeirrt und mit leichtem Schmerz in den Flanken erreichte Franz schließlich den Tresen und trug sein Anliegen vor.

»Dat mokt de Kripo«, sagte der Diensthabende. Wenigstens das letzte Wort war verständlich.

Er hatte die beiden Schreiben, die Franz hervorzog, sehr lange betrachtet. Unter erneuten Protesten der Umstehenden erhob er sich und stellte ein Schild vor sich: *Ruhe! Es geht gleich weiter.*

»Komm Se mol mit mi. De Kriminale hockt hinten rut.«

Er trat durch einen Flur und öffnete eine Tür, die zu einer Art Kontorraum führte. Selbst die Polizei musste sich mit der gewohnten Bauweise der hanseatischen Pfeffersäcke abfinden. Was für ein Handelshaus recht war, schien für die Verwaltung oder Polizei nur billig.

»Jens, da is 'n Sache für euch.«

Der Wachtmeister tippte an seine Stirn und wies Franz an, in den Raum zu treten. Hier saß also die Kripo vom Kiez. Offenbar war für die Kollegen bereits Feierabend, denn drei Schreibtische waren leer. Nur ein jüngerer Beamter saß im Raum. Wahrscheinlich ein Anwärter mit Ehrgeiz. Er mühte sich mit einer Mercedes-Schreibmaschine ab und fluchte gerade.

»Wie soll man hier vernünftig arbeiten, wenn man ständig unterbrochen wird? Verdammter Mist!«

Er riss ein Blatt aus der Maschine, das wohl nicht mehr zu retten war. Franz konnte noch erkennen, dass schon vorher mindestens fünf Tippfehler korrigiert worden waren.

»Was wollen Sie?«, fragte der Kriminalanwärter und kam auf den ungebetenen Besucher zu.

»Die Wohnung Silbersack 17«, sagte Franz. »Sie gehört mir. Ich meine, ich bin der Mieter.«

Sofort wurde der Kriminalbeamte förmlich. Offenbar sagte ihm die Adresse etwas. Er nahm einen Notizblock und hielt die Personalien fest. Dann überflog er den Mietvertrag.

»Ich bin Kriminalassistent Druwe. Sie sind also wohnhaft in Berlin, Herr Sass?« Er gab Franz die Kennkarte zurück. »Und was veranlasst Sie, eine Wohnung in Hamburg zu unterhalten?«

Franz betete die mit Zhi Chao abgesprochene Geschichte herunter.

»Meine Berliner Firma will sich nach Übersee orientieren. Aber der Hafen in Berlin ist eenfach zu kleen für die jroßen Pötte«, beendete er sein Jägerlatein und grinste unverschämt.

»Bisher haben wir angenommen, dass die Chinesen oder Japaner die Wohnung benutzen, um irgendwelche Geschäfte abzuwickeln. Schwer zu durchschauen diese Ausländer.«

»Mein Anwalt meint, Sie hätten jedoch keine Beweise finden können. Zudem ist es ja meine Wohnung.«

»Und wie sind die Kerle dann da reingekommen?«, fragte der Assistent. »Arbeiten Sie in Übersee mit den Chinesen zusammen?«

»Vielleicht gab es noch einen alten Schlüssel, von dem ich nichts wusste?« Franz hob die Schultern. »Oder ein Dietrich? Ich werde das Schloss auswechseln lassen. Ich nehme an, es hatte sich auf St. Pauli herumgesprochen, dass die Räume lange Zeit nicht genutzt wurden.«

»Natürlich«, murmelte Druwe, musterte seinen Besucher jedoch eindringlich. »Wollen Sie Anzeige erstatten?«

»Zunächst werde ich nachprüfen, ob etwas fehlt oder zerstört wurde«, erwiderte Franz. »Dann sehen wir weiter.«

»Ich werde die Sache morgen früh mit meinem Vorgesetzten besprechen«, sagte der Polizist. »Danach muss jemand die beiden Riegel entfernen, die unser Schlosser angebracht hat. So wie es aussieht, können Sie gegen Mittag endlich die saubere Hamburger Luft am Paulsplatz genießen, Herr Sass. Ich hoffe nur, dass Sie sich in Ihrer eigenen Wohnung nicht verlaufen.«

Einen gewissen Humor hatte der Kerl, das musste Franz ihm lassen.

∘ ∘ ∘

Der Rest war Ganoven-Routine. Franz Sass erschien zur vereinbarten Zeit in dem Wohnhaus. Er trug einem Koffer bei sich, den er in den dritten Stock schleppte. Ein Schutzpolizist beaufsichtigte den Schlosser, der die beiden schweren Riegel entfernte, mit denen die Kripo die Tür gesichert hatte. Von dem Chinesen hatte Franz den originalen Haustürschlüssel erhalten, den er unter den Argusaugen des Polizisten auch benutzte. Er verbrachte zwei Stunden in der Wohnung damit, in einem Groschenroman zu lesen. Er liebte die Detektivgeschichten um *Harald Harst*. Die Kriminalen hatten in der Wohnung einen Saustall hinterlassen. Alle Schubladen waren geöffnet, Kleidung lag auf dem

Boden. Die Möbel waren umgekippt und die Bespannung der Polster unten gelöst, um nach Hehlergut zu suchen. In der Küche lagen Kaffee, Mehl und Zucker auf dem Boden verschüttet. Franz trat ins Badezimmer und zählte die Fliesen an der Wand über der Toilette. Er klopfte an die siebte und sie klang dumpf. Über der achten war der Ton heller. Franz lächelte. Alles war so, wie Zhi Chao gesagt hatte. Und in dem Hohlraum lagen kleine Pakete. Drei Stunden nachdem er gekommen war, verließ er mit dem Koffer in der Hand die Wohnung. Es war bereits dunkel. Wie von ihm erwartet, löste sich aus dem Hauseingang gegenüber eine Gestalt, als er auf die Straße trat. Jens Druwe trat ungeniert auf ihn zu und leuchtete ihn mit einer Lampe an.

»Darf ich einen Blick in den Koffer werfen, Herr Sass?«, fragte er. »Wir wollen nur sichergehen, dass Sie nicht Dinge dabei haben, die wir übersehen haben. Dinge, die diesen dubiosen Einbrechern gehören könnten.«

»Nur meine privaten Sachen. Dürfen Sie das überhaupt ohne einen richterlichen Beschluss?«

»Sie können gern mit auf die Wache kommen, Herr Sass. In drei oder vier Stunden haben wir den Beschluss. Wie gesagt, Sie könnten ja ganz unbeabsichtigt Beweismaterial entfernt haben.« Druwe grinste unverschämt.

»Nein, nein, schon gut.« Franz seufzte, legte den Koffer auf eine Zeitungsklappe und öffnete ihn. »Ich war vor drei Monaten hier und hatte die Wäsche vergessen. Entschuldigen Sie den Geruch.«

Tatsächlich hatte Chaos Wäscherin die übelst stinkende Unterwäsche in den Koffer getan, die sie finden konnte. Dazu noch ein paar Hemden und Strümpfe von Arbeitern, die im Hafen bei *Blohm & Voss* schufteten. Angewidert stöberte Druwe nun in der sauer riechenden Gemengelage herum. Als er alles durchsucht hatte, sah er Franz an.

»Schlau«, sagte er. »Sehr schlau, dass Sie die alten Sachen endlich reinigen lassen. Ich kenne da in der Nähe ein paar gute chinesische Wäschereien.«

»Sehr liebenswürdig, Herr Kriminalassistent. Das Hotel wird das machen. Übrigens werde ich mit meiner Verlobten hier einziehen. Ich dachte, ich erspare Ihnen und Ihren Kollegen die Arbeit der Nachforschungen. Sie heißt Susanne Bentmann. Es wäre nett, wenn Sie in Zukunft etwas unauffälliger wären, um sie nicht zu verängstigen.«

Franz war sicher, dass man im Tageslicht eine Rauchwolke über dem Mann hatte sehen können, als Druwe den Platz nach kurzem Gruß verließ.

Susanne ging es von Tag zu Tag besser. Die Schwellungen im Unterleib und die Hautausschläge ließen nach und erreichten bald ein Stadium, das deutlich besser war als unter der *Salvarsan*-Behandlung. Nach einer Woche war sie so weit zu Kräften gekommen, dass sie und Franz in die Wohnung in der Straße Silbersack umzogen. Zhi hatte dafür gesorgt, dass darin alles blitzte. Zwar roch die Wohnung bald nach diesen ekelhaften Kräutertees, nach Pilzen und Rettichsaft, aber das war Franz egal. Er konnte ihr Glück kaum fassen.

Nach weiteren zehn Tagen räumte er das Versteck im Badezimmer aus. Wenn er sich auf die Toilette stellte, konnte er in ein kleines Fach hinter der geschickt eingepassten Fliese greifen. Er war erstaunt, dass er von dort mehr als dreißig Pakete Rauschgift hervorholte. Fünfzehn Kilo Rohopium, Tschandu und dieses neuartige weiße Pulver, das er nicht kannte. Zhi Chao hatte ihn angewiesen, die Ware in Berlin nicht unter tausend Dollar pro Pfund zu verkaufen. Dreißigtausend Dollar.

Sechstausend für uns, dachte er. Der Devisentausch wurde mittlerweile immer schwieriger, aber laut Börsenzeitung wären das im Moment eine halbe Million Reichsmark. Da würde Franz manchen Lieferanten wieder auf Kurs bringen können. Erich pendelte in den folgenden Tagen ständig von Hamburg nach Berlin. Und zurück. Zweimal pro Tag. Und sein älterer Bruder schwitzte Blut und Wasser, wenn er ihn am Bahnhof verabschiedete. Zhis Sekretär hatte ihnen eine präparierte Tasche übergeben. Deren doppelter Boden war definitiv kaum erkennbar, und jeweils ein Kilo des Opiums ließ sich darin unauffällig verteilen. Aber dennoch blieb ein Risiko. Fünfzehn Fahrten. Fünfzehnmal hatte Erich Glück.

»Wir müssen uns da etwas anderes überlegen«, sagte Franz eines Abends zu Susanne. »Konter hat mir erzählt, dass sie vor zwei Jahren die Koks-Brüder noch mit einer Geldstrafe davonkommen ließen. Jetzt gehen sie in den Bau dafür. Die Boten werden ebenfalls hart bestraft.«

»Kommt Zeit, kommt Rat«, meinte sie. »Zunächst musst du klären, an wen du den Kram verkaufst. Wenn Zhi Chao zufrieden ist, dann sehen wir weiter. Ich denke da etwa an Georg und seine Familie.«

»Mit den langen Haaren und bunten Wagen? Dort suchen die Schupos als Erstes!«

»Du weißt genau, dass die Harussels überall Kontakte haben. Vielleicht erst die Elbe hinauf, dann über Land? Keine Ahnung. Lass das Georg machen.«

Insgesamt blieben Franz und Susanne fast einen Monat in Hamburg. Er hatte mit Max und Toni ein Telegramm-System ausgearbeitet, das es ihnen erlaubte, unbemerkt Weisungen in wichtigen Fragen abzustimmen. Außerdem wollte Franz – auch auf Anraten seiner Mentoren Meyer und Sternwein – Toni wieder mehr einbeziehen. Dazu musste er sie zwingen, die Entscheidungen zu treffen, die er monatelang auf seine Kappe genommen hatte. Zwar wachte er in Hamburg oft schweißgebadet mitten in der Nacht auf. Aber alles in allem war zumindest die zweite Hälfte des Aufenthalts wie Urlaub für ihn.

Gerade überlegten er und Susanne, ob sie nicht eine weitere Woche bleiben sollten, als ein Eilbote gleich zwei Telegramme überbrachte. Als Franz das erste aufriss und die Nachricht las, hatte er im Geiste fast schon gepackt:

Lage sehr ernst – C macht Ärger – Ian

Er reichte das Blatt mit den wenigen Worte an Susanne weiter und öffnete das zweite Telegramm:

Neuigkeiten zu V! – Besprechung erforderlich – T tobt – Du musst kommen – Katja

11

Berlin – Mitte, April 1922

Paul Konter hatte sich nur langsam von seinen schweren Verletzungen erholt. Nachdem er so weit hergestellt war, dass er wieder sprechen und laufen konnte, erwies er sich zudem als sehr anstrengender Patient. Zwei Monate nach dem Überfall waren die Diakonissen bereits derart enerviert gewesen, dass sich einige von ihnen weigerten, ihn weiterhin zu betreuen. Seine Stimmung wurde äußerst wechselhaft. Mal überdeckte zornige Verzweiflung sein Gefühl der Hilflosigkeit. Dann wieder überwogen Selbstmitleid, Grübelei und Schuldsuche. Einen Seelsorger, den ihm der Stationsarzt zugewiesen hatte, warf er sogar aus dem Zimmer.

»Blödsinn! Mir geht es gut«, rief er dem Mann hinterher. »Ich brauche meine Arbeit, das ist alles.«

Folgerichtig humpelte er eine Woche nach diesem Vorfall durch die Pforte des Bethanien und begab sich sofort zum Präsidium. Man hatte ihm empfohlen, einen Stock zu nutzen, den er jedoch im nächstbesten Raum abstellte, bevor er in eine Droschke stieg. Die Schulter war immer noch durch eine eng anliegende Lederschlinge ruhig gestellt, und seinen Kopf zierten zwei Verbände, da zwei Platzwunden sich leider entzündet hatten. Auf dem Alex wurde er von den Kollegen mit Applaus und Hochrufen empfangen, und Gennat ließ ihm mit dem Hausboten ein großes Stück Stachelbeertorte bringen.

Als Polizist hatte er in über dreißig Dienstjahren einiges erlebt. Er kannte alle Höhen und Tiefen des Berufslebens. Schon während seiner Jahre bei der Gendarmerie war es hoch hergegangen. Entgegen der gern kolportierten Legenden waren Berlin und das nahe Umland auch zu Kaisers Zeiten bereits ein heißes Pflaster gewesen. Zwar war der Gebrauch von Schusswaffen unter den Ganoven tatsächlich erst seit etwa zehn Jahren in Mode gekommen, aber es gab schließlich viele andere Wege, unliebsame Gesellen über den Jordan zu schicken. Nun jedoch schien eine Grenze überschritten. Ein letzter Respekt vor der Polizei war bei jedem Knastbruder zu erkennen.

Die Schweine wollten mich umbringen, überlegte Konter immer wieder. Kein Denkzettel, kein Zufall, keine betrunkenen Raufbolde, die einen Prügelknaben gesucht haben. Nein, die Kerle wollten mich einfach umbringen.

Das Gefühl von Wut und Ohnmacht nahm bei ihm sogar noch zu, als er erfuhr, dass die polizeilichen Ermittlungen in seiner Sache nach anfänglichem Übereifer langsam einschliefen. Und Franz hatte ebenfalls nichts herausgefunden. Behauptete er jedenfalls. Außerdem war er seit einiger Zeit in Hamburg.

»Geschäfte«, hatte Max gesagt, als er Konter im Krankenhaus besuchte.

Was blieb einem Mann also anderes, als sich in die Arbeit zu stürzen? Die Kopfschmerzen wurden wieder stärker. Die Schulter pochte. Das Atmen fiel nach längerem Sitzen schwer. Er hatte Schwierigkeiten, sich zu konzentrieren, aber alles war besser als die Stille, die sich in ihm ausbreitete, wenn er nichts tat.

»Sie sind im Moment zu nichts zu gebrauchen, Paul«, stellte Konters Vorgesetzter schließlich fest. »Jeder normale Mensch würde die vier Wochen Genesungsurlaub antreten, die der Amtsarzt empfohlen hat. Stöbern Sie in alten Akten herum. Oder sortieren Sie Ihre Ablage. Mir egal, aber halten Sie sich aus dem Tagesgeschäft heraus. Wenn Sie mich zu sehr ärgern, dann überlege ich mir doch noch, ob ich Ihrem Versetzungsantrag zu Gennat zustimmen werde.«

Bernhard Weiß war ansonsten ein recht umgänglicher Mensch. Kompetent in der Sache und ein Freund der ruhigen Töne leitete er seinen unbedingten Führungsanspruch aus den zwischenmenschlichen Beziehungen ab. Gerade jetzt allerdings hätte Konter vielleicht eine preußische Gangart gebraucht. Eine väterliche Strenge, die ihn anwies, sich selbst zu schützen. Nun jedoch war er im Präsidium zu einer Art Treibholz geworden, das der raue Wind hin und her warf. Er ging seinem Assistenten Mahler auf die Nerven. Er nörgelte im Archiv und verscherzte es sich sogar mit Gennats Sekretärin. Nach einigen Tagen hatte dann das Schicksal jedoch ein Einsehen mit ihm. Konter wurde Zeuge, wie sich ein Gerichtsassessor auf den Fluren lautstark ereiferte.

»Woher soll ich das wissen?«, setzte der Mann einem Kollegen aus dem Mordbereitschaftsdienst auseinander. »Über Monate geschieht nichts. Jetzt will der Herr Gerichtspräsident eben einen Abschluss in der Sache! Warum? Fragen Sie ihn, nicht mich!«

Später in der Kantine brachte Konter in Erfahrung, dass es bei der kleinen Szene um die Mordsache Großmann gegangen war. Er hatte lange Zeit nicht mehr an die Angelegenheit gedacht, auch das Interesse der Öffentlichkeit war eingeschlafen. Im August letzten Jahres hatte ihn Gennat in die Wohnung des Mörders gerufen. Konter hatte es für eine Art Prüfung oder Übung gehalten und gehofft, dass seine Versetzung unmittelbar bevorstünde. Dann war alles wieder im Sande verlaufen. Ein paar andere Ermittlungen, die seltsame Sache mit Tonis Tochter und schließlich der Überfall. Jetzt wunderte auch er sich, wie lange die Ermittlungen gegen den Serienmörder gedauert hatten. Carl Großmanns schnelles Geständnis, die Funde der Leichenteile, die reichsweit vermissten, jungen Frauen. Es konnte doch nicht sein, dass die Kollegen da nicht weitergekommen waren. Plötzlich spürte Konter – das erste Mal nach langer Zeit – ein angenehmes Prickeln. Zwei Schluck Sekt am Morgen konnten dieses Gefühl ebenfalls auslösen, aber besser war es, wenn es von innen herauskam. Der Spürhund in ihm erwachte. Nur eine erste Ahnung. Konter ließ sich alle verfügbaren Protokolle zur Sache Großmann aushändigen, prüfte nochmals die Beweisstücke, fertigte Skizzen an und beschrieb Bögen von Papier. Es war, als hätte er nach einer langen Zeit der Trägheit Witterung aufgenommen. Die Jagd begann.

ooo

Eifersucht, Habgier, Neid. Die klassischen Motive, die hinter zwei Dritteln aller Gewaltverbrechen steckten. Dieses Gift verabreichte das Leben meist in kleinen Dosen, langsam, Tag um Tag. Bis es schließlich wirkte. Bis nur noch brutale Verletzung, Totschlag oder die Mordtat dem gestörten Geist Erleichterung verhießen. Manchmal war es auch nur Wut, die sich im Suff zur Raserei gesteigert und in Schlag oder Stich Bahn gebrochen hatte. Nach der Tat schienen viele aus einer Art Trance zu erwachen. Einerseits hatte die Tat sie von dem enormen Druck erlöst, der sie quälte. Andererseits war es oft, als lichtete sich ein Nebel in ihrem Hirn. Als kläre sich trübes Wasser und gäbe den Blick frei auf die Schrecknisse der eigenen Seele. Verzweiflung, Bedauern, Ungläubigkeit. Konter hatte vieles erlebt.

Carl Großmann war anders. Triebe und primitivste Instinkte brachen sich in dem Mann Bahn. Sogar Gennat hatte sich bei den Verhören an dem Kerl die Zähne ausgebissen. Ernst Gennat, der sonst immer predigte, Verständnis auch für den Täter aufzubringen, war fast aus der Haut gefahren.

»Versuchen Sie Ihr Glück, Paul«, sagte er, als Konter ihn jetzt darauf ansprach. »Der Mann ist ein Gespenst. Nicht der Teufel in Menschengestalt, das wäre plakativ und zu viel der Ehre. Nein, seine Gedanken und Gefühle huschen durch seinen Schädel, eben noch bestialisch, dann aber verwandelt er sich in ein gequältes Elend. Mal ist er ein Orkan niedersten Wollens, dann wieder summt er Kinderlieder.«

Die Tat als solche war lange aufgeklärt. Großmann in flagranti ertappt in seiner Wohnküche. Das missbrauchte letzte Opfer hatte auf seiner Bettstatt gelegen, das Blut noch nicht trocken. Frauenkleidung überall. Weitere Leichenteile. Zähne und Fingerknochen im Ofen. Verdammt, wahrscheinlich hatte der Kerl sogar Teile seiner Opfer verspeist. Einzig unklar blieb die Frage, wie viele Frauen – oder auch junge Männer – er insgesamt auf dem Gewissen haben mochte. Er hatte Gennat nur zwei weitere Morde gestanden. Aber die wahre Anzahl mochte grauenhaft höher sein. Denn Konters Kollegen, die Kriminalbeamten Buber und Hinrichs, hatten alle Fälle von Vermissten zusammengetragen, die über Sitte und Gendarmerien im Reich zu finden waren und deren Spuren in die Hauptstadt führten. Es waren mindestens zwanzig Personen, die Zeugen in der Nähe von Großmanns Wohnung gesehen haben wollten. Zwanzig! Und im Ofen die Zähne. Die Chirurgen und Zahnärzte der Charité hatten bestätigt, dass sie von zwölf verschiedenen Menschen stammten. Leichenteile von mindestens neunzehn weiteren Frauen waren im Engelbecken, in den umliegenden Blumenbeeten und im Verlauf des Luisenstädtischen Kanals gefunden worden.

Konter meldete sich telefonisch beim Untersuchungsgefängnis Moabit an, in dem Großmann seit Monaten einsaß und auf seinen Prozess wartete. Es wurde bereits dunkel, als er zum Droschkenplatz eilte und sich ein Taxi nahm. Da der Zugang über den Justizpalast bereits geschlossen war, wies Konter den Fahrer an, in der Turmstraße zu halten. Im Vergleich zum Gerichtsgebäude war das Gefängnis eher klein. Und deutlich unscheinbarer. Konter kümmerte sich nicht um die fragenden Blicke des Hauptwärters. Er musste zu Carl Großmann. Jetzt, denn er brauchte Gewissheit.

Das Aas leugnet weitere Taten, dachte er grimmig, als er sah, dass der Mann von einem Wärter in den Vernehmungsraum des Gefängnisses gebracht wurde. Auch diese Neuerung hatte Gennat durchgesetzt. Bis vor Kurzem hatten die Beamten die Gefangenen in ihren Zellen aufgesucht. Oder sie hatten sie im Speisesaal des Zuchthauses befragt. Unhaltbare Zustände mit oft chaotischen Schauspielen waren die Folge gewesen. Die Gefangenen hatten geflucht, freche Lieder gepfiffen oder hatten während eines Verhörs demonstrativ die Latrine oder den Fäkalieneimer benutzt.

»Das ist für die Kerle wie ein Heimspiel der Union«, hatte der beleibte Kommissar gesagt. »In ihren Räumen fühlen sie sich sicher, trumpfen auf, lügen, pöbeln, drohen. Wir brauchen für die Verhöre ein Zimmer, das sie nicht kennen. Ein Ort, der sie verunsichert.«

Ganz ruhig, ermahnte sich Konter. Durchatmen. Wenn die Verdächtigen merken, dass du gegen sie bist, dann machen sie dicht. Gennat hat recht. Immer neutral bleiben, Verständnis zeigen, aber ohne sich zu verbrüdern. Großmann hatte eine untersetzte Statur, wirkte dadurch kleiner, als er war. Kräftiger Körperbau, dennoch schien der Mann ungesund aufgedunsen zu sein.

Schlechte Luft, wenig Bewegung, fettiges Essen und reichlich Alkohol, dachte der Polizist. Er verwarf den Gedanken sofort wieder, denn bei diesen Kriterien musste eigentlich halb Berlin so aussehen.

Seine Kollegen hatten in der Wohnung fast tausend Mark gefunden. Und beim Scheckamt hatte er weitere viertausend gebunkert. Vor gut einem Jahr war das eine stolze Summe gewesen. Als Gewerbe hatte Großmann »Kleinhandel mit Kurzwaren« angemeldet. Man hatte einen Pappkoffer in seiner Wohnung gefunden, in dem sich neben Nähgarn und Knöpfen auch kleine Spiegel, Bakelit-Dosen, Hartgummi-Kämme, Haarspangen und Lockenwickler befanden. Nachbarn berichteten, dass Großmann zeitweise mit einem Bauchgrill auch Würste am Schlesischen Bahnhof verkauft hatte. Hinrichs hatte sofort einen unschönen Verdacht geäußert, an den Konter kaum denken mochte.

»Großmann hat die besten Stücke an die hungrigen Berliner Mäuler verfüttert«, hatte er gewitzelt. »Wenn der Preis stimmt, fressen die Leute alles.«

Fünftausend Mark. Konter versuchte, sich auf andere Gedanken zu bringen. Ein Haufen Geld für einen Gelegenheitsarbeiter. Er sah dem Gefangenen ins Gesicht. Eng zusammenstehende Augen in hellgrauer Farbe musterten ihn ebenfalls. Hohe Stirn, das noch dunkle, seitlich wachsende Haar war über die Glatze gekämmt und mit Öl geglättet. Ein Berliner Gesicht wie zehntausend andere auch. Leicht slawischer

Einschlag, vielleicht Oberschlesien oder Kleinpolen. Das Schlimmste jedoch war, dass Konter in diesem Gesicht nicht fand, was er erwartet hatte. Hier saß keine Bestie, von der man sich sofort abwenden wollte. Die Angst und Schrecken verbreiten konnte. Im Gegenteil, Großmann hatte bei den anderen Mietern des Hauses nur als merkwürdiger Kauz gegolten, der Lutscher an die Gören verteilte. Und die Wachmänner hatten berichtet, dass er meist lammfromm alle Anweisungen befolgte.

»Den olle Zausel wollt ick seen bisken Feez jönnen«, war die Erklärung des Nachbarn dafür gewesen, dass er den Lärm aus der Wohnung nicht bereits früher gemeldet hatte.

»Wat is nu denn noch?«, maulte Großmann, ohne Konters kurze Begrüßung zu erwidern. »Ick hab jestanden, also haut mia de Rübe ab und fertich. Und wat jlotzen Se so lang? Hab ick een Ei uffm Kopp? Oder erinner ick dir an deen erstes Mal mit Mariechen?«

Konter kannte das Verhalten. Beim ersten Kontakt wollten die Knastbrüder zeigen, wie hart sie sind. Er lächelte nur. Der Fall war in gewisser Hinsicht merkwürdig. Zunächst hieß es, er könnte schnell abgeschlossen werden, da der Mann tatsächlich ein Geständnis abgelegt hatte. Der Prozess wurde dann jedoch verschoben, als immer mehr Fälle bekannt wurden, die vielleicht auch auf Großmanns Konto gingen. Monate waren dann jedoch ins Land gezogen, ohne dass Gennats Mannschaft weitergekommen war. Nun plötzlich kam wieder Bewegung in die Sache. Denn angeblich hatte es Weisung von oben gegeben, jetzt zügig das Verfahren zu eröffnen. Konter und allen Beteiligten war klar, wie das Urteil lauten musste.

»Mensch, Großmann, hältst du uns für so dämlich?«, fragte er provozierend. »Dich lassen wir nicht von der Leine, bis du die anderen Morde auch zugegeben hast.«

Der Kerl leugnete wieder standhaft, weitere Frauen getötet zu haben. Er drohte, lamentierte, jammerte.

»Wat soll ick jestehn, wat ick nich jetan hab?«

»Zigarette?«

»Jern«, erwiderte der Mann, erkennbar verunsichert durch die einfache, freundliche Geste.

Konter gab ihm auch Feuer, und Großmann inhalierte den Rauch so gierig, dass der Glimmstängel nach dem ersten Zug bereits zu einem Drittel verglüht war.

»Tut jut.«

»Die haben dich immer betrogen, die Weiber. Oder gab es auch ehrliche?«, fragte Konter.

Großmann hatte sich jahrelang ständig neue Wirtschafterinnen in seine Butze geholt. Junge, mittellose Frauen, die er in der Gegend am Schlesischen Bahnhof und am Andreasplatz aufgegabelt hatte. Die neugierigen Mitbewohner des Mietshauses, deren Ohren offenbar an den dünnen Wänden geklebt hatten, wussten von eindeutigen Geräuschen zu berichten, die auf gewisse Dienste der Damen hinwiesen. So etwas war nicht weiter ungewöhnlich. Die Kollegen von der Sitte berichteten, dass mittlerweile einfache, anständige Ehefrauen die Familien nur noch durchbrachten, indem sie »ein paar Mark extra machten«.

»Hast du es den Mädels gut besorgt, Großmann?« Konter gab sich bewusst derb, obwohl ihm dies zuwider war. Eine Taktik, die ihm sein Chef beigebracht hatte.

»Dat is jut jesacht, Herr Kommissar.« Der Mann lachte. »Meen kleener Justav inne Büx könnt ständich.«

Angeekelt dachte Konter an die Unmengen Samenflüssigkeit, die in der Wohnküche verteilt gewesen waren. Er ließ sich jedoch nichts anmerken.

»Und wenn sie nicht wollten, hast du sie kaltgemacht«, stellte Konter in nüchternem Tonfall fest.

»Quatsch mit Soße, die Meechens warn dankbar. Endlich ma een Kafalier, der nich oofn Jroschn schielen tat. Und wenn se nich wolltn, dann hab ick zwanzig Märker in de Strumpfband jesteckt, links und rechts een Schein. Und in de Mitte meen Justav.«

Abstoßend, dachte Konter erneut. Aber er zwang sich, dranzubleiben. Er spürte, dass er einen Draht zu Großmann bekam.

»Trotzdem haben sie dich immer wieder auch beklaut?«

»Undankbare Biester. Ham mir bestohln wie die Raben. Und die Letzte hat mir janz übel beleidigt. Dann bin ick durch mit de Jäule und hab ihr jedrückt, bis se stille war. Mit dem Messer war erst später.«

Marie Nitsche. Konter erschauderte, als er an die Fotos des Leichnams dachte. Geschändet, erwürgt, vorher oder nachher den Schädel eingeschlagen, ein Bein mit dem Fleischermesser fast abgetrennt.

»Was hat sie denn gesagt?«, fragte er.

»Dat ick Tiere und kleene Kinder bollern tu. Tiere? Nee, pfui. Und für de Jören hab ick meene Strafe abjesessn, Herr Kommissar. So wat mach ick nich mehr.«

Also hatte das letzte Opfer irgendwie herausgefunden, dass Großmann bereits vorbestraft war, überlegte Konter.

»Hat mir ausjelacht und jedroht, alle Leut solln dat wissn. Da bin ick durchjedreht. Totschlag, Herr Kommissar, nich Mord. Ick kenn mia aus.«

»Und dein Freund?«, fragte Konter. »Ich meine, der zweite Mann, von dem du gesprochen hast?«

Gennat hatte ihm berichtet, dass Großmann immer wieder von einem Mitbewohner gesprochen hatte, den allerdings niemand kannte. Der Häftling behauptete sogar, der Kerl hätte ihm viele Mädchen angeschleppt. Wahrscheinlich war alles eine Schutzbehauptung. Aber es konnte nicht schaden, nach längerer Zeit nachzufassen. Meist entlarvten sich die Täter, da sie sich an ihre eigenen Lügen nicht mehr erinnern konnten.

»Wat is mit dem? Jlobt mir ja keen Aas.«

»Ich glaube dir, Carl. Dich haben sie ordentlich auf die Schippe genommen. Sollst brummen für Sachen, die du gar nicht getan hast.«

Paul Konter ging aufs Ganze. Entweder hatte er jetzt das Vertrauen des Mannes. Oder der Kerl machte dicht, weil er ihn durchschaute.

Dann würden sie wohl nie wieder etwas von ihm erfahren. Großmann sah ihn an, schien zu überlegen.

»Sie verstehn mir, wa?«, sagte er schließlich. »Der Johann. Hat mir dat Janze eenjebrockt.«

»Johann hieß er? Und weiter?«

»Nee, Friedrich hieß er«, erwiderte der Gefangene. »Bin ja keen Muskopp. Mir sacht er, er heeßt Johann. Hab aber een Brief jesehn, der an ihn jerichtet war. Da hat er Friedrich jeheißen.«

»Komm, Großmann! Wie hieß er nun? Der Nachname! Wer war der Kerl? Na los! Wo hast du ihn kennengelernt? Was hat er dir verraten?«

Paul Konter atmete tief durch, als er bemerkte, dass er eben seine eigenen Regeln verletzt hatte. Er ließ sich in diesem Moment zu sehr in die Sache hineinziehen. Und er überforderte den Verdächtigen vollkommen. Der Mann sah ihn an, als wäre er vor eine Droschke gelaufen.

»Er hat mir die jungen Dinger jebracht«, sagte Großmann nach einer Weile. »Und manchmal hab ick ihm een Meechen jejeben, dat ick uffjetan hab. Nur wenn se janz hübsch warn, hat er se jenomm. Gab dreihundert.«

Daher das Geld, dachte Konter. Könnte alles passen. Großmann hatte also die Frauen angesprochen und in seine Wohnung gelockt. Er hatte sich erst selbst vergnügt und danach Versprechungen gemacht. Schließlich hatte er einige seiner Opfer an diesen Friedrich weitergegeben.

»Er hat sie dir auch gebracht?«, hakte er noch einmal nach. Da passte etwas nicht ins Bild.

»Da warn se schon abjenutzt, wenn se mir verstehn.« Der Mann grinste auf abstoßend anzügliche Weise. »Warn wie besoffn, tagelang. Hab mir noch meen Teil jenommen, dann hab ick se am Schlesischen inne Bahn verfrachtet. Und ab.«

»Unsinn, du hast sie kaltgemacht!«

»Nee, dat hängn Se mir nich an. Wenn se die Glubscher nich mehr uffjemacht ham, hab ick se zerlegt und inne Kanal oder in Ofen jeschobn. Aber totjemacht, hab ick se nich. Bin doch keen Untier. Een paarmal is Johann, also Friedrich, ooch mit ner Kalten anjekommen. Hab ick entsorcht.«

»Er hat dir also auch Frauen gebracht, die entweder kurz danach starben oder sogar bereits tot waren?«, fragte Konter entsetzt und erstaunt zugleich.

»Waren een paar nette Ischen dabee. Deene ihre Körper musst ick erst am Ofen aufwärm, bevor ick …« Der Häftling nickte und schien die Erinnerung zu genießen. Seine Hand glitt zu seinem Schritt.

»Halt's Maul, Großmann! Das behältst du besser für dich, wenn ich dir nicht die Fresse polieren soll.«

Konter wurde übel. Er spürte, er war auf der richtigen Spur. Alles, was Großmann sagte, klang plausibel, passte zusammen. Warum hatte das bisher niemand sehen wollen?

»Schon jut, Kommissar«, wiegelte der Mann ab. »Ick hab zwee uffm Jewissen und die, bei die ihr mir erwischt habt. Dat jeb ick zu. Aber mehr nich! Hab den Meeschen sogar jeholfn. Det muss de Richter ooch sehn. Sollte se ja verschwinden lassen, hundert für jede. Hab ick nich übers Herz jebracht. Von meene Penunze hab ick dene noch fuffzig jejebn und ab an Bahnhof nach Breslau, Hannover oder Leipzig. Det is doch strafmildernd, Herr Kommissar? Ick kenn mir aus!«

Paul Konter war wie betäubt. Aus den Akten wusste er, dass jetzt alles ziemlich schnell ging im Verfahren gegen Großmann. Ungewöhnlich schnell, nachdem vorher kaum etwas geschehen war, um die Aussagen des Mannes zu überprüfen. Die Anklage war bereits ausformuliert, der Verhandlungstermin stand fest. Die Pflichtverteidigung war ein Witz. Der Reichsanwaltschaft reichten offenbar die drei Fälle, die zweifelsfrei nachzuweisen waren. Großmann hatte nicht den Hauch einer Chance, überhaupt zu Wort zu kommen. Nicht dass Konter sich eine Schonung dieses menschlichen Abschaums gewünscht hätte, aber zumindest die näheren Umstände der Verbrechen mussten geklärt werden. Man konnte nicht den Täter, der ja auch Hauptzeuge war, hängen, solange dessen Aussagen auf zumindest einen weiteren Beteiligten hinwiesen. Man konnte doch die Hinweise auf den Verbleib von hundert weiteren jungen Frauen und zumindest einigen Männern nicht einfach ignorieren.

»Außer man will es. Ganz bewusst«, entfuhr es Konter ungewollt.

»Wie?«, fragte Großmann. »Wer hat wat jewollt oder von wat jewusst? Dat kapier ick nich, Herr Kommissar.«

Aber der Kripobeamte war bereits aus dem Raum, bevor ihn der Mann um eine weitere Zigarette bitten konnte. Ein unangenehmer Gedanke, wenn nicht gar ein Verdacht, war ihm in den Sinn gekommen. Was wusste Gennat? Warum war der Mann, der sonst ein Genie in solchen Sachen war, bei den Verhören nicht weitergekommen? Weil er es gar nicht wollte? Nicht sollte?

12

Berlin – Neukölln

Erwin Volkmar. Der Mann war eben achtzehn Jahre alt geworden und schon auf dem Weg zur Legende. Wechselausleger. Damit waren die meisten seiner Gegner im Ring überfordert. Mal deckte er links und schoss die Rechte ab, im nächsten Moment täuschte er über rechts und platzierte seine Linke in der Leberflanke seines überrumpelten Kontrahenten. Das Publikum in der kleinen Arena des Boxklubs Neukölln tobte.

»Boxen hat Zukunft«, meinte Georg, der mit seinen Brüdern vorn auf den besten Plätzen saß. »Nur Schlappschwänze und Pudernasen gehen noch zum Pferderennen. Echte Männer wetten hier. Wir müssen in diesem Geschäft einen Fuß in die Tür bekommen.«

»Volkmar hat dich vorhin ganz schön vermöbelt, Georg«, sagte Max und spielte auf ein Sparring an, das zum Aufwärmen gedacht gewesen war. Und in dem der zweitälteste Sass nicht gut ausgesehen hatte. Er hatte durch den Ringkampf zu viel Muskeln entwickelt und war fürs Boxen schlichtweg zu langsam.

»Wärst du nicht mein Bruder, würde ich dir für diese Bemerkung eine kostenlose Gesichtsmassage verpassen, mein Lieber.« Georg lachte. »Wenn du so weitermachst mit deiner Plauze, kannst du in zwei Jahren vornüber deine Füße nicht mehr sehen. Von den anderen, unbedeutenden Kleinteilen ganz zu schweigen.«

Georg Sass hatte sich innerhalb von drei Jahren vom klapprigen Hosenscheißer zu einem Muskelberg gewandelt. *Acht-Finger-Schorsch* trainierte jeden Tag. Entweder bei den Ringern oder indem er Bäume fällte, das Holz bearbeitete und Stämme schleppte. Neuerdings versuchte er es hin und wieder mit dem Boxen, allerdings hatte er gegen leichtere Gegner kaum Chancen, da sie seinen Hammerschlägen auswichen und ihn mit Dutzenden kleineren Hieben eindeckten.

»Boxen ist für mich nur eine Nebensache«, erwiderte Georg unleidlich. »Außerdem ist dieses Luftei Volkmar viel zu schnell für mich. Könnte ich bei ihm nur einmal einen Haken landen, dann würde ich ihn damit zum Mond schießen.«

»Die Weiber boxen jetzt auch«, meinte Max. »Sollen nicht mal schlecht sein. Vielleicht sollten wir auch mal bei denen vorbeischauen.«

»Stell dir eine Frau vor, die so aussieht wie der Volkmar«, witzelte Georg. »Mit so eener Visage verjeht dir doch allet! Nee, nee.«

Tatsächlich waren in Volkmars Gesicht bereits jene typischen Folgen von Schlägen verewigt, die er während seiner Cliquen-Zeit auf der Straße, später im Training und in den Wettkämpfen hatte einstecken müssen. Das Nasenbein schien ein Haufen wahllos verheilter Knochentrümmer zu sein und gab dem Aussehen des Mannes etwas ungeheuer Brutales und Drängendes. An den Jochbeinen und Augenbrauen hatten sich typische Wülste gebildet, die Franz an das Bild eines Neandertalers erinnerten, das er in einem Lexikon gesehen hatte. Er schien über Georgs Idee, ins Boxwettgeschäft einzusteigen, nicht begeistert zu sein. Überhaupt hatte sich während seiner Abwesenheit für seinen Geschmack zu viel beim *Syndicat* verändert. Toni hatte ihn von der Vereinbarung mit Ehrhardt in Kenntnis gesetzt. Zudem hatte sie Ian wieder in seine alte Funktion als Chef der Edelklubs eingesetzt. Und nun hatten auch seine Brüder noch ein paar Geschäftsideen. In der Vergangenheit hatten sich ihre Vorschläge immer als Luftnummern entpuppt.

»Die Buchmacher haben sich Hoppegarten und Karlshorst zurückgeholt, seit Klante weg vom Fenster ist«, meinte Georg. »Die Rennleitung hat ihnen die Exklusivrechte für die Bahnen gegeben. Und sie werden von ein paar geschmierten Politikern unterstützt.«

»Ruhleben ist fest in der Hand der *Moabiter*. Da kommt auch nichts mehr rein«, ergänzte Max.

»Wir brauchen neue Einnahmequellen, Franz. Das Boxen hat Zukunft. Überall im Reich schießen die Buden wie Pilze aus dem Boden.« Georg senkte die Stimme. »Ich hab mich umgehört. Leute wie Volkmar werden von den Veranstaltern mächtig übers Ohr gehauen. Jeder Kampf bringt nur ein paar Mücken. Für fünfhundert würde da sicherlich mancher die Deckung unten lassen. Ein K. o. lässt sich gut simulieren. Oder wir kaufen die Ringrichter. Vorher die Quoten hochtreiben und dann beim Außenseitersieg absahnen.«

»Wird Volkmar mitmachen?«, fragte Franz seine Brüder. Er beobachtete seit einigen Minuten das Geschehen am Rande des Boxrings. Volkmar hatte zu Anfang des Kampfes schlecht ausgesehen, die Wetten liefen gegen ihn. Dann hatte er seinen Gegner in der dritten Runde aus den Latschen gehauen. Und jetzt wechselten überall Bündel von Geldscheinen ihre Besitzer. Hier herrschte tatsächlich Goldgräberstimmung.

»Natürlich müssen wir raus aus diesen Kaschemmen«, sagte Georg. »Mehr Zuschauer, ein paar Reporter und Leute wie Meyer, die sich hier blicken lassen. Dann machen wir schnell das Zehnfache.«

»Macht er mit?«, wiederholte Franz die Frage.

»Er ist sauber«, meinte Georg ausweichend. »Noch. Aber immer knapp bei Kasse. So was kostet Geld.« Er deutete mit der Zigarette in Richtung des weiblichen Anhangs, den Volkmar schon vor dem Kampf um sich versammelt hatte.

»Wir sprechen gleich mit ihm und handeln etwas aus«, schlug Max vor. »Wenn er aus der Kabine kommt.«

Im Ring fand bereits ein zweiter Kampf statt. Die Menge im Saal schien Volkmars Sieg bereits vergessen zu haben.

»Die Veranstalter sind totale Idioten«, meinte Franz. »Eine solche Sache muss man anders aufziehen. Ein Vorkampf, um die Leute heißzumachen. In der Pause kann man Gerüchte streuen und die Einsätze vervielfachen. Dann der Hauptkampf. Und am Schluss Kasse machen.

Eigentlich brauchen wir einen Regisseur wie beim Film. Der Held in Gefahr. Dann die Wende und der Bösewicht am Boden. Oder ein Außenseiter, den niemand uff de Pfanne hat. Zum Schluss muss seene schnieke Ische uff de Bühne.«

Max und Georg sahen sich an. Sie wussten, wenn ihr Bruder ins Berlinern kam, dann hatte er Feuer gefangen. Georg erhob sich von der Zuschauerbank. Er bahnte sich und seinen Brüdern den Weg zu den Kabinen. Draußen tobte das Publikum, weil bereits der dritte Kampf angekündigt wurde.

»Stellt euch vor. Volkmars Börse für diesen Kampf beträgt zwanzig Mark«, meinte er. »Die Wetteinsätze liegen bei etwa dreitausend Mark. Die offiziellen.«

»Und wenn er nicht will? Wie sollen wir mit ihm arbeiten, wenn er ein Saubermann ist?«, fragte Franz.

»Wir stellen ihn erst einmal als Berater ein. Er hat Ahnung und kennt die richtigen Leute. Er arbeitet für uns auf Provisionsbasis. Er gibt die Tipps und fädelt ein paar Absprachen ein. Vielleicht kommt er auf den Geschmack. Und wenn er die boxende Jungfrau geben will, sauber und ehrlich, ist das völlig egal. Solange wir mit anderen Kämpfen Geschäfte machen.«

Nachdem die Brüder eine Zigarette geraucht hatten, kam der Boxer endlich aus seiner Kabine. Ihn umringten mehrere Frauen, die ihn abküssten. Ein untersetzter Mann im Anzug reichte Volkmar fünfundzwanzig Mark, die er schnell unter seinen Gespielinnen verteilte. Georg sah seine Brüder an und lächelte wissend. Der junge Mann war höchstwahrscheinlich immer pleite. Als er Georg entdeckte, machte er sich von seiner Begleitung los und winkte die Brüder zu sich.

»Kommt, wir gehen in eine Betstube«, meinte Volkmar. »Da haben wir unsere Ruhe. Ist der letzte Kampf heute.« Er deutete mit einer Kopfbewegung nach draußen.

Die Betstuben waren zwei winzige Räume neben den Toiletten. Direkt vor dem Kampf wollten sich viele Boxer für ein paar Minuten dem

Trubel entziehen, um sich zu konzentrieren. Die Luft darin musste man schneiden und kauen, denn es gab keine Fenster. Georg stellte seine Brüder vor und kam sofort zur Sache.

»Hast du über meinen Vorschlag nachgedacht, Erwin?«

»Ich könnte einen Nebenverdienst gebrauchen«, erwiderte der junge Boxer und nickte. »Ick mach keene krummen Kämpfe, is dat jebongt?«

»Hundert fest nur für die Tipps«, erwiderte Georg. »Hin und wieder brauchen wir vielleicht deine beiden besten Argumente bei Verhandlungen.« Er stieß gegen Volkmars Handschuhe, die er sich über die Schulter gehängt hatte. »Wenn es Unruhe gibt, begleitest du meinen Bruder. Dafür gibt es natürlich extra. Bei der Sportsache arbeitest du noch mit einem Halbschwergewichtler vom *Makkabi* zusammen. Ihr hört euch um, besorgt uns die Kontakte. Den Rest machen wir.«

»Probleme mit Juden?«, fragte Franz, als er merkte, dass Volkmar zögerte. Der Sportklub *Makkabi* hatte sich in der Berliner Sportwelt seit seiner Gründung schnell einen Namen gemacht. Seine Mitglieder waren jüdischer Abstammung und durften deshalb oftmals nicht in deutschen Vereinen trainieren.

»Quatsch, wieso? Een jüdischer Zinken kann jenau so brechen wie jeder andre ooch. Deutscher, Franzmann, Polacke, ejal. Am Boden seh'n se alle gleech aus.« Volkmar lachte. »Bin nur keen jeselliger Typ, eher een Einzeljänger.«

»Wird schon«, sagte Franz. »Wenn du es geschickt anstellst, sind tausend im Monat drin. Wir haben Leute, die sich mit Sportwetten auskennen. Die musst du treffen. Mit denen sprichst du dich ab.«

Nachdem das Klante-Imperium zusammengebrochen war, hatten sich einige verzweifelte Mitarbeiter an Franz gewandt. Denen konnte er jetzt eine passende Aufgabe vermitteln. Und aus Klantes Zeitung, in der er für seine Anleihen geworben hatte, würde Franz ein Sportmagazin machen. Er kannte die Vorlieben der bürgerlichen Kreise. Ein kräftiger, junger Prolet, der sich auf derart archaische Weise – im wahrsten Sinn – durchs Leben schlug, das zog immer. Wer mit diesen neuen Helden in der Stadt gesehen wurde, kam schnell ins Gespräch. Franz war sicher, das *Syndicat* würde in nächster Zeit zu einigen guten Abschlüssen kommen.

Er war zufrieden. Endlich schienen sich die Dinge wieder so zu fügen, wie er es aus der Anfangszeit kannte. Einfach, zügig, wirkungsvoll. Er war wieder der Puppenspieler, nicht mehr die Puppe.

○ ○ ○

»Schaut euch nur diesen Dreck an!«, schimpfte Max und warf eine Tasche mit Bargeld auf den Tisch im *Open House*. »Taugt noch nich mal wat uffm Balken. Een Ei kostet heute fünf Märker.«

»Warum schleppst du das Zeug hier an?« Franz verursachte der Geruch vieler Geldscheine Übelkeit. Wer auch immer das Sprichwort *Geld stinkt nicht* erfunden hatte, es stimmte nicht. Die Papiermark roch in größeren Mengen muffig-sauer.

»Sternwein hat einen Knacker aufgetrieben, der eene Ladung Briketts verkooft. Der Idiot will in Mark bezahlt werden.«

Klante hatte also letztlich recht, dachte Franz. Wäre die Inflation – wie er es prophezeit hatte – nur ein halbes Jahr früher gekommen, er hätte sich mit den Gewinnen aus seinen Spekulationen zum Kaiser ausrufen lassen können. Der Schund, der sich Mark nannte, konnte tatsächlich schon am nächsten Tag erheblich weniger wert sein. Zweimal in der Woche legte die Reichsbank die Wechselkurse zu den stabilen Währungen neu fest. Alle wollten plötzlich Dollars oder Pfund haben.

»Sei froh, dass du das Zeug noch loswirst«, meinte Franz. »Aber so ist auf Dauer kein vernünftiges Geschäft mehr zu machen. Selbst die Wettgeschäfte leiden. Volkmar hat bereits Kämpfe am Vormittag angesetzt, damit wir die Einnahmen am Nachmittag noch irgendwie tauschen können.«

»Sternwein hat mir im Tausch für die fünf Kisten Meißen-Porzellan, die wir ihm überlassen haben, einen Lastwagen Kartoffeln angeboten«, maulte Max. »Dabei bezahlen seine feinen Herrschaften das teure Geschirr sicherlich mit harter Währung oder in Gold. Was soll ich mit Kartoffeln? Mich an die Straßenecke stellen? Ich bin doch kein Krämer! Von mir wollen alle Dollars, aber bezahlen wollen sie in Mark.«

»Das sagst du schon seit einem Vierteljahr«, meinte Georg. »Hörst dich schon an wie unser alter Herr. Wisst ihr noch? Jeden Freitag, wenn er die Lohntüte nach Hause brachte, das gleiche Gebet: *Das reicht doch hinten und vorn nicht! Die Bälger fressen alles weg. Und meine Frau geht auf einen Mokka.*« Er lachte. »Und dann ist er Samstag in die Kneipe und hat janze zwee Märker versoffen.«

»Also, Kredit geben wir in Zukunft auch nur noch in Dollar«, entschied Franz, ohne auf die Bemerkung einzugehen. »Auch an beste Freunde nur in Dollar! Habt ihr das verstanden? Ware im Tausch nehmen wir nur, wenn es dafür Abnehmer gibt. Ich will weder Porzellan noch Kartoffeln in unseren Kellern sehen.«

»Wird vielen Partnern nicht gefallen«, gab Max zu bedenken.

»Na und? Wenn wir pleite sind, wird dir das auch nicht gefallen, mein lieber Herr Bruder. Da machen jetzt viele auf Schnorrer und Triefaugen. Und wenn es uns erwischt, kommt keener, um Händchen zu halten. Dann kannste wieder in dene Budecke in de Eylauer Straße und Zijaretten verkoofen.«

o o o

»Der Besuch ist da, Herr Sass.« Der Zahlkellner des *Open House* war in der Tür erschienen. Georg ging nach vorn und kam gleich darauf mit einem gut gekleideten Asiaten wieder in den Besprechungsraum.

»Mein Name ist Shen Li«, stellte sich der Mann vor. »Ich komme im Auftrag des ehrenwerten Meisters Zhi.« Er öffnete eine kleine Holzschatulle, in der sich die alte Münze befand, die Franz dem Chinesen in Hamburg gegeben hatte.

Das ging ja schnell, dachte Franz erstaunt. Das vereinbarte Zeichen für den Gefallen, den er Zhi schuldete. Seinerseits nahm er nun aus einem Fach der Brieftasche den winzigen Elefanten aus Jade und zeigte sie dem Gast. Shen Li nickte zufrieden.

»Meister Zhi trug mir auf, mich nach dem Befinden der Dame Bentmann zu erkundigen.«

»Danke, es geht ihr deutlich besser«, entgegnete Franz und verbeugte sich leicht. Tee war im *Open House* natürgemäß nicht zu haben, also bot er seinem Gast die typischen Berliner Grundnahrungsmittel an. Doch der Chinese winkte lächelnd ab.

»Dann darf Meister Zhi bescheiden an die Zusage erinnern, die Ihr ihm gegeben habt.«

Franz bedeutete seinen Brüdern, ihn mit Shen allein zu lassen. Die Sache mit dem Opium gefiel ihm nicht. Er hatte die Familie und das *Syndicat* über die Vereinbarung mit Zhi im Unklaren gelassen. Nur Willy Meyer wusste davon, und mit ihm hatte er schnell einen Partner gefunden, der innerhalb von zwei Wochen die Hälfte des Hamburger Rauschgifts verkauft hatte.

»Warum macht ihr die Sache nicht selbst?«, fragte er den Chinesen, als sie unter vier Augen waren. »Ich meine, Zhi hat ja offenbar Landsleute hier.«

»Zu wenige, Herr Sass. Und meist sind es sehr einfache Menschen, die es aus unserer Heimat in die Welt zieht. Ihnen können wir kein Geschäft anvertrauen. Unser Land steckt in einem Umbruch. Da brauchen wir Partner in den Gastländern. Ehrenwerte Männer, denen wir vertrauen.«

»Richten Sie Herrn Zhi aus, dass ich die Hälfte der Ware zu einem guten Preis verkaufen konnte. Zwanzigtausend Dollar. Meinen Anteil ziehe ich ab und weise den Rest gern einem Bankhaus an, das Sie mir benennen. Für die andere Hälfte benötige ich etwas Zeit, da unsere

Kunden meist in Mark zahlen wollen. Im Moment ist das schwierig, wie Sie sicher wissen.«

Shen Li schien beeindruckt und zog ein gestempeltes Papier hervor, das er Franz überreichte. Darauf befanden sich die Angaben zu einem Konto bei einer Bank in Antwerpen. Franz nickte nur.

»Mir scheint, dass das *Syndicat* im Moment nicht wählerisch sein kann.« Der Mann lächelte immer noch, aber Franz fröstelte es bei seinem Anblick. »Im *Gelben Kaiser* steht, dass der Verdurstende jeden Preis für Wasser zahlt.«

Welcher Kaiser? Franz verstand gar nichts mehr. Er wagte nicht, zu fragen.

»Ihr seid ein weiser Mann, Herr Sass«, fuhr Shen Li fort. »Greift nach dem rettenden Becher, bevor Ihr verdurstet.«

»Ich höre mir das nicht länger an!« Franz wurde ungehalten. Er schlug die Warnung Sternweins in den Wind, dass eine solche Äußerung unter Asiaten oft als tödliche Beleidigung aufgefasst wurde. »Fahrt doch zur Hölle mit eurem Gehabe, dem Lächeln und freundlichen Gefasel. Bestelle Zhi einen schönen Gruß von mir. Er soll uns in Ruhe lassen, denn ich halte es fortan mit Götz von Berlichingen.«

»Weise Männer sind eines Volkes Zier.« Shen verbeugte sich. »Seid Ihr jedoch weise genug, den Wert von einhunderttausend Dollar für Eure Familie und Euer Geschäft zu erkennen?«

Franz zögerte. Selbstverständlich musste er innehalten. Denn ein solches Angebot bedeutete, dass das *Syndicat* mit einem Schlag alle Sorgen los war. Mit einer solchen Summe wären alle Verbindlichkeiten auf einen Schlag getilgt.

»Vielleicht wollen wir eine Schale *Maotai*-Wein genießen?« Der Mann zog eine Flasche aus seinem Lederbeutel. »Eine Kostbarkeit, die Meister Zhi Euch durch mich überbringen lässt.« Die Gestalt und das in grellem Rot gefasste Etikett erinnerten Franz eher an einen Haushaltsreiniger.

Franz nahm zögernd zwei Gläser aus dem Schankregal und schenkte ein. Er trank einen großen Schluck und leerte sein Glas fast zur Hälfte. Tatsächlich hatte er im nächsten Moment den Verdacht, es könnte doch Terpentin oder Chlorwasser gewesen sein. Er glaubte, sein Rachen würde explodieren. Ein Feuerschwert fuhr seine Kehle hinab, er spürte jeden Zentimeter, den sich der Trank weiter durch seine Eingeweide fraß.

Das Ende, dachte er nur. Ein Gift. Wie leichtsinnig, sich einen Chinesen ins Haus zu holen, ihn zu beleidigen und dann mit ihm noch ein Schlückchen zu nehmen.

»Kein Wasser!« Auch sein Gast schien in diesem Augenblick entsetzt, allerdings eher über die Weinmenge, die Franz auf einmal in sich hineingestürzt hatte. »Trinkt jetzt kein Wasser! Nehmt Milch, das lindert.«

Nach minutenlangem Husten, Würgen und einigen Schlucken Kuhmilch bekam Franz endlich wieder Luft.

»Ihr Deutschen seid wie die Japaner«, meinte Shen Li nach einer Weile. Dieses Mal wirkte sein Lächeln sogar echt. »Ihr müsst euch immer gleich ins Messer stürzen. Maßlos, als gäbe es kein Morgen. Ihr müsst wissen, dieser *Maotai* ist aus dem Dorf, in dem Meister Zhi lebte. Eine Kostbarkeit, die sogar an den Kaiserhof ausgeliefert wurde. Man trinkt ihn in kleinen Schlucken. Nicht umsonst nennen wir ihn ›Atem des Drachen‹.«

Nachdem sich Franz etwas erholt hatte, schob der Chinese plötzlich den Ärmel seines weit geschnittenen Anzugs nach oben und entblößte eine Tätowierung, die ein schwarzes Dreieck zeigte, in dem Schriftzeichen abgebildet waren.

»Meister Zhi wird sehr zufrieden sein. Und ich bin es auch. Sagt Euch dieses Zeichen etwas, Herr Sass?«

Franz war unsicher. Er hatte davon gelesen, dass sich in den Großstädten Asiens ähnliche Organisationen wie die Ringvereine in Berlin gebildet hatten. Man teilte den illegalen Markt untereinander auf, bekämpfte sich manchmal leidenschaftlich und fuhr märchenhafte Gewinne ein.

»Die *Gesellschaft der Drei Harmonien*«, erklärte Shen, als sein Gegenüber schwieg. »Und ich selbst gehöre der *Liga des Himmels und der Erde* an.«

Franz spürte deutlich, dass in diesem Moment eine Grenze überschritten worden war. Er war jetzt in ein Geheimnis eingeweiht und ahnte, dass es kein Zurück gab. Er wusste fast nichts über Zhi Chao und Shen Li, aber das Wenige reichte, um ihm Angst zu machen.

»Wir vergessen unsere Freunde niemals«, fuhr Shen fort. »Ebenso wenig wie unsere Feinde. Der Dame Bentmann wird es niemals an Medizin mangeln. Nur die besten unserer Ärzte werden sich um sie kümmern, falls es nötig ist.«

Die letzten Sätze schienen nur eine freundliche Bemerkung zu sein, aber sie trafen Franz wie Schwerthiebe. Der Mann musste gar nicht aussprechen, was geschah, wenn sie zu Feinden wurden. Gerade hatte alles begonnen, sich wieder einzurenken. Toni und Paul waren auf dem Weg der Besserung. Ian ließ seine Eskapaden bleiben. Die Waffenruhe mit den Götzes und Ehrhardt trug für das *Syndicat* erste Früchte. Und vor allem war Susanne dabei, diese verdammte Krankheit zu überwinden. Im Moment schien es, als erholte sie sich fast vollständig von den Zeichen der Krankheit.

»Es ist unglaublich«, hatte sie erst gestern zu Anna Bäumer gesagt. »Ich trinke dreimal am Tag diesen fürchterlichen Absud. Und seit ein paar Wochen heilt alles ab. Vorher haben diese Quacksalber Schläuche in mich hineingesteckt, mir Spritzen gegeben und Aderlässe durchgeführt. Ohne Erfolg.«

Die Ärzte der Charité führten den Erfolg natürlich auf eine späte Wirkung des von ihnen verabreichten *Salvarsan* zurück. Was aber würde geschehen, wenn Susanne die Kräuterarzneien nicht mehr einnahm?

»Ihr seid nun ein Eingeweihter, Herr Sass«, riss ihn der Chinese aus seinen Gedanken und bestätigte damit nur seine schlimmsten Ahnungen. »So nennen die alten Familien jene Diener, die sich als treu erweisen. Damit seid Ihr ein Teil unserer Gesellschaft.«

Familie, Diener, Gesellschaft. Franz war, als zöge ihm gerade jemand den Boden unter den Füßen fort. Was hatte er getan?, fragte er sich.

»Die weisen Häupter haben entschieden, dass die *Liga des Himmels und der Erde* sich mit Arznei-Geschäften befassen möge. In unserer Heimat sind wir deshalb nur ein kleiner Zweig des Großen Baums. Aber hier in Europa bieten sich neue Felder für unser Tun. Eurer Tradition folgend habt Ihr eine bedeutende Industrie geschaffen, die Eure Medikamente herstellt. Und dort möchte die Liga Fuß fassen. Auch wir werden – mit Eurer Hilfe – Medizin anbieten. Sie verspricht den Angstvollen Ruhe, den Gequälten Erlösung und den Verzweifelten Hoffnung.«

»Opium als Medizin?« Franz hatte seine Stimme wieder gefunden. »Wollt ihr das Zeug in Apotheken verkaufen? Oder in Mosses Anzeigenblatt dafür werben? Richtet Meister Zhi aus, dass ich eine gewisse Menge auf den Straßen und in den Klubs verkaufen kann. Meine Kontaktleute sehen sogar einen recht großen Bedarf voraus. Wo Kokain über die Tische und in die Nasen geht, können wir auch das weiße Gold des Ostens unterbringen. Aber als Medizin? Niemals.«

»Meister Zhi bat mich, Ihnen eine erweiterte Zusammenarbeit anzubieten«, meinte Shen Li, ohne auf die Bemerkungen einzugehen. Er zog ein kleines Buch hervor und blätterte darin. »Wie Sie vielleicht wissen, haben uns die Engländer schon vor langer Zeit gezwungen, den Handel mit und den Verkauf von Opium in unserem Land ohne Einschränkungen zuzulassen. Aus ihrer Kolonie Indien überschwemmen sie China mit Opium und ziehen daraus märchenhafte Gewinne in Form unserer Silbervorkommen.«

Franz hatte zwar keine Ahnung, wovon der Mann sprach, aber er nickte dennoch. Er merkte, dass Shens Stimme sich veränderte, als er weitersprach.

»Hier in Deutschland wird man sicher verstehen können, wie es ist, wenn Fremde sich als Herren aufspielen«, fuhr der Chinese fort. »Der Vertrag von Versailles dürfte jenen Regeln recht nahekommen, die die

Briten über das Reich der Mitte verfügt haben. Wir dürfen nicht mehr entscheiden, was wir in unserem eigenen Hause tun.«

»Schön und gut«, erwiderte Franz. »Also verkaufen Sie die Ware in London, Paris und Berlin. Ein einträgliches Geschäft und gleichzeitig eine Art Revanche für erlittenes Unrecht.«

»Meister Zhi hatte völlig recht«, sagte Shen Li. »Ein wacher Geist schimmert edel im Morgenlicht Eurer Jugend. Wir wollen Opium nicht nur in die Hafenstädte liefern. Und die Märkte in London, Paris und Rom haben wir bereits aus eigener Kraft erschlossen. In Berlin, Wien, Prag tun wir uns jedoch bisher schwer. Aber wie heißt es im Buch des Gelben Kaisers? *Durch die Eifersucht des Bruders und seinen Verrat lässt sich auch die stärkste Feste nehmen.*«

»Um ehrlich zu sein, verstehe ich nur Bahnhof.«

»Euer Land verfügt über starre Regeln. Die Gesetze sind ungewöhnlich streng. Aber es gibt viele Menschen, die der Hunger drückt. Auch Polizisten und Beamte müssen die Mäuler bei Tisch stopfen. Viele eifersüchtige Brüder. Ihr könntet sie nutzen, um die Festung Berlin für die Liga einzunehmen.«

»Ich dachte, Ihre Liga darf nur mit Arzneien handeln.«

»Sehr richtig«, erwiderte Shen. »Deshalb wird unsere Zusammenarbeit weit mehr sein als nur der Vertrieb von Opium auf den Straßen Eurer Stadt. Dafür ist lediglich eine kleine Zusatzvereinbarung notwendig.«

Er nahm eine Metalldose aus der Tasche. *Hans J. Perlmanns handgezogene Pfefferminz-Bonbons*. Franz verlor jetzt langsam die Geduld. Außerdem hasste er Pfefferminze.

»Es ist eine Arznei«, erklärte Shen. »Eine besondere Arznei. Anti-Opiumpillen. Ich habe nur die Schachtel gewechselt.«

»Anti?« Franz kannte die Bedeutung des Worts nur vage. »Sie handeln mit Opium *und* mit einem Gegenmittel?«

»Es ist nur ein Wortspiel«, sagte der Chinese. »Unsere Art, den Engländern die Stirn zu bieten und unser Gesicht zu wahren. Der Opiumanbau und der Handel sind streng geregelt. Aber es gibt Möglichkeiten, den Markt auf andere Weise zu bedienen. Der Fortschritt macht es möglich. Der deutschen Firma *Bayer* gelang es vor einiger Zeit, aus Opium oder Morphium eine Substanz herzustellen, die sich Heroin nennt. Bayer tat alles, um es als Arznei zu registrieren, obwohl es dreimal stärker wirkt als Morphium. Offiziell ist es also ein Medikament gegen Schmerzen, Husten und allerlei andere Gebrechen. Inoffiziell verkauft es sich überall auf der Welt auch als guter Opium-Ersatz. Und die Gewinne sind sagenhaft, glaubt mir.«

»Das Mittel müsste also eher Anstatt-Opiumpillen heißen?«

»Worte sind doch nur Rauch.« Shen Li hob die Schultern. »Es gibt einen inoffiziellen Zusammenschluss der deutschen Chemiefirmen. Man liefert uns die Inhaltsstoffe für unsere Arznei. Neben Heroin sind das noch Strychnin, Coffein und Chinin. Wir zahlen dafür Höchstpreise und unsere Kunden ebenfalls. Alle Seiten sind zufrieden.«

»Und was soll dann das *Syndicat* für Sie tun?«, fragte Franz in provokantem Tonfall. »Wenn doch alle zufrieden sind?«

»Versailles«, antwortete Shen. »Deutschland, *Bayer* und die anderen beteiligten Unternehmen haben in Geheimklauseln zugestimmt, Heroin vom Markt zu nehmen. Allerdings erst fünf Jahre nach Unterzeichnung des Vertrags.«

»Und jetzt ist die Zeit gekommen?«, fragte Franz. Langsam wurde ihm klar, worum es ging.

»Ganz richtig«, erwiderte Shen. »Und es gibt viele Herren in den Vorständen, die gar nicht glücklich darüber sind. Es geht um einen Markt von vierhundert Millionen Dollar.«

Franz war nur schwer aus der Fassung zu bringen, aber nun fiel ihm vor Schreck die Zigarettenasche aufs Revers.

Vierhundert Millionen, dachte er. Durch Rauschgift, das man als Arznei verkaufte! Unfassbar.

»Nach unseren Informationen werden sich die deutschen Firmen in einem Verband zusammenschließen. Man wird auch ein kleines Unternehmen mit ins Boot holen, das den Verkauf der erwähnten Rohstoffe an uns weiterbetreibt. Die Verträge werden lediglich ergänzt um den Zusatz, dass das Heroin zu vernichten ist und nicht weiterverkauft werden darf.«

»Eine Abmachung, an die Sie sich selbstverständlich halten«, meinte Franz und klopfte die Asche vom Anzug.

»Die Aufgaben des *Syndicats* sind dabei klar abgesteckt«, entgegnete der Chinese. »Erstens muss in Berlin das normale Opiumgeschäft für die Liga aufgebaut werden. Zweitens sind die Marktwege für die Rohstoff-Lieferungen der *Luxol AG* an die *Berliner Stickstoff GmbH* zu sichern. Diese wiederum exportiert die Ware nach Asien.«

»*Berliner Stickstoff*? Die Firma ist doch im Dünger-Bereich tätig.«

Franz war zwar überrascht, allerdings auch überzeugt, dass er die Antwort kannte.

»Unsere Bauern berichten über sensationelle Ernten nach Gabe von Heroin. Wobei ich jedoch annehme, dass sie es nicht ihren Pflanzen geben«, sagte Shen lächelnd. »*Bayer* deklariert also über *Luxol* und die *Berliner Stickstoff* alle Inhaltsstoffe der Anti-Opiumpillen als Dünger. Gesetze, Papiere, Steuern, Zoll. Alles ist vollkommen legal.«

»Welche Art von Sicherung schwebt Ihnen vor, Herr Shen?«, fragte Franz. »Wenn alles legal ist, dann machen das doch die Behörden.«

»Die alten Familien haben neue Feinde, Herr Sass. Die Amerikaner würden das Geschäft gern übernehmen. Deshalb säen sie Zwietracht, schüren Unruhe zwischen der Liga und den anderen. Wir fürchten sogar, dass die Ringvereine mit ihnen unter einer Decke stecken. Lieferungen könnten sabotiert werden. Zollbeamte sehen zu genau hin. Es gibt viele Möglichkeiten, uns zu ärgern. Deshalb brauchen wir ja Sie und das *Syndicat*.«

Franz hatte genug erfahren. Dreißig Prozent schienen ihm verlockend. Zugleich wusste er nur zu gut, dass diese Ware gefährlich war.

»Opium?«, hatte Messer-Willy ihn gewarnt. »Könnte eine Nummer zu groß für euch sein, Franz. Pass auf!«

Alkohol, Zigaretten, die Klubs und die Mädchen, Wettgewinne und ein bisschen Koks. Das *Syndicat* war dabei, wieder Fuß zu fassen. Ohne den Großen zu sehr in die Quere zu kommen. All diese Geschäfte schienen jedoch ein Witz im Vergleich zu den vierhundert Millionen Dollar, die Shen erwähnt hatte. Da konnte man sich selbst an einem kleinen Stück vom Kuchen mächtig verschlucken.

»Ich darf Euch ein Geschenk überreichen, Meister Sass.« Shen Li zog eine Flasche aus einem Lederbeutel.

»Dreißig Prozent der Erlöse aus den Straßenverkäufen«, meinte der Chinese. »Dazu eine Provision vom Gewinn, den der echte Düngemittel-Export einbringt. Nach drei Jahren spielt Ihr in dieser Stadt ganz oben mit, Meister Sass. Ihr werdet sehen.«

»Habe ich eine Wahl?« Franz wusste, dass die Frage armselig klang.

»Wussten Sie, dass die *Berliner Stickstoff* auch Tierkadaver entsorgt?«, erwiderte sein Gast. Sein Blick war stechend. »Die Maschinen zermahlen alles, und die Masse wird mit Chemikalien gemischt. Keine Spur von den alten Gäulen, Ochsen und Hunden. Man kann alles verschwinden lassen. Und jeden. Angeblich ist es ein hervorragender Dünger.«

Franz war klug genug, um die unverhohlene Drohung zu bemerken. Und er hatte verstanden. Mit diesem Mann gab es kein Schachern um Prozente. Er war in die Falle getappt, als er dem Geschäft mit Zhi Chao zugestimmt hatte. Jedes weitere Wort wäre jetzt in den Augen des Chinesen ein Zeichen von Schwäche.

»Gut, dass wir uns einig geworden sind«, meinte er und versuchte, seiner Stimme einen kräftigen Klang zu geben. »Eine faire Vereinbarung. Richten Sie Meister Zhi meinen Dank und Grüße aus.«

Er war sicher, dass beide Männer nur kleine Räder in einer riesigen Hierarchie waren. Meyer hatte ihn gewarnt, sich nicht mit dem Teufel einzulassen. Aber gerade eben hatte er seine Seele verkauft.

13

Berlin – Alexanderplatz, Mitte April 1922

»Sie glauben ihm, Paul?«, fragte Ernst Gennat.

Die Sekretärin hatte Konter bereits im Vorzimmer gewarnt. Ihr Chef litt zeitweise unter hartnäckiger Verstopfung, einer Folge des übermäßigen Kuchenkonsums und der mangelhaften Bewegung. Dann wurde er unleidlich. Konter hatte ihm gerade die Einzelheiten der Befragung vom Vortag berichtet. Dabei achtete er genau auf Gennats Reaktion. Eine schlaflose Nacht lag hinter ihm. Kalte Füße und Gedanken, die aus der Hölle zu kommen schienen, hatten ihn wachgehalten. Allein die ungeheuerlichen Verbrechen wären Anlass, graue Haare zu bekommen. Der Verdacht gegen Gennat wog jedoch ebenso schwer.

»Großmann hat doch keine Veranlassung zu lügen«, erwiderte Konter. »Er gesteht zwei Tötungen und beruft sich auf eine Handlung im Affekt bei der letzten Tat. Damit ist ihm der Strang sicher. Was sollte ihn dazu bewegen, uns ein Märchen aufzutischen?«

Der Leiter des Mordbereitschaftsdiensts stöhnte, als er versuchte, sich von dem Sofa zu erheben, das sich in dem Dienstzimmer befand.

Der Mann ist jünger als ich, dachte Konter nur und vermied es tunlichst, dem Fleischberg seine Hilfe anzubieten. Gennat mochte es nicht, wenn er an sein Handicap erinnert wurde. Im Raum war das Knirschen der Kniegelenke zu hören, als er sich endlich aufrichtete. Dann entfuhr dem Mann ein sonorer Furz, dem ein kurzes, erleichtertes Stöhnen folgte.

»Verzeihung, es gab gestern Zwiebelsuppe in der Kantine«, sagte er, ohne dass ihm der Umstand als solcher peinlich erschien. Das allzu Menschliche war ihm schließlich nicht fremd.

»Großmann schien übrigens recht gesprächig«, fuhr Konter vorsichtig fort. »Sie hatten mir eine sehr harte Nuss angekündigt, aber eine Zigarette und etwas Verständnis reichten aus, ihm einiges zu entlocken.«

»Vielleicht hatten Sie den besseren Start«, meinte der Leiter des Mordbereitschaftsdiensts. »Gute Arbeit, Paul. Ich sehe, ich habe mich in Ihnen nicht getäuscht. Weiß hat übrigens Ihrer Versetzung endlich zugestimmt. In ein paar Wochen sind Sie in meiner Truppe.«

Er lenkt schon wieder vom Thema ab, dachte Konter. Er wusste, dass Ernst Gennat schon fast zwei Jahre über den Mordfällen und Leichenfunden brütete. Nach der Verhaftung Großmanns schien er erleichtert gewesen zu sein, denn ungeklärte Fälle nagten an seinem Selbstbewusstsein. Eine Sichtung aller Unterlagen in Berlin und dem näheren Umland hatte ergeben, dass seit Kriegsende mehr als hundert junge Frauen – und einige Männer – verschwunden waren. Jetzt ergab sich nach der Verhaftung Großmanns endlich die Möglichkeit, vielleicht alle Taten aufzuklären. Ernst Gennat bekam die Chance, als der Mann in die Geschichte einzugehen, der den schlimmsten Mörder aller Zeiten gefasst hatte. Und was tat er? Der Reichsanwalt hatte den Fall zunächst verschleppt, jetzt aber drückte er – aus welchen Gründen auch immer – mächtig auf die Tube. Und Gennat leistete keinen Widerstand. Stattdessen überließ er einem Kollegen das Verhör, der noch nicht einmal in seiner Abteilung war. Er schien sich auch jetzt mehr für seine Darmluft und die Zwiebelsuppe zu interessieren und nur mit halbem Ohr zuzuhören.

»Ich verstehe wirklich nicht, warum Großmann weitere Morde verheimlichen sollte. Lebenslang oder der Strang sind ihm doch sicher. Da könnte er sich in seinen letzten Monaten zu einem wichtigen Mann machen«, fuhr Konter fort. »Ihm bietet sich doch hier die einmalige Gelegenheit, es zu makabrer Berühmtheit zu bringen. Ein kleiner, unbedeutender Wicht, an den sich auch in hundert Jahren alle erinnern werden. Selbst mit zwölf Morden wäre er der schlimmste Serienverbrecher, der jemals im Reich sein Unwesen getrieben hat. Ganz zu schweigen von den anderen, mehr als fünfzig Fällen. Vielleicht sogar hundert.«

»Späte Reue?«, meinte Gennat. »Oder er erinnert sich nicht mehr. Triebgesteuert, wie er ist.«

»Oder er will nicht gestehen, was er gar nicht getan hat.«

»Alles Mutmaßungen«, unterbrach der rundliche Kommissar. »Durchaus plausibel, das muss ich zugeben. Aber doch nur Mutmaßungen. Die Spekulationen überlassen wir besser den Reportern, Herr Kollege.«

Herr Kollege. Paul Konter kannte die Abstufungen in der Anrede, die Gennat gegenüber vertrauten Mitarbeitern wählte. Nannte er sie beim Vornamen, war alles bestens. Der Nachname bedeutete, dass man sich seinen Unwillen zugezogen hatte. Herr Kollege, das lag irgendwo dazwischen. Vorsicht schien also geboten.

»Ich sehe das genauso wie Sie, Chef«, beschwichtigte er deshalb. »Aber Großmann erwähnte einen zweiten Mann, der ihm Frauen gebracht hat. Sein Vorname ist Friedrich, so viel wusste unser Häftling. Diesem Hinweis sollten wir nachgehen. Vielleicht ist es ein Komplize. Ein schneller Prozess könnte jetzt weitere Spuren verwischen. Sie könnten den Richter und Reichsanwalt etwas bremsen. Ich brauche nur etwas Zeit.«

»Ein zweiter Mann?«, erwiderte Gennat. »Eine klassische Variante der Schuldverschiebung. Es gibt da interessante Abhandlungen aus der Charité, Konter. Müssen Sie unbedingt lesen.«

»Was ist eigentlich los mit Ihnen, Gennat? So kenne ich Sie gar nicht«, sagte Konter unvermittelt heftig.

Er verspürte eine Mischung aus Enttäuschung und Wut. Der große Ernst Gennat, den er seit Jahren bewunderte, zögerte plötzlich. Und er ließ ihn, den älteren Kollegen, über die Gründe dafür im Unklaren. Beide Männer kannten sich jetzt seit den Morden an Luxemburg und Liebknecht. Anfangs war Konter – beruflich – Feuer und Flamme für den jüngeren Mordermittler gewesen. Auch wenn sich seine beantragte Versetzung immer wieder verzögerte. Nun jedoch fühlte er sich irgendwie an eine Ehe erinnert. Aus der Ferne des Verliebtseins mochte man wohl Dinge übersehen, die dann bei näherer Betrachtung über die Jahre unangenehm auffielen. Was übersah er jetzt bei dem Mordermittler?

»Ihnen entgeht nichts, was?« Gennat hatte sich aufgerichtet. Sein Blick war auf Paul Konter gerichtet, taxierte ihn, als wollte er abschätzen, ob er sich den Verlust dieses Mannes leisten konnte. Leisten wollte. »Jeden anderen würde ich für eine derart unverschämte Bemerkung hinauswerfen. Aber das ist Ihnen sicherlich klar, Herr Kollege.«

»Offene Karten, Herr Gennat«, entgegnete Konter. »Sie wissen von meiner Verbindung zum *Syndicat*. Von meinen Kontakten zur Familie Sass und zu den Kommunisten. Sie wissen, dass ich bereit bin, manchmal das kleine Recht etwas zu verbiegen. Um einer größeren Gerechtigkeit willen. Sie wissen vieles von mir. Ich hingegen weiß nichts von Ihnen. Meinen Sie nicht, dass ich eine Antwort verdient habe?«

»Auf welche Frage?«, erwiderte der korpulente Beamte und nahm wieder hinter seinem Schreibtisch Platz. Dann winkte er ab. »Sie haben ja recht. Und irgendwie hatte ich im Stillen auch gehofft, dass sie dahinterkommen würden.«

»Setzt man Sie unter Druck?«

»In gewisser Hinsicht.« Gennat nickte. »Ich hatte ein langes Gespräch mit Polizeipräsident Richter und Bürgermeister Böß. Ein paar weitere Honoratioren der Politik waren dabei, deren Namen ich nicht nennen will. Und eigentlich war es eher eine Art Tribunal, das über meine Zukunft entschieden hat.«

Also doch, dachte Konter. Er war entsetzt, dass offenbar die Absprachen und Mauscheleien sogar die Polizeiarbeit direkt betrafen. Immerhin ging es hier um Mord. Um über hundert vermisste Frauen. Ungeklärte Schicksale, die bei den Zurückgebliebenen viel Leid verursachten.

»Was ich Ihnen jetzt erzähle, muss unter uns bleiben«, fuhr Gennat fort. »Mir wurde in überaus deutlicher Form klargemacht, dass es bis auf Weiteres keine eigenständige Mordabteilung geben wird, wenn nicht jetzt der Fall Großmann zügig zu den Akten kommt. Und zwar so, wie er ist.«

Gennats Traum, eine unabhängige Mordinspektion aufzubauen. Bisher leitete er nur eine Art Bereitschaftsdienst und keine eigene Abteilung. Als wären Morde ein kleines, vorüberziehendes Übel, für das man nur »bereit« zu sein hatte. Seine neuen, zum Teil eigenwilligen Methoden waren vielen alten Kollegen ein Dorn im Auge. Verhör, Spurensuche und das berühmte Mordauto, von dem bereits die ganze Stadt sprach. Alles ergäbe erst dann Sinn, wenn Gennat in einer eigenen Abteilung unabhängig und nur dem Polizeipräsidenten verantwortlich arbeiten konnte.

»Warum?«, fragte Konter. »Großmann kommt aus der Gosse. Wen kann er kennen? Was kann er wissen? Und was wollen diese hohen Herren verbergen?«

Ernst Gennat schwieg eine Weile und betrachtete mit Widerwillen die Karaffe, die auf der Anrichte stand. Ein Hausmittel seiner Sekretärin. Apfelsaft mit Essigwasser. Daneben eine Schale mit Trockenpflaumen. Und Tabletten. Er rieb sich nachdenklich das Kinn.

»Die plötzliche Eile wird verhindern, dass Dinge ans Licht kommen«, murmelte er. »Landgerichtsrat Böhmert will das Verfahren jetzt eröffnen. Zwei gestandene Morde, der dritte Fall vielleicht Totschlag. Der Strang ist Großmann auf die eine oder andere Art sicher.«

»Ja, aber die anderen Taten«, rief Konter empört und etwas zu laut. »Da ist doch etwas faul. Der zweite Mann, den unser Täter erwähnte. Davon hat er übrigens gleich zu Anfang gesprochen, aber niemand hat es für bare Münze genommen. Die vielen Frauen, die ihm angeblich von diesem Unbekannten gebracht wurden. Jetzt Sie, Gennat, und das Tribunal, das über Sie und Ihre Arbeit entscheidet. Das ist doch glatte Erpressung! Da will jemand nicht, dass man ihm auf die Schliche kommt.«

Gennat nahm das Tablettenröhrchen und schüttete daraus zwei *Fortunas Darmwohl* in seine Hand.

»Was meinen Sie, Paul, warum ich Ihnen das Verhör überlassen habe? Sie sind nicht in meiner Mannschaft. Noch nicht. Und die Großmann-Sache ist gerade eben politisch geworden. Durch das Wissen, über das Sie jetzt verfügen. Da müssen Sie jetzt handeln, denn ich kann es nicht. Finden Sie den zweiten Mann. Sprechen Sie mit Walter Böhmert. Er ist der zuständige Untersuchungsrichter, und ich kenne ihn ganz gut. Seien Sie aber vorsichtig bei ihm. Wenn jemand im Hintergrund Druck ausübt, dann finden Sie die Gründe dafür heraus. Und zwar schnell. Sie sind zwar noch nicht mein Mitarbeiter, Paul, aber Sie sind der Einzige, auf den ich mich in dieser Sache verlassen kann.«

ooo

Kommissar Konter wusste selbst nicht recht, was ihn in dieser Sache eigentlich antrieb. Carl Großmann würde für seine Taten büßen. So oder so. Musste er sich da in die Nesseln setzen, um Einzelheiten zu klären, die – aus welchen Gründen auch immer – ungeklärt bleiben sollten? Gerade jetzt, da seine Versetzung zum Mordbereitschaftsdienst unmittelbar bevorstand? Ja, natürlich wollte er vor allem Gennat helfen. Aber irgendwo übersah er eine Verbindung zwischen den vermissten Frauen und den drei Taten, die Großmann gestanden hatte. Wer war der zweite Mann? Für wen hatte er gearbeitet? Großmann hatte Mädchen beschrieben, die in einem ähnlichen Zustand gewesen waren wie Valerie. Nur ein Zufall in einer großen Stadt?

Sein zukünftiger Chef verfügte über einen analytischen Genius, der in dieser Art einzigartig war. Ohne Frage. Konter hingegen verließ sich eher auf seinen Instinkt und seine Fähigkeit, verborgene Muster zu erahnen, wo andere nur unzusammenhängende Fäden sahen. Vielleicht hatte ihn der Mörder auch einfach in seinen teuflischen Bann gezogen. Das normal Widerwärtige, das alltäglich Böse, das sich in diesen Untaten Bahn gebrochen hatte. Vielleicht wollte Konter nur wissen, was einen Menschen dazu brachte, so zu handeln. Wie man zur Bestie wurde. Er hatte sich einen Wagen genommen, als er das Präsidium am Alex verließ. Sein linkes Bein schmerzte immer noch.

»Rathenower Straße«, wies er den Fahrer barsch an. »Zum Kriminalgericht.«

Wenig später waren sie bereits am Oranienburger Tor, wo sich offenbar KPD-Männer mit Angehörigen des Stahlhelms eine Auseinandersetzung lieferten.

»Eenen von uns Kutschern ham die Roten dit Auto zerdeppert«, sagte der Fahrer. »Und als er jrade mit seene letzte Jroschn allet wieder feen jemacht hat lassn, da ham die andren druff jehaun.«

Ob unten oder oben, dachte Konter. Rechts oder links. Die meisten Leute standen doch irgendwo dazwischen. Gute Chancen also, immer von irgendwo eins aufs Maul zu bekommen.

Kurz darauf waren sie bereits an der Charité und dem Lehrter Bahnhof vorbei. Die im geschmacksfreien Neobarock gehaltenen Türme des Justizpalasts strahlten in der Nachmittagssonne. Und der rötliche Ockerton der Klinker wurde nach oben durch die grünen Kupferhauben der Runddächer abgeschlossen.

»Kriminalpolizei«, stellte Konter sich beim Pförtner vor und zeigte die ovale Messingscheibe. »Ist Walter Böhmert im Haus?«

Im Gegensatz zu vielen seiner Kollegen war der Mann in dem kleinen, verglasten Empfangshäuschen sowohl gepflegt als auch freundlich. Er durchstöberte die Liste der zum Dienst erschienenen Beamten.

»Landgerichtsrat Böhmert sollte im Hause sein. Ein Termin ist hier nicht eingetragen, aber das betrifft nur die Verhandlungen. Er könnte natürlich in einer Besprechung sein.«

Konter bedankte sich und fragte nach dem Dienstzimmer des Untersuchungsrichters, der die Strafsache Großmann seit Monaten betreute.

»Soll ich Sie dort anmelden?«, rief der Pförtner mit Stolz und Eifer in der Stimme durch sein Glasfenster, als Konter sich bereits zur Treppe wandte. Dabei wies er auf seinen mächtigen Fernsprechapparat aus schwarzem Bakelit. »Wir sind hier sehr modern, müssen Sie wissen.«

Konter schüttelte nur den Kopf. Sein Blick war schon auf die imposante Eingangshalle gerichtet. In allem schienen die Deutschen zu spät zu kommen. Ihr Staat, ihre Flotte, die kolonialen Ziele, das Parlament. Und selbst die baulichen Epochen schienen sie zu verpassen. Statt eigene Wege zu gehen, hechelte man der schon weiterziehenden Karawane hinterher. Und die Wehen dieser späten Geburten hatten schließlich in schmerzhaften Krämpfen und Blutstürzen die Welt erschüttert und deren Fundamente zerstört. Allerdings war die alte Zeit nicht widerstandslos gegangen. Die geschmacklosen Zeugnisse ihrer Bauwut waren wie Fußabdrücke im Schnee. Und überall in der Stadt zu bewundern. Die wilhelminische Geltungssucht hatte sogar die Frechheit besessen, ihren wuchtigen Glanz-und-Gloria-Protz mitten ins traditionsreiche Arbeiterviertel Moabit zu setzen. So nahm es nicht wunder, dass der im Mittelportal aufgestellten Justitia gern mal Damenunterwäsche an die gestreckten Finger gehängt oder eine Bierflasche in die Waagschale gelegt wurde. Ein kleiner, milder Protest gegen steigende Mieten und die Verdrängung des Lohnproletariats aus dem Viertel durch den neuen Amtsadel, das mittlere Beamtentum.

Als Konter im ersten Stock ankam, war er bereits völlig außer Atem. Also nahm er auf einer Bank Platz, die neben der Flügeltür stand, die in den Schwurgerichtssaal führte. Hier warteten bei den Verhandlungen oftmals die Zeugen oder auch Zuschauer, denen übel geworden war. Eben öffnete sich der rechte Torflügel, und Handwerker brachten allerlei Trummer heraus. Konter war bereits mehrmals bei Prozessen zugegen gewesen und erkannte in dem zerbrochenen Gestühl das, was der Volksmund die »Anklagebank« nannte. In Wahrheit war dies ein durch eine Art Geländer eingefasster Bereich, in dem sich mehrere Stühle – jedoch keine Bank – befanden.

»Was habt ihr denn da?«, fragte er einen Tischlergesellen.

»Die letzte Kanalje war woll nich janz zufrieden mit de Jährchen, die se ihm uffjebrummt ham. Hat eenfach det jute Mobiliar zerkloppt.«

Der deutsche Gauner verliert zunehmend den Respekt vor der Obrigkeit und Polizei, stellte Konter fest und rieb sich wie zur Bestätigung die letzten, abheilenden Schürfwunden im Gesicht.

Wenig später im zweiten Stock hatte er Glück. Im Nordflügel traf er Gerichtsrat Böhmert auf seinem Zimmer an. Der Mann war Ende dreißig, schlank und ging offenbar in vielerlei Hinsicht mit der Mode. Er trug keine Robe, wie es bei den Beamten der Kaiserzeit durchaus noch üblich gewesen war. Sein Anzug, die Schuhe und der Haarschnitt hatten etwas Dandyhaftes. Als Konter den Raum betrat, zog Walter Böhmert an einer teuren Zigarettenspitze und blies den Rauch durchs geöffnete Fenster. Im Dienstzimmer deutete nichts darauf hin, dass dieser Mann demnächst an Überarbeitung sterben könnte. Vier Akten auf dem Tisch, ein paar Gesetzestexte im Regal, eine verstaubte *Continental*-Schreibmaschine.

»Da sind Sie ja«, rief er und reichte seinem Besucher die Hand. »Sie wurden mir von Hans angekündigt. Ich hoffe, ich bin jetzt nicht verhaftet.«

Er lachte, und Konter musste gestehen, dass ihm der Mann gar nicht unsympathisch war. Seiner einnehmenden Art konnte man sich kaum entziehen.

»Bitte, nehmen Sie doch Platz, Herr Kommissar. Was kann ich für Sie tun?«

»Es geht um Carl Großmann«, begann Konter.

»Um was wohl auch sonst?«, stöhnte Böhmert etwas theatralisch. »Ich bin nämlich von allen anderen Fällen freigestellt, bis diese Sache abgeschlossen ist. Sind Sie ein Mitarbeiter von Gennat?«

»Ich soll Sie von ihm grüßen«, wich Konter der Frage aus. »Ein paar Kleinigkeiten sind noch zu klären. Wir haben viele Anfragen besorgter Bürger, die Angehörige vermissen. Meist junge Frauen.«

»Der gute Ernst«, erwiderte der Gerichtsrat. »Immer der Wahrheit verpflichtet. Ich nahm an, dass von höherer Stelle deutliche Weisung kam.«

»Inwiefern?« Paul Konter wusste, dass er einen miserablen Schauspieler abgegeben hätte. Wenn er allerdings normale Gespräche so führte, als wären sie Verhöre, dann gelang es ihm recht gut, sich zu verstellen.

»Die Weisung lautete, die Ermittlungen jetzt so schnell wie möglich abzuschließen.«

»Oh.« Konter räusperte sich. »Herr Gennat … Er führt seinen Laden manchmal etwas chaotisch. Gelinde gesagt. Aber bitte, das bleibt unter uns.«

So tun, als wäre der Befragte ein Mitverschwörer. Eine beliebte Taktik unter guten Kripoleuten. Der vermeintlich Eingeweihte fühlte sich gebauchpinselt, dass man ihm Geheimnisse anvertraute. Tatsächlich lächelte Böhmert.

»Er ist eben kein Anführer«, sagte er. »Im Feld hätte er jämmerlich versagt. Nun gut, dann weihe ich Sie ein, Herr Konter. Wir haben bereits genug Unruhe auf den Straßen. Da können wir es uns nicht erlauben, dass jeden Tag neue Mutmaßungen über diesen Mörder in den Zeitungen kolportiert werden. Gerade war es still geworden um ihn. Rührt sich jetzt alles wieder auf, dann wird demnächst noch jemand behaupten, der Mann hätte Erzherzog Franz Ferdinand auf dem Gewissen. Nein, nein, es muss Schluss sein damit.«

Netter Versuch, dachte Konter. Aber dünn, sehr dünn. *Ruhe ist die erste Bürgerpflicht.* Was ein preußischer König in dunkler Vorzeit gefordert hatte, schien sich später in die Seelen seiner Untertanen eingegraben zu haben. Und bis heute hielt man sich in diesem Land geflissentlich daran. Wenn die Deutschen schimpften, dann taten sie es leise. Ihr Protest war wenig mehr als ein Murren, und ihre Revolutionen hatten einer inneren Ordnung zu folgen. Natürlich mit Zeit fürs Pausenbrot. Geregelte Pension und Feierabend um fünf.

»Ja, ich verstehe das«, log er. »Einfache Menschen können manchmal derart lästig sein. Sitzen penetrant auf den Fluren und wollen Antworten. Sehr ärgerlich.«

Konter erhob sich von seinem Stuhl und wandte sich zum Gehen.

»Ich komme ja ursprünglich von der Politischen Abteilung«, sagte er beiläufig, als wäre ihm gerade etwas eingefallen. »Da rumort es ganz schön. Ich könnte dafür sorgen, dass meine Kollegen nicht irgendwo anecken und falsche Fragen stellen. Dafür müsste ich allerdings ein klein wenig mehr wissen. Natürlich möchte ich niemanden kompromittieren. Aber sofern Herr Gennat sich nicht an getroffene Vereinbarungen hält, könnte ich Ihnen Bescheid geben.«

»Keine schlechte Idee«, unterbrach ihn Böhmert. »Ernst ist sicher kein Dummkopf, aber ein unverbesserlicher Idealist. Dummköpfe und Idealisten bringen sich und andere in Gefahr. Es wäre quasi unser beider Freundschaftsdienst, ihn vor einem möglichem Schaden zu bewahren.«

Er bot Konter eine Zigarette an.

»Nur so viel, Herr Konter«, fuhr er dann fort. »Es handelt sich um Staatsinteressen. Und ich meine dabei nicht die Schmierfinken von Ullstein oder Mosse. Mit denen werden wir allemal fertig. Nein, Großmann hat seine Nase einfach in Angelegenheiten gesteckt, die ihn nichts angehen. Und ihm kommen jetzt einige seltsame Geschichten in den Sinn. Er phantasiert, redet wirr. Es wird Zeit, die Sache zu Ende zu bringen. Und die ersten Leute fangen an, solche abstrusen Theorien für bare Münze zu nehmen. Diese Menschen müssen wir vor sich selbst schützen. Wo kämen wir hin, wenn in der jungen Republik jeder sagen dürfte, was ihm einfällt? Die Räson geht vor, meiner Lieber. Das wusste schon Friedrich der Große.«

Seltsame Logik, dachte Konter nur. Er nickte jedoch eifrig zustimmend. Mehr kann ich kaum erwarten. Nichts Handfestes zwar, keine Namen oder Details, aber die grobe Richtung hat der Mann bestätigt.

Insgeheim hatte er sogar mit deutlich weniger Fakten gerechnet. Aber die Leute waren oftmals froh, wenn sie sich ein paar Dinge von der

Seele reden konnten. Egal, ob es sich um Verdächtige oder sogenannte unbescholtene Bürger handelte. Es war nur wichtig, ihnen das Gefühl zu geben, dass sie gegenüber dem Fragesteller mehr verschwiegen als preisgegeben hatten. Wohlgemerkt, das *Gefühl*. Walter Böhmert hatte gönnerhaft bestätigt, dass Gennat zurückgepfiffen worden war. Aber was waren *Staatsinteressen*? Wer war *wir*? Um welche *Angelegenheiten* handelte es sich? Nur eines schien jetzt klar. Wenn dieser Triebtäter nur phantasierte, warum kümmerte es überhaupt jemanden? Man hätte sein Theater einfach als Ausgeburt eines kranken Gehirns hinstellen können. Und kein Zeitungsfritze hätte gewagt, etwas anderes zu behaupten.

Großmann hat seine Nase einfach in Angelegenheiten gesteckt, die ihn nichts angehen. Der Satz hallte in Konter besonders nach. Was konnte dieser Mann wissen, das höhere Kreise veranlasste, sich abzusprechen und Leute wie Böhmert einzuschalten? Der zweite Mann.

Kommissar Konter wusste um die seelischen Untiefen der Kriminalistik. Deren Regeln galten selbstverständlich für Ganoven und unbescholtene Bürger gleichermaßen. Viele Menschen machten sich oft erst dadurch verdächtig, dass sie meinten, sie müssten das Verdächtige gut vertuschen. Manche taten dies äußerst ungeschickt und durchschaubar. Für die ganz Schlauen bedurfte es allerdings eines besonderen Spürsinns, eines inneren Kompasses, der dem Ermittler den richtigen Weg wies. Und in diesem Augenblick standen bei Konter alle Sinne auf Alarm. Hier stimmte etwas nicht. Die Geheimniskrämerei um Großmann – das anfängliche Desinteresse und die jetzige Eile – schien ihm wie ein Hundehaufen, auf den man Kölnischwasser geschüttet hatte. Das Ganze stank dennoch – oder gerade deshalb – zum Himmel.

○ ○ ○

Für Konter stand fest, er musste umgehend noch einmal zu dem Gefangenen Großmann. Zu viele Fragen. Zu wenig Antworten. So etwas verursachte ihm größere Qualen als körperlicher Schmerz und raubte ihm den Schlaf. Weite Wege hatte er nicht zurückzulegen, da sich das Untersuchungsgefängnis gleich neben dem Gerichtsgebäude in der Turmstraße befand. Er brauchte nicht wie vor einigen Tagen dort am Haupttor läuten. Man hatte die Bauten durch Kellerflure miteinander verbunden, um die Angeklagten während der Dienstzeiten bei Gericht unauffällig und ohne weiteren Kontakt zu Zeugen oder Verwandten in die Verhandlungssäle bringen zu können. Durch die Oberlichter pfiff beständig Zugluft. Und es schien, als drängte dort das leise Stöhnen und Seufzen der bereits Verurteilten durch die kalten Betongänge an die Ohren. Selbst hartgesottene Knastbrüder ließen hier jede Hoffnung auf Nachsicht und mildes Urteil fahren.

Konter hatte sich vom Pförtner die schwere Eichentür aufschließen lassen, die gleichzeitig alles Rufen, Fluchen, Jammern von den Hallen Justitias abschirmte und jeden Fluchtversuch vereiteln musste. Trotz des schmerzenden Beins lief er fast, legte sich seine Fragen an Großmann zurecht und war selbst erschrocken über die Mutmaßungen, die ihm durch den Kopf gingen. Er musste den Häftling unbedingt noch einmal befragen, bevor diese Quelle versiegte. Als Konter auf der Gefängnisseite angekommen war – man hatte eigens eine Sprechanlage angebracht, so dass ihm auch hier die Tür geöffnet wurde –, schlug ihm sofort die Atmosphäre der Verwahranstalt entgegen. Drüben die Weite der Freiheit, symbolisiert durch hohe Hallen, Säle und Treppenhäuser. Hier die Enge eines Zuchthauses. Niedrige Decken, schmale Flure und kleine, vergitterte Fenster. Dazu eine sich zur Kakophonie steigernde Lautmalerei aus Schlüsselrasseln, quietschenden Angeln, Türklappen, emsigem Getrappel und allerlei anderen, durch Menschen verursachten Töne.

Der Mythos der Straße sprach gern davon, dass das Gefängnis einen Mann erst richtig hart machte. Da wurde geprahlt, dass man die Wärter angespuckt, den Richter beleidigt und sich bei den anderen Insassen mit den Fäusten Respekt verschafft hatte. Konter wusste es besser.

Bei den meisten Kerlen reichte es völlig aus, sie einige Zeit in ihren sieben Quadratmetern schmoren zu lassen, ihnen die Post oder das Essen wegzunehmen. Und plötzlich wurden sie nach kurzer Zeit lammfromm. Spätestens die Androhung eines Ochsenziemers wirkte wahre Wunder. Und einer wie Großmann würde schon für eine Zigarette seine eigene Mutter verkaufen. Jeder weitere Tag, der verging, konnte bedeuten, dass er kein Wort mehr sagen würde. Gebrochen, bedroht, eingeschüchtert. Es gab viele Gründe, weshalb Gefangene nach einiger Zeit nicht mehr sprachen.

Und für seine weiteren Ermittlungen brauchte Konter eine genaue Beschreibung des dubiosen »zweiten Mannes«. In der Akte fanden sich dazu keine Angaben. Passagen der ersten Verhöre waren geschwärzt worden. Zunächst war dies nicht weiter ungewöhnlich, wenn Richter oder Reichsanwalt wollten, dass Obszönitäten, beschämende Angaben und ungerechtfertigte Vorwürfe im Prozess nicht zur Sprache kamen. Bei erneuter Durchsicht kamen Konter jedoch Zweifel, ob nicht durch die gezielten Auslassungen entscheidende Hinweise verborgen werden sollten. Nach einer Viertelstunde öffnete ihm ein Wachmann Großmanns Zellentür. Der Gefangene war offenbar erfreut über die erneute Abwechslung und die Aufmerksamkeit, die ihm zuteilwurde. Er lechzte förmlich nach ein wenig Zuwendung, auch wenn diese nur aus ein paar Zigaretten bestand.

Zunächst schienen sich seine Angaben zu widersprechen. Mal trug der angebliche Bekannte einen dicken Oberlippenbart, dann Backenbart, oder er war rasiert. Mal war das Haar kurz geschnitten, dann wieder ungepflegt lang. Scheitel links oder rechts. Mit Haaröl, vielleicht aber auch nicht.

»Eene Nickelbrille hatte er manchmal uffm Zinken, aber nich immer«, erklärte der Häftling. »Nee, seene Klamotten warn janz manierlich, sah manchmal aus wie een Blaffke. Er konnte aba ooch mit Joppe und Blaumann uffschlagen. Vor allem, wenn wir uns inne Kohlenbunker jetroffen ham. Und wenn er eene Kalte dabeehatte.«

Zunächst also deutete alles darauf hin, als bestätigte sich Gennats erste Vermutung. Es wirkte wie das Gerede eines geistig Verwirrten, und die darauf gestützten Spekulationen würden zu nichts führen. Dann jedoch kam dem Kommissar der Verdacht, dass die vermeintliche Bildlosigkeit des fraglichen Mittäters beabsichtigt sein könnte. Großmann hatte zwar seine Triebe und brutalen Affekte nicht im Griff, aber er war geistig erstaunlich rege. Mehrere Fangfragen zu Politik und Zeitgeschehen, die der Polizist ihm stellte, konnte er präzise und fundiert beantworten.

»Mensch, das bringt doch nichts«, erklärte Konter nach einer halben Stunde. »Groß, klein, dick, dünn, bürgerlich oder eher Arbeiter. Was nun? Sind Sie sicher, dass Ihr Phantom überhaupt ein Mann war? Oder haben Sie nur mit Ihren Opfern herumgespielt? Sind Ihnen vielleicht die Geister der Toten begegnet, Großmann?«

»Nee, verflucht! Ick bin een Totschläger, wa. Aber keen Bekloppter, Herr Kommissar.«

Konter fröstelte und schlug den Kragen seines in die Jahre gekommenen Lodenmantels hoch. Hier im Gefängnis Moabit war es immer kalt; sommers wie winters. Stein, Beton und Stahl. Und eine Art erkalteter Menschlichkeit. Diese Normalität des Abscheulichen machte ihm immer öfter zu schaffen. Aber da war noch etwas anderes. *Keen Bekloppter* hatte Großmann gesagt. Als der Kommissar das Gebäude verließ, war er sicher, dass der Kerl auf seine ganz spezielle Weise recht hatte. Und diese Erkenntnis jagte ihm einen weiteren Schauer über den Rücken. Bei der ganzen Sache war mehr Berechnung im Spiel, als es zu Anfang schien.

14

Berlin – Spandauer Vorstadt

Die Berliner Hinterhöfe waren Legende. Und Ausdruck einer falschen Stadtplanung, die nicht rechtzeitig auf die Zunahme der Einwohnerzahl reagiert hatte. Die ursprünglich riesigen Baugrundstücke waren mit Mietskasernen zugepflastert worden, die ineinander verschachtelt schienen. Anstatt die Neubauten über eigene Zufahrten zu erschließen, verbanden schmale Hofdurchfahrten die drei, vier, manchmal fünf hintereinander liegenden Gebäude. Das Vorderhaus wurde meist von den etwas wohlhabenderen Mietern bewohnt, nach hinten nahm der soziale Status ab. Und oft waren die bleichen, in Lumpen gekleideten Kinder, die in den Höfen spielten, nur schwer von dem Abfall zu unterscheiden, den die Bewohner neben ihnen auftürmten. Wer hier zur Welt kam, hatte kaum eine Chance.

Die Berliner Hinterhöfe waren Todesfallen. Wenn es hinten brannte, dann entwickelte sich in den schmalen Gassen ein Luftsog, der anfangs manchen unwissenden Feuerwehrmann in den heißen, gefräßigen Atem des Feuers gerissen hatte. Seit die ersten Unfälle geschehen waren, sicherten sich die Löschmannschaften durch Seile. Wunderbar gedieh in den düsteren, ansonsten wenig belüfteten Armenwohnungen auch allerlei Getier. Tauben, Ratten und Hunde bekamen die Leute noch in den Griff, sofern sie bei Kräften waren. Die Tuberkelbazillen jedoch gediehen hier ebenso prächtig wie die Erreger des Kindbettfiebers und der Diphtherie. Zusammen mit der Ruhr, allgemein nur als »blutiger Schiss« bekannt, regelten sie in den untersten sozialen Schichten das Bevölkerungswachstum.

Berlin, du Prächtige. Gnadenlose. Weltstadt. Für Ganoven und ihre

Händel schienen die Hinterhöfe geradezu ideal. Tausend Zimmer, hundert Gänge, Dutzende Keller und Luken. Aber das galt nur für die, die sich dort auskannten. Für alle anderen war ihre Unkenntnis nicht minder gefährlich wie große und kleine Tierchen oder eine Feuersbrunst. Immer wieder wurden den Polizeirevieren Skelettfunde durch Kohlehändler gemeldet, die beim Umschichten der Briketts auf eine Mumie gestoßen waren. Das große Fleisch abgenagt, die Reste im schwarzen Staub vertrocknet.

Franz war zu Verhandlungen über ein neues Lokal am Prenzlauer Berg unterwegs. In den Wohngebieten südlich der Ringbahn wohnte ein zahlungskräftiges Publikum, und die Gegend bot kaum Unterhaltung. An der Schönhauser Allee Ecke Danziger Straße sollte sich das nach seinem Willen bald ändern. Entgegen seiner bisherigen Vorsätze wollte er den Laden selbst leiten.

»Geh nach Hause«, sagte er zu Erwin Volkmar, den er zum Schutz mitgenommen hatte. Alles war ruhig und in bester Stimmung über die Bühne gegangen, sogar ein Vorvertrag bereits unterschrieben. »Ich brauche noch etwas frische Luft. Vielleicht schau ich noch auf dem Alex bei Paul vorbei. Der Kerl hat ja kein Zuhause.«

Erst später bemerkte er, dass er dabei war, an diesem Abend gleich mehrere Fehler zu begehen. Er sah sich im Viertel ein wenig um und vergaß darüber die Zeit. Dunkelheit konnte zwar Schutz bedeuten, aber sie machte Ortsunkundige auch verwundbar. Nun hätte er den jungen Boxer doch gern an seiner Seite gehabt. Erst in der Nähe des Alexanderplatzes entspannte er sich wieder. Immer wieder hatte er sich in der letzten halben Stunde mit dem Gefühl umgesehen, verfolgt zu werden. Vom Pförtner im Polizeipräsidium erfuhr er, dass Konter bereits Feierabend gemacht hatte. Als er wieder vor dem Gebäude stand, hatte er wieder den Eindruck, beobachtet zu werden. Er tat, als schlenderte er gemächlich die Alexanderstraße hinauf und bog dann ganz plötzlich in die Unterführung an der Voltairestraße ab. Hinter dem stählernen Viadukt lief er dann zurück zum S-Bahnhof Friedrichstraße. Er war außer Atem und hatte knapp die abfahrende Bahn erwischt. Er sah sich um. Nichts Verdächtiges. Zwei betrunkene, junge Männer lärmten und urinierten dann auf den Bahnsteig. Eine alte Frau mühte sich mit einem Flechtkorb, den sie auf dem Rücken trug, die Treppe hinauf.

Gerade hatte Franz sich beruhigt und sich entschlossen, unten am Platz eine Droschke zu nehmen, als zwei Männer in abgewetzten Lederjacken neben der Alten mit dem Korb auftauchten. Sie begannen in dem Moment zu laufen, als er sich umdrehte und zum zweiten Ausgang am anderen Ende des Bahnsteigs stürmte. Plötzlich erschien aber auch dort ein vierschrötiger Kerl, der wahrscheinlich doppelt so schwer war wie Franz. Der Zug fuhr ein. Franz sprang ins Abteil, da er hoffte, dass die Männer ihn in dem Pulk der aussteigenden Fahrgäste vielleicht übersehen würden. Er setzte sich zu mehreren anderen Männer, die sich gerade über den verletzten Stürmer von Germania unterhielten. Den Hut tief nach unten gezogen, tat Franz, als wäre er eingenickt. Dabei beobachtete er jedoch das Wageninnere durch die Spiegelungen in der Fensterscheibe. Die drei Männer waren zu ihm in den Wagen gestiegen. Nun gab es keine Zweifel mehr, die Kerle hatten es auf ihn abgesehen. Franz zwang sich, ruhig zu bleiben. Würden sie ihn hier angreifen? Vielleicht hatten sie ihn ja doch übersehen? Aber er erkannte, dass die drei ihn bemerkt hatten und in seine Richtung blickten. Zum Glück lag die nächste S-Bahnstation Börse fast in Rufweite zum Alexanderplatz. Nach nur einer Minute Fahrt kreischten die Bremsen des Zugs erneut. Franz blieb sitzen, tat, als hätte er die drei Verfolger nicht bemerkt. Im letzten Augenblick, als der Zug bereits wieder anfuhr, rannte er zur weiter entfernt liegenden, hinteren Tür. Er riss sie auf und zwängte sich durch den Spalt auf den Bahnsteig. Er sah, dass seine Verfolger die vordere Wagentür öffneten und ebenfalls auf den Bahnsteig sprangen. Der Zug hatte den Bahnhof schon zur Hälfte verlassen, so dass der letzte Mann am Ende des Bahnsteigs mit großer Wucht gegen ein Schild prallte. Ein knirschendes Geräusch war gefolgt von einem unterdrückten Aufschrei. Kurz darauf hielt der Mann seinen seltsam verrenkten Arm.

Nur noch zwei, dachte Franz und sprintete zum Ausgang. In Richtung Hackescher Markt. Sein Fuß schmerzte. Beim Sprung musste er ihn sich verletzt haben. Er war viel zu langsam, um möglichen Verfolgern zu entkommen. Schon gar nicht würde er es zurück zum Präsidium schaffen. Also entschied er sich, in die Dunkelheit des erstbesten Durchgangs einzutauchen. Er kannte die Höfe am Marktplatz nur flüchtig vom Vorübergehen. Kindheit und Jugend hatte er in Moabit verbracht. Dort konnte man ihn mit verbundenen Augen aussetzen, und er hätte jederzeit gewusst, wo er war. Die Armenhäuser am Spittel oder Hacke hatte er erst viel später entdeckt. Und er hatte sich auch als Erwachsener an das ungeschriebene Gesetz der Jugendcliquen gehalten: Niemals in einen Hof, den du nicht kennst! Niemals allein! Und niemals bei Nacht!

Er blieb stehen und lauschte, als er das Ende des ersten Durchgangs erreicht hatte. Leises Knirschen drang über das Pflaster der Rosenthaler Straße. Es war nur für junge Ohren hörbar, denn die Verfolger setzten offenbar nur die Sohlen auf, vermieden es, mit den Absätzen Lärm zu machen.

Franz hatte wie so oft keine Waffe bei sich. Manchmal trug er ein Messer am Gürtel, zur Pistole griff er nur selten. Seine Augen hatten sich etwas an das Nachtschwarz gewöhnt, aber er fand außer Ascheeimern und Lappen nichts, was zum Werfen oder als Schutz getaugt hätte. Weiter rein in die Höfe. Die Schritte kamen näher.

Sie wissen, wo ich bin, dachte Franz. Die Kerle kennen sich hier aus. Verzweiflung stieg in ihm auf. Vorn konnte er nicht mehr raus, hinten war unbekanntes Terrain. Er streifte seine Schuhe ab und warf sie in die nächste Tonne. Leise weiter. In die Dunkelheit. Strom war teuer. Und Kerzen waren gefährlich. Folglich brannte in keinem der Fenster Licht, keine Laterne im Torbogen wies gebetenen – oder ungebetenen – Gästen den Weg.

Einen kurzen Augenblick wurden die Schritte lauter. Die Verfolger waren offenbar um die Ecke in die Durchfahrt eingebogen. Franz überlegte. Die meisten Hofdurchgänge führten an einem anderen Ende wieder irgendwo auf die Straße. Er versuchte, sich daran zu erinnern, wie es hier in der Umgebung bei Tag aussah. Die Fassaden am Marktplatz passten sich dem Verlauf der Straßenzüge an. Die Grundstücke waren vieleckig, die Höfe ineinander verschachtelt. Franz stand jetzt unter der zweiten Durchfahrt vor dem nächsten Hof. Geradeaus oder rechts. Irgendwo hinten war eine Kirche, erinnerte er sich. Und die Leute durften ihre Abfälle wohl nicht über einen Gottesacker karren. Also nach rechts. Kaum war die eine Entscheidung getroffen, stand er jedoch vor der nächsten Frage. In diesem Hof hieß es, geradeaus oder links. Hinter sich hörte er gedämpfte Stimmen. Die beiden Kerle kamen näher. Franz huschte unter den Steinbogen auf der linken Seite. Wieder ein Hof. Hier musste es hinausgehen, denn dahinter war die Straße. Oder doch die Kirche? Er lief seitlich an den Mauern des Mietshauses entlang. Da war keine Durchfahrt. Panik stieg in Franz auf. Wenn, dann ging es nur geradeaus. Er erreichte die Stelle. An der ein Torbogen hätte sein müssen. Verdammt, hier musste ein Durchgang sein! Aber die Bauingenieure hatten wohl anders entschieden.

Das war es, dachte er einen kurzen Moment. Schüsse oder Schreie im Innenhof? Da würde kein Bewohner auch nur den Kopf aus dem Fenster strecken, bevor es dämmerte. Und Telefon hatte hier sicherlich niemand. Franz starrte in die Dunkelheit. Da, ein noch dunklerer Schemen! Eine Hintertür. Sie war verschlossen und öffnete sich zum Hof. Da brauchte er eine Axt, um das Ding zu öffnen. Bei gutem Licht hätte er das Schloss wohl in zwei Minuten mit einem Draht geknackt. Axt, Licht, Draht, zwei Minuten. Es fehlte an allem. Gerade wollte er sich in sein Schicksal ergeben, als sich die Tür öffnete. Jemand zog ihn in das dahinter liegende Zwielicht eines Nebenflurs. Vor Franz stand ein Mann, der einen Jutesack auf dem Rücken trug und grinste.

»Ich bin Joe. Und hier geht es raus.«

15

Berlin – Charlottenburg, Mai 1922

Jekaterina und Anna hatten sich bereit erklärt, Antonias Tochter Valerie für einige Zeit bei sich aufzunehmen. Toni war auf der Suche nach einer neuen Bleibe, da Max Klante eigentlich mit ihr in seine neue Villa in Karlshorst hatte umziehen wollen. Das Anwesen war aber mittlerweile von der Steuerfahndung beschlagnahmt worden. Ihr kleines Haus am Landwehrkanal hatte man neu vermietet, so dass Toni eine Zeit lang bei Susanne und ihrem Neffen unterkommen musste. Valeries Stimmung war immer noch labil. Und sie verfiel manchmal ohne ersichtlichen Grund in einen Zustand, in dem sie dasaß, ins Leere blickte und mit dem Oberkörper wippte. Nach dem Gespräch mit Zille wollte Franz unbedingt mit ihr reden.

Sie saß in dem kleinen Garten, der zu Katjas und Annas Wohnung gehörte. Wieder schien sie Löcher in die Luft zu starren, so dass sich Franz verlegen räusperte, als er sich ihr näherte. In dem riesigen Stuhl aus Flechtwerk, der unter einer Ulme stand, wirkte sie zugleich verloren und erhaben. Verletzlich und behütet. Sie übte eine seltsame Faszination auf ihn aus.

Eine traurige, verlorene Königin ohne Heimat, kam ihm in den Sinn. Er mochte das Pathetische, liebte die Filme im *Welt-Biograph-Theater* und in den *Viktoria-Lichtspielen*, in die er Susanne jede Woche schleppte. Ob die reife Asta Nielsen oder die überaus knusprige Lil Dagover, es gab viele Gründe, als junger Mann im Kintopp ins Schwärmen zu geraten. Und nun saß ein solcher Grund hier im Garten vor ihm. Nein, ermahnte er sich. Sie war Valerie, Tonis Tochter. Die Entwurzelte, die Vertriebene und Missbrauchte. Sie brauchte Hilfe. Die

Medizin war mit ihrem Latein am Ende. Die körperlichen Spuren der Misshandlungen waren ausgeheilt. Für den Rest brauchte es Zeit. Und Gerechtigkeit.

»Geht es dir besser?«, fragte er etwas unbeholfen. Diese Frau verwirrte ihn, seit er sie das erste Mal gesehen hatte. Sie wirkte zerbrechlich, aber sie strahlte auch etwas von jener Stärke aus, die ihrer Mutter zu eigen war.

»Einige Wunden sind dabei zu heilen.« Sie nickte.

»Tante Toni …« Franz hatte immer noch Schwierigkeiten, sich an die Tatsache zu gewöhnen, dass Valerie zur Familie gehörte. »Entschuldigung, deine Mutter wird in ein paar Tagen ein Haus am Charlottenpark besichtigen. Ich soll dich fragen, ob du dabei sein möchtest. Danach möchte sie noch einmal für eine Woche nach Lychen oder Hermsdorf.«

»Du bist also gekommen, um mir zu sagen, was ich durch die Telefonate mit Maman und ihre Briefe schon längst weiß?« Valerie lachte.

»Es gibt für Toni viel zu tun beim *Syndicat*«, meinte Franz ausweichend. »Und Max wird lange Zeit ins Gefängnis müssen. Dann der Umzug. Paul ist auch noch nicht wieder voll auf dem Damm. Sie muss sich schonen.«

»Auch das ist mir bekannt, Franz. Sag, wieso bist du hier?«

»Du weißt, dass wir uns alle die größte Mühe geben, um herauszufinden, was passiert ist«, antwortete er. »Paul hat vielleicht eine Spur. Katja ist am Ball und hört sich um. Sogar Ehrhardt ist in dieser Sache auf unserer Seite. Meine Jungs aus den Cliquen haben etwas herausgefunden, das ich mit dir besprechen möchte. Es ist nicht schön.«

»Du sagst es. Und es wird nicht dadurch weniger hässlich, dass wir nicht darüber sprechen. Also, was hast du herausgefunden.«

»Es gibt einen Mann, der dich vor etwa einem Jahr gesehen hat. Er ist Maler, ziemlich alt und ein seltsamer Kauz. Aber er ist ein guter Beobachter.«

»Wo hat er mich gesehen?«

»Ich …« Franz schluckte, und er war den Tränen nah. »Es tut mir leid, Valerie. Er sagt, du hättest damals in einem Bordell auf der Fischerinsel gearbeitet.«

»O Gott! Und das Schwein hat mich …«

»Nein! Wie gesagt, er ist Maler. Er zeichnet Kinder, alte Leute und …«

»Huren.«

»Ja, aber er hat wohl gemerkt, dass mit dir irgendetwas nicht stimmt. Niemand wusste, wie du heißt. Du sollst immer wieder von Paris und von Häusern am See gesprochen haben. Und Namen hast du genannt. Zille kannte sogar einige dieser Leute. Und diese Namen haben dem Alten offenbar mächtig Angst eingejagt. Er hat alles aufgeschrieben. Ich habe die Liste. Und er hat dich aus dieser Hölle herausgeholt. Drei Wochen warst du bei ihm. Als Modell. Er hat dich gemalt, sagt er. Dann bist du verschwunden.«

»Er hat mich gemalt?« Valeries Stimme war eine Mischung aus Wut und Verzweiflung. »Gibt es überhaupt noch etwas Intimes an mir? Oder bin ich jetzt eine öffentliche Frau? Wie ein Groschenheft in der Leihbücherei. Jederzeit zu haben. Gegen eine kleine Gebühr.«

»Er wollte dir helfen, Valerie! Er kannte dich nicht, wusste nicht, ob er zur Polizei gehen soll. Aber er hat mit Bekannten und Freunden gesprochen. Und die haben noch mehr Frauen wie dich gesehen. Er kann alles bestätigen.«

»Ach, dann hast du mir vorher nicht geglaubt?«

»Doch, aber Paul meint, dass wir Zeugen brauchen. Dass wir Namen brauchen. Beides haben wir jetzt.«

»Es tut mir leid, dass ich meiner Mutter und euch das angetan habe«, sagte Valerie plötzlich.

»Weshalb sagst du das?« Franz fühlte sich wieder einmal hilflos. »Du kannst nichts dafür. Die Ärzte sind überzeugt, dass man dir über lange Zeit Rauschgift gegeben hat. Du warst nicht du selbst. Und es ist ein Wunder, dass du diese Torturen überstanden hast. Natürlich belastet es uns alle. Ein Grund mehr, die Verantwortlichen zu finden.«

Sie schwiegen eine Weile und tranken Eistee. Franz wurde in ihrer Gegenwart zunehmend verlegen und versuchte, seine Unsicherheit durch allerlei Scherze zu überspielen. Als er den berühmten Sass-Blick – ein Schielen, bei dem die Augen nach außen zeigten – vorführte, stieß er sein Glas um. Seine Cousine lachte, und er ertappte sich bei dem Gedanken, dass er für dieses Lachen alles tun würde. Auf Valeries Haar hatte sich im Licht der Sonne ein rot-goldener Schimmer gelegt. Sie hatte sich in den vergangenen Monaten körperlich gut erholt. Und Franz konnte seinen Blick kaum von ihren weiblichen Vorzügen abwenden. Andererseits wiesen ihre Stimmungsschwankungen darauf hin, dass es in ihrem Inneren ganz anders aussah.

»Interessiert es überhaupt jemanden?«, fragte sie nach einer Weile. »Die Grippe rafft halb verhungerte Gestalten dahin. Auf der Straße betteln Kindern um Brot. Zerschossene Krüppel sitzen an jeder Ecke.« Verbitterung lag in ihrer Stimme. »Was bedeutet da schon eine Frau, die aus Paris entführt wurde? Die missbraucht wurde?« Sie blickte Franz wütend an. »Für die Polizei ist eine solche Frau doch nur eine weitere Dirne. Menschlicher Abfall, den diese Zeit an den Rändern der Gesellschaft ausspuckt.«

»Es interessiert *uns*«, erwiderte er. »Denn *wir* sind jetzt deine Familie, vergiss das nicht. Ich habe nicht viel von meinem alten Herrn gelernt, aber ein Spruch bleibt mir unvergessen. Weil er wahr ist: *Es ist egal, mit wie viel Dreck sie dich bewerfen, wie oft sie dich treten oder was sie von dir halten. Alles kannst du ertragen, solange du Familie und Freunde hast. Das ist der Stolz, den sie nicht brechen können.*«

»Sie? Wer ist denn das deiner Meinung nach?«

»Die fetten Geldsäcke«, antwortete Franz. »Das arrogante, alte Adelspack. Spekulanten, die dir ein Erdloch für fünfzig Mark vermieten. Generäle, die andere für sich krepieren lassen. Politiker, die nicht zuhören. Eigentlich sind es all jene, die an einem Bettler vorbeigehen und ihren Groschen nur noch fester umklammern.«

»Du solltest dich hören, Franz Sass!« Valerie lachte und ergriff die Hand ihres Cousins. »Du klingst wie ein Bolschewist auf dem Weihnachtsmarkt. Die Völlerei verhöhnen und dabei gierig auf den Gänsebraten starren.«

»Jeder hat das Recht auf einen vollen Magen«, erwiderte er etwas beleidigt.

Die zarte Berührung löste bei ihm ein Prickeln auf der Haut aus, das ihm Angst machte. Er hatte es bisher nur bei einer einzigen Frau gespürt. Als Susanne ihn das erste Mal geküsst hatte. Hastig zog er die Hand zurück.

° ° °

Paul Konter stand kurz davor, aufzugeben. Wenn er Leuten wie Richter Böhmert auf die Füße trat, dann würde über kurz oder lang ein weitaus kräftigerer Tritt zurückkommen. Ein Tritt, der ihn seine Versetzung zu Gennat oder einen Teil der Pension kosten konnte. Vorzeitige Versetzung in den Ruhestand. Manch unbequemer Kollege war auf diese Weise entsorgt worden. Und schließlich machte Großmanns vage Beschreibung eines Mittäters halb Berlin zu Verdächtigen. Vielleicht war wirklich alles nur das Trugbild eines Wahnsinnigen. Vielleicht musste er Gennat dieses Mal doch enttäuschen. Vielleicht war sein Spürsinn gar nicht so gut, wie er selbst immer annahm. Drei Schreibgriffel lagen zerbrochen im Papierkorb, daneben mehrere Blätter Papier in Knäueln. Seine Wut war fast greifbar in dem kleinen Raum.

»Alles in Ordnung, Chef?«, fragte sein Noch-Assistent Mahler, der gerade die Post sortierte. Zu Konters Bedauern wollte der begabte, junge Kollege bei der Politischen Abteilung bleiben. Er hätte ihn gern mit zu Gennat genommen. Vorsorglich hatte er ihn jetzt nicht in die zweifelhafte Suche nach einem Unbekannten eingebunden, der vielleicht nur ein Gespenst war.

Noch ein weiteres Vielleicht, und ich vergesse mich, dachte er grimmig und beförderte einen weiteren Schreibstift in den Abfall.

»Immer noch der Verrückte, der Sie beschäftigt?« Die Aufgabe eines tüchtigen Kriminalassistenten war unter anderem, die zahlreichen Bittschreiben, unflätigen Beschwerdebriefe und offensichtlichen Denunziationen von seinem Vorgesetzten fernzuhalten. Bei einem Umschlag, den er gerade geöffnet hatte, hielt er jedoch inne.

»Hier ist ein Brief von ihm«, meinte Mahler offenbar selbst erstaunt.

Konter riss ihm das Blatt fast aus der Hand und überflog die Zeilen. Großmann musste ihm unmittelbar nach der letzten Befragung geschrieben haben. Seine krakelige Handschrift und Grammatik verrieten, dass der Mann wohl nicht über die Volksschule hinausgekommen war.

Vererter Kommissar!
Ick hab mir noch mal nachjedacht. Ick hab doch erzält, dat de Johann eene Brief liejen lassn hat. Davon wuste ick ja, dat er in wirklich Friedrich jeheißn hat. Hat nemlich jesagt, dat er nen Jas-Anschluss kriejen soll in seene Bude. Also ick meen, der Brief kommte wohl von de Jas-Anstalt. Für seene Bude, aber an een Friedrich, nich Johann. Nachname war wat mit zy oder ky, diese Lausepack ausm Osten. Und dat mit dene Adrese war in NO 55, dat weeß ick jenau. Inne Esachstraße oder so. Ick mache mir nich wichtig, Herr Kommissar, müssn Se mir jloobn.
Carl Großmann

Na bitte, dachte Konter. Er kramte in einer Schublade und zog den *Grieben-Stadtatlas* daraus hervor. Berlin NO 55, das war der Postzustellbezirk für die Königsstadt. Er fuhr mit dem Finger über die Karte und suchte nach Straßennamen. Esach? Sagte ihm nichts. Aber er fand schließlich die Esmarchstraße im Bötzowviertel. Nun bestand für ihn kein Zweifel mehr daran, dass Carl Großmann die Wahrheit gesagt hatte. Die Aussage war in sich zu stimmig, als dass sie erfunden sein konnte.

»Friedrich -zky aus der Esmarchstraße«, sagte er zu sich selbst. »Wäre doch gelacht, wenn wir dir nicht auf die Schliche kommen.«

Was hatten ein Mann aus der gutbürgerlichen Königsstadt und ein abgerissener, vorbestrafter Straßenhändler vom Andreasplatz miteinander zu tun? Woher hatte Großmann das Geld, um in den letzten ein oder zwei Jahren den Lebemann markieren zu können? Was hatte es mit den betrunkenen – oder betäubten – jungen Frauen auf sich? Warum war man den vielen Beschwerden über Geräusche aus Großmanns Wohnung nicht nachgegangen? Und auch in den vergangenen Monaten – Großmann saß längst hinter Gittern – hatten Arbeiter immer wieder Leichenteile von Frauen im Luisenstädtischen Kanal gefunden. Aber die Polizei hatte vermutet, dass es Selbstmorde waren, Verzweiflungstaten enttäuschter Frauen. Diese Nachlässigkeit wurde von oben verordnet, davon war Konter überzeugt. Denn welche Selbstmörderin zerstückelte sich zuerst selbst, bevor sie sich dann im Kanal ertränkte?

Der Kripobeamte nahm das Telefonbuch und wählte schließlich die Nummer der Städtischen Gasanstalt am Stralauer Platz. Tatsächlich bestätigte man ihm dort, dass im vorigen Jahr drei Mietshäuser in der Esmarchstraße neue Druckventile bekommen hatten.

Ein Brief von der Gasanstalt. Nur drei Adressen. Jetzt werden wir sehen, dachte er triumphierend.

Paul Konter hielt es nicht in seinem Dienstraum. Er zog seinen Mantel über und eilte an dem verdutzten Mahler vorbei hinunter zum Droschkenstand. Das Schild dort wies immer noch »Droschken« aus, obwohl nur noch zwei uralte Kutscher mit Pferd und Wagen unterwegs waren. Konter nutzte diese Relikte aus seiner Jugend eigentlich gern, aber jetzt war er ungeduldig. Also sprang er in einen umgebauten Armee-Opel und wies den Fahrer an, ihn möglichst schnell zur ersten Adresse aus seinem Notizbuch zu bringen.

Die Straße erwies sich als ruhig und sauber. Typisch Berlin eben. Zweihundert Meter weiter wurden Schweine geschlachtet und staubige Kohlelager gefüllt. Am Ufer der Spree stank es nach Schiffsöl und Fisch. Durchaus konnte hier auch ein Leichnam angetrieben werden. Aber hier in Königsstadt war die Welt kleinbürgerlich in Ordnung. Die Häuser waren fast alle mehrstöckig, aber wiesen schon von außen nicht die Enge der berüchtigten Mietskasernen auf. Nach hinten öffneten sich große, lichte Höfe mit Grünflächen und Bäumen. Mit solchen Bauten rühmten sich die Architekten und städtischen Planer.

Bei der zweiten Adresse wurde Konter schließlich fündig. Die Reihe der Briefkästen wies den Namen *Friedrich L. Roczinsky* aus. Zur Sicherheit ging er noch zum dritten Haus, das ihm die Angestellte der Gasanstalt genannt hatte, aber es blieb bei dem einen Friedrich.

Treffer, dachte der Kommissar. Kurz überlegte er, ob Gennat zuerst davon erfahren sollte. Dann entschied er sich jedoch, zunächst Franz und Toni davon zu berichten. Die Sache konnte unangenehm werden. Was würde der Mann aussagen? Wer schützte ihn? Gab es weitere Komplizen? Plötzlich kam Konter ein Verdacht, und er schlug mit der flachen Hand so heftig auf einen Briefkasten, dass es im Treppenflur laut schepperte.

»Hornochse!« murmelte er. »Wie konnte ich das übersehen?«

Er lief eilig zurück auf die Straße, zwang sich dort jedoch, nur noch zügig zu gehen, um nicht aufzufallen. Natürlich war in der Wohnstraße keine Motordroschke zu bekommen. So ging er am Friedrichshain in Richtung Bartholomäus-Kirche. Hier konnte er endlich einen Wagen heranwinken, der ihn zur Naunynstraße brachte.

○ ○ ○

»Du meinst, dass dieses Untier etwas mit Valeries Auftauchen zu tun hat?«, fragte Antonia beinahe hysterisch. »Dass sie diesem Mörder nur um Haaresbreite entkommen sein könnte?«

Nachdem Konter bei Susanne und Franz eingetroffen war, hatten die beiden darauf bestanden, dass Toni bei einem Gespräch dabei sein sollte. Nach einem kurzen Telefonat und nur eine halbe Stunde später fuhr sie mit einem Taxi vor. Paul Konter schilderte in groben Umrissen, was er über einen möglichen Komplizen Großmanns herausgefunden hatte.

»Ich wage es kaum zu sagen, aber möglicherweise hängen diese Taten mit Valeries Sache zusammen«, meinte er.

»Sie hätte also auch diesem Untier in die Hände fallen können?« Susanne war entsetzt.

»Noch haben wir nichts Handfestes«, versuchte Konter, sie zu beruhigen. »Aber immerhin eine heiße Spur. Der Mann heißt Friedrich Roczinsky und hat sich offenbar als Komplize Großmanns ausgegeben, ihn mit Geld versorgt und Mädchen angeschleppt.«

»Wieso sagst du, er hat sich nur als Komplize ausgegeben?«, fragte Franz. »Er war der Komplize, oder nicht?«

»Ich glaube, dass Großmann von den wahren Motiven nichts wusste. Er dachte wohl nur, dass Roczinsky ihm ein paar Mädchen anschleppt, die er aufgegabelt hatte.«

»Sie haben die Frauen wie Abfall entsorgt.« Toni saß mit versteinertem Gesicht da. Vor ihr lag eine Zigarette, die sie entzündet, aber nicht geraucht hatte.

»Noch ist es nur eine Vermutung.« Konter biss sich auf die Lippe. Er hatte in seinem Eifer bereits mehr gesagt, als er Antonia zumuten wollte. Aber jetzt war es heraus. Sie würde ihn nicht von Haken lassen, bis er alles erzählt hatte.

»Großmann behauptet, dass sein Kumpel ihm Mädchen gebracht habe. Meist waren sie in einem fürchterlichen Zustand.« Er schluckte und schwieg für einen Moment. »Und einige waren bereits tot. Er musste sie auf Geheiß Roczinskys beseitigen. Weiterhin sagt er aus, dass er einige Frauen in den Zug gesetzt habe. Ohne Wissen Roczinskys.«

»Du glaubst diesem Schwein?«

»Warum sollte er lügen? Er weiß, dass ihn für mindestens zwei gestandene Morde die Todesstrafe erwartet.«

Alle schwiegen. Konters Vermutung war entsetzlich. Aber die Teile des Rätsels passten zusammen. Das erste Mal schien eine Art Bild zu entstehen. Franz saß bleich am Tisch und zitterte leicht, als er seinen zweiten Kognak hinunterkippte. Die Gerüchte um Großmanns Wurststand am Schlesischen Bahnhof waren in der Stadt auch mehr als ein halbes Jahr nach seiner Verhaftung nicht verstummt. Frauen. Mädchen. Einige Jungs.

»Wann wirst du den Mann verhaften?«, fragte Antonia. Sie wirkte distanziert, fast gelassen. Franz war sicher, dass sie noch vor zwei Monaten angesichts dieser verstörenden Neuigkeiten zusammengebrochen wäre.

»Ich habe nichts Handfestes«, erwiderte Konter. »Natürlich kann ich ihn in der Sache befragen. Wahrscheinlich reichen die Verdachtsmomente sogar für eine vorläufige Festnahme. Aber der Reichsanwalt wird keinen Haftbefehl erlassen. Und der Kerl wäre gewarnt.«

»Keinen Haftbefehl?« Toni wurde laut. »Was braucht ihr denn noch?«

»Es gibt Leute, die nicht wollen, dass in der Sache weiter ermittelt wird.« Konter berichtete, dass Gennat offenbar von oben an die Leine gelegt worden war.

»Großmann hat für Roczinsky die Drecksarbeit erledigt«, fasste Franz zusammen. Er merkte, dass seine Tante kurz davor war, zu explodieren. »Aber ist Friedrich Roczinsky auch der Drahtzieher?«

»Mit Sicherheit nicht«, entgegnete Konter. »Hinter dem Kerl müssen mächtige Leute stehen. Ein Richter hat mir bestätigt, dass Gennat Weisung erhalten hat, alles auf sich beruhen zu lassen.«

»Von wem?«, fragte Franz.

»Männer mit sehr viel Einfluss. Der Polizeipräsident und der Bürgermeister haben Gennat schon vor einiger Zeit ins Gebet genommen. Und ich denke, hinter ihnen stehen die wahren Verantwortlichen. Und diese Leute werden zu verhindern wissen, dass Roczinsky ihnen gefährlich wird.«

»Also schnappen wir ihn uns«, forderte Toni. »Er wird uns alles sagen! Dafür sorge ich.«

»Und danach?«, fragte der Kommissar. »Selbst wenn er uns alles sagt, was dann? Ziehen wir los und beseitigen jeden, den er uns genannt hat? Vor Gericht ist ein erzwungenes Geständnis nämlich wertlos. Im Gegenteil, man wird sogar versuchen, uns etwas anzuhängen.«

»Also gehen wir unauffällig vor«, meinte Franz. »Zunächst könnten wir seine Wohnung durchsuchen. Roczinsky hat sich vielleicht abgesichert. Damit seine Auftraggeber nicht auf die Idee kommen, ihn ebenfalls in den Kanal zu werfen.«

»Klingt vernünftig«, erwiderte Konter. »Wenn wir Beweise finden, kann ich eine Verhaftung begründen. Und zur Not bleibt noch Tonis Vorschlag. Aber wir müssen vorsichtig sein. Kurz nach dem Krieg herrschte hier Chaos. Eine Nummer wie damals bei Dehlbergh können wir heute nicht mehr abziehen. Entführen, befragen, Problem gelöst. So läuft das nicht. Dabei können wir schnell selbst unter die Räder kommen.« Er sah die drei anderen an. »Ich gehe hier ein großes Risiko ein. Wenn offiziell wird, dass ich mit dem *Syndicat* zusammenarbeite, dann fliege ich raus. Und drei Jahre Plötze gibt es noch dazu. Gennat deckt mich, denn er verspricht sich Vorteile von meinen Beziehungen. Wenn es hart auf hart kommt, wird er mich aber fallenlassen. Ich tanze Walzer an einer Klippe.«

»Also, wer soll bei Roczinsky einsteigen?«, fragte Toni ungeduldig. »Kennt Georg ein paar Jungs?«

»Ich spreche mit ihm«, versicherte Franz. »Aber die Harussels haben gerade eine Menge Ärger mit den Behörden, und eine andere Familie unterbietet ständig ihre Preise im Frachtgeschäft. Sie brauchen selbst jeden Mann.«

Während er sprach, kam ihm eine ganz andere Idee. Vielleicht konnte er den Kerl fragen, der ihm am Hackeschen Markt den Arsch gerettet hatte. Franz hatte sich später bei dem Mann bedankt, der sich als Joe Fischer vorgestellt hatte und der sich offenbar gut mit Einbrüchen auskannte. Der Gedanke war reizvoll, aber im Moment behielt er ihn besser für sich.

»Gut«, meinte Paul Konter. »Schritt für Schritt. Ich möchte in der Zwischenzeit noch einmal mit Valerie sprechen. Sie sollte die Neuigkeiten erfahren.«

»Muss das sein, Paul?«, fragte Toni. »Sie ist noch nicht darüber hinweg. Wir wollen noch einmal nach Lychen. Danach ist doch auch noch Zeit.«

»Sie wird erst darüber hinwegkommen, wenn wir die Schuldigen gefunden haben«, erwiderte Konter. »Das weißt du genau. Wenn ich mit ihr spreche, wird sie das Gefühl bekommen, dass wir es ernst meinen. Wir müssen ihr jetzt zeigen, dass es in der Sache vorangeht.«

Toni stimmte dem Vorhaben schließlich nach einigem Zögern zu. Alle merkten, dass es in ihr brodelte. Bisher hatten die Nachforschungen zu Valeries Schicksal wenig ergeben. Ihr Zusammenbruch und die Krise des *Syndicats* hatten zudem den Blick auf andere Dinge gelenkt.

»Ich werde die Umstände von Valeries Ausreise näher beleuchten«, meinte Konter. »Wir müssen herausfinden, was passiert ist, nachdem sie sich an die Botschaft gewandt hatte. Ich werde ein paar alte Kontakte im Ministerium neu beleben. Und ihr solltet euch mit Ehrhardt treffen, sobald wir mehr über Roczinsky wissen.«

»Hat die Botschaft auch während des Krieges gearbeitet?«, fragte Susanne. »Ich dachte, dass erst vor zwei Jahren wieder ein Gesandter nach Paris geschickt wurde.«

»In den meisten Fällen werden bei Kriegsausbruch die Botschafter der verfeindeten Staaten abgezogen«, antwortete Konter. »Allerdings bleibt dann eine Notbesetzung vor Ort, um sich die Tür für Verhandlungen offenzuhalten. Ein Diplomat namens Fabian leitete gut sechs Jahre die Geschäfte unserer Botschaft. Hat Valerie den Namen mal erwähnt?«

Nacheinander schüttelten alle Anwesenden den Kopf.

»Egal, die genauen Umstände kläre ich«, fuhr Konter fort. »Ich denke, meine Kollegen aus der Politischen Abteilung werden mir ein paar Details verraten können. Jemand muss für die Ausreisen aus Frankreich zuständig gewesen sein. In unserem Land wird ja alles in den Akten festgehalten. Da werden sich schon ein paar Namen finden lassen.«

○ ○ ○

Bei einem hastig heruntergeschlungenen Mittagessen im Automatenrestaurant am Lehrter Bahnhof besprachen Franz und Paul Konter das weitere Vorgehen.

»Du musst mich endlich mit Valerie zusammenbringen«, meinte Konter. »Bisher war die Sache eine private Angelegenheit. Und ich habe akzeptiert, dass die Familie sie schonen wollte. Ehrlich gesagt, war ich ganz froh, dass ihr mich damit nicht behelligt habt, da ich wenig Chancen für ein Strafverfahren gegen Unbekannt sah. Aber Großmanns Aussage wirft auf alles ein völlig neues Licht. Valerie könnte Zeugin einer riesigen Schweinerei sein. Dann wäre sie allerdings vielleicht in Gefahr. Ich wollte das vorhin nicht in Tonis Gegenwart erwähnen.«

»Paris, Berlin, Botschaft, tote Mädchen und Frauen, Großmann. Was läuft da, Paul?«

»Keine Ahnung«, erwiderte der Kripobeamte und wischte sich leise fluchend Senf vom Anzugärmel. »Bisher habe ich nur einen vagen Verdacht. Es könnten Leute dahinterstecken, die die unruhigen Zeiten genutzt haben, um die – sagen wir mal vorsichtig – ekelhaften Gelüste gewisser Gesellschaftskreise zu befriedigen. Junge Frauen sind nicht nur am Nolle oder in euren Lokalen beliebt.«

»Gewisse Kreise?«, fragte Franz. »Weshalb dann dieser Aufwand? Und die Geheimniskrämerei? Für zwanzig Mark und etwas Koks kriegen die Herrschaften doch sicher alles, was sie wollen.«

»Ich sehe, du musst noch um einiges älter werden, mein junger

Freund, um zu erkennen, dass unter dem sichtbaren Schmutz noch viel üblerer Dreck liegen kann. Erstens gibt es selbst bei diesem Gewerbe Grenzen, die nicht mal in den schlimmsten Spelunken überschritten werden. Und zweitens darf auf das Ansehen mancher Leute nicht der geringste Verdacht fallen. Wenn sie also ihre Triebe befriedigen wollen, dann zahlen sie hohe Preise. Sehr hohe sogar. Und dafür verlangen sie Stillschweigen. Und Tote sprechen bekanntlich nicht.«

In dieser Nacht schlief Franz nicht gut. Tote Frauen, in deren Augenhöhlen Flusskrebse hausten, stiegen aus dem Nass der Berliner Kanäle und standen anklagend Spalier an seinem Bett. Junge Mädchen ohne Arme oder Beine krochen wie Schlangen auf ihn zu. Wenn er dann schweißgebadet erwachte, wurde ihm klar, dass der Tod wahrscheinlich doch nicht das Schlimmste war, was einem Menschen widerfahren konnte.

Früh am nächsten Morgen setzte er sich ans Steuer seines Sportwagens. Der kleine Motor brüllte erstaunlich sonor auf. Fast schien es, als täte er es stellvertretend für seinen Fahrer. Franz fühlte sich wie ein verletzter Löwe, der nur den Schmerz spürte, aber nicht wusste, wo ihn die Kugel getroffen hatte. Er lenkte den Wagen aus der engen Straße und gab Gas. Er brauchte seine Stadtrunde, um den Kopf frei zu bekommen. Raus nach Neukölln, dann hoch nach Lichtenberg. Über die Frankfurter Allee wieder in die Stadt. Etwas gemäßigter am Schloss vorbei und die Linden entlang. Hinter dem Tor dann Vollgas über die Charlottenburger Chaussee, am Stern vorbei, mit etwas Glück hatte er freie Fahrt bis zum Kaiserdamm. Erst dort fiel ihm ein, dass er ja Konter in der Nähe des Präsidiums abholen sollte. Sie wollten gemeinsam zu Valerie. Wenig schweren Herzens musste er also auf der langen Geraden wenden und wieder zurück zum Alexanderplatz. Bei dem Gedanken an seine Cousine nahm der Schmerz, den Franz verspürte, nur noch zu, und er raste in einem waghalsigen Manöver zwischen den Säulen des Brandenburger Tors hindurch. Die Pfeife des seit Kurzem hier postierten Verkehrspolizisten ignorierte er. Mit über einer Stunde Verspätung kam er schließlich am Alex an. Konter stand am Rondell der Berolina und winkte ihn ungeduldig zu sich heran. Zwanzig Minuten später hielt der *Bugatti* endlich vor dem Haus von Katja und Anna.

Jekaterina und ihre Gefährtin Anna Bäumer hatten sich vor Kurzem in Charlottenburg eine mondäne, große Wohnung gemietet. Die Zimmerdecken waren so hoch, dass man problemlos zwei Wohnungen daraus hätte machen können. Anna arbeitete in verschiedenen Varietés. Der Ausdruckstanz war gerade groß in Mode gekommen, und sie feierte als *La Veuve Noire*, als sogenannte Schwarze Witwe, große Erfolge. Ein großer Nachteil war jedoch, dass sie in der Innenstadt oft erkannt wurde. In Begleitung ihrer Frauen schwiegen die Männer zwar meistens. Waren sie jedoch allein, unter sich oder gar angetrunken, dann galt ihnen Anna Bäumer als Freiwild, das begehrt, berührt und beleidigt werden durfte. Also hatten Katja und Anna einfach eine Wohnung etwas außerhalb bezogen. Im Souterrain nebst kleinem Garten wohnte derzeit Valerie. Nachdem Franz den Kommissar vorgestellt hatte, kam dieser gleich zur Sache.

»Es tut mir leid, dass wir uns nicht früher kennenlernen konnten«, sagte er. »Anfangs ließ Ihr Zustand das nicht zu. Und dann hat es mich erwischt, wie Sie vielleicht wissen. Aber jetzt bin ich an dem Fall dran. Ihre Abreise aus Paris. Die Ankunft hier. Können Sie sich jetzt an mehr erinnern? Namen vielleicht. Oder Orte. Alles könnte wichtig sein, Fräulein DuPont.«

»Nennen Sie mich Valerie. Ich habe Maman und Franz alles erzählt, was ich weiß. Ich träume oft von den Erlebnissen. Ich sehe Häuser oder Zimmer, manchmal Gesichter. Ich spreche sogar mit …« Sie brach ab. Franz nahm ihre Hand. »Wenn ich aufwache, ist alles fort. Ich weiß, dass ich in meinen Träumen dort war, aber ich erinnere mich nicht.«

Jekaterina hatte für alle Limonade gebracht und sich zu ihnen gesellt. Franz war froh, dass sie sich nun um Valerie kümmerte.

»Erzählen Sie, Valerie. Ich höre zu. Es mag Sie belasten, doch jede Kleinigkeit kann bei solchen Ermittlungen wichtig sein.«

»In Lyon habe ich den ehemaligen Handelsattaché aufgesucht«, antwortete Valerie. »Da hatte ich bereits erkannt, dass meine Mutter recht gehabt hatte. Die Familie meines Vaters war zunehmend unerträglich geworden. Sie wollten an das Geld meines Vaters heran. Dann habe ich auch noch von den üblen Verleumdungen vor Gericht erfahren, und es kam zum Streit. Mein Onkel hat Maman eine Verbrecherin genannt, und da bin ich aus Marseille weg.«

»Die Attachés wurden im Jahr 1914 abberufen«, sagte Konter. »Zusammen mit dem Botschafter.«

»Der Mann war Franzose«, erwiderte Valerie. »Ein Bekannter meines Vaters. Dass er für die Deutschen gearbeitet hat, blieb sein Geheimnis. Er erzählte, dass es in Paris einen kleinen Mitarbeiterstab gab. So etwas hatten die Franzosen und Engländer auch in Berlin. Damit wenigstens noch kleine Absprachen zwischen den Ländern möglich blieben. Offiziell war das natürlich nicht.«

»Und die Leute haben Sie einfach vorgelassen?«, fragte Konter und musste sich ermahnen, nicht in seinen Verhörton zu fallen. »DuPont. Sie galten doch sicher als Französin?«

»Ach, das Ganze war zum Kotzen«, erwiderte Valerie ungeniert und schien ein wenig die Fassung zu verlieren. »Wissen Sie eigentlich, was Bastardbälger sind, Herr Kommissar? Nein? Ich sage es Ihnen. Die Männer vergnügen sich in den Betten ohne jegliche Verpflichtung. Die Frauen stehen später mit ihren Kindern allein da. Ohne Rechte, ohne Geld, ohne gesetzliche Ansprüche. Dieses Männerrecht gibt es schon seit dem Mittelalter. Meine Eltern wollten das sicherlich nicht, aber ich wurde behandelt wie ein Bastard! Französin? Nein, die Tochter einer Deutschen!«

Katja warf den beiden Männern einen warnenden Blick zu. Franz zog Konter unsanft von dessen Stuhl, und beide Männer rauchten kurz darauf am Gartenzaun in einiger Entfernung ihre Zigaretten. Die Russin nickte ihnen schließlich zu, und sie traten wieder an den Tisch. Valerie schien sich beruhigt zu haben.

Sie hat die Augen ihrer Mutter, dachte Franz. Feuer und Eis. Eine Raubkatze. Schön. Und für manche tödlich.

»Ich hatte beide Pässe«, sagte sie. »Also bin ich als Valerie Sass nach Paris und habe als Deutsche um Hilfe bei der Ausreise gebeten.«

»Können Sie sich an Namen erinnern?«, wiederholte Konter seine Frage vom Anfang.

Die junge Frau schien angestrengt nachzudenken. Ihr Blick ging in die Ferne, wirkte, als sähe sie durch die Wände der umliegenden Gebäude ihre eigene Vergangenheit. Und dort musste – in den dunklen Schatten der Erinnerung – etwas Schreckliches lauern, denn plötzlich erbebte ihr Körper. Sie atmete viel zu schnell und hielt sich die Hand vor den Mund, als müsste sie sich jeden Moment übergeben.

»Fab…« Ihr Flüstern war kaum verständlich. Dann spuckte sie den Namen förmlich aus. »Fabian. Er war es! Er hat alles eingefädelt. Ganz freundlich. Und dann …« Und sie sank schluchzend in Katjas Arme.

»Es reicht«, knurrte ihre Gastgeberin. In ihrem Blick lag dieses gefährliche Funkeln, das beide Männer kannten. »Es ist genug für heute. Und beim nächsten Mal seid ihr hoffentlich etwas einfühlsamer, ihr Holzpfosten!« Aber Franz und Paul hatten bereits selbst erkannt, dass es besser für sie war, jetzt zügig zu verschwinden.

16

Berlin – Alexanderplatz

»Trägt jemand die Nase zu weit oben, dann tritt ihm einfach auf die Füße«, pflegte Gennat in seiner unnachahmlichen Art zu sagen, wenn ihm in höheren Etagen arrogantes Schweigen entgegenschlug. »Paul, wenn Sie nicht vorankommen, dann sprechen Sie mit den Pagen, Dienern und Putzweibern. Sie werden sich wundern, was eine Köchin oder Mamsell alles über ihre Herrschaften zu sagen weiß.«

Paul Konter hatte ihm kurz Bericht erstattet, nachdem er aufs Präsidium zurückgekehrt war, und hatte dabei den Namen Fabian erwähnt. Er hatte sich bereits auf eine weitere, mühsame Schnitzeljagd eingestellt, als ihn Gennat überraschte.

»Ich habe nur diesen Vornamen«, hatte Konter geseufzt. »Wie bei diesem Friedrich, den Großmann als seinen Komplizen bezeichnet.«

»Kollege, manchmal kommt das Glück zu Hilfe.« Ernst Gennat hatte dröhnend gelacht. »Fabian? Kein Vorname! Walter Fabian war vor dem Krieg die rechte Hand des Botschafters, soviel ich weiß. Dass er all die Jahre in Paris blieb, ist mir allerdings neu. Denn ich glaube, er arbeitet wieder hier im Auswärtigen Amt.«

Konter hatte sich umgehend bedankt, den angebotenen Kuchen ausgeschlagen und war in sein Dienstzimmer geeilt. Über das Amt ließ er sich jetzt mit dem Amtssitz des Außenministers an der Wilhelmstraße verbinden.

»Kunnecke, Büro des Unterstaatssekretärs«, schnarrte kurz darauf eine Stimme durch die Leitung. »Was kann ich für Sie tun?«

»Lothar? Ich bin es, der olle Paule. Paul Konter. Weißt du noch? *Wo komm ick her? Und wo jehör' ick hin?*«

»*Is doch klar, ick steh uff Wedding!*«, drang es im selben Tonfall durch die Leitung. »Paule? Det jloobste nich! Wie lange ist das her? Dreißig Jahre?«

Obwohl er mit der Tür ins Haus fallen wollte, hielt sich Konter zurück und ging auf den Klatsch ein. Lothar Kunnecke war ein Freund aus Kindertagen. Die Väter hatten sich noch am Nordhafen als Schauerleute den Rücken ruiniert und am Ende totgesoffen.

»Kriminalpolizei?«, fragte Kunnecke nach einer Weile. »Na, da können unsere alten Herren doch stolz auf ihre Bengels sein, und da oben eene jute Molle auf uns kippen. Is doch noch wat aus uns jeworden. Wat, Paule?«

Zuerst hatten sie sich am Nordhafen treffen wollen, jedoch waren die typischen Gassen ihrer Kindheit in den letzten drei Jahrzehnten der Bauwut einer expandierenden Wirtschaft gewichen. Vielleicht war dies auch gut so, denn in der Rückschau erschien manches doch allzu verklärt. Einigen Erinnerungen tat es gut, wenn sie in einer verstaubten Ecke des Verstands blieben.

»Da müssten wir uns ooch een bisken in Joppe werfen«, meinte Lothar Kunnecke, als sie sich schließlich für Zentral-Wedding entschieden hatten. »Sonst mischen die Packer uns auf. *Feene Leute, jute Beute.* Weißt du noch?«

»Dann Nettelbeckplatz«, schlug Paul Konter vor. »Vielleicht gibt es den *Doktor Motze* noch. Erinnerst du dich an die Buletten? Die war'n echt Wolke.«

Beide Männer kamen überein, sich bereits eine Stunde später am Pariser Platz zu treffen und gemeinsam über die Marschall-Brücke Richtung Luisenstraße zu flanieren. Am Stettiner Bahnhof gab es immer noch die Wärmehallen für Menschen ohne Unterkunft. Zwei Armenspeisungen, eine für Kinder unter zwölf und die andere für Versehrte und Alte, hatten auch drei Jahre nach Kriegsende noch regen Zulauf. Eben hatte sich Konter noch auf Motzes Buletten gefreut, aber als er die hohlwangigen Heranwachsenden sah, verging ihm der Appetit.

»Eine Schande«, murmelte auch Kunnecke.

Tatsächlich war das Arbeiterlokal, das sie von früher kannten, noch am Platze. Leider war der alte Motze mittlerweile verstorben, jedoch führte sein Sohn, zusammen mit der betagten Mutter – die auch die Frikadellen brutzelte –, die Kneipe weiter.

»Klar kenn ick euch kleene Piepels noch«, behauptete die schrullige Alte, ohne zu zögern, als sich die beiden Männer, die hier doch etwas fehl am Platze wirkten, bei ihr vorgestellt hatten.

»De Lothar ohne Botten. Und Paule, de kleene Bucker mit de scheene Glubscher. Ihr beede hattet imma noch eene Butze dabee, wa? Kann mir nich erinnern, wie sie jeheißn hat.«

»Die hübsche Marianne«, rief Kunnecke begeistert, nickte und stieß seinen alten Bekannten vielsagend an. »Stroh inne Birne, aber zwee Molle im Hemd, dat de vom Hingucken schon janz anjedudelt warst.«

Der Abend verging schnell, und Konter kam sich schäbig vor, weil er dem Schulfreund immer zwei Bier Vorsprung ließ. Und dreimal kippte er den Kurzen einfach unter den Tisch, um einigermaßen orientiert zu bleiben. Nach zwei Stunden gab Kunnecke bereitwillig Auskunft über seinen Arbeitsplatz.

»Der neue Minister Rathenau«, sagte er und bemühte sich um klare Aussprache, die gerade dadurch besonders verwaschen klang. »Ganz patenter Mann. Unternehmer, aber Herz uff de richtige Fleck.«

Gegen Mitternacht wagte sich Konter endlich aus der Deckung.

»Ihr seid doch zuständig für die Botschaften, nicht wahr?«, fragte er. »Und das Personal dort?«

»Klar. Wollte da immer hin, aber dat is nur für de Pinkel von Rumms und Bumms. Dachte, den Adel ham se abjeschafft, aber Pustekuchen.« Kunnecke lachte frivol. »Wer da inne Klub drinne steckt, für den ist immer jut jesorgt.«

»Ich habe einen Bekannten«, log Konter. »Der Mann ist nach dem Waffenstillstand aus Paris raus. Hals über Kopf. Und einer von euren

Leuten in der Botschaft dort hat ihm geholfen. Er konnte sich aber nie bedanken.«

»Aha. Wann war dat? Kennste een Name?«

»Irgendwann im Laufe 1919. Und euer Mitarbeiter hieß Fabian.«

Lothar Kunnecke war derart überrascht, dass er mit einem Schnauben den Schaum von der gerade neu angesetzten Molle wegblies.

»Walter Fabian? Ick kenn nur een Menschen, dem der Eumel helfen tut. Und dat is er selbst.« Er schien plötzlich beinahe nüchtern zu sein. »Dein Freund muss sich irren.«

° ° °

Konter brummte am nächsten Morgen der Schädel. Er war überzeugt, dass das Bier am Wedding wahrscheinlich nur für Arbeitermägen gebraut wurde. Und der Korn war sicherlich schwarzgebrannt. Als älterer Beamter musste er mit seinen Organen in Zukunft sanfter umgehen. Zunächst hatte er sogar befürchtet, gar nicht zum Dienst erscheinen zu können. Als er sich schließlich doch auf das Präsidium schleppte, erwies sich sein junger Assistent abermals als ausgesprochen fähig. Mahler hatte ihn nur angesehen, war verschwunden und nach einer Viertelstunde mit zwei *Aspirin*, einem sauren Hering und *Bullrich Salz* zurückgekehrt. Nach dieser Katerkur und einer weiteren halben Stunde hatte sich Konter schließlich so weit erholt, dass er sich wieder seinen Notizen zuwenden und Mahler Anweisungen erteilen konnte.

»Ich habe Roczinsky überprüft«, meinte der Kriminalassistent und zog seinen kleinen Block aus der Tasche. »Ordentlich gemeldet. Keine Vorstrafen. Arbeitet bei einer Wurstfabrik als Einkäufer. Er hat im letzten Jahr beim Finanzamt knapp sechstausend versteuert. Sieht alles sauber aus, Chef.«

»Familie?«

Mahler schüttelte den Kopf.

»Was hat er im Krieg gemacht?«, fragte Konter weiter.

»Erst im Osten, dann im Westen. Wie hunderttausend andere Männer. Zuletzt als Stabsunteroffizier.«

Zu glatt, dachte Konter. Er hatte Mahler die wahren Gründe für diese Recherche verschwiegen. Die herkömmliche Kripo-Arbeit war hier also beendet. Roczinsky war laut Akten ein unbescholtener Bürger. Da würden der Polizeipräsident und Reichsanwalt nur müde lächeln, wenn Konter irgendetwas gegen den Mann unternehmen wollte. Die Genehmigung für eine Durchsuchung der Wohnung konnte er getrost vergessen. Nur weil ein überführter Mörder von einem Johann oder Friedrich gefaselt hatte, würde ihm kein Reichsanwalt den Wisch ausfüllen. Er schrieb hastig ein paar Zeilen auf Briefpapier und übergab Mahler den Umschlag.

»Der Pförtner soll das mit dem Eilboten schicken. Zustellung innerhalb einer Stunde erwünscht.«

Der Assistent warf einen kurzen Blick auf die Adresse. Franz Sass, Naunynstraße 12, SO 36. Privatsache? Vielleicht ein Zeuge? Mahler versuchte, sich seine Enttäuschung darüber, dass er nicht wusste, worum es ging, nicht anmerken zu lassen. Sein Blick verriet Konter jedoch, dass dem jungen Mann klar war, dass sich ihre Wege bald trennen würden.

»Tut mir leid, Matthias.« Paul Konter hatte sich noch nie dazu durchgerungen, den jungen Mann vertraulich mit Vornamen anzusprechen. Alte Schule eben. »Es ist besser, wenn du nicht alles weißt.«

Mahler nickte nur und verschwand. Wenig später wurde Konter in das Büro seines Chefs, Bernhard Weiß, beordert. Er ahnte, worum es ging. Und befürchtete das Schlimmste. Wenn Richter Böhmert sich beschwert oder Mahler nicht dichtgehalten hatte, dann gute Nacht für die Versetzung.

»Ich lasse Sie ungern ziehen, Kollege Konter«, meinte der Leiter der Abteilung Staatsschutz.

Er bedeutete Konter, in der Sitzecke auf einem Polsterstuhl Platz zu nehmen, ein Privileg, in dessen Genuss sonst nur Politiker, Abteilungsleiter und der Polizeipräsident kamen. Weiß war ein Terrier. Ein Mann, der eher unscheinbar wirkte, aber Biss zeigte, wenn es um Bedeutendes ging. Mit seiner Rundbrille und den Basedow-Augen wirkte er eher wie ein unbedarfter Schreiber oder Archivar.

»Es herrscht das absolute Chaos in der Politischen, Konter. Geheimpolizei, Staatspolizei, Amt für politische Ermittlung und Zentralstelle für Reichssicherheit. Alle wollen das beste Stück vom Schinken. Und überall dazwischen Kaisertreue und Revanchisten. Sogar Freikorps-Männer und alte Offiziere ohne jegliche Qualifikation werden eingestellt, um den Einfluss von SPD und Kommunisten möglichst kleinzuhalten. Und die Politik sieht nicht, dass diese Dienststellen in naher Zukunft eine große Bedeutung bekommen werden. Ich könnte Männer wie Sie gebrauchen. Kann ich Sie wirklich nicht umstimmen?«

Konter wusste, dass Weiß einen beinahe aussichtslosen Kampf gegen Anfeindungen von rechts führte. Der Mann war Jude und überzeugter Demokrat. Und damit schien er in den Augen der erzkonservativen Kreise jenen Lagern anzugehören, die das Reich ihrer Ansicht nach an den Rand des Abgrunds getrieben hatten. Keinesfalls hätte er mit seinem Chef tauschen wollen.

»Ränke und doppelter Boden sind nichts für mich, Herr Kriminalrat«, erwiderte er. »Ich möchte eine Polizeiarbeit machen, deren Ergebnis dazu führt, dass der Schuldige zur Rechenschaft gezogen wird. Diese Frage stellt sich bei der Staatspolizei nicht. Da geht es um die berüchtigte Räson. Nicht meine Welt. Und das wissen Sie, Herr Weiß.«

»Es ist offiziell«, erwiderte sein Vorgesetzter seufzend. Er deutete auf eine Akte, die auf dem Tisch lag. »Ab nächsten Monat arbeiten Sie für Gennat. Nicht dass Sie dies nicht bereits vorher getan hätten.« Er zeigte ein feines Lächeln und warf Konter einen wissenden Blick zu. »Der Präsident wird Sie noch einbestellen wegen der Ernennung, aber ich wollte ihm zuvorkommen. Glückwunsch, Paul. Mir ist nicht entgangen, dass Sie sich damit einen lang gehegten Traum erfüllen. Sie haben es verdient.«

17

Berlin – Neuer Westen

Kutisker war ein zwielichtiger Charakter. Nicht dass dieser Wesenszug im Berlin der unmittelbaren Nachkriegszeit allein eine Besonderheit gewesen wäre. Die Geschäfte schienen seit Kurzem einem neuen Muster zu folgen, gehorchten anderen Gesetzen als zur Kaiserzeit. Das kaufmännische Ehrenwort, die Verlässlichkeit und Aufrichtigkeit waren selbst zu handelbaren Gütern geworden. Für die bei Bedarf extra bezahlt werden musste. Es war überaus wichtig geworden, dass diese Attribute einem Geschäftsmann zugeschrieben wurden. Weniger wichtig war hingegen, ob er sie wirklich besaß. Die Umtriebigkeit des deutschen Geists hatte in der Not leerer Kassen und noch leererer Teller das Zwielicht der Gaunereien für sich entdeckt. Es gab einen Haufen Schwarzmärkte in der Stadt, illegale Brennereien und sogar Tabakgärten. Meineide, Steuerbetrug und geschönte Buchführung wurden zum Volkssport. *Gebt dem Kaiser, was des Kaisers ist.* Mancher, einst so brave Michel glaubte nun, dass mit dessen Abdankung die antiquierte Maxime ausgedient hätte.

Iwan Baruch Kutisker war jedoch von anderem Kaliber. Ihm war es schlichtweg egal, was andere von ihm hielten. Sollten sie doch glauben, dass er montags Christenkinder verspeiste und donnerstags mit den Köpfen seiner säumigen Schuldner zum Kegeln erschien. Für die einen war er der gierige Jude, für die anderen war er Iwan, der Bluttrinker. In Wahrheit interessierten ihn nur wenige Dinge, nämlich Geld, Gold und Edelsteine. Das einzige Laster, welches er sich erlaubte, war der Kauf von Reisemagazinen, träumte er doch von feinen Reisen auf jenen Luxusdampfern, die gerade die Ozeane zu erobern begannen.

»Mein letztes Wort, Herr McCullen«, sagte der Mann.

Der Ire und Kutisker saßen im Hinterzimmer eines Bordells am Nollendorf-Platz. Ian hasste diese Etablissements, in denen es nach billigem Schnaps und billigem Schweiß stank. Aber er hatte keine Wahl. Hinsichtlich der Vereinbarungen mit seinen Landsleuten auf der grünen Insel und Göring stand ihm das Wasser bis zum Hals. Noch vor Kurzem waren Waffen billig zu haben gewesen. Also hatte er seinen Landsleuten großzügige Versprechungen gemacht. Jetzt aber hatte die Berliner Stadtverwaltung auf Anordnung der Regierung viele Lager der alten Militäreinheiten ausgehoben. Für die Gegenrevolution in Russland war so viel von dem Zeug auf dunklen Wegen verscherbelt worden, dass der Erlös wahrscheinlich ausgereicht hätte, die deutschen Reparationszahlungen zu begleichen. Wenn er denn in die Staatskasse geflossen wäre. Und so waren ganz plötzlich McCullens Quellen versiegt. Seine Kontaktleute ließen sich verleugnen. Alte Partner waren nach Österreich oder Skandinavien verschwunden, um einem Strafverfahren zu entgehen. Kutisker war die letzte Möglichkeit, schnell an Waffen zu kommen. Allerdings nur zu exorbitanten Preisen.

»Eintausend G98, siebzig MG 08/15«, fuhr der gebürtige Pole fort. »Fünf kleine Granatwerfer mit zweihundert Schuss. Sowie vierzig Stielgranaten. Das Ganze für fünfzigtausend Dollar. Gern auch Franken. Ungern französische Francs. Wahlweise in Gold. Was sagen Sie?«

Der Dreckskerl kennt meine Lage, dachte Ian. Er schwitzte. Und er spürte, dass seine Stimme leicht unsicher klang, als er antwortete.

»Da kann ich ja gleich zum Preußischen Schatzamt gehen und dessen Preise zahlen«, erwiderte er aufgebracht.

»Bitte, niemand zwingt Sie. Obwohl ich bezweifle, dass man Sie dort anhören wird.« Kutisker grinste hämisch. »Ich kann Ihnen auch hundert Flaschen Haber-Gas besorgen. Damit heben Sie Ihren Kleinkrieg auf eine ganz andere Ebene.«

Ian McCullen wurde übel. Krieg kannte zwar keine Moral. Aber es gab Grenzen, die er nicht überschreiten wollte. Das Haber-Gas hatte im Weltkrieg Zehntausende krepieren lassen oder verstümmelt.

»Das verdammte Giftgas will ich nicht«, erwiderte er.

»Bigotterie konnte ich noch nie leiden, Herr McCullen. Unser Geschäft ist der Tod, also kommen Sie mir nicht mit diesen Einwänden. Ich verkaufe das Zeug. Sie hingegen verteilen es. Sind wir deshalb verschieden? Ich denke nicht. Für das, was wir tun, gibt es auf Erden nur den Strang. Und im Jenseits die ewige Verdammnis. Von dem ersten Risiko kaufe ich mich frei. Letzteres interessiert mich nicht.«

Franz hatte recht, gestand sich McCullen ein. Der Teufel gibt sich nicht mit ein paar Tropfen Blut zufrieden. Er frisst dein Herz. Das waren damals seine Worte gewesen.

»Also?«, fragte Kutisker. »Ich warte auf Ihre Entscheidung. Die Preise steigen stetig.«

Ian war dem *Syndicat* noch zehntausend Dollar schuldig. Nach der Auseinandersetzung mit Franz hatte er zudem ein kleines Lokal in Eigenregie eröffnet, um zur Not unabhängig von den Brüdern zu sein. Und er stand bei seinen Landsleuten in Belfast im Wort. Göring wollte noch einige Ladungen dorthin fliegen. Wenn McCullen jetzt ausstieg, konnte er sich nie wieder auf der Insel blicken lassen. Er musste jetzt alles auf eine Karte setzen und dem Ganzen danach ein Ende setzen. Wenn er Kutiskers Preis akzeptierte, wäre er danach pleite.

Aber besser pleite als wortbrüchig, überlegte er. Die Sache war ihm ganz klar über den Kopf gewachsen.

»Ich bin kein Unmensch«, erklärte Kutisker. »Ich weiß, dass sie Verpflichtungen gegenüber einigen wichtigen Leuten haben. Und ich habe nichts davon, wenn meine Kunden ohne Hemd und Hose dastehen. Sie zahlen die Hälfte des Geldes jetzt. Den Rest stunde ich zu zehn Prozent. Als Sicherheit verlange ich Ihr Lokal am Kaiserdamm.«

Der Reiz eines Spiels hatte für Ian immer im Spiel selbst gelegen. Er wusste, eine Wette auf Pump war ein Risiko. Ein Fluch, der ihn ruinieren konnte. Aber wenn er schon keine Wahl hatte, so wollte er wenigstens das Spiel genießen.

»Wann können Sie liefern?«, fragte er nur.

○ ○ ○

Franz betrachtete die Namensliste und das Schreiben, das Konter ihm über seinen Assistenten hatte schicken lassen, wohl zum zwanzigsten Mal. In seinem Brief hatte der Polizist unmissverständlich klargemacht, dass es für die Wohnung von Roczinsky keinen Durchsuchungsbeschluss geben würde. Damit hatte Franz endlich grünes Licht für seinen Plan, heimlich bei dem Mann einzusteigen. Zusätzlich hatte Konter ihm jedoch einige Personen genannt, über die er Erkundigungen anstellen sollte. Franz hatte entschieden, einen Detektiv mit den Nachforschungen zu beauftragen. Josef Sternwein hatte ihm einen Mann vermittelt, den er für zuverlässig und verschwiegen hielt.

Er wollte in dieser Sache endlich vorankommen, aber schnell war wieder eine Woche ins Land gegangen, ohne dass es Fortschritte gab. Die Geschäfte beanspruchten seine volle Aufmerksamkeit, und in seinem Kopf spukten allerlei Geister herum. Die verdächtig oft Valerie ähnelten. Er sah ihr Gesicht vor sich, hörte ihren Akzent, berührte ihre Haut. Aber vor allem faszinierte ihn die Kraft, die von der jungen Frau auszugehen schien. Er kam sich schäbig vor, wenn er neben Susanne im Bett lag und an seine Cousine dachte. Auch Toni bereitete ihm Sorgen. Das *Syndicat* brauchte ihre starke Hand, ihre Erfahrung. Aber immer noch wirkte sie wankelmütig und launisch. Ian, sein Freund, nahm immer öfter Kokain und vernachlässigte die Leitung der Klubs. Franz war sich nicht sicher, ob er auf Dauer für das *Syndicat* tragbar war. Klante saß im Bau und wartete immer noch auf seinen Prozess, aber er baute munter Luftschlösser und entwarf neue Pläne. Und Susanne hatte sich zwar stabilisiert, aber die Ärzte wussten nicht, wie es um ihr gemeinsames Kind stand. Franz hatte heimlich eine erfahrene Hebamme aufgesucht, und ihre Schilderungen einer angeborenen Syphilis waren grauenhaft gewesen. Er war an einem Punkt angekommen, an dem er am liebsten alles hingeworfen hätte. Manchmal dachte er an Neapel, das Vollmoeller so schwärmerisch beschrieben hatte. Noch öfter wünschte er sich, in einem Handwerk tätig zu sein. Seine Lehrzeit beim U-Bahnbau hatte er abgebrochen, aber Stahl faszinierte ihn ebenso wie Schlösser, Motoren und komplizierte technische Werkzeuge. Ein Räuspern riss ihn aus seinen Gedanken. Er hatte seinen Gast beinahe vergessen.

»Ich muss zugeben, Ihr Fall weckt mein Interesse, Herr Sass«, meinte der Mann, der gerade seine Tasse abstellte. »Und Ihr Kaffee ist vorzüglich, wie ich anmerken darf. Nicht diese Schärfe der billigen Arabica-Röstungen, die nur die Minderwertigkeit der Kirschen überdecken soll.«

Er schien ein wenig aus der Zeit gefallen zu sein. Er trug Lackschuhe mit kleinen Absätzen und Gamaschen sowie eine weit geschnittene Hose aus Tweed, die an den Knöcheln in lange Strümpfe gefasst war. Jacke und Mantel hatte er abgelegt. Sein weißes Hemd lief an den Armen in gebauschter Weite aus, so dass er wie ein Fechter aus der Epoche der französischen Könige wirkte.

»Haben Sie etwas herausgefunden, Herr da Silva?«, fragte Franz ungeduldig.

»Selbstverständlich«, erwiderte der Mann und wirkte beinahe beleidigt. »Der größte Fehler mancher Menschen ist, dass sie glauben, sie wären fehlerlos. Diplomaten und Politiker gehören zu dieser Gruppe. Darf ich rauchen?«

Er nahm eine *Makaron* aus seinem Etui und bot Franz ebenfalls eine Zigarette an. Er blies den Rauch an die Decke und genoss offenbar den kurzen Moment, bevor er mit seinem Bericht begann.

»Auf Ihrer Liste sind acht Namen vermerkt, Herr Sass. Sie baten mich außerdem, auch zu einem gewissen Friedrich Roczinsky Erkundigungen einzuholen. Beginnen wir aber mit Walter Fabian. Er ist einer jener Mitarbeiter, die man immer weiter nach oben befördert. Um sie loszuwerden. Und um sie ruhigzustellen. Es heißt, Fabian habe im Lauf der Jahre Dutzende Dossiers über seine Vorgesetzten und andere Personen angelegt, die für ihn wichtig werden könnten. Und in seinen Akten sammelt er Informationen. Vornehmlich unliebsame und kompromittierende. Genaues kann ich dazu leider nicht sagen. Ich gebe nur weiter, was mir berichtet wurde.«

»Mein Bekannter sagt, dass der Kerl wieder hier in Berlin ist«, meinte Franz. »Können Sie das bestätigen?«

Da Silva nickte und blätterte in seinen Notizen.

»Er ist Unterstaatssekretär beim Außenamt und betreut die Ausbildung und den Einsatz der Attachés im diplomatischen Korps«, sagte er nach einer Weile.

»Und die anderen auf der Liste?« Franz klopfte auf das Papier. »Gibt es nähere Verbindungen zu Fabian?«

»Leider nur in zwei Fällen. Arnold Fischer und Waltraud Kehler. Der Mann hat in Paris für Botschaftsmitarbeiter verschiedene Aufgaben erledigt. Unter anderem als Fahrer, Bote und Sicherheitsbegleiter für Fabian. Er galt als ein Mann, der wohl auch mal austeilen konnte. Die zweite Person, Waltraud Kehler, war eine untergeordnete Sekretärin im Büro von Walter Fabian.«

Franz suchte den Namen Fischer auf der Liste und schrieb ein paar Worte daneben.

»Arnold Fischer arbeitet seit neun Monaten nicht mehr für das Ministerium«, fuhr da Silva fort. »Er ist bei Adolf Leib untergekommen. Ebenfalls als Fahrer und Leibwächter. Die Stelle hat ihm offenbar sein Bruder vermittelt.«

Der Boss des Ringvereins *Immertreu*, dachte Franz. Wird nicht einfach, an Fischer heranzukommen. Adolf Leib wird kaum begeistert sein, wenn jemand vom *Syndicat* seinen Muskelmann aushorchen will.

»Moment! Sagten Sie *Bruder*?«, fragte er plötzlich.

»Ja«, erwiderte da Silva und suchte in seinem Notizbuch. »Hier, Arnold Fischer hat einen Bruder. Joachim. Zweimal wegen Einbruchdiebstahls verurteilt. Wieso fragen Sie?«

Franz wäre fast aufgesprungen. Über Joe musste es doch möglich sein, Arnold Fischer unauffällig zu befragen. Selbst wenn Leib später davon erfuhr, es ging ja nur um die Zeit in Paris.

»Wurde Fischer irgendwie auffällig, als er für die Botschaft arbeitete?«, fragte Franz. »Gibt es Gerüchte über Frauen und Mädchen, die damals in der Botschaft aufgenommen wurden? Sind Sie bei Ihren Nachforschungen auf Namen wie Großmann oder Roczinsky gestoßen?«

»*Unser* Großmann?«, fragte da Silva erstaunt. Als Franz nickte, fuhr er fort: »Nein, zu den beiden hatte Fischer offenbar keinen Kontakt.«

»Verdammt!« Franz hatte gehofft, dass Fabian und Roczinsky direkt miteinander bekannt wären.

»Über Roczinsky konnte ich allerdings ein paar interessante Dinge herausfinden«, meinte der Detektiv. »Er bekommt monatlich eine kleine Zahlung auf ein Konto bei der *Dresdner Bank*. Über einen Strohmann habe ich eine falsche Buchung veranlasst, die dann storniert wurde. Man gewährte mir am Schalter in der Zentrale einen kurzen Einblick in die Vorgänge. Der Mann bekommt jeden Monat fünfhundert Mark, angewiesen von einem Konto *Schmutzgeld*, das dem Außenamt zur Verfügung steht.«

»Schmutzgeld?«, fragte Franz erstaunt.

»In manchen Gewerben sind diese Konten durchaus üblich«, sagte da Silva und legte den Kopf etwas zur Seite. »Geld, das bezahlt wird, damit eine Beschwerde zurückgezogen oder eine Unterschrift doch noch geleistet wird. Heutzutage ist so etwas völlig normal. Ich gebe zu, dass es mich überrascht hat, dass diese Praxis auch beim Außenministerium üblich ist. Nun ja, die Zeiten ändern sich.«

»Sie meinen, dass Roczinsky geschmiert wird? Damit er schweigt? Oder damit er für jemandem beim Ministerium die schmutzige Wäsche wäscht?«

»Denkbar wäre es«, entgegnete der Detektiv. »Natürlich wäre es wichtig zu wissen, für wen er diese Arbeiten erledigt oder erledigt hat. Aber eine nähere Klärung würde Zeit erfordern. Und ich selbst führe keine Beschattungen durch, könnte Ihnen jedoch bei Interesse eine vertrauenswürdige Person vermitteln.«

»Was ist mit der Sekretärin?«

»Waltraud Kehler. War bis Kriegsende in der Botschaft tätig und galt als ehrgeizig und fähig. Sie lebt wieder in Berlin, im Moment bei ihrer Schwester. Frau Kehler ist verheiratet, aber ihr Mann ist als Handelsvertreter für Weine fast nur im Ausland unterwegs. Offenbar wurde das Familienunternehmen von den Franzosen enteignet, das Vermögen beschlagnahmt. Die Dame lebt zurückgezogen, so dass ich nur wenig in Erfahrung bringen konnte.«

»Ich möchte, dass Sie meine Tante kennenlernen, Herr da Silva«, meinte Franz, nachdem der Ermittler seinen Bericht beendet und das Notizbuch zusammengeklappt hatte. »Sie ist derzeit zu einer kurzen Erholung im Sanatorium Lychen. Ich bin sehr zufrieden mit den ersten Ergebnissen und möchte, dass Sie Ihre Arbeit für uns fortsetzen. Aber das werde ich mit meiner Tante gemeinsam entscheiden. Alle Teilhaber unseres Unternehmens haben keine Geheimnisse voreinander. Im Übrigen ist es besser, wenn sie die Informationen direkt von Ihnen erhält. Sie sollten wissen, dass ihre Tochter, also meine Cousine, das Opfer eines widerlichen Verbrechens wurde. Eines Verbrechens, in das Angehörige der Botschaft in Paris verwickelt sein könnten.«

»Diese Fakten sind mir bekannt«, erwiderte der Mann knapp. »Es gehört zu meinen Prinzipien, dass ich grundsätzlich auch wissen möchte, für wen ich arbeite. Und weshalb.«

»Sie wissen von Valerie?«

»Sie haben es nicht mit einem Nachtwächter zu tun, Herr Sass. Und mit Verlaub, die Informationen waren nicht schwer zu beschaffen. Sie schicken Ihre Jungs von den Straßenbanden los, horchen Betrunkene in den Kneipen aus, treffen sich mit unserem alten Zille. Dann noch die

Sache mit dem Überfall auf den Kriminalbeamten vom Alex. Ich bitte Sie, auffälliger geht es kaum noch. Sie sollten etwas umsichtiger vorgehen. Insofern wäre es eine gute Entscheidung, wenn Sie meine Dienste weiterhin in Anspruch nähmen. Ich kann Ihnen ein diskreteres Vorgehen zusichern.«

○ ○ ○

»Wir fahren mit Ihrem Rennwagen, nehme ich an?« In da Silvas Augen trat ein verklärter Glanz. »Seit Monaten hoffe ich auf eine solche Gelegenheit. Und für die Fahrt werde ich Ihnen selbstverständlich kein Honorar berechnen.«

Franz fragte nicht weiter, registrierte jedoch sehr wohl und mit einiger Genugtuung, dass da Silva offenbar nichts entging. Er nahm sich vor, in Zukunft abends die Vorhänge im Haus zu schließen. Beide Männer verabredeten sich für den folgenden Nachmittag. Somit hatte Franz genügend Zeit, Toni per Eilbrief ihren Besuch anzukündigen. Nachdem sich der Detektiv verabschiedet hatte, nutzte Franz die Zeit, um einige Unterredungen über seinen Fernsprecher zu führen. Langsam fand er Gefallen an dieser Technik, obwohl die meisten Leute nur über einen Apparat beim Krämer um die Ecke erreichbar waren.

Sternwein hatte einige nützliche Informationen über die Fischers. Arnold galt als zuverlässig und war zu einer Art Sicherheitsberater für den Ringboss Adolf Leib geworden. Sein Bruder Joachim hatte tatsächlich zwei Haftstrafen hinter sich. Er galt als ungekrönter Einbrecherkönig, aber man munkelte, er hätte sich nach einem erfolgreichen Bruch zur Ruhe gesetzt. Franz wusste es nach seinem nächtlichen Besuch der Hackeschen Hofe zwar besser, schwieg jedoch. Schließlich erstattete er noch Konter Bericht.

»Da Silva? Irgendetwas klingelt da«, sagte der Polizist.

»Ein Berufsdetektiv«, entgegnete Franz. »Mir wächst langsam alles über den Kopf. Und ich kann wohl kaum meine alte Clique auf einen

Kerl im Ministerium ansetzen. Da Silva wusste eine paar interessante Dinge zu berichten.« Er fasste die wichtigsten Punkte zusammen.

»Der Kerl scheint sein Geld wert zu sein«, meinte Konter anerkennend. »Ich werde mich mal um Waltraud Kehler kümmern. Für eine Befragung auf dem Präsidium findet sich immer ein Grund. Wenn sie zurückgezogen lebt, wird es sonst schwierig, an Fakten zu kommen. Vielleicht weiß sie etwas.«

»Ich werde mit Arnold Fischer sprechen«, sagte Franz. »Sternwein kann sicherlich einen Kontakt herstellen.« Dass er Joe Fischer kannte, wollte er zunächst für sich behalten.

Konter schien zwar enttäuscht, dass nicht er, sondern dieser Detektiv mit Franz nach Lychen fahren würde, aber er rechnete jeden Moment mit einer Nachricht aus dem Büro des Polizeipräsidenten. Nach dem Gespräch mit Weiß konnte er kaum erwarten, dass die Versetzung endlich offiziell wurde. Und Präsident Richter hatte seine Eigenheiten. Dazu gehörte, dass man zu spuren hatte, wenn er rief. Es wäre ärgerlich, wenn Konter im entscheidenden Moment unauffindbar war.

∘ ∘ ∘

Das Sanatorium Lychen lag zwar kaum hundert Kilometer nördlich von Berlin, aber man konnte den Ort getrost als Hinterteil der Welt bezeichnen. Durch den Tegeler Forst Richtung Oranienburg war es auf der Landstraße zunächst noch schnell vorangegangen. Die Straßen wurden dann jedoch derart schlecht, dass Franz den Wagen kaum schneller als ein Pferdegespann über die Katzenköpfe und durch den Schlamm steuern konnte. Da Silva, der bei achtzig Stundenkilometern am Anfang noch ungebührlich gejauchzt hatte, war später sehr blass und still geworden.

»Reisekrankheit«, meinte er entschuldigend. Als sie im Ort ankamen, hatte sich sein Magen von dem Schrecken der hohen Geschwindigkeiten offenbar erholt.

»Meine Tante hatte vor einem Jahr eine Operation«, erklärte Franz, als er den *Bugatti* Richtung des Klinikgeländes steuerte. »Und die Sache mit ihrer Tochter hat sie ebenfalls stark mitgenommen. Sie ist zum zweiten Mal hier, um sich ein wenig von den Strapazen des Alltags zu erholen.«

»Weshalb haben Sie mich eigentlich mitgenommen?«, fragte da Silva. »Die Angelegenheit scheint mir doch recht intim zu sein.«

»Meine Tante kann etwas stur und hitzköpfig sein. Es ist besser, wenn sie die Einzelheiten direkt von Ihnen erfährt. Ihnen wird sie nicht widersprechen.« Er gab auf dem Kies der Zufahrt noch einmal richtig Gas. »Hoffe ich.«

Trotz der Proteste des Gärtners parkte Franz den Wagen direkt vor dem Haupteingang auf einer Rasenfläche. Das Sanatorium besaß einen großen Flügel für die Versicherten der Krankenkassen, Beihilfestellen und Knappschaften. Hier ging es zu wie in einem Ameisenhaufen. Alles war schlicht und funktional eingerichtet. Mehrere Schilder wiesen auf festgelegte Zeiten für Visiten, Kuranwendungen, Mittagessen, Ruhepausen und Besuche hin. Der ältere, kleinere Flügel des Gebäudes war der Trakt für Privatpatienten. Das Gewusel der Vorhalle wurde sofort ausgesperrt, als Franz und sein Begleiter durch eine Pendeltür in einen weiten Flur traten. Hier war es ruhig, und alles wirkte edler, gepflegter, wärmer. Eine Gehilfin brachte die Besucher in den zweiten Stock. Toni und Valerie hatten dort eine Art Suite bezogen, die eher zwei großen Zimmern im *Adlon* glich und den weniger schweren Fällen vorbehalten war. Als Toni die Tür öffnete, wollte Franz seinen Begleiter vorstellen.

»Gershom da Silva«, kam ihm der Mann jedoch zuvor und überreichte nach einem altmodisch galanten Handkuss seine Visitenkarte. »Berufsdetektiv und Privatgelehrter. Zu Ihren Diensten.«

»Ich dachte mir, etwas Hilfe bei den Ermittlungen könnte nicht schaden«, erklärte Franz, als seine Tante ihn mit halb fragendem, halb strafendem Blick bedachte. »Paul hat genug zu tun mit Großmann und

Roczinsky. Und seine Versetzung steht unmittelbar bevor. Ich brauche im Moment einfach Unterstützung.«

»Sie müssen wissen, dass mein Neffe im Grunde seines Herzens ein Faulenzer ist.« Toni lachte, und Franz entspannte sich etwas. »Sich nach den hoch hängenden Trauben zu strecken ist ihm oft zu beschwerlich.«

»Sei nicht unfair, Maman!«, mischte sich Valerie ein. »Ohne Franz wäre doch längst alles zusammengebrochen.«

Ihr Cousin schaute sie dankbar an.

»*Disfruta de la dulce vida, pues la tumba es fría*«, meinte da Silva, und als ihn alle fragend ansahen, übersetzte er. »Genieße das süße Leben, denn das Grab ist kalt. So sagt man in der Heimat meiner Väter.«

»Sie sind Spanier?«, fragte Valerie.

»Meine Vorfahren kommen von dort. Ich hingegen bin deutscher Staatsbürger. Übrigens eine wichtige Voraussetzung, um die Lizenz als Berufsdetektiv zu erhalten.«

Sie entschieden sich, ins Kasino der Klinik zu gehen, und nahmen dort an einem Ecktisch mit Blick auf die Gärten Platz. Da Silva fasste die Ergebnisse seiner Nachforschungen ein weiteres Mal zusammen.

»Ich habe auf der Liste von Herrn Konter zwei Mitarbeiter ausfindig gemacht, die vielleicht Auskunft über Walter Fabian geben könnten«, sagte er. »Eine Sekretärin und einen Fahrer. Beide wurden von der Botschaft entlassen, kurz bevor Fabian nach Berlin zurückkehrte. Der Fahrer, ein gewisser Arnold Fischer, könnte etwas über die Rückführung deutscher Bürger aus Frankreich wissen. Herr Sass wollte dies in einer Befragung klären.« Er nickte Franz zu. »Die Frau, Waltraud Kehler, hatte – wohl aufgrund eines schlechten Zeugnisses, das ihr von der Botschaft ausgestellt wurde – hier in Berlin keine Anstellung gefunden und verdingt sich im Moment als Wäscherin. Mit etwas Geschick und ein wenig Geld dürfte es möglich sein, auch sie zum Reden zu bringen.«

Trägt jemand die Nase zu weit oben, dann tritt ihm einfach auf die Füße.

Franz erinnerte sich an einen Ausspruch Konters, den er zunächst nicht verstanden hatte.

»Ich kümmere mich um Fischer«, sagte Franz. »Und Paul will Waltraud Kehler auf den Zahn fühlen. Langsam kommen wir voran.«

»Unterstaatssekretär Fabian ist eine Nummer zu groß für uns«, meinte da Silva. »An ihn kommen wir nicht heran. Das Außenministerium ist gut organisiert und geschützt. Nach den politischen Morden der letzten Jahre ist man überall vorsichtiger geworden. Einen Mann wie Fabian wird man also nicht einfach in ein Automobil zerren und nach Belieben befragen können. Nicht, ohne eine Staatsaffäre daraus zu machen.«

»Katja soll sich in der Gesellschaft umhören«, schlug Toni vor. »Fabian müsste in den höheren Kreisen doch bekannt sein. Und ich werde mit Ehrhardt sprechen, wenn wir zurück sind. Ein Mitarbeiter des Ministeriums, der in Entführungen und Misshandlungen von Frauen verwickelt ist. Eine solche Neuigkeit dürfte ihn brennend interessieren.«

»Was soll das bringen?« Franz war die Zusammenarbeit mit dem *Consul* immer noch nicht geheuer.

»Du hast doch Herrn da Silva gehört«, entgegnete seine Tante. »Und du kennst Pauls Bedenken. Einen Mann wie Fabian wird man nicht einfach verhaften, weil eine Frau irgendetwas über ihn behauptet. Aber Ehrhardt könnte wissen, wo seine Schwachstellen sind. Wie wir ihn packen können. Packen und vernichten.«

»Wenn ich dazu etwas sagen darf?«, meinte da Silva. »Die Nationalen sind verunsichert. Nach meiner Einschätzung schrumpft der Einfluss der alten Kräfte. Männer wie Hindenburg, Ludendorff und Ehrhardt haben nicht erkannt, dass jetzt ganz andere Regeln gelten. Der Kapp-Putsch war ein Desaster für die nationale Sache. Das Volk kann nicht übergangen werden. Nur mit dem Volk lassen sich Revolutionen machen. Und zwar nicht nur von links. Auch die Reaktionäre brauchen in Zukunft die Massen.«

»Lassen wir das«, meinte Antonia. »Bleiben wir einfach beim Naheliegenden. Kapitän Ehrhardt wird erfreut sein, wenn er Informationen erhält, mit denen er andere unter Druck setzen kann. Und Katja kann versuchen, Hugenberg ins Boot zu holen. Der alte Sack wird sich natürlich von Männern wie Fabian schnell abwenden wollen, wenn er merkt, dass sie seinem Ruf schaden. Das könnten wir zu unserem Vorteil nutzen.«

18

Berlin – Mitte

»Wie viel schuldet er Ihnen, Kutisker?«, fragte Göring.

Er saß in dem edel eingerichteten Büro des stadtbekannten Schiebers, das unweit des Pariser Platzes lag. Und er war zufrieden. Ehrhardts Vorschläge hatten sich für ihn voll ausgezahlt. Von der *Liga zum Schutze der Deutschen Kultur* und den Zeppelin-Werken bekam er ein erkleckliches Salär, ohne viel dafür tun zu müssen. Und in Ehrhardts Auftrag hatte er Kontakte zu radikal-konservativen Kreisen in Süddeutschland geknüpft. In München war er auf eine neue Partei und einen Mann gestoßen, der ihn faszinierte. Hitler hatte Visionen, aber er wusste auch, dass eine neue Ordnung für Deutschland nicht in den Hinterzimmern, sondern auf der Straße durchgesetzt werden musste. Göring hatte durch seine guten Beziehungen im Waffenhandel Hitlers Aufmerksamkeit erregt. Kleine Parteien waren notorisch klamm und neue Geldquellen hochwillkommen. Einige Heeresoffiziere konnten noch Waffenbestände aus dem Krieg beisteuern. Vor allem aber hatten die Iren für McCullens Lieferungen gut bezahlt. Einen guten Teil des Erlöses hatte Göring für sich behalten, der andere diente jetzt dem Aufbau einer neuen Bewegung. Und Hitler hatte ihm versprochen, dass das zukünftige Reich wieder eine Luftwaffe haben würde. Unter Görings Leitung.

»Zwanzigtausend Dollar«, antwortete der Pole gelassen. »Er wird zahlen. Früher oder später. Bis dahin steht er in meiner Schuld. Ich bin zufrieden. Nennen wir es einen Teil meiner Geschäftsstrategie, dass ich gefangene Fische nie wieder von der Leine lasse.«

Hermann Göring wollte noch eine letzte Lieferung abwickeln. Dann musste Schluss sein. Freunde bei der Politischen Polizei in der bayrischen Hauptstadt hatten ihn gewarnt. Die Sache drohte trotz der Schmiergelder, die an leitende Beamte flossen, aufzufliegen. Die Republik erwies sich als weitaus stärker als zunächst gedacht. Jetzt mussten nur alle Spuren beseitigt werden, die zu ihm führten. Und natürlich würde er sich keinesfalls selbst die Finger schmutzig machen. Aber die Abwicklung musste so eingefädelt werden, dass es aussah, als wäre der Jude der Drahtzieher.

Unser guter Kutisker hat also in den Augen der Polizei zwanzigtausend Motive, McCullen loszuwerden, dachte Göring. Jemand musste nur der Kripo zur richtigen Zeit einen Tipp geben. Niemand würde diesem verlausten Russlandpolen Glauben schenken. Iwan Baruch, der Ostjude. Die Kerle logen doch, dass sich die Balken bogen. Das lag ihnen im Blut, und jeder wusste es. Die Sache war perfekt. Einige Leute, die ebenfalls bei Kutisker in der Kreide standen, würden Göring sicherlich ihre Dankbarkeit zeigen. McCullen musste weg. Der Mann wusste einfach zu viel. Namen und Orte. Er kannte die Verbindungen und Hintermänner. Er wusste, welche Summen an wen gegangen waren. Der Jude und der Ire. Die Welt wäre zwei Schmeißfliegen mit einer Klappe los.

Vielleicht sollte ich in die Politik gehen, überlegte der ehemalige Offizier und strich sich über den Bauch. Ich werde fett, der Frieden bekommt mir nicht. Politik. Er nickte sich quasi zur Bestätigung selbst zu. Diese Dinge beginnen, mir Spaß zu machen.

○ ○ ○

»Ich muss zurück ins Präsidium«, sagte Paul Konter und erhob sich. »Ich habe diese ehemalige Sekretärin zu einem Gespräch einbestellt. Mal sehen, was sie weiß.«

Franz und der Kommissar hatten sich zum Essen verabredet, um Neuigkeiten auszutauschen.

»Ich nehme mir morgen Fischer vor«, sagte Franz. »Besser, er spricht mit jemandem von uns als mit der Polizei. Wir müssen Leib nicht vergraulen.«

»Außerdem bezweifle ich, dass er einem Polizisten irgendetwas von Belang erzählen würde.« Paul Konter trank den Rest seines Biers. »Wann steigt die Sache bei Roczinsky? Wird langsam Zeit, der Mann könnte beim kleinsten Verdacht untertauchen.«

»Ich habe zwei Leute dafür«, erwiderte Franz ausweichend. »Der Bruch geht in den nächsten Tagen über die Bühne.«

Dass einer der beiden Männer er selbst war, behielt er lieber für sich. Konter nickte zufrieden und verabschiedete sich. Er ging zügig zurück zum Alexanderplatz. Vor *Wertheim* in der Leipziger Straße kaufte er an einem Stand Gebäck und Pralinen. Erstens musste er sich mit Gennats Sekretärin gut stellen. Zweitens wollte er bei der geladenen Zeugin einen möglichst unverfänglichen Eindruck machen. Als er auf dem Präsidium in den Gang bog, in dem sein Dienstzimmer lag, wartete die geladene Zeugin bereits auf ihn. Vielmehr waren es zwei junge Damen, die auf der Bank saßen und sich zum Verwechseln ähnlich sahen.

»Frau Sehlheim?«, fragte er verdutzt, denn er kannte die Frau. Zumindest kannte er eine der Frauen. Hilde Sehlheim war vor zwei Jahren Zeugin in einem Mordfall gewesen. Sie arbeitete bei der Hochbahn.

»Sie erinnern sich an mich, Herr Kommissar?«, erwiderte eine der beiden. »Darf ich vorstellen? Meine Schwester Waltraud. Sie bat mich, sie zu begleiten.«

Es stellte sich heraus, dass sie trotz der Ähnlichkeit gar keine Zwillinge waren.

»Machen Sie sich nichts daraus. Man verwechselt uns oft.«

Konter bat die Frauen zu sich ins Zimmer. Hilde Sehlheim war in ihrer Werksmontur erschienen und wirkte dadurch beinahe männlich. Ihre Schwester hatte zwar ebenfalls eine robuste Statur, war jedoch wie eine typische Bürokraft gekleidet. Ein schlichtes, aber geschmackvolles Kleid und zierliche Stiefel gaben ihr sogar etwas Damenhaftes. Und nicht nur in ihren Gesichtszügen ähnelten sich die Frauen. Offenbar waren sie auch gleichermaßen resolut in ihrem Auftreten.

»Aus Ihrer Vorladung wurde ich nicht recht schlau«, meinte Waltraut Kehler. »Da könnte man ja denken, man hätte etwas ausgefressen!«

»Es ist nicht üblich, die Vorladungen zu begründen«, erwiderte Konter. »Aber es tut mir leid, wenn Sie sich unnötig Gedanken gemacht haben. Ich versichere Ihnen, gegen Sie liegt nichts vor. Ich habe Sie hergebeten, da ich hoffe, dass Sie mir ein wenig über Ihre Zeit an der Pariser Botschaft erzählen können. Sie haben dort doch als Bürogehilfin gearbeitet? Ist das richtig, Frau Kehler?«

»Ja und nein«, erwiderte sie. »Angefangen habe ich als Hilfskraft, aber zum Schluss war ich dritte Sekretärin im Stab des Botschafters«, fügte sie nicht ohne Stolz hinzu. »Leider hat der Krieg meine Absicht zunichte gemacht, mir das Vertrauen des Herrn Botschafters zu erarbeiten.«

»Wie kam es, dass Sie auch nach Abberufung des Botschafters in Paris geblieben sind? Die polizeiliche Meldung weist Ihren Wohnsitz erst seit April 1919 in Berlin nach. Was veranlasste eine junge Frau wie Sie, in der damals wirren Zeit in Feindesland zu bleiben?«

»Mein Schwiegervater besaß vor dem Krieg ein Handelshaus für Champagner. Wie Sie sich denken können, liefen die Geschäfte dann nach Kriegsbeginn nicht so gut. Mein Mann und ich hatten entschieden, das Familienunternehmen dadurch zu retten, dass wir uns Arbeit suchten. Er war als Handelsvertreter für Spirituosen in Österreich und in der Türkei unterwegs, also fast nie zu Hause. Da konnte ich ebenso gut die hoch bezahlte Stelle an der Botschaft antreten. Nach dem Krieg ging es uns finanziell noch schlechter, so dass ich zunächst in Paris geblieben bin. Leider hat es nichts genützt. Mein Schwiegervater war bei Kriegsende beinahe bankrott, und das gesparte Geld weniger wert, als wir erhofft hatten. Mein Mann versuchte, die alten Kontakte wiederherzustellen. Da das Vermögen der Familie aufgezehrt war, musste ich weiterarbeiten.«

»Sie kennen Walter Fabian?«, fragte Konter.

Waltraud Kehler nickte und wirkte leicht verunsichert.

»Fabian? Natürlich, er war früher ein enger Berater des Botschafters in Rechtsfragen. Er ist Anwalt, soviel ich weiß. Und während des Krieges war er als eine Art geheimer Gesandter tätig.«

»Ich dachte, verfeindete Staaten brechen ihre diplomatischen Beziehungen ab?«, fragte Konter unverfänglich. Natürlich kannte er die Gepflogenheiten der Diplomatie. Aber er wusste auch, dass manche Menschen eine angeborene Neigung hatten, kleine Geheimnisse mit anderen zu teilen. Und dass hierdurch der Redefluss von Zeugen gefördert wurde.

»Offiziell ist das auch so«, erwiderte die junge Frau. »Aber nachdem der Botschafter 1914 Paris verlassen hatte, blieb die Hälfte des Personals dort. Sie glauben nicht, wie rege das Treiben dort war. Ein Kommen und Gehen der Franzosen, Belgier, Italiener. Geschäftsleute, Bankiers, Angehörige der Adelshäuser. Und meistens ging es um Geld. Der deutsche Handelsattaché sollte Verhandlungen über die Lieferung von Waren aus den französischen Kolonien führen. Meistens wurde dies über Scheinfirmen neutraler Staaten abgewickelt. Auch die Kontakte zum Roten Kreuz wurden über die Botschaft aufrechterhalten. Und die Listen von Ausreisewilligen, Vermissten, Kriegsgefangenen und Gefallenen wurden ausgetauscht. Wir hatten mehr zu tun als in Friedenszeiten.«

»Sind Sie Fabian öfter begegnet?«

»Die Botschaft ist groß«, antwortete die Zeugin. »Ich habe vor allem Handelsverträge vervielfältigt und manchmal Protokoll geführt, wenn sich deutsche und französische Unternehmer zu Gesprächen in der Botschaft trafen. Aber ja, ich habe Herrn Fabian öfter gesehen. Er hat auch nach dem Waffenstillstand die Geschäfte der Botschaft geführt. Er hatte sich Hoffnungen gemacht, offiziell zum Botschafter ernannt zu werden. Aber daraus wurde nichts.«

»Wissen Sie, warum? Ich meine, man hört ja so einiges, wenn man in einer Firma angestellt ist. In einer Botschaft ist das doch sicherlich nicht anders.«

»Er soll Geld beiseitegeschafft haben. Viele Industrielle brauchten dringend Fürsprache bei den Franzosen. Im Elsass wollte man deutschen Besitz enteignen. Und viele Konten waren gesperrt worden. Mein Mann war übrigens auch bei Fabian, um eine Genehmigung für den Schaumwein-Handel zu erhalten. Das Schwein wollte für seine Dienste zehntausend Franc im Voraus.« Die junge Frau hatte ihre Stimme erhoben, und sie schien nun leicht aus der Fassung. »Entschuldigen Sie die Wortwahl. Aber mit einer neuen Lizenz hätten wir das Geschäft vielleicht retten können.«

»Erzähl es dem Herrn Kommissar doch endlich, Waltraud«, sagte Hilde Sehlheim unvermittelt. »Er soll ruhig aus erster Hand erfahren, dass der Kerl ein übler Drecksack ist.«

Konter erwiderte nichts. Er bemerkte, dass die junge Frau vor ihm mit sich rang. Ihrer Familie hatte der Krieg den Ruin gebracht. Männer wie Fabian hatten von ihm profitiert. Da dies hier kein Verhör war, wollte er der Zeugin ihr eigenes Tempo lassen.

»Er hatte von französischer Seite eine Liste erhalten«, fuhr Waltraud Kehler fort. »Handelshäuser und Unternehmen, an denen Deutsche beteiligt waren. Und die nun kurz vor der Pleite standen oder enteignet werden sollten. Offiziell geschah dies zur Begleichung der Kriegsschulden.«

»Was meinen Sie mit *offiziell?*«, fragte Konter.

»Viele Leute haben sich an der Notlage anderer bereichert«, antwortete sie. »Der Wert der Unternehmen wurde gegenüber der Regierung viel kleiner geschätzt. Unter der Hand wurden sehr viel höhere Erlöse erzielt. Die Leute wurden massenhaft betrogen.«

»Fabian hat die Firma ihres Mannes und Schwiegervaters mit vierzigtausend Franc bewerten lassen«, wandte sich jetzt Hilde Sehlheim direkt an Konter.

»Hilde, bitte«, sagte ihre Schwester mit matter Stimme.

»Nein, der Kommissar soll das wissen.« Die Frau ließ sich nicht abhalten. »Fabian hat einen Bekannten, der vom Balkan und aus der Türkei Weine nach Deutschland importiert. Ribbentrop heißt der Mann. Über seine gesellschaftlichen Kontakte hat er sich bei der Sektfirma *Henkell* lieb Kind gemacht. Denen hat er das Unternehmen aus Waltrauds Familie gleich für das Doppelte wieder verkauft. Und wir können beweisen, dass Fabian und Ribbentrop sich den Gewinn geteilt haben.«

»Beweisen?« Konter war hellwach. »Wie?« Vielleicht ergab sich jetzt endlich etwas Handfestes.

Waltraud Kehler nahm zögerlich einige gefaltete Dokumente aus der Tasche und legte sie auf den Tisch.

»Ich habe einige Vorgänge …« Sie schluckte hörbar und wirkte beschämt. »Ich habe sie entwendet. Ich war damals so wütend. Vor Ihnen liegen insgesamt sechs Fälle, die beweisen, dass Walter Fabian andere Leute um ihr Vermögen betrogen hat. Die gefälschten Schätzwerte, die Angaben und Überweisungen an die französische Staatskasse und die Eintragung einer Scheinfirma, über die Ribbentrop alles abgewickelt hat. Zum Schluss wurde jedes Mal eine Geldsumme an die Botschaft gezahlt, die Fabian dann als ›Ersatz für Auslagen und Fakelaki‹ auf ein Privatkonto buchen ließ. Allein bei diesen sechs Vorgängen waren das achtzigtausend Franc.«

Konter legte eine Hand auf den Papierstapel, als befürchtete er, ein Windstoß könnte die Beweise fortwehen. Vielleicht brauchte er auch die gefühlte Bestätigung dieser unfassbaren Enthüllungen.

Jetzt haben wir das Schwein, dachte er. Betrug und Unterschlagung. Was es mit *Fakelaki* auf sich hatte, musste er noch klären. Und Vorsicht schien angebracht. Die Familie Henkell besaß Einfluss in Berlin. Und wenn dieser Ribbentrop ihr Protegé war, konnte es Ärger geben.

»Haben Sie zu Ihrer Zeit an der Botschaft mitbekommen, dass junge Frauen aus Frankreich nach Deutschland geschafft wurden?«, fragte Paul Konter, nachdem er sich etwas gefasst hatte.

»Über die Gesandtschaft in Paris und das Rote Kreuz wurden viele Reichsbürger wieder nach Deutschland gebracht«, antwortete Waltraud Kehler. »Oft war ihnen von den lokalen Behörden die Ausreise verweigert worden. Da herrschte Willkür. In manchen Départements wurde regelrecht Jagd auf Deutsche gemacht. Und die Behörden wollten mehrere Tausend Franc Wiedergutmachung für ein Ausreisevisum haben. Viele konnten das nicht zahlen und irrten in Frankreich herum.«

»Auch Mädchen und Frauen?«, hakte Konter nach.

»Alleinstehende, jüngere Frauen galten als gefährdet und besonders schutzbedürftig«, sagte Waltraud Kehler. »Es war leider zu widerwärtigen Übergriffen gekommen. Die Betroffenen wurden zunächst in einem Wohntrakt des Botschaftsgebäudes untergebracht. Sobald es etwa zwanzig Frauen waren, wurde ein bewachter Eisenbahn-Waggon angemietet. Und der Transport ging bei Nacht und Nebel über den *Gare du Nord* in Paris in Richtung Reichsgrenze. Seltener wurden kleine Gruppen Frauen mit zwei oder drei Automobilen zurück nach Deutschland gebracht.«

»Hatten Sie Kontakt zu den Frauen?«, fragte Konter.

Sie schüttelte den Kopf. »Ich musste manchmal die Namenslisten abtippen. Oder den Sonderfahrplan mit dem Bahnhofspersonal absprechen. Die Frauen habe ich nur wenige Male zu Gesicht bekommen.« Ihre Augen schimmerten feucht. »Es waren sehr viele, verzweifelte Menschen, die manchmal Schlimmes durchgemacht hatten.«

»Flossen da auch Gelder?« Konter mochte diese Situationen nicht. Gern hätte er seine Zeugin in Ruhe gelassen oder ihr zumindest etwas Zeit gegeben, sich zu sammeln, aber er wusste, dass er jetzt am Ball bleiben musste, um möglichst viel zu erfahren. »Ich meine, hat Fabian auch von den Überführungen profitiert?«

»Es gab solche Gerüchte, ja. Aber Genaues weiß ich nicht.«

»Wurden mittellose Frauen vielleicht abgewiesen?«, fragte Paul Konter vorsichtig. »Schließlich verfügt nicht jeder junge Mensch über ausreichend Geldmittel.«

Waltraud Kehler sah ihre Schwester an, die ihre Hand ergriffen hatte und sie offenbar durch ein Nicken darin bestärkte, fortzufahren.

»Bitte, Frau Kehler.« Der erfahrene Kripobeamte sah seine Chance gekommen. »Ich behandle Ihre Aussage absolut vertraulich. Sie müssen mir sagen, was Sie gesehen oder gehört haben. Wir alle sind es den Betrogenen schuldig, die Sache aufzuklären.«

»Fabian hatte eine Vorliebe für junge Mädchen. Für sehr junge Mädchen. Während die normalen Rückführungen zügig abgewickelt wurden, hat er bei allein reisenden Minderjährigen auf einer längeren Sammelunterbringung in der Botschaft bestanden. In einem Seitenflügel gab es drei Zimmer, die mit jeweils vier Mädchen belegt waren.«

»Minderjährige?«, fragte Konter. Er war abgestoßen, obwohl er solche Vermutungen bereits angestellt hatte. »Ist Ihnen zu Ohren gekommen, dass Fabian oder andere Männer Unzucht mit diesen Mädchen betrieben haben?«

»Nein. Jeder wusste, dass Fabian athletisch gebaute Männer mochte. Wie sich die anderen Herren verhalten haben, weiß ich natürlich nicht. Aber die meisten jungen Frauen wirkten immer ganz hoffnungsvoll. Ich glaube nicht, dass sie derart dankbar und zufrieden gewesen wären, wenn man sich an ihnen vergangen hätte.«

»Aber Sie sagten eben, Fabian habe eine Vorliebe für junge Mädchen gehabt.«

»Diese Vorliebe war eher geschäftlicher Natur«, erwiderte die Frau. »Es hieß, dass er sich dafür bezahlen ließ, diese Mädchen im Pulk ins Reich zurückzubringen. Wohin und warum kann ich nicht sagen.«

»Wissen Sie, um wie viele Mädchen es sich handelte?«

»Ich schätze, es waren vier oder fünf Transporte im Jahr. Mit jeweils einem halben Dutzend junger Mädchen.«

Konter rechnete im Stillen nach. Es mussten in den Jahren insgesamt über hundert blutjunge Frauen gewesen sein. Er ging zum Regal und nahm eine Fotografie aus einer dünnen Aktenmappe. Er legte sie vor Waltraud Kehler auf den Tisch.

»Valerie DuPont«, sagte er. »Haben Sie den Namen vielleicht damals gehört oder das Mädchen gesehen?«

Sie betrachtete das Foto sehr lange. Plötzlich hob sie den Kopf und nickte.

»Ich glaube, ich habe sie damals gesehen. Aber der Name sagt mir nichts. Dabei habe ich in dieser Hinsicht ein gutes Gedächtnis. Auf meinen Listen gab es keine DuPont. Das weiß ich genau. In fast allen Fällen handelte es sich ja um deutsche Namen.«

»Würden Sie das auch vor Gericht bezeugen?«, fragte der Kommissar.

Waltraud Kehler sah ihre Schwester an, dann nickte sie. Konter musste sich beherrschen, damit er die Frau nicht umarmte und abküsste. Endlich hatte er handfeste Beweise. Ihm fiel ein, dass er das gekaufte Gebäck in seiner Aktentasche vergessen hatte. Und er schnorrte bei einem Kollegen im Nebenzimmer zwei Tassen Kaffee. In der folgenden Viertelstunde verschaffte er sich noch einen Überblick über das Personal und die Arbeitsweise in der diplomatischen Vertretung. Waltraud Kehler verfügte in der Tat über ein ausgezeichnetes Gedächtnis. Er war sicher, dass sie vor Gericht eine glaubwürdige Zeugin abgeben würde. Er wollte die beiden Frauen gerade verabschieden, als sich Waltraud Kehler unter Tränen noch einmal an ihn wandte.

»Mein Schwiegervater hat sich das Leben genommen, nachdem die Firma verloren war. Mein Mann ist immer noch am Boden zerstört. Ich wollte Fabian damals zur Rede stellen. Er hat sich verleugnen lassen. Dann habe ich gekündigt. Durch das schlechte Zeugnis bekomme ich keine Anstellung in Berlin. Wissen Sie, Herr Kommissar, einen Misserfolg kann ein Mensch überwinden. Aber diese Hinterlist, diese Gier und die Niedertracht sind unerträglich. Ich liege manchmal wach und glaube zu hören, dass Fabian uns auslacht.«

Konter nickte. Etwas zu zerstören war immer schon einfacher gewesen, als es aufzubauen. Und manche Menschen hatten es darin zu teuflischer Perfektion gebracht.

»Fabian ist ein Schwein, Herr Kommissar«, fügte Hilde Sehlheim hinzu, als sie ihre Schwester in den Arm nahm. »Wenn wir irgendetwas tun können, um ihn in den Pfuhl zurückzustoßen, aus dem er gekrochen ist, dann geben Sie uns bitte Bescheid. Behalten Sie die Dokumente. Bei Ihnen sind sie sicherer aufgehoben. Wer weiß, wozu dieser Mann fähig ist.«

Paul Konter verabschiedete die Schwestern und versprach, sich zu melden. Er war zufrieden, obwohl ihm diese Art von Befragungen auch nach all den Jahren noch zusetzte. Er war nicht abgestumpft wie viele andere Kollegen. Er nahm immer noch teil am Leid der Betroffenen. Aber dann gab es Momente, die ihn dafür entschädigten. Es gab Hoffnung auf eine Gerechtigkeit. Männer wie Fabian vergaßen allzu oft, dass sie trotz ihrer Selbstherrlichkeit abhängig waren von einfachen Menschen. Sie glaubten, verblendet wie sie waren, dass einfach auch dumm bedeuten musste. Dieser Irrglaube machte sie am Ende doch verwundbar.

Ist die Nase zu weit oben, dann zieh an den Füßen, dachte Konter lächelnd. Wie recht Gennat doch hatte.

19

Berlin – Luisenstadt

Joachim »Joe« Fischer und Franz hatten schnell einen Draht zueinander gefunden. Nach dem dritten Bier im *Open House* in der Stallschreiberstraße stand fest, dass sie gleich zwei große Leidenschaften miteinander teilten: den Hang zu schnellen Automobilen und – weniger offensichtlich und recht exklusiv – die Faszination für alles, was durch komplizierte Schlösser und dicken Stahl gesichert wurde.

»Sie bezeichnen diesen popeligen *Opel 10/30* als Luxuswagen«, schwadronierte Franz. »Ist doch ein Witz!«

»Dann lieber einen *Lancia Lambda*, sieht besser aus und hat doppelt so viel PS«, sagte der ältere Fischer.

»Der hat Königswelle wie bei den Flugzeugmotoren!«

»Neues Differenzial, da kannste mit fuffzig inne Kurve.«

Die nächste Runde ging über den Tisch.

»Die neuen Panzerschränke von Arnheim sind knorke«, meinte Franz, nachdem das erste Thema ausgiebig und erschöpfend besprochen war. »Vollstahl, die kleene Ausführung hat schon 'ne halbe Tonne uffe Uhr.«

»Kronenbramah und Chubbschlüssel«, schwärmte Fischer und nickte. »Mit Doppelsicherung.«

»An de Schlösser kannste sowieso bald nich mehr rumfummeln. Aber wem sag ick dat?« Franz gab sich abgeklärt und tat, als besäße er große Erfahrung mit Tresoren. »Feinbart mit Riegelsperre. Wenn da wat abbricht, is Sense. Feierabend und aus. Hab jehört, die bauen bald Sirenen an die Schränke. Dein Beruf hat keene Zukunft, meen Lieber!«

»Etwas leiser, bitte«, mahnte Fischer. »Ick bin zwar uff Rente, aber Lauscher, die dir falsch verstehn wolln, jibt et überall. Nee, ick mach nüscht Illejales mehr.«

»Hab ick bei der Hacke-Höfe jemerkt.« Franz sprach im Flüsterton und lachte.

»Schloss dauert eh viel zu lange«, griff Fischer ihr Thema wieder auf. »Die Zukunft liegt bei Wumms und Hitze, Franz! Jloob man dem Filius von 'nem ollen Knastbruder. Mit Lude und Dietrich wirste heut jarnüscht mehr. Een Schweißbrenner muss ran, meen Juter!«

Wer die beiden Männer belauschte, musste glauben, zwei alte Kindsköpfe versuchten, einander zu übertrumpfen. Schneller, größer, weiter, höher, lauter.

»Du hast das Schneiden und Schweißen beim alten Berlach gelernt?«, fragte Fischer mit Respekt und Bewunderung in der Stimme, als sie über Karosserieformen und Tresore zu ihrem nächsten Lieblingsthema Metall gekommen waren. »Ich dachte, Benno Berlach hat es vor fünf oder sechs Jahren bei einer Magnesiumexplosion erwischt?«

»*Siemens* hat ihm damals sogar das Sanatorium bezahlt«, sagte Franz. »Als er zurückkam, war er auf einem Auge blind und sein Ohr sah aus wie verkohlte Grillwurst. Aber der Kerl war einfach zu gut. Den konnten sie nicht ziehen lassen.«

»Er soll mal einem anderen Meister in den Arsch getreten haben, weil der Kerl auf zwanzig Zentimeter ganze sieben Zündstellen hinterlassen hatte.« Fischer lachte.

»*Die Naht ihre Länge weest uff det Schweißers Jehänge*«, grölten beide Männer wie aus einem Mund, und Tränen traten ihnen in die Augen.

Während sie noch über diverse Panzerschränke, Tresore und aktuelle Erfindungen im Bereich der Sicherheitsschlösser philosophiert hatten, waren Franz beinahe die eigentliche Gründe ihres Treffens entfallen. Fischer selbst erinnerte ihn eher zufällig daran, als er seinen Bruder erwähnte.

»Ich habe mit Arnold gesprochen. Er wird sich mit dir treffen. Eine offizielle Aussage kannst du aber vergessen. Und er wird natürlich seinem Boss alles berichten. Also, kein Wort über Leib oder den Ringverein.«

»In Ordnung«, erwiderte Franz und versuchte, sich zu konzentrieren. »Da ist aber noch eine Sache, die ich mit dir besprechen muss.«

○ ○ ○

Arnold Fischer wirkte auf den ersten Blick wie ein Packer vom Schlachthof, den man in einen Anzug gesteckt hatte, der zudem noch eine Nummer zu klein war.

»Wie kommst du eigentlich auf mich?«, fragte er ohne Umschweife, als Franz sich gesetzt hatte.

Franz hatte sich eine Kurzfassung der ganzen Geschichte zurechtgelegt, die er jetzt herunterbetete. Der Mann konnte ruhig einige Dinge wissen, aber er musste nicht alle Zusammenhänge kennen.

»Üble Sache«, sagte Fischer, nachdem Franz seine Schilderung beendet hatte. »Beschissene Zeit damals. Ich hatte Glück. Als Fahrer der Botschaft war ich vor einer Einberufung sicher.«

»Hattest du mit Walter Fabian zu tun?«

»Sicher. Hin und wieder. Hab ihn gefahren und ihn bewacht. Obwohl er ja einen eigenen Leibwächter hatte.«

»Weißt du etwas über Rückführungen von Frauen? Ich meine vor allem junge Frauen. Alleinstehend.«

»Kam vor. Ich habe manchmal einen Kleinlaster zum Bahnhof gefahren. Hinten waren vier oder fünf Weiber drauf. Die Botschaft hat dann das Personal geschmiert, damit wir sie in den Diplomatenzug setzen konnten.«

»Gab es Gerüchte über Fabian? Wegen der Mädchen?«

»Der Kerl hatte nichts mit Frauen am Hut. Sein Süßer war Hartmut, der Leibwächter. Er dachte wohl, dass es keiner gemerkt hat.«

»Komm schon, da muss doch etwas sein.« Franz wurde langsam ungeduldig. »Fünf Jahre in der Botschaft, da hört man doch diverse Sachen!«

»Fabian hat jede Menge Kohle gemacht.« Arnold Fischer zuckte mit den Schultern. »Und wohl auch ein paar krumme Dinger abgezogen. Ich habe wirklich keine Ahnung. Jeder versucht doch, was für sich herauszuholen.«

Franz wollte schon aufstehen, als ihm eine Idee kam.

»Kennst du einen Mann namens Roczinsky?«, fragte er. »Friedrich Roczinsky?«

»Klar kenne ich den Kerl«, erwiderte Fischer erstaunt. »Fritz Rotze. Unangenehmer Mensch, aber sehr zuverlässig. Er gehörte vor dem Krieg zum Sicherheitspersonal in Paris, aber eher untere Ebene. Als der Botschafter abgezogen wurde, hat er ein paar dreckige Aufträge erledigt. Hab ich zumindest gehört.«

»Welche dreckigen Aufträge?«, fragte Franz.

»Hatte etwas mit den deutschen Agenten zu tun. Wenn die Franzosen denen auf die Pelle rückten, soll Rotze wohl öfter einen Unfall inszeniert haben. Damit sie keine wichtigen Informationen verraten konnten. Es heißt sogar, dass sie Mata Hari ans Messer geliefert haben, obwohl sie nur eine unbedeutende Schlampe war.«

Franz wusste, dass es mehr Legenden gab, die sich um diesen Krieg rankten, als es Schlachten gegeben hatte. Jeder kannte irgendwen, der irgendwo irgendetwas Wichtiges gehört hatte.

»Ist Roczinsky hier in Berlin?«, fragte Fischer, und seine Miene wurde ernst. »Der Mann ist gefährlich. Ich rate dir, pass auf bei dem. Vor allem nenn ihn niemals Rotze.«

»Das Schwein ist in die Geschichte mit den Frauen verwickelt. Wie es scheint, hat man die Mädchen erst benutzt und danach weggeworfen wie Unrat.«

»Und Rotze war der Müllkutscher?« Fischer nickte. »Solche Arbeiten würden zu ihm passen. Er ist jemand, der Leute verschwinden lässt, die zu viel wissen. Es heißt, dass Fritz bei der Ochrana, der Geheimpolizei des Zaren, eine spezielle Ausbildung bekommen hat.«

»Ein guter Strick bricht jedes Genick.« Franz klang wenig überzeugend. Das Katz-und-Maus-Spiel, das Roczinsky mit Carl Großmann getrieben hatte, konnte zu Fischers Ochrana-Geschichte passen.

»Glaub, was du willst«, sagte Fischer. »Ich hab dich gewarnt. Sonst noch was?«

Als Franz sich bedankte und zum Gehen wandte, war er mit seinen Gedanken bereits ganz woanders.

○ ○ ○

»Mein Bruder hat mich vor Fritz Roczinsky gewarnt«, sagte Joe Fischer. »Wahrscheinlich befürchtet er, dass du mich in irgendetwas hineinziehen willst.«

»Also, hilfst du mir, in seine Wohnung einzusteigen?«, fragte Franz. »Ich will mich ja nicht mit ihm prügeln. Rein und raus. Mehr nicht.«

»Wenn die Sache mit der Geheimpolizei stimmt, dann hat er vielleicht ein paar Tricks drauf«, gab Fischer zu bedenken. »Vielleicht Markierungen oder eine Falle. Und wenn er etwas Verdächtiges in der Wohnung hat, dann sicherlich versteckt in Schubladen oder in einem kleinen Tresor. Willst du ein Brecheisen nehmen? Durch die Spuren weiß er doch sofort, dass jemand hinter ihm her ist! Und dann verpisst er sich, oder er sucht dich.«

»Wir müssen eben doppelt so gut aufpassen. Mensch, Joe, langsam glaube ich, du bist wirklich schon auf Rente.« Franz stand jetzt vor Fischer, der am Tisch saß und eine Suppe löffelte. »Ich brauche deine Hilfe. Ich weiß, wonach ich suche. Du weißt, wo ich es finde und wie wir da herankommen. Zweitausend ist es mir wert.«

Franz wusste, dass allein der Vorschlag dieses bestimmte Prickeln in Fischer auslöste. So musste sich ein Süchtiger fühlen, wenn das Koks vor ihm auf dem Tisch lag. Oder der Trunkenbold, der nach zwei Tagen

Abstinenz das gefüllte Schnapsglas vor sich sah. Franz wusste deshalb so genau, wie Fischer sich fühlte, weil er das Prickeln in diesem Moment selbst spürte. Es war, als hätte er sich eine Infektion zugezogen, als er vor gut einem Jahr mit dem alten Schlossermeister Trabe den *Ade Cassentresor* geknackt hatte, der auf Ehrhardts Geldtransporter festgeschweißt gewesen war. Von seinem Faible für Rennwagen und Motoren wusste bereits jeder in seiner Umgebung. Aber dass er heimlich in Trabes Werkstatt mit den Brennern und Lichtbogen-Schweißapparaten an Metallplatten übte, dass er Stahlgüte und Materialdicken prüfte, dass er gerade gekaufte Tresore absichtlich aufbrach; das alles blieb sein Geheimnis.

»Du hast sie ja nicht alle, Franz«, entgegnete Fischer.

Er klang dabei jedoch weniger entrüstet als amüsiert. Franz bemerkte das Blitzen in den Augen seines Gegenübers. Ja, da lag quasi das Koks vor ihm. Und Franz sah, dass sich Fischer kurz mit der Zunge über die Lippen fuhr. Der Durstige. Ja, da stand der Schnaps. Er musste nur zugreifen. Die Spannung, das innere Ringen waren in den nächsten Augenblicken fast greifbar in dem kleinen Raum. Und schließlich sprach Fischer die erlösenden Worte.

»Das Geld ist mir egal«, sagte er. »Aber ich kann dich doch nicht in dein Unglück rennen lassen.«

○ ○ ○

Das Vorhaben erforderte etwas Geduld. Zunächst mussten sie herausfinden, ob Roczinsky die Wohnung zu wiederkehrenden Zeiten verließ und wie lange er dann fortblieb. Franz setzte Georgs Leute auf die Überwachung an. Und es dauerte fast zwei weitere Wochen, bis sein Bruder brauchbare Neuigkeiten hatte.

»Der Kerl ist seltsam«, sagte Georg, als er eines Abends ins *Open House* kam. »Also, meine Jungs wissen, wie man was ausbaldowert. Aber dieser Roczinsky ist oft wie ein Phantom. Verschwindet in einem

Hinterhof, taucht in der anderen Straße wieder auf. Läuft hundert Meter in eine Richtung, dreht sich plötzlich um und geht in die andere. Springt in die U-Bahn, kurz bevor sie abfährt, reißt dann die Tür auf und steht wieder auf dem Steig.«

»Ochrana«, murmelte Franz. Vielleicht stimmten die Gerüchte, von denen Arnold Fischer gesprochen hatte.

»Was?«

»Nichts. Er will nur nicht, dass ihm jemand folgt.«

»Zum Glück habe ich genug Leute«, erwiderte Georg. »Nach einiger Zeit kannten wir alle seine Tricks und haben ein paar Gewohnheiten entdecken können.«

»Arbeit?«, fragte Franz.

»Fehlanzeige. Er ist immer woanders. Mal holt er ein Paket oder eine Tasche in Wilmersdorf oder Spandau ab, trifft sich im *Kranzler* mit einem Stutzer, läuft zum Rathaus oder ins Verlagshaus der *B. Z. am Mittag*. Geld spielt bei ihm wohl keine Rolle. Er geht oft ins Varieté, in den Puff von *Madame Lulu,* und er speist in den besten Lokalen. Aber jetzt kommt es.« Georg hob die Hand, bevor ihn sein Bruder ungeduldig unterbrechen konnte. »Er ist jeden Sonntag von elf bis sechs auf der Rennbahn Grunewald. Und zweimal in der Woche spielt er abends Karten im *KC*.«

»Im Kleist-Casino?«, fragte Franz vollkommen verblüfft.

Das Lokal in der Kleiststraße war seit etwa einem Jahr ein beliebter Treffpunkt schwuler Männer. Franz hatte kein Problem damit, sein Bruder war ebenfalls – neben seiner Ehe mit Marya – mit einem Mann liiert, der in ihrer gemeinsamen Stadtwohnung lebte. Dennoch ertappte sich Franz jetzt dabei, dass er einen »harten Kerl« wie Fritz Roczinsky niemals im *KC* vermutet hätte.

»Sonntags ist nicht gut«, fuhr er schnell fort, bevor Georg etwas einwerfen konnte. »Zu viele Leute sind dann zu Hause. Das Knarzen der Treppenhausdielen, ein Blick durchs Türloch, und schon kann uns jemand beschreiben. Und bei etwas Lärm werden die meisten auch sofort übellaunig. Abends unter der Woche ist besser. Ich bespreche das mit Joe.«

»Und wer steht Schmiere?«, fragte Georg. »Brauchst du einen meiner Jungs?«

»Erich.« Franz schüttelte den Kopf.

Sein jüngster Bruder musste unbedingt beschäftigt werden, bevor er auf dumme Gedanken kam. Er arbeitete zwar in den Lokalen mit und stellte Kontakte zu den Cliquen her. Aber insgeheim stand Erich Sass der Sinn nach Verbotenem, Gefährlichem. Also konnte er jetzt den Posten auf der Straße übernehmen und die anderen bei möglicher Gefahr warnen.

o o o

Fischer öffnete die Tür zu Roczinskys Wohnung, als besäße er die Schlüssel. Obwohl sie kein Licht im Treppenhaus gemacht hatten, hantierte er sicher mit zwei Haken im Schloss und schien mehr zu fühlen, was er tat, als es zu sehen. Franz hatte an den zwei anderen Türen auf der Etage die Sehschlitze mit etwas Bohnerwachs bestrichen, so dass neugierige Augen nur verschmierte Umrisse erspähen würden. Als er und Fischer kurz darauf die Wohnungstür aufschlossen und im Innenflur standen, fiel etwas Spannung von den Männern ab. Fischer wollte eine Pistole mitnehmen, aber Franz hatte das abgelehnt. Schließlich hatten sie sich auf zwei schwere, hölzerne Fischtöter geeinigt.

Die Wohnung war geräumig. Drei Zimmer für einen einzigen Mieter. In der Sass-Familie waren sie früher zu acht auf zwei Zimmern gewesen. Geld spielte bei dem Mann offenbar wirklich keine große Rolle. Franz und Joe hatten sich abgesprochen, wer welche Bereiche absuchen sollte. Fischer fand einige Briefe in einem Sekretär, die Franz kurz überflog.

»Nichts, was uns weiterbringt«, meinte er nach kurzer Zeit.

Franz durchsuchte das Schlafzimmer. Schnell war eine Stunde vergangen, denn sie mussten umsichtig vorgehen. Alles sollte später so wirken, als wäre nie jemand da gewesen. Unter der Matratze fanden sie mehrere Hundert Mark zu einem Bündel gerollt. Im Nachttisch lag eine kleine *Beretta*. Auch der Schrank bot wenig Aufregendes, wenn man von etwas Damenwäsche absah, die mit Spitze besetzt war. In der Küche suchte er nach doppelten Böden in den wenigen Vorratsdosen, beklopfte die Wände der kleinen Speisekammer. Nichts.

Derweil hatte Fischer alle Schubladen in der Stube durchsucht, einige waren durch billige Schlösser gesichert. Er arbeitete zügig und hinterließ auch hier keine Spuren. Außer einem Haufen Geld, zwei Sparbüchern und ein paar Aktien konnte er jedoch nichts finden.

»Für die Pinke hätte es sich schon gelohnt«, sagte er, als Franz schimpfend zu ihm trat. »Denke, dat sind mal locker dreitausend Piepen.«

»Lass es liegen.« Franz schien gar nicht hinzuhören. Das Geld interessierte ihn nicht. »Verdammt! Nichts.«

Er hatte gehofft, etwas zu finden, das Roczinsky mit den Entführungen in Verbindung brachte. Nun musste er sich eingestehen, dass er gar nicht wusste, was er überhaupt gesucht hatte. Aber der Kerl arbeitete schließlich nicht auf eigene Rechnung, lebte auf großem Fuß. Da musste es doch Hinweise geben. Andererseits lagen die Paris-Sache und der Kontakt zu Großmann schon einige Zeit zurück. Vielleicht hatte Roczinsky alle Unterlagen vernichtet? Vielleicht hatte es nie welche gegeben? Fischer sah ihn ungeduldig an und goss mit seiner folgenden Bemerkung Öl ins Feuer.

»Hast du gedacht, er hat Buch geführt?«, fragte er. »Fein säuberlich notiert, welche süße Krabbe an welchen ollen Bock gegangen ist?«

»Mensch, Joe. Klar doch!« Franz schlug sich mit der Hand gegen die Stirn. Er war plötzlich so aufgeregt, dass er ins Berlinerische abglitt. »Wenn du een krummes Ding drehst für die feenen Bückel da oben. Wat tust du dann?«

Fischer sah ihn ratlos an, zuckte mit den Schultern.

»Na, du sicherst dir ab«, erklärte Franz. »Nur für den Fall, dass se dir später uff de unschöne Art loswerden wolln.« Er fuhr sich mit dem Finger quer über den Hals.

»Kann sein, aber hier ist doch nüscht«, erwiderte der Ältere. »Vielleicht hat er was bei einem Freund versteckt. Er könnte sich ooch een Schließfach bei der *Diskonto* oder *Commerzbank* mieten. Wir haben hier alles abjesucht, lass uns die Kurve machen.«

Franz sah sich noch einmal um. Roczinsky hatte die Wohnung gemietet, das hatte er über die Gasanstalt erfahren. Dass er Wände aufgestemmt hatte, um einen kleinen Tresor unterzubringen, war also sehr unwahrscheinlich. Die Allerweltsverstecke des kleinen Mannes hatten Franz und Joe akribisch abgesucht. Und Fischer hatte jede verschlossene Schublade, jede Tür geöffnet. Plötzlich wusste er, was sie übersehen hatten. Er deutete auf den Boden. Fischer verstand sofort.

»In Ordnung. Halbe Stunde, danach sollten wir verschwinden.«

Unter den Läufern und dem Bettvorleger fand sich nichts Verdächtiges. Die Zwischenböden unter den Dielenbrettern waren in neueren Häusern mit Tuffstein und Stroh gefüllt. Ein Versteck würde für das geübte Ohr deshalb hohl klingen. Aber wieder verging die Zeit, ohne dass die beiden Männer etwas fanden. Franz warf den Vorleger aus Jute ärgerlich zu Boden und schob ihn dorthin, wo er zuvor gelegen hatte. Plötzlich hielt er inne und bückte sich. Der Stoff wies zwei Stellen auf, an denen der Stoff durchgerieben war. Da die Familienmitglieder in den letzten Jahren mehrmals umgezogen waren, kannte er die Tricks der Möbelpacker. Die Kerle hatten alte Säcke unter die schweren Möbel geschoben. Auf diese Weise wurde der Holzboden nicht beschädigt beim Verrücken und Ausrichten. Die beiden Stellen im Stoff hatten denselben Abstand wie die gedrechselten, wuchtigen Standfüße des Wandschranks, der sich gegenüber dem Bett befand.

»Hilf mir mal!«

Franz legte den Teppich vor den Schrank. Fischer verstand sofort. Gemeinsam kippten sie das Möbelstück erst Richtung Wand, schoben den Vorleger unter die vorderen Beine und wuchteten das Teil dann einen halben Metern nach vorn. Franz erkannte sofort, dass hinten am Boden zwei Bretter gelöst worden waren. Mit seinem Messer hebelte er sie hoch.

»Dat is ja een kleenes, piekfeines Waffenlager!«, rief er, als er zwei *Mauser*-Pistolen nebst Munition in dem Hohlraum entdeckte.

Fischer schlug ihm gerade noch die Hand weg, als Franz in jugendlichem Leichtsinn danach greifen wollte.

»Fass die Knarren nicht an! Hab gehört, dass die Kriminalen irgendwie deine Finger darauf erkennen können.«

Konter hatte den Sass-Brüdern davon berichtet, dass sein Chef eine amerikanische Methode ausprobierte. Klappte zwar noch nicht gut, aber warum sollte man ein Risiko eingehen? Ohne sich weitere Gedanken zu machen, ließ er die Pistolen zwar unberührt liegen, fummelte jedoch an dem Rest herum, den er in dem Versteck fand.

»Kennkarten«, sagte er und schlug das grauweiße Papier auf. »Französisch und deutsch. Ausgestellt auf die Namen *Alfonse Rolard* und *Hans Rinker*. Sehen verdammt echt aus.«

»Kann er sich in der Botschaft besorgt haben, als er noch in Paris gearbeitet hat«, meinte Fischer.

In zwei Briefumschlägen befanden sich Francs und Pfund in kleineren und größeren Scheinen. Ein Stoffbeutel enthielt einige kleine Edelsteine und mehrere Goldmünzen.

»Das geht mir gegen die Ehre«, sagte Fischer. »Wir können das Zeug doch nicht einfach liegenlassen.«

»Nichts da«, erwiderte Franz. »Erstens ist der Mann gefährlich. Papiere, Devisen, Waffen. Der arbeitet doch nicht allein. Wer weiß, wem wir da auf die Füße treten! Zweitens will ich ihn nicht aufscheuchen. Wenn wir hier zuschlagen, dann verschwindet er vielleicht. Oder wird zumindest noch vorsichtiger.«

Fischer nahm ein Taschentuch und schob die drei Pappschachteln mit der Munition zur Seite. Er stieß einen leisen Pfiff aus, als er auch noch einen Karabiner entdeckte, der unter die Bohlen geschoben worden war.

»Der Mann will vielleicht König von Berlin werden«, meinte er scherzhaft. »Da braucht man ein bisschen Feuerwerk.«

Als er das Gewehr und die Munition zurückschob, bemerkte er, dass eine Schachtel deutlich leichter war als die anderen beiden. Er zog sie heraus. Darin lag ein winziges Kassenbuch von der Art, wie sie Kolonialwarenhändler in ihren Taschen trugen.

»Hast du so was gesucht?«, fragte Fischer und gab das Büchlein weiter.

Franz blätterte darin und einige gefaltete Blätter, offenbar kurze Briefe, fielen heraus. Es war klar, er musste eine Entscheidung treffen. Jetzt sofort. Er konnte nicht drei Stunden hier sitzen, um alle Eintragungen und die Korrespondenz zu lesen. Wenn er das Buch zurücklegte, dann hatte er wirklich nichts gegen Roczinsky in der Hand. Wenn er es an sich nahm, dann würde der Mann Verdacht schöpfen, sobald er wieder das Versteck öffnete. Andererseits schien dieses Versteck eine Art letzter Notnagel zu sein.

»Da geht er sicher nicht jeden Tag ran«, murmelte Franz. »Wenn er sich das Zeug holt, dann macht er sich ohnehin aus dem Staub.«

»Wenn du das Heft behältst, dann kann ich auch die Moneten nehmen.« Joe Fischer griff nach den Umschlägen mit den Geldscheinen. »Wenn die Notizen fehlen, riecht er auf jeden Fall Lunte. Und da ist es doch besser, wir machen es ihm schwer, einfach abzuhauen.« Er nahm auch die kleinen Beutel und die Pässe an sich.

Franz hörte gar nicht zu. Er blätterte aufmerksam in dem kleinen Buch. Offenbar hatte sich Roczinsky tatsächlich eine Absicherung zugelegt, indem er Daten, Orte, Geldsummen und Buchstaben-Kürzel darin vermerkt hatte. Dann fiel Franz eine Namensliste auf. Es waren Frauennamen mit Geburtsdatum und einer kurzen Beschreibung. Nur sehr junge Frauen, alle um die Jahrhundertwende geboren.

Sklavenmarkt, ging es ihm durch den Kopf. Er hatte davon bei Karl

May und in den Kabel-Krimis gelesen. In Amerika und Afrika konnten die Interessenten zur Zeit der Sklaverei eine Auswahl treffen. Und auch hier waren Größe, Gewicht, Haar- und Augenfarbe, Körperbau und andere Merkmale der Frauen angegeben. Als durchsuchte man die Kollektion bei *Wertheim*. Bestimmt dreißig oder vierzig Personen. Er überflog die Zeilen. An zwei Namen blieben seine Blicke haften. Immer wieder schienen seine Augen ungläubig zwischen beiden Zeilen hin und her zu springen.

Marie Nitsche. Großmanns letztes Opfer.

Und Valerie DuPont.

20

Berlin – Schöneberg

Der Plan, den Franz am Tag nach dem Einbruch ausheckte, war ebenso einfach wie unsicher. Aber es musste schnell gehen. Roczinskys Gewohnheiten waren den Brüdern zwar bekannt, doch Gewohnheiten konnten sich schnell ändern. Vor allem bei einem Mann, der ohnehin auf der Hut zu sein schien. Und mit jedem Tag, der verging, stieg die Wahrscheinlichkeit, dass er an sein Versteck unter dem Schrank heranging und alles aufflog.

»Wir brauchen ihn als Zeugen«, meinte Konter. Der Kommissar studierte die Notizen, die Franz ihm ausgehändigt hatte. »Aber wenn ich ihn verhafte, wird er alles abstreiten. Die Wohnung hat er vor zwei Jahren angemietet. Er wird behaupten, das Versteck wäre von einem Vorbesitzer angelegt worden. Und ob Großmann ihn zweifelsfrei identifizieren kann, ist bei den Verkleidungen und dem falschen Namen ebenfalls fraglich. Und mit dem Außenministerium bekommen wir ganz schnell Ärger, wenn wir ihn zu seiner Zeit in Paris ausquetschen.«

»Also müssen wir ihn uns schnappen«, stellte Franz klar. »Er muss uns die Namen nennen.« Er zeigte auf die Kürzel, die bei einigen Orten und Zahlen angegeben waren. »Er kennt die Leute. Und irgendein Kerl wird sicherlich auspacken.«

»Es gefällt mir zwar nicht, aber du hast recht.« Konter nickte. »In der Wohnung könntet ihr ihm zwar auflauern, aber es ist hoch riskant. Viel zu auffällig und viele mögliche Zeugen. Die Polizei wäre in fünf Minuten dort. Und nicht auszudenken, wenn es zu einer Schießerei käme.«

»Er ist oft auf der Rennbahn am Grunewald«, meinte Georg. »Holen wir ihn uns, wenn er pissen geht.«

»Nee«, erwiderte Franz. »Wir kommen da sicher unauffällig an ihn heran, aber sollen wir ihn auf der Tribüne in einen Teppich rollen und wegtragen?«

»Bleibt nur der Kartenabend im *Kleist-Casino*«, sagte Konter. »Offenbar neben Grunewald das einzige Laster, dem er regelmäßig nachgeht.«

Georg kannte den Besitzer, einen gewissen Robert Dozy, der immer in Geldschwierigkeiten steckte und deshalb abwegige Einnahmequellen nicht schmähte.

»Rob ist ein Arschloch«, sagte er. »Und sein Schuppen ist vor allem ein Vermittlungspuff. Ich habe gewiss nichts gegen einen strammen Männerhintern.« Er beschrieb mit den Händen zwei Halbkugeln und grinste. »Aber ich habe etwas dagegen, wenn es die feinen Herren, die nicht erkannt werden wollen, mit minderjährigen Jungs treiben. Robert hat eine ganze Armada von blutjungen Strichern laufen. Natürlich nicht offiziell. Im *KC* bekommt der interessierte Gast eine Liste ausgehändigt und sucht sich dann etwas Passendes aus. Ein Fleischmarkt für die Lustgreise und Liebhaber abartiger Spielchen. Die Jungs kriegen fünfzehn Mark die Nacht, und Rob kassiert mindestens hundert. Von jedem.«

»Und diese Kartenrunde?«, fragte Franz. »Roczinsky kloppt Skat in einem Tuntenbordell?«

»Vielleicht steht er ja drauf. Aber das *KC* ist auch eine ganz normale Bar«, erwiderte Georg. »Sogar eine kleine Bühne für Aufführungen haben sie da. Einige Nebenräume und Nischen bieten Platz für allerlei Privates. Kosten natürlich extra. Robert nimmt jede Mark mit, die nicht angenagelt ist. Ich glaube, gegenüber dem Finanzamt tut er so, als käme das Geld auf ganz saubere, legale Weise rein.«

»Also gut.« Franz stand auf und beendete das Gespräch. »Wir greifen ihn uns nächsten Donnerstag.«

○○○

Das Lokal wirkte von außen wie die tausend anderen Tanz- und Bierschuppen, die nach dem Krieg in der Stadt neu eröffnet worden waren. Ein unwissender Flaneur konnte das *Kleist-Casino* deshalb für eine harmlose, etwas vulgär anmutende Gaststätte halten. Es lag nur hundert Meter von Georgs Stadtwohnung entfernt im Nolle-Viertel. Das Dreieck zwischen Motzstraße, Lutherstraße und Kleiststraße war Ausdruck eines neu gewonnenen Selbstbewusstseins jener Menschen, die nicht dem prüde-verstaubten Geschlechterverständnis des Bürgertums entsprachen. Hier liebten und lebten homosexuelle Paare in gewisser Offenheit und erstmals ohne Angst. Im kleinen *Kinograph-Theater* lief seit drei Jahren jeden Abend der Film *Anders als die Andern*. Das *KC* lag – wie der Name vermuten ließ – in der Kleiststraße. Schmaler Eingang, ein billiges Reklameschild über der Tür, die Fensterfront durch Plakate mit der Aufschrift *Engelhardt Bräu* überklebt. Georg kannte den Türsteher und steckte ihm unauffällig zehn Mark zu. Franz, sein Bruder und drei kräftige Burschen der Harussel-Familie traten kurz darauf in den engen Flur, in dem es penetrant nach holzig-herben Kräutern roch.

»Patschuli«, erklärte Georg. »Regt angeblich die Drüsen an. Und die Phantasie.«

Die Beleuchtung war ein rötliches Zwielicht. Man hatte die Wandleuchten mit dünnen Tüchern bedeckt. Georg führte sie nach hinten zum Tresen, der durch dichten Zigarettendunst kaum zu erkennen war. Dabei passierten sie mehrere seitlich gelegene Türen, die nummeriert waren.

»Die Suiten«, flüsterte Georg. »Für Spiele aller Art zu mieten. Kommt, wir gehen erst an die Bar und klopfen auf den Busch, wer alles da ist. Außerdem weiß ich nicht, in welchen Zimmern die Kartenrunden stattfinden.«

Sie bestellten fünf Bier und hielten Ausschau nach einem freien Tisch. Da auf der Bühne jedoch eine Vorstellung lief, war alles belegt. Unter dem Johlen der Gäste bewies eine zierliche Frau gerade, dass sie ein Mann war.

»Meine Herren«, rief ein schwitzender Conférencier, als die Revuenummer geendet hatte, »kommen wir nun zum Höhepunkt.« Er legte ein Pause ein, bis alle seinen schlüpfrigen Scherz verstanden hatten. »Dem Höhepunkt des heutigen Abends.«

Pflichtbewusstes Gelächter erklang aus dem Publikum.

»Simon und Paul, die siamesischen Zwillinge!«

Applaus.

Vom Schanktisch aus konnten die Brüder und ihre Begleiter kaum etwas erkennen, da nun auch auf der Bühne Rauchschwaden aufstiegen. Zwei farbige Scheinwerfer, der eine rötlich, der andere grellgrün, erhellten eine Figur, die plötzlich aus dem Nebel zu steigen schien. Zunächst wurden zwei Köpfe und ein Oberkörper sichtbar, dann erschienen zwei Leiber mit vier Beinen. Das Wesen war offensichtlich am seitlichen Brustkorb zusammengewachsen. Ein erstauntes Raunen ging durchs Publikum.

»Simon und Paul, meine Herren! Der Mann mit den zwei Namen! Und der einzige Mann der Welt mit zwei Pistolen und zwei Ladekammern.«

Jubel und obszöne Zwischenrufe mischten sich unter die Begleitmusik. Für Franz war dies eine vollkommen neue Welt. Das *KC* war Jahrmarkt und Fleischbeschau zugleich. Ältere Männer fummelten unverhohlen an Jungs herum, die an ihren Tischen saßen und aussahen, als müssten sie morgen wieder zur Schule. Er sah seinen Bruder zweifelnd an. Georg hob die Hände, als hätte er die stumme Anklage verstanden.

»Ich bin nur noch selten hier«, sagte er. »Am Anfang waren wir froh, dass es Plätze wie das *KC* überhaupt gab. Aber jetzt geht es nur noch um die Gier nach schnellen, anonymen Nummern.«

»Wie finanziert sich der Laden?«, fragte Franz. »Kein Eintritt, kein Klingelbeutel.«

»Macht sechzig Mark«, kam umgehend die Antwort vom Barmann, der fünf Bier auf den Tresen knallte.

»Da hast du deine Antwort.« Georg lachte.

»Was? Bier für zwölf Mark?«, fragte Franz empört.

»Nee, du Nulpe. Kostet nur zehn.« Der Wirt deutete auf ein winziges Schild am Tresen. *Mindestverzehr ein Bier.* »Rest ist Trinkgeld. Zahlen oder Schnauze!«

»Alle müssen irgendwie zurechtkommen«, sagte Georg immer noch lachend, als sein Bruder maulend das Geld abzählte. »Wucherpreise. Nepp!«

»Ist Rob da?«, fragte Georg den Mann hinter der Theke, als sich Franz etwas beruhigt hatte.

Der Kerl hob nur gelangweilt die Schultern und schwieg. Georg zog schnell einen weiteren Zehner aus der Brieftasche seines Bruders.

»Sag ihm, der Harussel ist da«, wies er den Barmann an. Der Kerl nickte und ging nach hinten.

Kurz darauf kam ein kränklich aussehender Mann aus einer Nische auf sie zu. Obwohl er stark geschminkt war, traten unter einer hautfarbenen Paste viele kleinere Geschwüre im Gesicht deutlich zutage. Franz hatte als Junge einige Aale in der Spree gefangen, die mit solchen Gewächsen am ganzen Körper übersät gewesen waren. Seitdem machte er einen großen Bogen um Fischgerichte.

Vielleicht hat der Mann zu oft die Badeanstalten am Fluss besucht, dachte er und konnte seinen Ekel kaum verbergen.

»Darf ich vorstellen?«, meinte Georg, nachdem er den Mann mit Handschlag begrüßt hatte. »Robert Dozy – der schlimmste Alptraum jedes guten, deutschen Menschen.«

»Gleich nach Lenin«, erwiderte Dozy in gespielt bescheidenem Tonfall und verneigte sich vor seinen Gästen.

Franz und Georg unterhielten sich mehrere Minuten mit dem Besitzer des *Kleist-Casinos*. Sie hatten sich entschieden, die Karten relativ offen auf den Tisch zu legen.

»Wir brauchen Roczinsky«, sagte Georg leise. »Und wir wollen, dass deine Leute die Füße still halten, wenn wir ihn uns greifen.«

»Ich hab ein Vögelchen am Alex«, ergänzte Franz, so wie sie es abgesprochen hatten. »Und es zwitschert mir, dass die Polizei es ebenfalls auf den Mann abgesehen hat. Mordsache, Entführung, Unterschlagung, das ganze Programm. Und ich muss Ihnen nicht sagen, was passiert, wenn die Kripo Roczinsky in Ihrem Laden erwischt und dich mit ihm in Verbindung bringt.«

»Ist nicht gut fürs Geschäft, wenn ihr Kerle hier reinkommt und einen Kunden raus schleift«, erwiderte Dozy in gereiztem Tonfall.

»Was sagen die Kunden wohl, wenn hier die Polizei auftaucht? Peinlich, dass Geheimrat Dr. Tschocke an Tisch zwei sitzt. Und in den Zimmern üben sicherlich ein paar höhere Beamte Flötenspielen mit kleinen Jungs. Der Polizeipräsident könnte Ihren Laden für immer dichtmachen.«

»Gib mir das Buch, Leo«, forderte Dozy seinen Angestellten auf, der eine Art Schulheft über den Tresen schob. Er überflog die Gästeliste. »Raum vier. Ich sag meinen Jungs Bescheid. So wenig Aufsehen wie möglich. Und für die Schäden kommst du auf, Georg. Sonst brauchst du dich nicht mehr hier blicken lassen.«

In nächsten Moment drang Lärm vom Eingangsbereich zu ihnen. Offenbar versuchte der Türsteher, sich Respekt zu verschaffen. Nach einem dumpfen Schlag verstummte seine Stimme. Und kurz darauf fiel ein Schuss. Instinktiv griffen Georgs Begleiter nach ihren Waffen. Franz wurde von seinem Bruder hinter den Thekenbereich gezerrt.

»Was macht ihr Idioten da?« Weiter kam Dozy nicht, da Georg ihn ebenfalls packte.

Kugeln schlugen in die Decke. Empörtes Rufen und Schreie waren aus dem Raum zu hören. Franz schien es, als wären die Besucher gerade mit Simon und Peter zum Höhepunkt gekommen und deshalb ungehalten. Er starrte gebannt auf die Bühne, als der siamesische Zwilling sich von sich selbst zu trennen schien. Offenbar rannte der Simon-Teil nach rechts, während Paul hinter dem Vorhang Deckung suchte. Dann war auch schon alles vorbei. Ein letzter Schuss im Flur, eine Scheibe ging zu Bruch. Ein Motor heulte draußen auf. Franz vermutete, dass es sich um einen Tourenwagen handelte, denn das Durchdrehen von Rädern war plötzlich zu hören.

Optimale Übersetzung, dachte er noch. Mindestens ein Drei-Liter-Motor. Dann rissen ihn Georgs Rufe aus der Trance, und er rannte trotz der Proteste seines Bruders Richtung Ausgang. Am Boden lag der Türsteher und blutete aus einer Kopfplatzwunde. Es war zu spät, auf der Straße standen zu beiden Seiten nur ein paar Handkarren. In der Ferne war noch Motorengeräusch zu hören. Frustriert und schimpfend ging Franz wieder ins Lokal zurück.

»Keine Sorge! Es war nur eine Übung, meine Herren«, rief Robert Dozy gerade in den Saal und versuchte, die Gäste zu beruhigen. »Für den Fall eines echten Überfalls wollen wir immer für Ihren Schutz sorgen können. Ich muss Sie nun bitten, zügig das Casino zu verlassen. Meine Angestellten zeigen Ihnen den Notausgang hinten. Sie sehen, wir sind immer vorbereitet. Diskretion steht an oberster Stelle. Und morgen gibt es Freibier für jeden Stammgast!«

Der Mann war ein Profi, musste sich Franz eingestehen. Sofern die Polizei jetzt noch kam, wäre der Laden leer wie die Kirchenbänke, wenn Union gegen Hertha spielte.

»Das solltest du dir ansehen, Franz« rief Georg und winkte ihn in das Separee vier.

In dem Raum drängten sich drei ältere Männer in einer Ecke. Ein Spieltisch war umgeworfen, das Geld und die Karten lagen verteilt auf dem Boden. Ein Mann hielt sich den Arm, und Blut tropfte von seinen Fingern. Zwei nackte Strichjungen, die offenbar auf einem Bett für das Unterhaltungsprogramm gesorgt hatten, zogen sich gerade hastig an. Georg zeigte auf den Bereich hinter dem Tisch. Dort erkannte Franz einen Toten in seltsam verrenkter Pose. Der Mann saß noch halb auf dem Stuhl und schien sich nach vorn zu beugen, als wollte er sich die Schuhe zubinden. Allerdings war er mit dem Kopf auf dem Boden aufgeschlagen, gnädigerweise war nur das blutig verklebte Haar am Hinterkopf zu sehen. Denn die Täter hatten ihm offenbar mitten ins Gesicht geschossen.

»Roczinsky?« Franz musste ein Würgen unterdrücken.

Georg nickte und hielt die Brieftasche des Mannes und dessen Kennkarte in der Hand.

»Verschwindet!«, schnauzte er die anderen an. »Ihr habt uns nie gesehen, verstanden? Wenn jemand Lust verspüren sollte, etwas auszuplaudern, dann finde ich ihn!«

Gerade als die beiden Jungs aus dem Raum huschen wollten, kam Franz eine Idee.

»Ihr beiden! Wartet.« Er zog zweihundert Mark aus Roczinskys Börse. »Habt ihr euer Geld bekommen?«

Die beiden Burschen schüttelten den Kopf. Franz gab jedem einen Schein. Er wusste aus seiner Zeit in der Jugendclique noch zu gut, wie beschissen es war, für eine Arbeit nicht bezahlt zu werden. Krämer, bei denen man gefegt oder Kisten geschleppt hatte. Zäune, die man gestrichen hatte. Und dann wurde man fortgejagt. Nein, selbst diese abstoßendste aller Arbeiten verdiente es, dass die beiden ihr Geld bekamen.

»Habt ihr die Kerle gesehen, die das getan haben?«, fragte er und hielt die Scheine noch fest.

»Dat warn zwee«, antwortete der Kleinere bereitwillig. »Also, hier drinne. Vorne ham se ja ooch jeballert.«

»Könnt ihr die Männer beschreiben?«

»Nee, hatten beede ne Jasmaske uff. Ausm Krieg, zwee solche Froschglubscher.« Der Junge deutete mit den Fingern riesige Augen im Gesicht an. »Meen Alter hat ooch so'n Ding mitjebracht.«

»Eener war so'n Lulatsch«, sagte der andere und deutete die Größe an. »Und die Puste hatte er inne Linke. Der hat den da kalt jestellt.« Er zeigte auf den Toten.

Linkshänder, etwa einen Meter neunzig, dachte Franz und war frustriert. Also wieder nur ein paar Tausend Männer in der Stadt, die infrage kämen.

»Noch was?« Er wedelte mit den Scheinen.

»Dat warn Russkis. Kenn ick von die Lokale. Der Lulatsch hat den anjeschrien uff Russisch, konnt ick ooch mit die Maske erkennen. Dann hat er den oosjeknipst.« Beide Burschen nickten eifrig und griffen hastig nach dem Geld.

Franz bedeutete ihnen mit einer Kopfbewegung, Leine zu ziehen.

»Wir müssen hier weg«, drängte Georg. »Ich will keine unangenehmen Fragen beantworten müssen.«

»Wir müssen Paul Bescheid geben, damit er die restlichen Beweise in Roczinskys Wohnung sichert«, sagte Franz mit matter Stimme. Er trat wütend gegen den umgestürzten Tisch, der sich durch den Stoß ein Stück bewegte. Der Tote kippte langsam vom Stuhl. Angewidert blickte Franz einen Moment lang in sein entstelltes, blutiges Grinsen. So, als wollte ihn der Mann selbst jetzt noch verhöhnen.

Sie hatten gerade ihre wichtigste Spur verloren.

○ ○ ○

»Nichts Neues«, sagte Konter, als die Mitglieder des *Syndicats* am nächsten Tag in der Naunynstraße die Lage besprachen. Er hatte bereits zwei Stunden nach dem Mord die Wohnung des Toten aufbrechen und durchsuchen lassen. »Jemand war vor uns da. Das Versteck unter dem Schrank war leer. Keine Waffen, nur ein bisschen Geld unter der Matratze und im Sekretär. Nur gut, dass du Roczinskys Notizen mitgenommen hast. Ansonsten stünden wir mit nichts da.«

»Hatte ich vermutet«, erwiderte Franz. Er hatte Joe Fischers Mithilfe vor Konter verschwiegen. »Meine Jungs haben Gerüchte aufgeschnappt, dass Roczinsky vor dem Krieg bei der russischen Geheimpolizei war. Seine Mörder haben Russisch gesprochen. Das waren keine einfachen Straßenschläger, denen man eine Knarre in die Hand gedrückt hat.«

»Das Ganze wirbelt zu viel Staub auf«, sagte Georg. »Jetzt wissen die Kerle doch, dass ihnen jemand auf der Spur ist. Fabian und die ganze Seilschaft sind gewarnt.«

»Ich sehe das anders«, erwiderte Konter. »Roczinsky wurde vermutlich von denen beseitigt, für die er die Drecksarbeit erledigt hat. Entweder Fabian selbst oder einer der feinen Herren, für die er Mädchen besorgt hat, hat diese Leute angeheuert. Ich nehme an, dass die Sache den Drahtziehern schlicht zu heiß wurde. Immerhin wusste man in den oberen Etagen von Politik und Polizei, dass Großmann einen Komplizen erwähnt hatte. Und zumindest ich und Gennat begannen, die Sache ernst zu nehmen und unangenehme Fragen zu stellen. Roczinsky war ein Sicherheitsrisiko.«

»Jetzt können Sie doch dem Reichsanwalt alles auf den Tisch legen, Paul. Valeries Geschichte, Großmanns Aussage, die Beweise, die Franz in Roczinskys Wohnung gefunden hat.«

»Irrtum. Es wird keine große Untersuchung geben. Robert Dozy, seine Leute und ein Mitspieler in dem Raum haben übereinstimmend ausgesagt, dass es nur ein Täter war. Der Kerl wäre hereingestürmt, hätte Roczinsky des Betrugs bezichtigt und ihn dann erschossen. Danach raubte er ihm tausend Mark aus der Tasche und verschwand. Natürlich ist das alles abgesprochen. Aber ihr müsst die Füße still halten, sonst werden nämlich euch die unangenehmen Fragen gestellt. Offiziell war es also nur ein Raubmord, und der unbekannte Täter ist auf der Flucht.«

»Unglaublich. Und wir müssen noch froh sein, wenn die Sache im Sand verläuft.« Franz schnaubte wütend. »Niemand darf uns damit in Verbindung bringen. Also stehen wir wieder am Anfang, denn wir haben keinen Zeugen mehr.«

»Ganz so schlimm ist es nicht«, entgegnete Konter. »Ich habe die Unterlagen und Aussage der Sekretärin. Ein Pluspunkt für uns.«

»Wir müssen die Strategie ändern«, sagte Toni. Sie drängte nach ihrer Rückkehr aus dem Sanatorium mehr denn je auf Fortschritte. »An

Fabian kommen wir nicht direkt heran, ohne dass die Staatspolizei uns aufs Korn nimmt. Und du siehst keine Chance, dass es gegen den Mann offizielle Ermittlungen wegen Valeries Sache geben wird.« Sie sah Konter an, der plötzlich aufsprang.

»Natürlich! Daran habe ich bisher gar nicht gedacht. Klar, offiziell kommen wir nicht an Fabian heran.« Er schlug mit der Faust auf den Tisch. »Aber wir können ihn dazu bewegen, uns die Informationen freiwillig zu geben. Mehr oder weniger. Er muss sich bedroht fühlen. Und zwar von denen, für die er arbeitet oder gearbeitet hat. Wir müssen ihn glauben machen, Roczinsky wäre erst der Anfang gewesen. Und er muss glauben, dass wir ihn schützen können.«

»Genau«, sagte Toni, die sofort begriffen hatte, was er meinte. »Er hat diesen widerlichen Handel zwar organisiert. Aber viel wichtiger als er sind doch die Leute, die ihm die Mädchen abgekauft haben. Misshandelt wurden sie schließlich von diesen Kerlen. Und die müssen wir kriegen.«

»Fabian hat diese Männer quasi in der Hand, denn er weiß eine Menge über sie«, sagte Konter. »Und das gilt auch für die Betrugsmasche mit den französisch-deutschen Unternehmen. Jeder kennt doch die Familie Henkell. Fabians Komplize war dieser Joachim Ribbentrop, der mittlerweile mit einer Henkell-Tochter verheiratet ist. Und ratet mal, wem er zu einem guten Preis die billig erworbenen Wein- und Sekt-Handelsunternehmen verkauft hat. Man wird in den höheren Gesellschaftskreisen kaum erfreut darüber sein, dass er seine schmutzigen Geheimnisse ausplaudern könnte.«

»Wie stellt ihr euch das vor?«, fragte Franz. »Wie sollen wir ihm Angst machen?«

»Er muss glauben, dass man ihn ebenfalls fallen lässt. Dass man ihn beseitigen will wie Roczinsky. Dazu brauchen wir jemandem, der ihn vor der angeblichen Gefahr warnt. Der ihm glaubhaft versichert, er wäre in Gefahr. Ein Mann, der in den Kreisen, in denen er verkehrt, einen guten Leumund hat.«

»Der gut gemeinte Rat eines Ehrenmannes.« Franz hatte begriffen und lächelte. »Ein verdienter Kämpfer, ein treuer Soldat der nationalen Sache, der ihm Sicherheit versprechen kann.«

»Ehrhardt.«

21

Berlin – Friedenau, Anfang Juni 1922

Das vierstöckige Haus an der Kaisereiche war in jenem Stil errichtet, der vor einem halben Jahrhundert den Stolz des neu gegründeten Reiches widerspiegeln sollte. Es schien, als hätten die Architekten des Kaiserreichs zwischen lärmendem Protz und filigraner Stille nie wirklich zu einem eigenen Charakterausdruck gefunden. Diese irgendwie unfertigen Bauten fügten sich zu allem Überfluss in arithmetisch korrekt geplante Straßenzüge ein und wirkten hierdurch nur noch gekünstelter. Dennoch – oder gerade deshalb – war Friedenau bei einer jungen, aufstrebenden Elite beliebt. Offiziere, Karrierebeamte, konservative Politiker und wohlhabende Unternehmersöhne nahmen hier gern Logis.

»Ich könnte mit einer größeren *Fokker* fliegen«, sagte Hermann Göring. Er hatte eine halbe Etage in dem Eckhaus angemietet. »Dann hätten wir eine ordentliche Ladung für Ihre Freunde, Herr McCullen. Können Sie überhaupt liefern? Oder sind es wieder nur ein paar Kisten mit rostigen Karabinern?«

Er grinste. Mehrere Male war er in den vergangenen Monaten bereits nach Irland geflogen. Die Unruhen dort schwächten das britische Empire. Er sah das als eine späte Genugtuung für die erlittene, schmachvolle Niederlage. Ein Teil seines persönlichen Kampfes. Außerdem flog der ehemalige Kommandeur des *Geschwaders Richthofen* leidenschaftlich gern. Mehr als zwanzig Luftsiege hatte er im Weltkrieg errungen. Jetzt, in dieser unruhigen Zeit war es sehr wichtig, neue Beziehungen zu knüpfen. Denn Görings Ansprüche waren gewachsen. Er wollte nach oben, nicht nur als Pilot. Er verkehrte gern in höheren Kreisen, und Carin Freiin von Fock war seine große – zudem etwas kostspielige – Liebe. Und eine Heirat gäbe seiner bürgerlichen Herkunft jenen Glanz, nach dem er sich so sehnte. Überhaupt war Größe für ihn vor allem eine Frage des Auftretens. Nur waren diese Ambitionen eben teuer. Und Geld war etwas, an dem es Göring immer mangelte.

»Kein Problem. Ich denke, Ihr Flugzeug wird voll werden, Herr Hauptmann«, sagte Ian McCullen. »Meine Mittelsmänner drüben sind bereit, Ihnen eintausend Pfund für den Einsatz zu zahlen.«

Beide Männer hatten sich zu einer letzten Besprechung in Görings Wohnung getroffen. McCullen wollte mit Göring seine letzte, große Waffenlieferung abwickeln.

»Das Zeug liegt nicht mehr auf der Straße wie vor zwei Jahren«, sagte er. »Und es ist mittlerweile so teuer, dass meine Kameraden sich andere Lieferwege suchen müssen.«

»Geld, Geld, immer nur das Geld«, erwiderte Görung mit einer affektiert theatralischen Geste. »Man hat es, aber man spricht nicht darüber, junger Freund. Ich bin das, was die Franzosen einen Bonvivant nennen, mein Lieber. Und als solcher folge ich nur dem Drängen meines Herzens.«

Bonvivant? Kerle wie dich hängen sie in meiner Heimat an den Füßen auf, dachte McCullen, verzog den Mund jedoch nur zu einem dünnen Lächeln. Den Kopf knapp im Wasser. Dann zappeln sie, bis sie nicht mehr können und jämmerlich ersaufen.

»Hier ist eine Liste«, sagte er. »Die Frachtgröße müssen Sie selbst einschätzen, dafür bin ich kein Fachmann.« Der Ire zog ein Blatt Papier aus der Jackentasche und übergab es dem Fliegeroffizier.

»Ablauf und Zielort?«

»Zuerst übernehmen Sie die Ware auf einem provisorischen Flugfeld im Norden. Danach fliegen Sie nach Esbjerg. Dort steigen drei meiner Landsleute zu. Deren Identität brauchen Sie nicht zu kennen. Ein Vertrauensmann wird Ihnen in zwei Tagen die Flugdaten und die Decknamen der Kontaktpersonen übermitteln.«

»Weshalb so misstrauisch?« Hermann Göring gab sich gekränkt. Er sah sich gern als Ritter alten Schlags.

»Nichts Persönliches, Herr Hauptmann. Aber die Geschäfte werden immer gefährlicher. Je weniger die Beteiligten voneinander wissen, umso besser.«

»Was sagen Ihre Freunde in Irland dazu?« Göring blickte seinen Gast interessiert an. »Ich dachte, Sie wollen den Umsturz. Koste es, was es wolle.«

»Ohne unhöflich zu wirken, Herr Göring, aber lassen Sie das meine Sorge sein.« Der Ire versuchte, sich seine Unruhe nicht anmerken zu lassen.

»Natürlich.« Göring sah auf die Uhr. »Schön, dass Sie noch einmal eine ordentliche Ladung auftreiben konnten. Wäre ärgerlich gewesen, wenn wir die Preise der Schieber hätten bezahlen müssen. Noch ärgerlicher wäre allerdings, wenn wir jetzt mit leeren Händen dastünden. Obwohl …« Sein Lächeln wirkte aufgesetzt. »Sie haben völlig recht. Das muss ja nicht meine Sorge sein. Wenn Sie mich jetzt bitte entschuldigen, Herr McCullen. Weitere Geschäfte erfordern meine Aufmerksamkeit.«

Das Schwein wusste etwas. Ian McCullen war davon überzeugt, als er das Wohnhaus in Richtung Rheinstraße verließ. Görings letzte Sätze hatten diesen typisch überheblichen Klang gehabt. Ian war froh, dass die Waffengeschäfte in den nächsten Tagen endlich ein Ende fanden. Allerdings gestand er sich ein, dass Göring in einer Sache richtiglag. Seine Kampfgefährten in Nordirland würden nicht erfreut sein, wenn er ihnen reinen Wein einschenken musste. Ihn fröstelte, obwohl es für Mitte Juni ungewöhnlich warm in Berlin war. Er wusste, dass die *IRA* schnell mit dem Vorwurf bei der Hand war, man wäre ein Verräter. Vielleicht werde ich meinen nächsten Besuch in Belfast noch etwas verschieben, dachte er, als er auf den Zug zum Potsdamer Bahnhof wartete.

○ ○ ○

Nachdem sein Besucher gegangen war, läutete Göring nach dem Hausdiener. Er war an einen Beistelltisch herangetreten, um sich einen Weinbrand einzuschenken, als ein fürchterlicher Schmerz durch sein rechtes Handgelenk schoss. Der Schub hatte ihn wieder voll erwischt. Verdammtes Gelenkrheuma! Er ließ den teuren Schwenker fallen, der auf dem Boden zerschellte.

»Bring das *Eukodal*, Dietrich!«, fuhr er seinen Diener an. »In zwanzig Minuten erscheinen weitere Gäste. Bitte sie dann zu mir in den Salon.« Wieder fuhr ein Stechen durch das Gelenk. »Das *Eukodal*, verdammt!«

Der Bedienstete eilte hinaus und erschien kurz darauf mit einem kleinen Silbertablett, auf dem ein Glas Wasser stand. Daneben lagen zwei weiße Pillen, nach denen Göring hastig griff. Zehn Minuten später verspürte er die erste, leichte Wärme, die seinen Körper durchströmte. Das Stechen und die Hitze in seinen Gelenken lösten sich darin auf. Er hatte im wuchtigen Lehnsessel Platz genommen und für fünf Minuten die Augen geschlossen, als zwei Männer den Raum betraten.

»Mein lieber Hugenberg, dort sehen Sie einen Flieger bei der Arbeit«, sagte der jüngere Mann in gepflegtem, grauem Feldrock und zeigte auf Göring, der eben aus seinem kurzen Dämmerschlaf erwachte.

»Herr Ehrhardt, ich bin ein viel beschäftigter Mann«, meinte der wesentlich ältere Gast. »Also heben Sie sich Ihre derben Frontscherze bitte für später auf. Ich muss heute noch zu zwei Verlagen. Und abends ein Diner beim Bankenklub. Also, kommen wir doch gleich zur Sache.«

»Sie sind ein unverbesserlicher Stimmungstöter, Herr Hugenberg.«

Göring kicherte albern. Die Wirkung der doppelten Dosis *Eukodal* war stark und enthemmte. Er versuchte, sich zu konzentrieren. Hugenberg, der aufgeblasene Wicht, dachte er. Der Kerl hatte nie gedient, war steinreich und nie zufrieden mit sich und der Welt.

»Wie sieht es aus mit Irland?«, fragte Hugenberg. »Wann werden wir Erfolge sehen? Meine Korrespondenten melden, dass hier und da eine Bombe geworfen oder ein englischer Soldat erschossen wird. Das ist doch keine Revolution, die das britische Königreich schwächt! Sie haben mir mehr versprochen, meine Herren.«

»Wir haben uns in der Tat mehr von den Burschen versprochen«, meinte Ehrhardt. »Wir werden die Lieferungen einstellen.«

»Und mein Geld? Ich stehe gegenüber der Liga im Wort!«

»Gerade Sie sollten wissen, dass sich nicht jede Investition auszahlt«, mischte sich Göring ein. »Und die Liga lassen Sie meine Sorge sein. Ich werde die Herren dort beruhigen. Im Übrigen kann ich Ihnen versichern, dass es in nächster Zeit einige Dinge gibt, von denen Ihre Schmierblätter als Erstes erfahren werden. Da werden Ihre jämmerlichen zwanzigtausend wohl wieder hereinkommen.«

»Was erlauben Sie sich, Herr Göring? Ich verbitte mir diesen Tonfall!«

»Wir wollen Ihnen nur versichern, dass wir Ihre Verlage als Sprachrohr der nationalen Sache sehen, Herr Hugenberg.« Ehrhardt hatte dem Verleger, ohne zu fragen, einen Weinbrand eingeschenkt und reichte ihm das Glas. »Unser Einsatz in Irland wird beendet. Und er hatte einen gewissen Erfolg, wenn auch die Einmischung in Polen, Russland und im Nahen Osten sehr viel mehr Wirkung zeigte.«

»Was ist mit diesen kleinen Blättern in Süddeutschland?«, fragte Hugenberg. »Ich hörte, dass einige Parteien schon Verlage gegründet haben. Sie haben zugesagt, dass so etwas unterbunden wird!«

»Wenn alles gut geht, werden Sie in einem Monat nicht mehr jammern, Hugenberg«, sagte Göring. »Kaufen Sie Papier und mieten Sie Druckmaschinen! Wenn ich etwas verspreche, halte ich mein Wort.«

»Nun gut. Was Irland angeht, bin ich bereit, über den Misserfolg hinwegzusehen. Aber wenn Sie mir nicht bald wieder eine exklusive Sensation liefern, dann werfe ich Sie eigenhändig aus der Liga wieder raus, Göring. Guten Tag!«

Alfred Hugenberg verließ schimpfend den Salon. Ehrhardt hob beschwichtigend die Hände und folgte ihm. Während der Verleger Hut und Mantel nahm, wechselten die Männer ein paar Worte. Dann kam der ehemalige Marineoffizier wieder in den Raum zurück. Göring schien erneut amüsiert, während Ehrhardt erkennbar verärgert war.

»Was soll das?«, sagte er. »Der Kerl ist zwar ein Idiot und Wichtigtuer, aber wir brauchen ihn, verdammt nochmal! Das Ende der Lieferungen nach Irland hätten wir ihm anders verkaufen können. Und was sollen diese Andeutungen, Herr Göring? Was geschieht binnen Monatsfrist, von dem ich nichts weiß?«

»Keine Sorge, Kapitän«, erwiderte der Hausherr. »Alle wichtigen Männer werden zu gegebener Zeit das Wichtigste erfahren.« Wieder kicherte er, als amüsierte ihn ein guter Witz.

»Und was ist mit McCullen?«, fragte Ehrhardt.

»Der Mann führt ein gefährliches Leben. Er hat jahrelang ein doppeltes und dreifaches Spiel getrieben«, erwiderte Göring. »Erst war er bei der British Army. Dann ist er angeblich desertiert. Wurde aber später mit Ulster-Aktivisten und Agenten des britischen Geheimdienstes gesehen. Und uns gegenüber mimt er den großen, irischen Patrioten. Mir sind Gerüchte zu Ohren gekommen, nach denen er alle Seiten verraten haben soll. Ein sehr gefährliches Leben, finden Sie nicht? Vor allem keine guten Voraussetzungen für ein langes Leben.«

»Ich bin an einer Sache dran, für die wir Hugenberg und seine Schreiberlinge gebrauchen könnten«, sagte Ehrhardt. »Wenn alles gut geht, werden uns mehrere einflussreiche Männer in Zukunft sehr dankbar sein.«

»Inwiefern?«

»Alle wichtigen Männer erfahren zu gegebener Zeit das Wichtigste, mein lieber Göring. Nur so viel: Ich bin eine Allianz eingegangen mit ein paar zwielichtigen Figuren der Berliner Vereine. Nur zeitweilig und nur zu unserem Nutzen. Aber es ist wichtig, dass McCullen nichts geschieht. Im Moment zumindest.«

Görings Blick war glasig, als er zögerlich nickte.

»Haben wir uns verstanden? Ich denke auch, dass der Mann für uns auf Dauer ein Risiko ist, aber um ihn kümmern wir uns später. Habe ich Ihr Wort?«

»Ja doch. Ich habe Kopfschmerzen, Ehrhardt. Und Ihre Anwesenheit macht sie nicht besser. Jetzt laufen Sie mal schnell dem Alten hinterher, damit er nicht böse wird und Ihnen die Apanage kürzt.« Hermann Göring hatte die Augen geschlossen, und er sprach verwaschen. Das *Eukodal* hatte seine volle Wirkung erreicht. Und er genoss diese Momente des Friedens.

Ehrhardt hätte ihn für die Beleidigungen gern geohrfeigt, beherrschte sich jedoch. Er brauchte Männer wie Göring um seiner höheren Ziele willen. Die Zeiten änderten sich, und man konnte hinsichtlich der Auswahl der Verbündeten nicht mehr wählerisch sein. Hugenberg, Göring und jetzt auch noch diese Ganovenfamilie. Ein guter Soldat kämpfte mit dem, was zur Verfügung stand. Er eilte die Treppe hinunter. An der Straße wartete Hugenberg ungeduldig in seinem *Benz* auf ihn.

»Der Mann ist fürchterlich«, sagte er, nachdem Ehrhardt in den Wagen gestiegen war. »Er sieht die Zusammenhänge nicht. Gott sei Dank ist er bedeutungslos.«

»Er ist bauernschlau. Unterschätzen wir ihn nicht.«

»Die Aufgaben der Liga haben sich geändert, Herr Ehrhardt. Um mit Ihren Worten zu sprechen: Im Moment verfolgen wir kurzfristig zwar eine andere Taktik, aber die strategischen Ziele bleiben unverändert. Eine maximale Instabilität in der Welt spielt uns dabei in die Hände.«

»Wir tun unser Bestes. Russland, die Balkanregion, Arabien, Indien, Indochina. Es brennt an allen Ecken.«

»Ich habe mit vielen amerikanischen Unternehmern gesprochen. Rockefeller, Vanderbilt und Ford, aber auch Kreuger in Schweden denken wie ich. Selbst Stinnes stimmt mir zu. Krieg ist derzeit keine Option. Die Esel sind erschöpft. Wir müssen ihnen die Illusion eines dauerhaften Friedens lassen. Und in der Zwischenzeit rahmen wir die Milch ab. Die besten Gewinne lassen sich auf instabilen Märkten erzielen.«

»Und mit Ihren Verlagen haben Sie die Macht, die gewünschte Instabilität gezielt zu steuern. Durch Gerüchte, Ängste oder Lügen«, sagte Ehrhardt.

»Ein schreckliches Wort! Eine Lüge ist doch nur eine andere Sicht auf die tiefere Wahrheit. Dass die Einfältigen sie nicht erkennen, ist nicht mein Problem.«

Männer wie ihn im Generalstab und der Krieg wäre anders ausgegangen, dachte Ehrhardt. Er war beeindruckt. Hugenberg wirkte auf den ersten Blick so interessant wie Dörrobst. Aber er war mit allen Wassern gewaschen.

»Wird Göring ein Problem?«, fragte der ältere Mann.

»Nein, Herr Hugenberg. Eine Waffenlieferung bringt er noch nach Nordirland. Und für die Zeit danach habe ich ihn in Süddeutschland eingebunden. Ein Posten bei Zeppelin, die Arbeit für die Liga und er kann für uns einige unbedeutende Kontakte in München knüpfen. Herr Göring fährt mitsamt seiner Liebschaft auf das Abstellgleis der Geschichte, und der Popanz merkt es nicht einmal.«

»Sehr gut.« Hugenberg sah aus dem Wagenfenster und wechselte das Thema. »Sie haben sich gegen weitere radikale Maßnahmen entschieden?«

»Eisner, Erzberger, der Putsch.« Ehrhardt wusste sofort, worum es ging. »Diese Form des Widerstands bringt nur die Bevölkerung gegen uns auf. Und sie eint die linken Kräfte. Bei der letzten Abstimmung der Korpsführer war ich gegen weitere derartige Maßnahmen, das ist richtig. Wir müssen unsere Macht auf den Straßen ausbauen. Der Stahlhelm ist erst der Anfang.«

»Ich sehe das ähnlich, Herr Ehrhardt. Wir sollten viele kleine Feuer legen, aber nicht die Scheune abbrennen. Im Moment ist es wichtig, die chaotischen Zustände im Reich zu erhalten. Die ersten Annäherungen zwischen Deutschland und seinen Feinden gefallen mir gar nicht. Eine schnelle Geldentwertung würde jetzt die Menschen unzufrieden machen. Wer unzufrieden ist, wird verführbar. Wenn Deutschland allerdings von den Reparationen entlastet würde, könnte sich diese jüdisch vergiftete Republik schneller stabilisieren, als uns lieb ist.«

»Da ist etwas dran. Also doch ein Zeichen setzen?«

»Nein, nein. Wir haben wie gesagt andere Mittel und Wege gefunden, eine echte Annäherung zwischen den Staaten zu verhindern«, erwiderte Hugenberg. »Ich denke, uns steht ohnehin ein unruhiges Jahr bevor. Nutzen Sie die Zeit, um unsere Schlagkraft zu erhöhen. Sie haben es erkannt, Herr Ehrhardt. Revolutionen werden auf der Straße entschieden.«

22

Stolpe bei Berlin, 23. Juni 1922

Die Szenerie auf dem Acker nördlich der Hauptstadt hatte etwas Gespenstisches. Einige Tage war es unerträglich heiß gewesen, dann hatten Wolkenbrüche den Boden in schlammigen Morast verwandelt. Und jetzt, Ende Juni, war es kaum wärmer als im April. Der Boden war immer noch feucht, und Dunst stieg von ihm auf. Das grelle Scheinwerferlicht mehrerer Lastkraftwagen vermochte den Nebel kaum zu durchdringen. Und die Fahrzeuge wirkten an diesem Ort ebenso fehl am Platz wie die drei Transportmaschinen vom Typ *Fokker F.III*, die am Feldrand etwas weiter entfernt standen. Ian McCullen hatte sich auf dem Weg vom Auto zum provisorischen Rollfeld seine Halbschuhe mit Matsch gefüllt. Er fluchte und wischte sich immer wieder Spinnweben aus dem Gesicht, als er nahe der Hecke vorwärtsstampfte. Seine Leute hatten die Waffenladung aus den Schuten der Familie Harussel am Ende des Hohenzollern-Kanals auf fünf Lastwagen geladen. Der Gendarm des nahen Dorfs Stolpe schlief seinen Rausch aus, nachdem ihm am Nachmittag unerwartet zwei Flaschen Weinbrand zugestellt worden waren. Zur Not konnte man ihn mit zweihundert Mark davon überzeugen, dass hier draußen alles in bester Ordnung war. Überhaupt war der Treffpunkt mit strategischer Sorgfalt ausgesucht. Die einzige Straße lag abseits und wurde nur von den Bauern genutzt. Das freie Feld wurde an drei Seiten von Wald umgeben, so dass eine zufällige Entdeckung der nächtlichen Aktivitäten äußerst unwahrscheinlich war. Und die Natur hatte im Sand der Mark Brandenburg einen natürlichen Landeplatz für die leichten Flugzeuge geschaffen, der bereits an den Vortagen von Feldarbeitern hergerichtet worden war. In den Augen der Beteiligten verlief also alles nach Plan.

Während etwa zwanzig Schemen durch die Nacht hin und her huschten, wiesen kleine, rote Punkte Ian den Weg durch das dunkle Grau. Er steuerte einfach auf die Zigarettenglut zu, in der Annahme, dass sich dort die verantwortlichen Männer versammelt hatten. Als er schimpfend näher kam, schälten sich vor ihm fünf Gestalten aus der Dunkelheit. Er erkannte Göring, der sich breitbeinig in voller Fliegermontur vor zwei anderen Männern aufgebaut hatte. Neben ihm stand der ehemalige Feldwebel Reimers, der seit Jahren immer dann seine Finger mit im Spiel hatte, wenn der Inhalt jener Heeresmagazine den Besitzer wechselte, die im amtlichen Sprachgebrauch »abgeschriebenes Eigentum der ehemals Kaiserlichen Armee« waren. Ian stöhnte leise, bevor er sich in das Gespräch einmischte. Er mochte Reimers nicht. Der Kerl hatte ihn das letzte Mal eiskalt abblitzen lassen und behauptet, dass die Lager leer wären. Deshalb hatte Ian diese Waffenladung von Kutisker zu einem völlig überzogenen Preis erworben. Was also hatte Reimers hier zu suchen?

»Bis Esbjerg fliegen wir nur nach Kompass, meine Herren«, dröhnte Görings Stimme durch die Nacht. Er gab seinen beiden Kameraden die Fluganweisungen. »Dort werden die Maschinen aufgetankt, und wir nehmen Passagiere an Bord. Wir starten noch in der Dunkelheit Richtung Nordsee. Nicht zu tief fliegen, denken Sie daran! Bei Sichtung der britischen Inseln im Tageslicht gehen Sie sofort hoch. Später suchen wir uns gemeinsam unter der Wolkendecke die wichtigen Landmarken, die ich Ihnen auf Ihren Karten vermerkt habe. An der Küste nach Nordnordwest zum Fjord von Edinburg. Danach Kurs Südwest Richtung Belfast. Uber Irland werden von unseren Geschäftspartnern am Boden Zeichen in Form von Blinklichtern gegeben. Alles klar soweit?«

Die beiden Männer nickten.

»Glück ab, Kameraden!«

»Glück ab!« erwiderten sie, grüßten militärisch und liefen zu ihren Maschinen.

Der Ire musterte Reimers. Statt in Uniform sah man den Mann jetzt oft im Anzug. In Maßarbeit gefertigt sollte er ebenso wie die teure Uhr und die Bowler-Melone zeigen, dass er es zu einigem Wohlstand gebracht hatte. Allerdings gaben die Gummistiefel – angesichts des Drecks eine durchaus sinnvolle Entscheidung – der gedrungenen Statur des Mannes etwas Clownhaftes. Neben dem alten Feldwebel stand sein Bewacher, der seit über einem Jahr nicht von Reimers' Seite wich.

»Ah, Herr McCullen«, begrüßte ihn der Kerl in herablassendem Tonfall und sprach dabei den Namen mit einem gedehnten U aus. »Schön, dass Sie es doch noch einrichten konnten. Wir dachten, dass wir ohne sie loslegen. Es ist wirklich eine ungewöhnliche Zeit für eine Landpartie. Zumal für einen Stadtmenschen wie Sie.«

»Halten Sie den Mund, Reimers«, gab Ian gereizt zurück. »Sie hätten mir ruhig sagen können, dass man hier nur mit einem *Steyr*-Armeewagen durchkommt. Der Dreck hängt zwei Handbreit unter meinem Wagen. Und meine Schuhe sind hin. Also passen Sie auf, was Sie sagen!«

Der Berg neben Reimers knurrte und trat einen Schritt nach vorn, aber sein Auftraggeber hielt ihn zurück.

»Warum sind Sie überhaupt hier?«, fragte Ian. »Die Ware kommt dieses Mal ausschließlich von mir.«

»Er ist als mein Berater anwesend«, ging Göring dazwischen und verhinderte, dass ein Streit ausbrach. »Mit den Waffen der Infanterie bin ich nicht so recht vertraut. Er prüft die Ware auf Vollständigkeit und Qualität.«

McCullen hatte kurz vor Stolpe auf dem Schotterweg eine Reifenpanne gehabt, die er selbst beheben musste. Er gab jetzt Göring und dem Feldwebel demonstrativ die schmutzige Hand und rieb die andere an seinem Revers sauber. Zwar hatten sich seine Augen jetzt besser an die Dunkelheit gewöhnt, aber es war immer noch abwechselnd stockfinster, oder es zogen Nebelschwaden übers Feld. Vereinzelt gaben neumodische Akkumulator-Lampen etwas Licht. Diese Batterien waren praktisch, jedoch immer noch schwer zu bekommen. In den Frachträumen der drei *Fokker F.III* brannten deshalb nur winzige Karbidlampen, um den Leuten bei ihrer Arbeit Orientierung zu bieten.

Nagelneue Maschinen, dachte Ian und nickte anerkennend, als er die Stahlkolosse näher betrachtete. Diese Leute wurden immer besser bei dem, was sie taten. Und sie hatten offenbar eine Menge Geld. Anfangs war Göring noch mit umgebauten Kampfflugzeugen nach Irland aufgebrochen, in die kaum drei große Kisten gepasst hatten.

»Hochdecker sind ideal für solche Pisten«, dozierte Göring sofort, als er sah, dass Ian die Flugzeuge bewunderte. »Die Fokker-Werke haben die Zeichen der Zeit erkannt. Die Vögel bieten eine gute Ladekapazität bei ausreichender Wendigkeit. Einen Luftkampf würde ich allerdings damit eher meiden.«

»Danke, Herr Hauptmann«, unterbrach ihn Reimers in seinem typisch barschen Tonfall. »Sehr interessant, aber Anekdoten und technische Einzelheiten tauschen wir doch lieber später im Casino aus. Ich möchte hier so schnell wie möglich wieder verschwinden.«

»Da haben wir ja wenigstens etwas gemeinsam, Reimers«, sagte McCullen. »Was ist mit meinem Geld?« Nach den ersten Lieferungen hatte er darauf bestanden, immer direkt bei Abgabe der Ware bezahlt zu werden.

»Bitte sehr«, antwortete Göring und zeigte auf zwei kleine Koffer, die neben ihm standen. »Die Zigeuner wurden bereits unten am Kanal bezahlt.«

Ian McCullen sah sich um. Er war zufrieden. Alles lief so, wie er gehofft hatte. Vielleicht abgesehen von seinen ruinierten Schuhen. Die Laster und deren Fahrer arbeiteten hin und wieder auch für das *Syndicat*. Diese Leute kannten keine Einzelheiten der Aktion, und sie stellten niemals Fragen. Sie fuhren, schleppten und schwiegen. Für die Harussels bürgte Georg. Der Feldwebel war so tief in den Waffenhandel verstrickt, dass von ihm sicherlich keine Gefahr ausging. Seine Geheimnisse würde er für sich behalten. Und Göring würde sich andere Aufgaben suchen. Wenn jetzt noch Kutisker sein Geld bekam, dann war die Angelegenheit auch für Ian McCullen endlich zu Ende.

»Eigentlich schade. Wir könnten die ganze Welt mit dem Kram beliefern«, unterbrach Reimers die Gedanken des Iren. Seine Stimme klang beinahe melancholisch. »Russen, Tschechen, die Ukrainer, Araber. Alle wollen deutsche Waffen. Aber die Judenknechte mussten ja diesen Vertrag unterschreiben! Egal, demnächst sitze ich bei Kognak, gutem Tabak und Hirschbraten auf meinem Altenteil am Plattensee. Und eine deftige Ungarin wärmt mir das Bett.«

McCullen war mit großer Verspätung eingetroffen, so dass sich die gesamte Operation bereits ihrem Ende näherte. Zwei Flugzeuge waren jetzt beladen, und die Piloten prüften die Spanngurte und Seile. Als Göring sah, dass auch in seiner *Fokker* die letzten Kisten verstaut waren, verabschiedete er sich.

»Ein Flieger ist für Maschine und Fracht verantwortlich, als wären es seine eigenen Kinder. Ich darf mich also empfehlen, die Pflicht ruft.«

»Das war das letzte Mal, Reimers«, sagte Ian und wandte sich den Koffern zu. »Ich hoffe, dass wir uns nicht noch einmal begegnen. Denn ich könnte für nichts garantieren.«

Er überlegte, ob er zum Tragen der Geldkoffer einen der Jungs von den LKWs zu sich rufen sollte. Aber erstens würde so etwas nur unnötig Aufmerksamkeit erregen. Wenn es doch noch Probleme gab, dann konnte der Kerl sich später genau an sein Gesicht erinnern. Und zweitens schien es ihm einfach lächerlich, hier im brandenburgischen Nirgendwo den Edelmann zu markieren. Er bückte sich nach den Pappkoffern.

»Das letzte Mal, McCullen«, erwiderte der alte Soldat. »Ganz sicher sogar.«

Gerade hatte der Ire sich abgewandt, als er ahnte, dass er einen Fehler begangen hatte. Sie standen weit abseits vom übrigen Geschehen.

Hermann Göring und die anderen Piloten waren verschwunden. Folglich stand er jetzt allein mit Reimers und dessen Bewacher am Feldrand. Er wusste nicht, warum er gerade in diesem Moment an Franz und die irischen Felder denken musste. In ein oder zwei Jahren wollte er sie dem Freund zeigen, damit er endlich verstand.

In McCullens Heimat gab es aus vorchristlicher Zeit einen Aberglauben. Wenn ein Krieger von dieser Welt in die andere wechselte, dann entschieden seine letzten Gedanken darüber, was ihn dort erwartete. Reimers Schlag war furchtbar. Der erfahrene Frontkämpfer wusste genau, wo der Griff seiner *Luger P 08* auftreffen musste, um einen Gegner sofort auszuschalten. Der Schädelknochen barst mit einem Geräusch, das an einen knackenden Ast erinnerte. Dennoch schwanden Ian nicht sofort die Sinne. Ein letztes Mal schritt er über die Wiesen seiner Heimat, spürte das Gras unter seinen Füßen. Und Franz nickte ihm zu, als wollte er zeigen, dass er es verstanden hatte. Im nächsten Moment erschlaffte der Körper und sank lautlos zu Boden.

23

Berlin – Wittenbergplatz

Franz wunderte sich immer aufs Neue über seine Tante. Sie war eine Frau mit sehr vielen Gesichtern. Mal trat sie als bezaubernde Lebedame auf, dann wieder konnte sie eine derb fluchende Kutscherin sein. Sie fesselte eben noch die Blicke der Männer im Abendkleid oder lief ihnen im Anzug den Rang ab. Und jetzt versorgte sie als Hausmutter in schlichter Kittelschürze ihre Gäste mit Kaffee. Eine alte Tradition war wieder aufgelebt, seit sie und Valerie ihren kurzen, zweiten Aufenthalt im Sanatorium beendet hatten. Am Wochenende fand, samstags oder sonntags, wieder das Familienfrühstück statt. Das neue Haus am Charlottenpark war geräumig genug, und alle fanden Platz im hellen Erkerzimmer, dessen Glasfront sich als eine Art Wintergarten hinaus ins Grün erstreckte.

»Du triffst dich nachher mit Ian?«, fragte Toni ihren Neffen und goss sich dampfenden Mokka nach.

»Mittags.« Franz nickte und griff nach der dritten Schrippe. Er war in diesem Moment glücklich und traurig zugleich. Alles schien sich endlich wieder einzurenken. Als würde ein Motor zusammengesetzt. Und jedes Teil kam an seinen Platz. Nur ein Teil fehlte. Ian.

»Wir müssen nach dem Frühstück reden«, meinte Toni, und Franz nickte erneut. Sie nahm Katja, die gerade mit Anna turtelte, den Jungen ab, um ihn zu wickeln. Katja nahm ihren Sohn nicht nur zu den Familientreffen mit. Manche Berliner Varietè-Vorstellung war bereits durch sein lautes Krakeelen untermalt worden.

Franz genoss es, in solchen Momenten vom hektischen Treiben der Außenwelt abgeschirmt zu sein. An jedem Samstagvormittag bereitete sich Berlin aufs Wochenende vor. In dieser ersten Tageshälfte wurden die Konsumtempel von denen belagert, die genug Geld in ihren Taschen hatten. Und die belebtesten Straßen waren wiederum das Revier jener, die sich ein paar Mark erbetteln mussten. Dazwischen fanden noch Taschendiebe, die Betreiber der Wettbuden sowie die Verkäufer von Selbstgebranntem und unversteuerten Zigaretten ihr kleines Auskommen. Am Nachmittag trat dann eine kurze Ruhe vor dem Sturm ein, bevor sich gegen Abend in allen Straßen der Innenstadt die Amüsierwut Bahn brach.

»Lass dich nicht wieder von ihm einwickeln«, sagte Toni eine Stunde später, als sie mit ihrem Neffen allein war. »Er hat uns mehrfach enttäuscht, und es gibt nur zwei Möglichkeiten. Entweder bezahlen wir Ian aus. Dann musst du die guten Klubs leiten, bis wir einen Ersatz für ihn gefunden haben. Oder es läuft umgekehrt. Biete ihm an, dass er sich selbstständig machen kann, wenn er den *Club 21* übernimmt.«

»Vielleicht kommt er doch noch zur Vernunft, Toni«, meinte Franz, aber er klang wenig überzeugend. »Ich meine, wenn wir ihm jetzt das Messer auf die Brust setzen.«

Seine Tante legte ihm eine Hand auf die Schulter. In diesen Augenblicken schien sie Vater und Mutter zugleich für ihren Neffen zu sein. Sie gab Rat, aber sie verstand auch seine innere Qual.

»Er ist dein Freund. Und er kann es bleiben. Mach ihm klar, dass die Türen für ihn immer offen sind. Doch er muss seine Grenzen akzeptieren. Er darf vielleicht später wieder auf unseren Zug aufspringen. Aber den Fahrplan machen wir, du und ich.«

Franz zögerte seinen Aufbruch bewusst hinaus. Er ging in den Garten und hing seinen Gedanken nach. Dieser Frühsommer war offenbar ebenso turbulent wie sein Leben. Vor ein paar Tagen war es unerträglich heiß gewesen. Jetzt brauchte man wieder den Überzieher, und er wärmte seine Finger an der fünften Tasse Kaffee, sah dann auf die Uhr. Es wurde Zeit.

Die beiden Männer waren für halb eins im Klub verabredet. Der *Club 21* an der Ecke Tauentzienstraße und Ansbacher Straße war der ganze Stolz des *Syndicats*. Die Brüder und Ian hatten das Lokal vor über einem Jahr erworben und neu eingerichtet. Durch die Auseinandersetzungen mit Ehrhardt und die ständigen Störungen vonseiten der *Moabiter* hatte es zwischenzeitlich schlecht ausgesehen. Der Mietzins für das edle Etablissement in bester Lage war unverschämt hoch und kaum zu bezahlen, wenn ein verschrecktes Publikum ausblieb. Seit der Einigung mit dem *Consul* allerdings brummte das Geschäft. Das Lokal bot jene widersprüchliche Mischung aus Bohème und Biederkeit, die das betuchte Berliner Publikum so liebte.

»Bei uns müssen die Leute das Gefühl bekommen, dass jeden Moment eine Schießerei losgehen kann«, hatte Ian damals zur Eröffnung gesagt. Franz hatte seine Worte immer noch im Ohr, und er erinnerte sich gern daran. »Der Herr Kanzleirat fühlt sich, als wäre er ein Ringganove und säße neben einem Knastbruder aus der Plötze. Und Frau Professor träumt von knackigen Popos und fragt sich mit erhitzten Wangen, wie es wäre, in den Hinterzimmern für uns zu arbeiten.«

Das Varieté-Programm hatte Toni persönlich zusammengestellt. Natürlich gab es hier typische Nummern wie die »formidable, einzigartige Chantal aus dem *Moulin Rouge*« – in Wahrheit hieß sie Magdalena und stammte aus der Gegend um Halle. Und die schöne Schlesierin, die Pola Negri so verdammt ähnlich sah, war ein Kassenmagnet. Daneben schien jedoch auch Platz für ein wenig Kultur zu sein. Toni knüpfte Kontakte zu der traditionsreichen Firma *Gersons Modewaren-Lager*, die fortan einmal im Monat Kleider und Anzüge im Klub präsentierte. Daneben gab es noch ein paar Dichter und Musiker, die meist nur für Kost und Logis auftraten.

»Eure Herrschaften jehn mir so wat von uffm Senkel.« Max war der rasante Aufstieg in die höheren Sphären des Berliner Nachtlebens lange Zeit nicht ganz geheuer gewesen. Er blieb lieber bei seinen Leisten und führte die einfachen Lokale des *Syndicats* mit Geschick. »Dem

Obermima jeht wat inne Hose, wenn er unsere feenen Ischen sieht. Und seene Trulla macht uff vornehm mit ihre Krampfadern an de Beene. Nee danke, nüscht für mir.«

Ian hatte sogar ein paar Skandale inszeniert, um den *Club 21* ins Gespräch zu bringen. Er bezahlte Gäste, damit sie so taten, als brächten sie ein Schwein als Haustier mit. Er ließ ein paar Muskelmänner aufeinander los, die im Streit zwei oder drei Stühle zerbrachen. Sogar eine Schauspielerin hatte er engagiert, damit sie – scheinbar spontan – auf der Bühne mit einem dunkelhäutigen Musiker eine Gesangseinlage zeigte. Die *B. Z.* hatte selbstverständlich am nächsten Tag ausführlich darüber berichtet, denn der Reporter saß – zufällig – beim Freibier an der Theke.

Wilde Zeiten, dachte Franz. Er ging zu Fuß am Ufer der Spree und des Landwehrkanals entlang, nahm bewusst den längeren Weg an der Technischen Hochschule vorbei durch den Zoologischen Garten.

Toni hatte recht. Sie konnten Ians Eskapaden hinsichtlich seiner Geschäfte mit der *IRA* nicht länger dulden. Und zwischen den Freunden war Porzellan zerschlagen, das sich nicht durch ein einfaches Gespräch wieder zusammenfügen ließ. Ian hatte gelogen. Er hatte nicht wie versprochen aufgehört, mit den Waffen zu handeln. Er schien unter einem enormen Druck zu stehen und konsumierte immer größere Mengen Kokain. Wenn Franz ihn darauf ansprach, winkte er nur unwirsch ab. Manchmal verschwand er für ein oder zwei Wochen nach Irland und hinterließ den Brüdern nur eine kurze Nachricht. Lügen. Und jetzt war das Maß voll. Sternwein hatte erfahren, dass Ian sogar bei Kutisker, dem übelsten Schieber der Stadt, Waffen gekauft hatte.

»Pass auf, mein Freund«, hatte der jüdische Geschäftsmann Franz gewarnt. »Die Zeit der Goldgräber-Stimmung ist vorbei. In den Monaten nach dem Krieg konnte jeder machen, was er wollte. Aber Waffenhandel ist jetzt ein Schwerverbrechen, und die Staatspolizei greift immer härter durch. Ich rate dir, deinen Freund zurückzupfeifen. Sonst verbringst du deine nächsten zehn Geburtstage im Zuchthaus.«

Franz erreichte endlich den Wittenbergplatz. Der Tag hatte mit etwas Regen begonnen und war immer noch unangenehm kühl. An der Fensterfront des *Club 21* schimmerte ein schwaches Licht zwischen den schweren Vorhängen hindurch. Entweder waren die Putzkräfte noch immer dabei, die Spuren des gestrigen Abends zu beseitigen. Oder Ian war bereits eingetroffen, obwohl er eigentlich für seine Unpünktlichkeit bekannt war. Viel wahrscheinlicher erschien es Franz, dass sein Freund gestern Nacht gar nicht nach Hause gegangen war und auf dem Sofa im Arbeitszimmer des Klubs übernachtet hatte.

Hoffentlich hat er nicht wieder Koks geschnupft, dachte Franz, als er den Platz überquerte. Mit Widerwillen erinnerte er sich daran, dass Ian eines Morgens völlig durchgedreht war. Er hatte seinen Revolver gezogen und mehrfach in die Decke des Klubs geschossen. Natürlich hatten die Nachbarn Anzeige erstattet, und Paul konnte einen Kollegen nur mit Geduld und viel Geld überzeugen, die Schusslöcher zu übersehen und den Waffenbesitz zu vergessen.

Wieder in Gedanken vertieft war Franz kurz unaufmerksam und übersah zwei Herren, die den Kragen ihrer Überzieher hochgeschlagen hatten. Auch später konnte er nicht mit Sicherheit sagen, ob er in diesem Moment über den Bordstein gestolpert, auf dem Katzenkopfpflaster ausgerutscht oder angerempelt worden war. Er versuchte, sich zu fangen, bekam die Hände jedoch nicht schnell genug aus den Manteltaschen und schlug im nächsten Moment hart auf den Pflasterstein.

»Haben Sie sich verletzt?«, hörte er durch das Rauschen seiner ersten Benommenheit die Stimme eines Mannes. Es musste einer der Spaziergänger sein, die ihm entgegengekommen waren. »Warten Sie, ich helfe Ihnen auf.«

Reflexartig griff Franz nach seiner Geldbörse. Fünf Jahre in der *Bruderschaft*, seiner ehemaligen Straßen-Clique, hatten ihn alle Tricks gelehrt, mit denen man den Leuten das Geld aus der Tasche zog. Aber der Unbekannte schien keine unlauteren Absichten zu haben und wirkte ernsthaft besorgt.

»Sie sind ganz verdreckt«, sagte der Mann. »Sie haben da was im Gesicht.«

Er nahm ein frisches Taschentuch zur Hand und wischte an Franz herum. Fehlte nur, dass der Kerl noch drauf spuckte, wie es seine Mutter oft getan hatte, wenn er verschmiert vom Spielplatz kam. Jetzt begann auch der zweite Kerl, an Franz herumzuklopfen.

»Schon gut«, wehrte Franz die Bemühungen der Helfer ab. »Nichts passiert. Lässt sich alles waschen.«

Nach zwei weiteren Versuchen, den Gestürzten in seinem Äußeren wieder herzurichten, gaben die beiden Männer schließlich auf. Franz musterte sie kurz, ob sie vielleicht ein paar Münzen für ihre Dienste erwarteten. Aber Kleidung und Auftreten wiesen auf die bürgerliche Mittelschicht hin. Eine Bezahlung für ihre Freundlichkeit würden sie zu Recht als Beleidigung auffassen. Franz bedankte sich und humpelte dann die letzten Meter bis zum Klub-Eingang. Er klopfte mit der flachen Hand gegen die Tür, und als nichts geschah, öffnete er mit dem Zweitschlüssel.

»Ian?«, rief er ins Halbdunkel, als er hinter sich wieder abgeschlossen hatte. »Bist du hinten?«

Für wichtige Geschäftsleute und für sich selbst hatte Ian im hinteren Teil des Klubs ein paar Räume abtrennen lassen. Das vordere Arbeitszimmer war den Mitgliedern des *Syndicats* vorbehalten. Hier war man ungestört, hatte jedoch den Laden voll im Blick. Franz klopfte an den hölzernen Torbogen, der den Zutritt einfasste, und trat in das Zimmer. Die Sitzgruppe, an der schon manch hitzige Debatte stattgefunden hatte, lag im Halbdunkel. Sein Freund saß etwas seitlich und lehnte seinen Kopf an die Wand. Offenbar war er nach seinen nächtlichen Exzessen fest eingeschlafen.

»Du solltest zur Abwechslung mal in deinem Bett schlafen«, rief Franz, als er nach dem Lichtschalter griff. Vom Saal und von der kleinen Bühne drang etwas Licht in den Raum. »Komm schon, wir haben viel zu besprechen!« Franz fand endlich den Drehschalter.

Im hellen Deckenlicht fiel sein Blick zuerst auf den kleinen Aktenkoffer, dessen Deckel aufgeklappt war. Darin befanden sich dicke Reichsmarkbündel. Ein paar Scheine lagen auf kleineren Stapeln angeordnet auf dem Tisch. Es schien, als hätte jemand begonnen, das Geld zu zählen. Mit Widerwillen bemerkte Franz einen geöffneten Beutel, aus dem etwas weißes Pulver verschüttet war. Plötzlich schrillten bei Franz alle Alarmglocken, als er erkannte, dass einige Geldscheine blutverschmiert waren.

»Ian!«

In dunkler Vorahnung rückte Franz hinter dem halbrunden Tisch an den Iren heran. Ian McCullen hatte seine Mütze tief in die Stirn gezogen, als wollte er das Licht abschirmen. Aber es war jetzt klar erkennbar, was das Teil notdürftig verbarg. Die zur Wand geneigte Gesichtshälfte war mit einem Gemisch aus Blut und einer grauen Gallerte überzogen. Franz zog dem Toten die Mütze vom Kopf und musste sich sofort abwenden. Die Stirn war zur Hälfte weggerissen. In ihr klaffte ein beinahe faustgroßes Loch, aus dem Gehirnmasse, Blut und Knochensplitter herausragten. Franz spürte, dass er mit seiner Hand in eine feucht-klebrige Pfütze auf der Sitzbank geraten war, als er sich abstützen wollte. Das war mehr, als ein Mensch ertragen konnte. Er erbrach sich im Schwall und zitterte am gesamten Körper.

Plötzlich wurde es vorne laut. Zunächst waren es nur gedämpft klingende Rufe, dann wurde offenbar die Klubtür aufgebrochen. Mehrere Stimmen waren einen Moment später klar vernehmbar.

»Hier ist die Kriminalpolizei! Legen Sie die Hände an den Kopf! Bei jeder verdächtigen Bewegung machen wir von der Schusswaffe Gebrauch!«, riefen die Stimmen in verschiedene Richtungen.

Es wurden Stühle umgeworfen, Glas klirrte. Erregte Rufe und die Schritte schwerer Halbschuhe. Die leichte Zwischentür zum Separee flog auf und brach dabei halb aus den Angeln. Zwei Polizisten hatten sich offenbar nicht abgesprochen, wer zuerst vortreten sollte. Also richteten sich jetzt zwei Pistolen gleichzeitig auf Franz. Es hätte nicht viel gefehlt, und in dem Gerangel hätte sich ein Schuss gelöst.

Franz nahm kaum wahr, was um ihn herum geschah. Seine Augen hatten sich mit Tränen gefüllt, sein Rachen brannte. Wie in Trance brachte er nur wirre Worte hervor, zeigte abwechselnd auf Ian und die Polizisten.

»Bleiben Sie, wo Sie sind«, rief der ältere Polizist. »Hände auf den Tisch!«

Franz ließ alles geschehen. Handeisen wurden ihm angelegt. Er wurde grob abgetastet. Und er war nicht fähig, auf die Fragen zu antworten, die ihm nun gestellt wurden. Wenn er die Beamten anblickte, dann schien es, als schaute er durch sie hindurch.

»Der Mann ist ja völlig betrunken«, meinte ein jüngerer Polizist.

»Unsinn, das ist Kokain. Sieh dich doch um. Die Idioten haben das Zeug sogar auf dem Tisch gelassen.«

»Es ging ums Geld, klare Sache«, stellte der Einsatzleiter fest. »Es kam zum Streit und Peng! Lehmann, durchsuchen Sie den Kerl!«

Franz wurden auch noch Fußeisen angelegt. Jemand durchwühlte seine Taschen auf der Suche nach Papieren. Er brachte keine vernünftige Antwort auf die Frage nach seinem Namen heraus, saß da wie gelähmt.

»Na, was haben wir hier?«, fragte der Mann und hielt triumphierend einen kleinen Revolver in die Höhe, den er im Mantel des Verhafteten entdeckt hatte. »Damit sitzt du mächtig in der Scheiße, Bürschchen.«

»Bringt ihn auf den Alex«, befahl sein älterer Kollege. »Und Gottfried, du siehst nach, ob die in dem Laden einen Fernsprechapparat haben. Ruf die Bereitschaft an. Ich will einen Fotografen hier.« Er deutete auf die Leiche. »Keiner rührt irgendwas an.«

24

Berlin – Mitte, 24. Juni 1922

Paul Konter überlegte, wie er den Bericht über Roczinsky verfassen sollte. Er wusste mehr, als er offiziell gegenüber seinen Vorgesetzten erwähnen durfte. Gerade hatte er den ersten Buchstaben auf seiner Schreibmaschine zu Papier gebracht, als draußen auf dem Flur ein Tumult losbrach. Laute Stimmen, sogar Schreie und schnelle Schritte waren zu hören. Konters neuer Dienstraum war kleiner, da er von Gennat zunächst keinen Assistenten zugewiesen bekommen hatte. Aber schlimmer war, dass man hier nie seine Ruhe bekam. In den Gängen wurde geplappert und geklappert, als säße er auf Gleis vier am Anhalter.

In diesem Moment wurde die Tür ohne Ankündigung aufgerissen, ein junger Kriminalassistent trat ein und wandte sich völlig außer Atem an Konter.

»Kommissar Gennat möchte Sie sehen«, brachte er keuchend hervor. »Uns alle. Sofort. Besprechung im kleinen Saal.« Schon war der Mann wieder verschwunden.

»Was ist passiert, Bollmann?«, rief ihm Konter hinterher und sprang auf. »Was soll der Lärm?«

»Rathenau.« Assistent Bollmann stand bereits beim nächsten Raum. »Der Minister wurde erschossen.«

Konter wurde schwindlig, und er musste sich im Türrahmen festhalten. Sein Herz raste plötzlich. Seit seiner schweren Verletzung führten starke Belastungen zu diesen seltsamen Attacken. Er schleppte sich zum Schreibtisch.

Nicht schon wieder, dachte er. Vor einem Jahr Erzberger. Und Scheidemann hatte Anfang des Monats nur knapp einen Anschlag überlebt.

Jetzt Rathenau? Gaben diese Schweine denn niemals Ruhe? Steckte wieder der *Consul* dahinter? Konter hatte der Vereinbarung mit Ehrhardt nie getraut. Und jetzt brachte sie vielleicht das *Syndicat* in Gefahr. Nicht auszudenken, was geschehen konnte, wenn die Verbindung im Rahmen von Ermittlungen aufgedeckt wurde. Konter griff zum Telefon.

»Toni?« Er brüllte förmlich in die Sprechmuschel. »Hast du es schon gehört? Toni?«

Vom anderen Ende der Leitung kam ein Schluchzen.

»Was ist? Du weißt es also bereits?« Konter war völlig verwirrt, denn er hatte nicht gedacht, dass ihr die Nachricht derart nahegehen könnte.

»Sie haben Franz verhaftet, Paul! Er soll Ian erschossen haben.«

Der Schwindel wurde unerträglich, und Paul Konter übergab sich in seinen Papierkorb.

○ ○ ○

Mit dröhnendem Kopf betrat er zehn Minuten später den Besprechungssaal der Kripo im dritten Stock. Obwohl die Zahl der Kapitalverbrechen in Berlin stark zugenommen hatte und die Ermittlungen unter Gennats Leitung äußerst erfolgreich waren, wurde die Einrichtung einer eigenen Mordabteilung weiterhin hinausgezögert. Die Räume des Bereitschaftsdiensts lagen daher im gesamten Präsidiumsgebäude verteilt, ohne System und Ordnung. Konter musste immer noch nachfragen, wo einzelne Kollegen ihre Zimmer hatten.

Der Saal war bereits überfüllt. Alle redeten durcheinander, und wilde Gerüchte machten die Runde. Er kämpfte sich zu einem leeren Stuhl durch. Offenbar waren auch viele Kollegen aus anderen Abteilungen anwesend.

»Ausgerechnet Rathenau«, meinte Bollmann, als er Konter neben sich erkannte. »Sah so aus, als hätte es das erste gute Jahr nach dem Scheißkrieg werden können.«

»Eben, ist doch klar«, meinte ein anderer Assistent. Konter war froh über die Einmischung, denn so musste er sich nicht an den Spekulationen beteiligen. »Gerade schien es, als hätte sich eine stabilere Regierungskoalition gebildet. Und Minister Rathenau konnte erste Erfolge vorweisen. Der Vertrag mit den Russen war eine Überraschung. Genügend Gründe für die Neider und Antisemiten.«

Im Raum erhob sich eine immer lautere Kakophonie. Manche jammerten und schimpften, andere analysierten oder gaben vor, bereits über alles Bescheid zu wissen.

»… schon sehr umstritten.«

»Eine Schande. Guter Mann.«

»Der Bolschewistenknecht musste damit rechnen.«

»… Figur des jüdischen Weltkapitalismus …«

»Da hat Paris seine Finger drin. Die Franzosen können es nicht ertragen, dass sich Deutschland wieder erhebt.«

Plötzlich wurde es still. Gennat war aus einem Nebenraum in den Saal getreten. Er schnaufte bereits, als er drei Stufen zum Rednerpult hinaufstieg. Sein Äußeres wirkte imposant, und die schiere Körpermasse flößte den Anwesenden Respekt ein. Andererseits wirkten seine langsamen Bewegungen und die Bemühungen, jegliche Anstrengung zu vermeiden, beinahe grotesk auf die Betrachter.

»Ruhe jetzt! Buddha spricht«, rief ein Kollege aus der Betrugsabteilung ungeniert. Einige Männer lachten nervös.

»Der Tod eines Menschen ist immer ein trauriger Anlass, um sich zu versammeln«, begann Gennat. »Der Tod eines Menschen verdient Rücksichtnahme. Klatsch und Tratsch überlassen wir der Presse. Und wir sind es einem Toten schuldig, dass wir seiner Person einen Rest an Integrität und Intimität belassen. Deshalb muss ich alle Anwesenden, die nicht zur Abteilung A gehören, bitten, den Raum zu verlassen.«

Eben noch war es still gewesen, doch jetzt gab es wütende Proteste. Gennat stand einfach da und schwieg. Hätten die Leute faule Eier geworfen, er wäre wohl keinen Zentimeter von der Stelle gewichen. Davon war Konter überzeugt. Seine Haltung ließ keinen Zweifel daran, dass er in dieser Frage nicht nachgeben würde. Einige Minuten vergingen, bis sich schließlich die ersten Kollegen von der Sitte erhoben und laut schimpfend den Saal verließen. Dann folgten Betrug und Gewerbe, bis nur noch die Männer von Gennats Bereitschaft und die Kollegen der Politischen Polizei auf ihren Stühlen saßen.

»Ihr neuer Vorgesetzter hat Stehvermögen, das muss man ihm lassen«, sagte Kriminalrat Weiß, der die Politische leitete. Er hatte sich neben seinen ehemaligen Mitarbeiter Konter gesetzt, da jetzt viele Plätze leer waren. Gennat hob die Hand, nickte zufrieden, und es wurde wieder still.

»Reichsaußenminister Dr. Walther Rathenau wurde heute Mittag gegen 11 Uhr beim Verlassen seines Hauses in der Königsallee erschossen«, sagte Gennat, als sich die Saaltür geschlossen hatte. »Er saß bereits im Fond seines Wagens, als sich laut Augenzeugen ein *Maybach W3* in schnellem Tempo näherte und neben dem Automobil des Ministers abbremste. Die wenigen Zeugen berichten von einem Fahrer und zwei jungen Männern, die von den Rücksitzen auf die Straße sprangen. Der eine schoss aus einer Maschinenpistole auf das Opfer, der andere warf eine Handgranate in Richtung des Wagens. Der Herr Minister wurde nach Angaben seines Chauffeurs zunächst schwer verletzt und verstarb kurz darauf.«

Das Entsetzen im Raum war beinahe greifbar. Konter wusste, dass sehr viele Kollegen deutsch-national wählten, einige wünschten sich sogar immer noch den Kaiser zurück. Und mancher Beamte war nicht gut auf jüdische Mitbürger zu sprechen. Die Nachricht vom Attentat hatte jedoch alle schockiert. Was würde folgen? Die Republik war instabil, von links und rechts wurde sie beständig, nicht nur verbal, attackiert. Zudem war Rathenau selbst ein eher konservativer Politiker gewesen. Wer war überhaupt noch sicher? Alle wussten, dass es in letzter Zeit auch Mordanschläge auf Polizisten gegeben hatte. Man musste nicht Minister sein, um mit einer Kugel im Kopf zu enden.

»Der Hass hat begonnen, ein Eigenleben zu führen«, sagte Kriminalrat Weiß leise. »Eine Grenze ist überschritten, und wir alle werden nicht mehr zurückkönnen.« Er blickte sich erstaunt um, als bemerkte er erst jetzt, dass er laut gesprochen hatte.

»Wo sollen wir anfangen, Gennat?«, rief er in die Runde. »Der Mann hat von fast allen Seiten schlechte Presse, Schmähungen und Drohungen erhalten. Meine Abteilung hat ständig Anfragen vom Ministerium zur Sicherheitslage erhalten. Wir haben ihm Leibwächter und Patrouillen angeboten.« Er schlug mit den Handflächen wütend auf die Stuhllehnen. »Aber der Dickkopf wollte den Schutz nicht.«

»Zunächst müssen die Gefühle aus dem Spiel«, erwiderte Gennat in seiner typischen, analysierenden Art. »Das einzige Gefühl, das ich bei unserer Arbeit zulasse, ist Mitgefühl mit dem Opfer. Ansonsten heißt es, klaren Kopf zu bewahren. Motiv. Mittel. Möglichkeiten. Die drei M. Oder auch: Warum? Wie? Wann und wo? Mit dem vierten M, den Mutmaßungen, kommen wir überhaupt nicht weiter. Also ran an den Kuchen.«

Alle lachten nervös. Statt Buletten sagte er immer Kuchen. Jeder wusste, weshalb.

»Buber, Hinrichs, Grote und Konter. In zehn Minuten bei mir. Die Spuren sollte man lesen, solange sie noch frisch sind.« Mit diesen Worten stieg er mühsam vom Podest und wandte sich Richtung Saaltür. »Wir richten sofort einen Planungsstab ein. Dessen Leiter informieren dann die Kollegen über das weitere Vorgehen. Kollege Weiß und ich werden uns jede Stunde abstimmen. Kein Gerangel um Kompetenzen. Wer aus welcher Abteilung kommt, ist mir vollkommen egal. Essen und Schlafen verschieben Sie auf Ihren Jahresurlaub. Und wem das nicht passt, der kann bei mir oder Bernhard sein Gesuch auf Versetzung einreichen.«

Paul Konter glaubte, sich verhört zu haben. Die Kommissare Buber, Hinrichs und Grote waren alte Hasen in Gennats Unterabteilung. Er war hingegen nur der Frischling. Und nun sollte er in den Planungsstab?

»Na, beim Dicken haben Sie wohl einen Stein im Brett, was?« Sein ehemaliger Vorgesetzter hatte wohl seine Gedanken erraten. »Ganz neu und schon mittendrin. Verbrennen Sie sich bloß nicht die Finger, Paul. Das wird eine ganz heiße Angelegenheit.« Weiß erhob sich, schlug Konter auf die Schulter und ging hinaus.

Konter gesellte sich zu seinen drei Kollegen, die sich angeregt unterhielten. Wie nicht anders zu erwarten, waren sie nicht erfreut, dass der Neuling sogleich in die *Sonderermittlung Rathenau* eingebunden wurde. Da Konter aus der Politischen Abteilung kam, stand er zudem in Verdacht, als eine Art Spitzel versetzt worden zu sein, um Gennat in Schach zu halten. Es gab Gerüchte, denen zufolge der Polizeipräsident immer wissen wollte, was hinter der Hand geschah. Und offenbar arbeitete er dabei mit Männern aus der Staatspolizei und Politischen Polizei zusammen.

Die vier Kripobeamten gingen in Hinrichs Dienstzimmer, das sich im gleichen Stockwerk unweit des Versammlungssaals befand. Konter hatte gehofft, er hätte noch etwas Zeit. Ihm gingen immer wieder Tonis Worte durch den Kopf. Was hatte sie gesagt? Franz war verhaftet worden. Wenn das stimmte, dann musste er sich schnell darum kümmern. Vielleicht war es zu einem Streit mit Ian gekommen? Konter wusste, dass der Ire sehr oft Kokain nahm. Da konnte viel passieren.

»Hören Sie überhaupt zu, Herr Kollege?«, schnauzte ihn Grote an. »Ernst will, dass ohne eine politische Rücksichtnahme ermittelt wird.« Er sah Konter direkt in die Augen. Er gab sich keine Mühe, seine Abneigung gegenüber seinem neuen Kollegen zu verbergen. »Guten Mordermittlern ist es nämlich scheißegal, welches Parteibuch Täter und Opfer in ihren Taschen tragen.«

»Ich habe mir noch nie viel aus Politik gemacht«, gab Konter zurück. Ihn langweilte dieses Kräftemessen. Rudelkämpfe, die zu nichts führten.

»Ist der Spezialwagen bereits vor Ort?«, fragte Buber, und Hinrichs nickte.

»Warten wir die ersten Ergebnisse der Spurensicherung ab«, schlug Grote vor. »Sonst verzetteln wir uns nur in Spekulationen.«

Spurensicherung. Es war das erste Mal, dass Paul Konter dieses Wort im Zusammenhang mit einem Kripofall hörte. Es löste ein Kribbeln aus und bestärkte ihn darin, dass er die richtige Wahl getroffen hatte. Selbst wenn er jetzt ins kalte Wasser geworfen wurde. Selbst wenn ihm diese drei Figuren das Leben schwermachen wollten. Mordauto, Fotografien, Spurensicherung, Fingerabdrücke. Sein neuer Chef krempelte wirklich alles um.

»Im Moment weiß die Presse mehr als wir.« Hinrichs warf eine druckfrische Sonderausgabe der *Berliner Allgemeinen* auf den Tisch. *Minister Rathenau erschossen! Ausnahmezustand verhängt. Die Republik am Abgrund* waren die Schlagzeilen. Nur zwei Seiten, schnell zusammengeschustert, ein altes Foto von Rathenau und seiner Villa, dazu eine Straßenszene, die irgendwo in Berlin aufgenommen worden sein konnte. Und ein paar krude Mutmaßungen über die Täter. Konter überflog die Angaben zum Tathergang, die weniger reißerisch wirkten. Hier hatten sich die Reporter offenbar auf Angaben von Zeugen gestützt.

»Ullstein ist ebenso ein Schmierfink wie Hugenberg«, stellte Buber fest. »Alle gleich. Nichts wissen, aber Lärm machen, um die Auflage zu steigern.«

»Verdammt! Wir müssen besser mit den Gendarmerien vor Ort zusammenarbeiten«, sagte Grote. »Es kann nicht angehen, dass die Zeitungen eher vor Ort sind als die Kripo.«

»Die Sache war von langer Hand geplant«, meldete sich Konter zu Wort, als er die Sonderausgabe zurücklegte.

»Ah, der Herr Kollege weiß also mehr als wir«, fuhr ihn Grote an. »Gab es denn in der Politischen Abteilung bereits Hinweise? Wurde nur wieder, wie so oft, vergessen, sie an andere Inspektionen weiterzuleiten?«

Buber und Hinrichs lachten.

»Unsinn!«, gab Konter zurück. »Machen Sie sich nicht lächerlich, Herr Grote. Passt nicht zu Ihnen.«

Er war nicht gewillt, sich hier die Wurst vom Teller nehmen zu lassen. Nicht von diesen Jungspunden, die allesamt kaum vierzig waren. Er wusste, wenn er hier den ersten Auftritt verpatzte, dann war es ein für alle Mal Essig mit seinem Stand in der Abteilung. Entweder gab er jetzt Gas. Oder er blieb immer zweite Geige. Grote sprang auf, aber Konter war schneller.

»Ich war schon Polizist, da haben Sie drei noch in die Windeln gekackt«, sagte er, ohne eine Miene zu verziehen. »Ich habe mich später entschieden, in die Kriminallaufbahn zu wechseln. Und jetzt endlich bin ich da, wo ich immer hinwollte. Meine Loyalität gilt Gennat. Und wir vier Pappnasen können wertvolle Zeit damit vergeuden, unser Revier abzustecken. Oder aber wir ermitteln gemeinsam in der Sache. Und zwar auf Augenhöhe.«

Buber und Hinrichs wagten kaum, zu atmen. Grote sog hörbar die Luft ein und wurde hochrot im Gesicht. Einen Moment lang schien es, als wäre Gennats Gruppe von Sonderermittlern gescheitert, bevor sie mit ihrer Arbeit überhaupt begonnen hatte. Plötzlich löste sich Grote aus seiner Anspannung, er schlug Konter auf die Schulter und lachte donnernd.

»Du hast Mumm in den Knochen, alter Mann! Das gefällt mir. Gleich zur Sache, kein Geschwafel. Ich bin Winfried. Und das sind Klaus und Adolf.« Er zeigte auf seine Kollegen, die nur erstaunt nickten. »Also, wieso meinst du, die Sache ist lange geplant worden?«

»Im Gegensatz zu Lehrern pflegen Minister nicht nach Stundenplan zu arbeiten«, begann Konter. »Es ist außerdem Samstag. Woher wussten die Attentäter, ob und wann Minister Rathenau sein Haus verlassen würde? Diese Leute arbeiten manchmal bis vier Uhr früh. Er hätte auch den ganzen Tag im Bett verbringen können. Es ist zudem keine belebte Gegend wie die Wilhelmstraße oder der Ku'damm. Dort hätte ein Täter vielleicht einfach die Gelegenheit ergriffen, die sich ihm zufällig bot. Aber in einem ruhigen Wohnviertel? Dann die Waffen, Handgranate und Maschinenpistole. Ein weiteres Indiz ebenso wie Wagen und Fahrer. Die Mörder haben gewartet, bis Rathenau im Wagen saß. Ungeduldige Zufallstäter hätten ihn gleich an der Gartenpforte oder auf der Straße erschossen. Nein, meine Herren, das riecht nach Planung. Ich denke sogar, die Männer haben die Situation genau einstudiert. Sie schlugen in dem Moment zu, als der Fahrer des Ministers aufgrund einer scharfen Rechtskurve abbremsen musste. Laut Zeugen stand der Wagen beinahe. Dies war der optimale Zeitpunkt. Rathenau schutzlos, unbeweglich und überrascht.«

Im Hintergrund war das langsame Klatschen zweier Hände zu hören. Ernst Gennat stand in der offenen Tür. Niemand hatte ihn kommen hören.

»Bravo, Kollege Konter«, sagte er und wandte sich an seine anderen Mitarbeiter. »Na, Grote? Habe ich Ihnen zu viel versprochen?«

∘ ∘ ∘

Paul Konter hatte bei seinem Einstand nicht alle Karten auf den Tisch gelegt. Seine drei neuen Kollegen brauchten nicht zu wissen, wo und mit wem er seine Abende verbrachte. Gennat wusste von seinen Kontakten zum *Syndicat*. Und dabei wollte Konter es zunächst bewenden lassen. Er war erfahren genug, um zu ahnen, dass seine Beziehungen zur Berliner Halbwelt ein wichtiger Grund für Gennats Interesse an ihm waren. Irgendwann würde die Rechnung kommen für den Gefallen, den der Dicke ihm erwiesen hatte, als er ihn in seine Abteilung holte.

»Nutzen Sie Ihr Wissen, Paul«, hatte der Mann gesagt. »Mir ist klar, dass wir beide da auf einem gefährlichen Grat wandern. Aber es geht ums große Ganze. Die Zeiten, in denen sich selbst der übelste Ganove noch als Untertan fühlte und an einen gewissen Kodex hielt, sind vorbei. Die Republik wird im Chaos versinken, wenn wir die Schwerverbrechen nicht mit allen Mitteln bekämpfen. Auch mit ihren eigenen. Man muss durch das Netz hindurch, wenn man an die Jagdspinne heranwill. Wenn ich dafür mit den Ringvereinen, Leuten wie Pieck oder auch dem *Syndicat* zusammenarbeiten muss, dann nehme ich das in Kauf. Ich füttere lieber den Hund auf dem Hof, als mir vom Fuchs die Hühner reißen zu lassen.«

Konter sollte sich zusammen mit Hinrichs ein Bild vom Tatort machen. Dadurch hatte er endlich Gelegenheit, sich um die andere Angelegenheit zu kümmern. Auf dem Präsidium war noch kein Vermerk über die Verhaftung eines Franz Sass zu finden. Obwohl das Zeitfenster knapp war, wies er den Fahrer des Taxis, das ihn zu Rathenaus Haus in Grunewald bringen sollte, an, einen Zwischenhalt am Charlottenpark einzulegen.

»Warten Sie. Und besorgen Sie die neuesten Ausgaben zu dem Mord an Minister Rathenau!«, sagte er und drückte dem Mann zwanzig Mark in die Hand.

Dann eilte er zu Tonis Haus hinüber. Katja öffnete die Tür.

»Stimmt es?«, fragte er, kam sich jedoch zugleich dämlich vor. Sie nickte nur und begleitete ihn in den Wohnbereich.

»Es sieht nicht gut aus, Frau Sass.« Anwalt Dr. Renger war offenbar gerade erst eingetroffen und berichtete von seinen ersten Erkundigungen. »Ihr Neffe befindet sich derzeit noch auf der Wache Joachimsthaler Straße. Er schweigt beharrlich, was prinzipiell gut ist. Allerdings werde ich ihn erst unter meine Fittiche nehmen können, wenn er aufs Präsidium verlegt wurde.

»Wissen Sie, was passiert ist?«, fragte Konter.

»Es sieht so aus, als habe Herr Sass seinen Bekannten, Herrn McCullen, im *Club 21* erschossen.«

»Unmöglich! Franz hasst Schusswaffen. Er und Ian sind befreundet!« Konter zwang sich, zu schweigen. Er spürte, dass er befangen war.

»Die bisher vorliegenden Indizien sprechen eine deutliche Sprache«, erklärte Renger und sah auf ein Blatt Papier. »Die Kripo ist noch vor Ort. Durch die Rathenau-Sache geht jetzt alles drunter und drüber.«

Konter nahm Rengers Notizen an sich und las vor:

»Blutspuren und feuchte Erdreste an Mantel und Hose des Verdächtigen. Alles in einem frischen Zustand, der vereinbar wäre mit einer vorherigen Auseinandersetzung zwischen Opfer und Täter. Der Revolver, den man in der Manteltasche des Verdächtigen fand, ist mit ziemlicher Sicherheit auch die Tatwaffe. Am Hahn der Waffe befanden sich zudem Haare, die vom Opfer stammen könnten. Spuren eines vorherigen Kampfes: Abschürfungen und Prellungen bei dem Verdächtigen. Gesichtsverletzungen wie nach Schlägen bei dem Toten. Besonderheit: Angestellte des Lokals berichten, dass es in letzter Zeit häufiger zu Auseinandersetzungen zwischen Herrn McCullen und Herrn Sass kam. Auf dem Tisch fanden sich eine größere Summe Geldes sowie ein Beutel mit Kokain.«

»Alles Unsinn«, sagte Toni aufgebracht. »Wäre. Könnte. Mit ziemlicher Sicherheit. Franz war auf dem Weg zu Ian, um die Sache mit den Waffenlieferungen endlich zu klären. Ian war nicht mehr tragbar für uns.«

Paul Konter und der Anwalt sahen einander an.

»Guter Anlass für einen Streit«, meinte Renger. »Ein Wort gibt das andere. Es geht um viel Geld. Kokain ist im Spiel. So etwas wird der Reichsanwaltschaft gefallen, fürchte ich.«

»Trotzdem sind es nur Indizien. Ich werde mich sofort darum kümmern, wenn ich auf dem Präsidium bin.« Konter strich Toni tröstend über den Oberarm.

»Hört das denn nie auf?«, seufzte sie und lehnte den Kopf an seine Schulter. Sie wirkte jetzt wieder sehr verletzlich.

»Wir sollten uns alle zunächst einmal beruhigen«, schlug er vor. »Ohne Einzelheiten zu kennen, gibt es bereits auf den ersten Blick Ungereimtheiten. Woher stammt die Erde? Hatten die beiden am Wittenbergplatz unter den Ulmen eine Rauferei? Warum das viele Geld, wenn doch noch gar keine Entscheidung getroffen war? Franz verabscheut Koks, und das Zeug liegt auf dem Tisch wie Mehl beim Bäcker?«

»Bedenken Sie die Waffe, Herr Konter«, wandte Dr. Renger ein. »Herr McCullen wurde im Lokal erschossen, sein halber Kopf klebte an der Wand.«

»Sehr feinfühlig, Herr Anwalt.« Katja sah ihn zornig an. »Kein Wunder, dass Sie unverheiratet sind.«

»Ich werde das alles klären«, sagte Konter. »Nur nicht jetzt. Falls ihr es noch nicht wisst, ein Minister ist tot. Wenn es schlecht läuft, dann brennen bald wieder die Straßen wie vor drei Jahren. Ich muss los.«

○ ○ ○

Auf der Weiterfahrt nach Grunewald überflog Konter die Zeitungsmeldungen. Alle großen Blätter hatten Sonderausgaben herausgebracht. In der Hugenberg-Presse und bei den radikal konservativen Schreibern war der Mensch Rathenau eher Nebensache. Für sie war er vornehmlich Jude und Verräter. Konter fand die Polemik dieser Artikel zum Kotzen, aber mit ihr wurde viel Geld verdient. Die Tat wurde genutzt, um die Tragik des Reichs und des verlorenen Weltkriegs wieder und wieder zu beschwören. Tatsächlich fanden sich dort ekelhafte Schlagzeilen wie *Blutdolch richtet den Untreuen*, *Sieg für die deutsche Ehre*, *Strafe für den Büttel des Judenkapitals*. Die gemäßigten nationalen Kräfte sprachen zwar ebenfalls wenig respektvoll vom *Mord an einem Erfüllungspolitiker*, hielten sich jedoch wenigstens mit persönlichen Schmähungen zurück. Konter bat den Fahrer, kurz an einem Hofdurchgang zu halten, und warf die Drecksblätter in eine Mülltonne.

Kurz darauf traf er bei Rathenaus Villa in der Königsallee ein. Hier sah es aus, als würde Murnau gerade einen neuen Film drehen. Kameraleute, Fotografen, Reporter und Schaulustige belagerten das Haus. Die drei Schupos, die die Straße eigentlich frei halten sollten, hatten sich ans Gartentor zurückgezogen, um wenigstens Rathenaus

Privatgrund zu schützen. Sofern es hier Spuren gegeben hatte, waren die unter Hunderten Sohlen zerrieben worden. Konter erblickte Hinrichs, der einige Passanten befragte. Sein Kollege bemerkte das Taxi und winkte den Wagen zu sich.

»Fahren wir zum Tatort«, schlug Hinrichs vor und stieg ein, ohne Konters Antwort abzuwarten. Dieser öffnete ein Fenster, da sein Kollege beißend nach saurem Schweiß roch. Das Rufen der Leute draußen drang an seine Ohren. Und irgendwie schien es den Zustand der Republik widerzuspiegeln. Unverständnis, Trauer und Wut waren in einer gefährlichen Mischung zu spüren. Daneben gab es auch irritierende Äußerungen, die Genugtuung und sogar verhaltene Begeisterung auszudrücken schienen.

»Der arme Mann, wie schrecklich!«

»Das Bürgertum ist am Ende, die Zukunft ist rot!«

»So kann das doch nicht weitergehen. Der Staat muss endlich handeln!«

»Verbohrter liberaler Lackaffe.«

»Geld haben sie, die Juden. Schau dir die Protzvilla an.«

»Wählt national, damit wir Ruhe haben!«

»Der Franzosenfreund hat bekommen, was er verdient.«

»Ein Zeichen, Genossen! Tod den Reaktionären!«

»Endlich! Das Reich darf nicht länger Londons Knecht sein!«

Konter versuchte, diese Eindrücke auszublenden. Er bedeutete dem Fahrer in Richtung Halensee zu fahren. Die Stelle, an der der Anschlag verübt worden war, lag knapp einen Kilometer nordwestlich. Rathenau wollte zu einer Feier im Ministerium an der Wilhelmstraße. An einer Stelle bog die Königsallee scharf nach rechts ab und war unübersichtlich. Dort hatten die Attentäter zugeschlagen.

»Zeugen sagen übereinstimmend aus, dass ein Tourenwagen am Haus den Ministers gewartet habe«, las Hinrichs von seinem Notizblock ab. »Darin saßen drei Männer in Ledermänteln. Sie trugen Lederkappen auf dem Kopf und dunkle Brillen. Der Wagen verfolgte das Dienstfahrzeug des Ministers, als dieses Richtung Nordwesten fuhr.«

»Sie kannten die Strecke, die der Minister üblicherweise nahm, wenn er im Ministerium zu tun hatte«, stellte Konter mehr für sich selbst fest.

»Wie kommen Sie darauf?«

»Ist doch klar. Schüsse auf einen fahrenden Wagen wären viel zu unsicher. Und Granaten hätte man gar nicht gezielt werfen können. Zudem hätte Rathenaus Fahrer bei der geringsten Gefahr Vollgas gegeben. Nein, die Täter müssen gewusst haben, dass die Königsallee hinter dem Königssee eine scharfe Rechtskurve beschreibt.«

Mittlerweile war das Taxi am Tatort eingetroffen. Wenigstens hier hatte die preußische Ordnung obsiegt, stellte Konter mit Erleichterung fest. Ein Dutzend Schutzpolizisten und einige Gendarmen aus dem Umland hatten die Straße weiträumig abgesperrt.

»Sehen Sie, Hinrichs.« Konter zeigte auf einen fast rechtwinklig abknickenden Straßenverlauf. »Ein Chauffeur wird hier abbremsen müssen. Ich schätze, dass er für einen kurzen Moment kaum mehr als Schrittgeschwindigkeit gefahren sein kann. Und auf diesen Augenblick haben die Kerle gewartet.«

Im offenen Wagen war Rathenau ein gutes Ziel gewesen. Deckung hätte es für ihn erst zehn Meter weiter in den Hauseingängen gegeben.

»Sie haben ihn abgeknallt wie einen in die Enge getriebenen Hasen«, meinte Hinrichs.

Auf dem Asphalt waren Reifenspuren zu erkennen. Die Täter mussten mit hoher Geschwindigkeit herangefahren sein, hatten dann offenbar den Wagen des Ministers abgedrängt und abrupt gebremst. Konter stieg aus und begann, eine Skizze des Tatorts anzufertigen. Er maß die Abstände der Reifenspuren in Schritten und notierte sie. Danach begann er, die anwesenden Zeugen zu befragen.

»Erst ein Schuss«, sagte ein Bauarbeiter aus, der die Szene von einem Gerüst in der Seitenstraße aus beobachtet hatte. »Dann noch drei oder vier. Ein Mann mit Ledermütze und Brille ist aus dem Auto gesprungen und hat mit irgendetwas herumhantiert. Der andere hat gerufen: *Nun mach endlich, Hermann.* Ich bin in Deckung, als die Granate hochging. Dachte, mir bricht das Gerüst weg.«

Konter wies zwei Kriminalassistenten an, die wichtigsten Aussagen und Täterbeschreibungen unabhängig voneinander zweimal zu protokollieren. Zwei Beamte in weißen Kitteln, die aussahen wie Ärzte, arbeiteten derweil im hinteren Teil des *Sonder-Kraftfahrzeugs 1*, das die Berliner Presse reißerisch das »Mordauto« nannte. Der umgebaute *Adler* enthielt alles, was ein moderner Kriminalist für die Tatortuntersuchung brauchte. Und die Moderne hatte bei der Kripo erst mit Gennat Einzug gehalten. Vorher hatten bei den Ermittlungen immer noch die verstaubten Regeln einer Ständegesellschaft gegolten. Das Wort eines Grafen zählte mehr als das eines Geheimrats oder Professors. Der Aussage des Kaufmanns wurde mehr Bedeutung beigemessen als der des Arbeiters. Ganz unten rangierte das »Geschmeiß«, das in den Augen der meisten Beamten ohnehin nur log: Landarbeiter, Tagelöhner, Krüppel und Bettler. Aber seit Gennat angetreten war, zählten nur noch Beweise und Indizien. Es wurde untersucht, gemessen und notiert. Man fertigte Fotografien und Skizzen an. Sogar ein Labor war entstanden, um die Proben zu untersuchen.

»Ich will Fotos aller Spuren«, ordnete Hinrichs gerade an. »Und vergesst dieses Mal nicht die Übersichtsaufnahme mit den Zahlenkarten, sonst wissen wir später wieder nicht, wo die Sachen gestanden und gelegen haben. Ihr wisst, dass der Dicke euch sonst den Kuchen streicht.«

Konter fühlte sich bestätigt. Er hatte die richtige Entscheidung getroffen. Seine verbleibenden Jahre bei der Kriminalpolizei konnten die besten werden.

»Gennat will nachher eine ganz genaue Beschreibung von allem«, sagte Hinrichs. »Und das machen bei uns immer die Frischlinge«, setzte er feixend hinzu. »Der Fall Großmann ist der einzige, an den ich mich erinnere, bei dem er persönlich am Tatort erschienen ist.«

Ich weiß, du Pfeife, dachte Konter und nickte. Denn ich war dabei.

Konter blickte einem Kollegen der Spurensicherung über die Schulter. Der Mann öffnete gerade mehrere kleine Metallkästen. Darin befanden sich Gewebereste. Er erkannte einen Finger.

»Rathenau wurden ein Arm und ein Fuß zerfetzt«, meinte Hinrichs zur Erklärung. »Erst hieß es, er sei sofort tot gewesen. Aber eine Krankenschwester sagte aus, sie habe versucht, die Blutungen zu stoppen. Und da hat er wohl noch gelebt. Armes Schwein.«

Als Konter gegen Abend noch einmal ins Präsidium fuhr, traf er auf Ernst Gennat, der sich gerade mit den Leitern der Politischen Abteilung, der Fahndungspolizei und des Erkennungsdiensts abgesprochen hatte. Er zog seine Skizzen und das Notizbuch hervor und berichtete seinem Vorgesetzten jede scheinbar noch so unbedeutende Kleinigkeit.

»Eine Welle der Empörung geht durchs Land«, sagte Gennat, als Konter seinen Bericht beendet hatte. »Kein Mord an einem Politiker hat jemals solche Anteilnahme ausgelöst. Die Leute sind es leid, mit diesem Terror und der Angst zu leben. Dadurch werden die Täter und ihre Hintermänner isoliert. Diese Kerle haben es überzogen. Sie werden Fehler machen. Ein schneller Fahndungserfolg könnte uns beim Aufbau der neuen Abteilung ungemein helfen. Und er hilft der Republik. Ich zähle auf Sie!«

○ ○ ○

»Wir werden das klären, Franz«, meinte Konter. Er war völlig übermüdet, denn er hatte erst am Morgen etwas Schlaf gefunden. »Du musst versuchen, dich an jede Einzelheit zu erinnern. Nichts auslassen, hörst du! Ians Tod ist schrecklich, und die Bilder spuken dir im Kopf herum, aber sie dürfen nicht den Blick auf die Kleinigkeiten verstellen.«

Franz war in der Nacht aufs Präsidium gebracht worden, und Konter hatte sich gleich am Morgen die Akten im *Mordfall Ian McCullen* angesehen, auch die Fotos vom Tatort. Der größte Vorteil von Gennats Methode war, dass sich ein Unbeteiligter in einen Fall einarbeiten konnte, ohne auch nur einmal vor Ort gewesen zu sein.

»I-i-ich war es n-nicht, P-Paul.« Franz stotterte seit seiner Verhaftung gestern. Er hatte den Sprachfehler im Kindesalter entwickelt, als übellaunige Nachbarn seinen Hund getötet und in der Aschetonne entsorgt hatten. Und bei sehr starker Belastung kam es auch heute noch vor, dass er die Worte einfach nicht herausbekam.

»Renger wird sich alles ansehen. Georg wird Sternwein und Meyer bitten, sich umzuhören.« Paul Konter zog Papier und Bleistift aus seiner Aktentasche. »Schreib auf, was du über Ians Geschäfte weißt. Wir müssen jeder Spur nachgehen, die dich entlasten könnte.«

Wenig später saß er wieder in seinem Zimmer und rief sich die Fakten zum Attentat auf Rathenau ins Gedächtnis. Er starrte auf das Türblatt, an dem er in der Nacht eine Zusammenfassung der Ergebnisse angebracht hatte. Die Methode, alle Namen, Orte und Daten auf ein riesiges Blatt Papier zu übertragen, hatte er sich von Gennat abgeschaut. Zwischen den Notizen verliefen Pfeile und gestrichelte Linien, manche Namen hatte er unterstrichen, andere eingekreist. Diese Arbeitsweise gab ihm die nötige Distanz. Er überblickte alles und hatte dennoch Abstand zu den einzelnen Fakten. Das Dumme war, dass sich neben seinem Aktenschrank noch eine zweite Skizze befand, die sich mit den Geschehnissen um Valerie befasste. Er hatte sie mit Reißzwecken an ein altes Gemälde geheftet und auf eine Staffelei gestellt. Er raufte sich die Haare. Sollte er jetzt noch einen dritten Fall zu Papier bringen? Er merkte, dass seine Konzentration nachließ. Wenn das so weiterging, würde er in ein paar Tagen Friedrich den Großen für einen englischen Admiral halten.

»Wir haben einen Täter!« Klaus Buber stand plötzlich in der Tür und schlug sich triumphierend mit der Faust in die Handfläche. »Wir treffen uns beim Dicken in fünf Minuten!«

Konter wollte etwas fragen, aber sein Kollege war bereits wieder verschwunden. Unglaublich! Die Fahndung hatte noch gestern eingesetzt.

Mehrere Zeugen hatten Beschreibungen der drei Männer abgegeben. Die Nachtausgaben der Zeitungen hatten sie abgedruckt. Auch eine Belohnung war ausgesetzt. Konter nahm die *Vossische Zeitung* zur Hand.

Die Polizei sucht nach drei Tätern im Alter von zwanzig bis dreißig Jahren. Alle trugen Mützen, die tief ins Gesicht gezogen waren. Der Mann, der mit einer Maschinenpistole auf den Minister feuerte, ist auffallend klein, wohl unter ein Meter siebzig und dabei von untersetzter, kräftiger Gestalt. Dem zweiten Attentäter war beim Aussteigen aus dem Fahrzeug die Lederkappe vom Kopf gerutscht. Er ist zehn bis fünfzehn Zentimeter größer, hat kurzes, blondes Haar und ein schmal-ovales Gesicht. Alle Zeugen erinnerten sich an seinen auffallenden sächsischen Dialekt, als er dem anderen Schützen kurze Anweisungen zurief. Über den Fahrer des Fahrzeugs ist nur wenig bekannt, da er am Steuer sitzen blieb. Auch er ist offenbar recht jung und trägt das dunkle Haar seitlich kurz rasiert.

Mehr als üblich, musste Konter zugeben. Aber auch nicht so viel, dass im Raum Berlin jeder wissen musste, wer gemeint war. Die Beschreibungen passten zu Tausenden jungen Männern. Er blickte auf sein Kunstwerk an der Tür, an dem er bis zum Morgen geschrieben und radiert hatte. Für die Katz, wenn jetzt bereits ein Täter verhaftet war. Er machte sich auf den Weg zu Gennats Büro.

Winfried Grote rauchte wie sein Chef Zigarre. Er und Gennat hatten den Raum bereits mit einem dichten Dunst versehen, als die anderen drei Mitarbeiter eintrafen.

»Ich muss zugeben, dass der Zufall uns in die Hände gespielt hat«, begann der Leiter der Sonderermittlung kurz darauf. »Und die Kollegen von der Beweissicherung haben ebenfalls dazu beigetragen, dass wir diesen frühen Fahndungserfolg melden können.«

»Wer ist es, Winfried?«, fragte Hinrichs ungeduldig.

»Wir müssen davon ausgehen, dass der Fall durch diese neuen Erkenntnisse in eine ganz andere Richtung geht.«

Grote genoss die Aufmerksamkeit. Er zog mehrmals an seiner Zigarre, bis er wieder drei oder vier dicke Schwaden in den Raum geschickt hatte. Gennat hielt sich im Hintergrund und sah aus dem Fenster.

»Natürlich gingen wir nach der Tat sofort davon aus, dass der Herr Minister im Auftrag der radikalisierten, nationalen Kreise ermordet wurde. Eine Tatreihe Eisner, Erzberger und Rathenau schien wahrscheinlich. Aber nun müssen wir umdenken, meine Herren!«

»Mensch, Winfried, mach es nicht so spannend.«

Der Zwischenrufer sprach Konter aus dem Herzen. Ihm war aufgefallen, dass Gennat sich gänzlich im Hintergrund hielt und die Szene genau beobachtete. War er skeptisch? Wollte er seinen Untergebenen nicht die Schau stehlen?

»Die *IRA*«, sagte Grote langsam. »Der Kerl, bei dem wir die Maschinenpistole gefunden haben, war Ire und stand laut den Kollegen aus der Politischen Abteilung verschiedenen Widerstandsgruppen in seiner Heimat nahe. Es liegen erste Verdachtsmomente vor, dass er in Waffengeschäfte aller Art verwickelt war.«

Nein! Konter war wie gelähmt.

»Unsere Leute von der Beweissicherung haben die aufgefundene MP als die Waffe identifiziert, aus der mit größter Wahrscheinlichkeit auf Herrn Rathenau geschossen wurde.«

»Was sagt der Mann?«, fragte Buber.

»Nichts. Er ist tot. Wahrscheinlich durch einen Komplizen erschossen, den wir allerdings lebend gefasst haben. Noch ist unklar, ob der Mann am Attentat beteiligt war. Der Verdächtige schweigt hartnäckig.«

Unmöglich! Paul Konter rutschten vor Überraschung die beiden Akten aus der Hand, die er eigentlich mit Gennat durchgehen wollte. Wie viele tote Iren mochte es in den letzten Tagen in der Stadt gegeben haben?

∘ ∘ ∘

Am Abend fand Konter endlich die Zeit, sich noch einmal mit dem Tatort am Wittenbergplatz zu beschäftigen. Durch einen Anruf bestätigte sich seine Vermutung, dass der *Club 21* bereits wieder geöffnet hatte. Und natürlich hatten zwei hartgesottene Putzfrauen gegen doppeltes Geld alles weggeschrubbt, was unter Bürste und Mopp passte. Und die Spurensicherung war gar nicht erst ausgerückt, stellte Konter frustriert fest. Wenn jetzt noch Fragen offen waren, dann blieben sie es für immer. So sah also eine normale Mordermittlung in Berlin aus, wenn nicht gerade ein Minister betroffen war. Immerhin waren alle wichtigen Angaben durch den leitenden Kripobeamten vor Ort schriftlich festgehalten worden. Zudem hatte der Mann auch Fotos anfertigen lassen. Gegen sieben traf Alfons Renger ein, um sich mit Konter abzusprechen.

»Wenn jemand fragt, wir gleichen nur die Personalien Ihres Mandanten ab«, sagte der Polizeibeamte, und Renger nickte. Konter begann, den Tatort zu schildern. Als er geendet hatte, schüttelte der Anwalt seinen Kopf.

»Hanebüchener Unsinn«, meinte er. »Man muss doch nur die Fotos betrachten und merkt, dass die Beschreibung des Beamten nur auf Unterstellungen und Vermutungen beruht.«

»Franz war in einem Raum mit dem Toten«, erwiderte Konter. »Dieser Umstand reichte früher für eine Verurteilung aus. Und manchem Kollegen reicht er für den Bericht.«

»Wenn Sie mich fragen, dann wurde Herr Sass in eine Falle gelockt.«

»Ich gebe Ihnen recht, denn der Polizeiarzt hat am Unfallort festgestellt, dass die Leichenstarre bei McCullen beinahe vollständig ausgebildet war. An einigen Gelenken war sie allerdings nach seinen Angaben gebrochen worden.«

»Was bedeutet das?«

»Der Mann war mindestens drei, wahrscheinlich schon sechs Stunden tot, bevor Franz im Klub eintraf. Und offenbar wurde die Leiche auf dem Sofa platziert, und dabei brach ein Teil der Starre wieder.

Meint der Arzt. Er ist sich zudem sicher, dass McCullen bereits tot war, bevor ihm die Kugel den halben Schädel weggerissen hat.«

»Interessant, was Sie alles feststellen können.« Renger nickte anerkennend. »Sehr modern. Ein Arzt am Tatort. Ist das auch Gennats Idee?«

»Ein junger Chirurg, Berthold Schmid. Er hat mit Gennat eine Vereinbarung. Er darf die Fälle wissenschaftlich nutzen, wir bekommen die polizeilich relevanten Daten. Leider ist das noch keine Routine.«

»Wie sieht es mit der gefundenen Waffe aus?«

»Der Kollege vor Ort schreibt, dass Franz behauptet habe, vor dem Lokal angerempelt worden zu sein.«

»Wenn das stimmt, könnte ihm jemand die Waffe untergeschoben haben.«

»Wenn er gestürzt ist, dann würde es die verschmutzte Hose erklären«, meinte Konter. Er war zufrieden, dass er einen Gesprächspartner hatte. Dieses Hin und Her hatte er sonst mit seinem Assistenten durchgespielt. Der menschliche Geist konnte offenbar im Duett wesentlich effizienter arbeiten. »Wenn jemand die Waffe in seine Tasche gesteckt hat, dann könnte er bei der Gelegenheit auch mit Erde beschmiert worden sein.«

»Wie erkläre ich dem Richter das Geld und Kokain?«, fragte Renger.

»Keine Ahnung. Schieben Sie es McCullen in die Schuhe.«

»Bleibt noch diese Maschinenpistole, die die Polizei im Hinterzimmer gefunden hat.«

»Ärgerlich und seltsam zugleich«, sagte Konter. »Denn es ist eine äußerst seltene Waffe. Die *Bergmann MP 18* wurde erst bei Kriegsende an Spezialeinheiten des Heeres ausgeliefert. Und ein Zeuge konnte die Tatwaffe genau beschreiben, da er selbst so ein Teil hatte.« Konter lächelte müde. »Aber auch hier ein Sieg der Wissenschaft. Gennat hat die Waffe mittels Daktyloskopie untersuchen lassen.«

»Sie wollen mich heute ärgern, Herr Konter, nicht wahr? Ich bete Ihnen gleich das Reichsstrafgesetzbuch herunter. Also?«

»Fingerabdrücke. Das Verfahren steckt bei uns noch in den Kinderschuhen, aber auf der Maschinenpistole sind jede Menge Fingerabdrücke. Mit Sicherheit stammt nicht ein einziger von Franz oder Ian. Willkommen in den modernen Zeiten, Herr Anwalt.«

25

Berlin – Gefängnis Moabit

Der Trakt für die Untersuchungshäftlinge unterschied sich hinsichtlich des Komforts nicht von den anderen Bereichen im Zuchthaus Moabit. Baulich war er so angelegt, dass die Wege zum Gerichtsgebäude, das gleich nebenan lag, kurz und sicher waren. Die Zelle, in der Franz untergebracht war, maß kaum drei mal zwei Meter, als Lokus diente ein Holzeimer, und auf einem winzigen Tisch standen eine Blechkanne mit Wasser und eine abgestoßene, emaillierte Schüssel. Franz hatte auf Anraten Rengers bei den ersten Vernehmungen zu allen Vorwürfen geschwiegen. Er war ohnehin immer noch von den Erlebnissen entsetzt. Nach zwei Tagen, die er auf dem Präsidium verbracht hatte, wurde er schließlich nach Moabit verlegt.

»Warum kommen Sie erst jetzt?«, fragte er seinen Anwalt ungehalten, als beide Männer im Vernehmungszimmer saßen.

»Es gibt eine neue Entwicklung, Herr Sass. Die Staatspolizei ist für Sie zuständig und hat erklärt, dass ich weder Akteneinsicht erhalte noch Kontakt zu Ihnen aufnehmen darf. Erst mein Protest beim Präsidenten und ein Eilantrag beim Staatsgerichtshof in Leipzig …«

»Ersparen Sie mir das, Herr Dr. Renger. Staatspolizei? Ist die Waffensache also doch aufgeflogen?«

»Ganz recht. Man hat die Maschinenpistole gefunden.«

»Halt! Was? Welche Maschinenpistole?«

»Die Waffe, mit der der Minister erschossen wurde. Sie lag im Hinterzimmer des Klubs.« Renger musterte seinen Mandanten eingehend. »Könnte es vielleicht sein, Herr Sass, dass wir hier aneinander vorbeireden?«

»Ich weiß nichts von einer MP«, erwiderte Franz und schien verwirrt. »Ich meinte Ians Waffengeschäfte mit Irland. Ermittelt die Staatspolizei deshalb? Ich habe damit nichts zu tun!«

Alfons Renger wirkte in diesem Augenblick ausnahmsweise einmal nicht gelassen und distanziert. Der Anwalt wusste genau, dass in dieser Angelegenheit jedes Wort wichtig sein konnte.

»Herr McCullen stand bereits längere Zeit auf der Liste der Politischen Polizei als möglicher Waffenschieber für die irischen Untergrundkämpfer«, sagte er. »Und man fand in seiner Wohnung weiteres belastendes Material. Zwei gefälschte Pässe, Waffen, Devisen und einige verdächtige Notizen. Seine Reisen ins Vereinigte Königreich dürften für die Anklage das Bild abrunden.«

»Welche Anklage? Ich habe Ian nicht getötet!«

»Herr McCullen steht in Verdacht, einer der Attentäter auf Rathenau zu sein. Und Sie, Herr Sass, sollen als Mitwisser, vielleicht sogar als Mittäter angeklagt werden.«

»Völliger Unsinn!«, entgegnete Franz aufgebracht und erhielt einen Verweis des Wärters. »Ich meine, ja, Ian hatte mit den Iren zu tun. Aber er ist doch kein Mörder. Ich hätte davon gewusst.« Er stockte, rief sich Rengers Worte ins Gedächtnis. Waffen, Pässe, Devisen waren in der Wohnung seines Freundes gefunden worden. Er musste ihm also weit mehr verschwiegen haben.

»Wenn wir nicht umgehend diese Anschuldigung aus der Welt schaffen, dann sind Sie nicht nur der Verdächtige im Mordfall McCullen, sondern ein Angeklagter im Fall von Minister Rathenau. Sie werden dann zumindest wegen Beihilfe vor Gericht kommen.«

»Ich will mit Paul sprechen. Da muss doch etwas zu machen sein. Es soll genaue Beschreibungen der Täter geben.«

»Zeugen können sich irren«, sagte der Anwalt. »Oder bewusst lügen. Das Auffinden der Mordwaffe wird schwerer wiegen. Ich höre schon den Reichsanwalt im Eröffnungsplädoyer: *Planung und Geldmittel durch Hintermänner der IRA. Geschickte Tarnung über Monate. Ausfüh-*

rung durch einen eingeschleusten Agenten. Mittäter aus dem Ganovenmilieu. Nach der Tat ein Streit zwischen Komplizen mit tödlichen Folgen für einen Haupttäter.«

Franz musste zugeben, dass diese Schilderung bestechend glaubhaft schien. Nicht nur die Zeitungen würden sich darauf stürzen.

»Ich brauche alle Fakten zu McCullen«, sagte Renger mit Nachdruck. »Ich muss jede Einzelheit kennen. Vor allem, was haben Sie über seine Geschäfte gewusst? Nur so können wir vor Gericht behaupten, Sie hätten gar nichts gewusst. Jede Kleinigkeit könnte unsere Strategie zu Fall bringen. Also strengen Sie sich an. Es ist nicht mein Kopf, um den es hier geht.«

○ ○ ○

Nachdem der Anwalt gegangen und Franz in seine Zelle zurückgeführt worden war, lief er darin minutenlang unruhig hin und her. Tränen der Wut und Verzweiflung traten ihm in die Augen, und er hieb mit solcher Wucht auf die Platte des Holztisches, dass die Wasserschüssel umkippte.

»Du verdammter Idiot! Warum?«, rief er und blickte zum höher gelegenen, kleinen Zellenfenster. »Ich habe es dir gesagt. Immer wieder.«

»Wir stehen das durch, Franz«, sagte unvermittelt eine bekannte Stimme hinter ihm. Er hatte Konter nicht kommen hören. Der Kommissar war für ihn in diesem Moment das erste Mal mehr als ein guter Bekannter und stiller Teilhaber des *Syndicats*. Er war der väterliche Freund, den er jetzt so dringend brauchte. Offenbar hatte der Kriminalbeamte seine Autorität genutzt, um den Häftling in der Zelle aufsuchen zu können. Der Wärter hatte sogar die Tür offen gelassen und war zum Rauchen gegangen.

»Ich bin dran, Franz. Auch Gennat ist skeptisch bei dieser Version. Er meint, dass sich so viele Zeugen nicht bei ihren Aussagen irren können. Und keine Beschreibung passt zu Ian oder dir. Ians Tod selbst wirft ebenfalls viele Fragen auf. Und es gibt Lichtblicke. Ich konnte die Kollegen von den Abteilungen Betrug und Gewerbe erst einmal in ihre Schranken weisen. Die Leute wollten zusammen mit der Steuerfahndung bereits über das *Syndicat* herfallen. Mord und politische Ermittlungen gehen jedoch erst einmal vor. Gennat deckt das. Noch.«

»Es ist zum Verrücktwerden«, sagte Franz. »Renger sagt, dass die Anklage vieles finden wird, was ins Bild passt. Ian hat die Waffen verkauft und mit der *IRA* Geschäfte gemacht. Vielleicht war er in Irland sogar an Anschlägen beteiligt. Er hat uns alle hinters Licht geführt!«

»Ich weiß«, erwiderte Konter. »Es wird Leute geben, denen die einfache Lösung am liebsten wäre. Der *IRA*-Kämpfer und der Ganove. Da jubeln die seichten Gazetten, Stammtische und Frühschoppen.« Er schwieg eine Weile. »Ich werde mit Gennat morgen beim Reichsanwalt sein. Wir werden alle Widersprüche und Ungereimtheiten auf den Tisch legen. Die Justiz steht dumm da, wenn sich die Sache mit dir und Ian als Luftnummer entpuppt. Aber ich brauche mehr Fakten! Georg und Max sollen sich auf der Straße und in den Kneipen umhören. Ich habe auch schon mit diesem Privatdetektiv gesprochen, den du auf Valeries Fall angesetzt hast. Er besitzt einige Kontakte zur Studentenschaft. Manche Menschen prahlen gern. Vielleicht weiß jemand etwas.«

»Der *Consul*«, meinte Franz plötzlich. »Ehrhardt steckt dahinter! Es kann nicht anders sein. Sein Freikorps war beim Kapp-Putsch dabei. Im Rheinland haben sie mit Duldung der Franzosen die Roten abgeschlachtet. Und in Polen haben sie gewütet. Erzberger soll ebenfalls auf ihr Konto gehen. Das Schwein hat uns in eine Falle gelockt, Paul! Er hat schon damals beim Mord an Liebknecht kassiert. Und seine Leute wettern ständig gegen die Juden. Rathenau war für Ehrhardt doch das ideale Ziel: Jude, Demokrat und Verfechter einer Aussöhnung in Europa.«

Konter überlegte und nickte schließlich. »Könnte was dran sein. Im ersten Moment haben wir alle gedacht, dass es mit dem rechten Terror wieder losgeht. Mir scheint, als wären die Verantwortlichen mit dir und Ian als Täter ganz zufrieden. Allerdings hat Gennat durchgesetzt, dass deine Verhaftung gegenüber der Presse noch zwei oder drei Tage nicht erwähnt wird. Und da wir davon ausgehen, dass es ohnehin noch weitere Täter gibt, wurde eine reichsweite Fahndung mit den bekannten Beschreibungen veröffentlicht. Die Belohnung liegt übrigens bei einer Million Mark.«

»Zwei Tage? Wie sollen wir in der Zeit etwas erfahren, das deine Leute nicht wissen?«, fragte Franz. Er merkte, dass ihm das Sprechen schwerfiel. Die Angst schnürte ihm regelrecht die Kehle zu.

»Zwei Tage.« Konter nickte. »Vielleicht etwas mehr. Bereits für diese Galgenfrist musste ich mich weit aus dem Fenster lehnen. Inoffiziell haben wir einen toten Täter und dich. Nach den restlichen Leuten suchen wir. Ich konnte Gennats Terrier nur schwer davon abhalten, dich sofort in die Mangel zu nehmen.«

○ ○ ○

»Macht es euch nicht stutzig, dass zwei junge Männer einen Minister umlegen und sich dann zum Kokain-Schnupfen im eigenen Lokal treffen? Dass sie auch noch die Tatwaffe mitschleppen und im Nebenraum liegenlassen? Und natürlich haben sie das Geld dabei, das man ihnen für den Mord bezahlt hat. Wollt ihr mir sagen, dass da bei euch keine Alarmglocke klingelt?« Konter saß mit Grote, Buber und Hinrichs erneut bei einer Besprechung. Sie schienen sich bei Kuchen, Kaffee und Kognak wohlzufühlen und überließen die Laufarbeit gern ihren Untergebenen. Mitarbeiter anderer Abteilungen nannten diese Trägheit bereits die Gennat-Krankheit.

»Diese Koks-Köppe sind unberechenbar«, erwiderte Buber.

»Die Beschreibungen passen nicht«, meinte Konter.

»Da waren wir schon, Paul«, mischte sich Winfried Grote ein. »Ist doch klar, dass da mehrere Leute beteiligt sind.«

»In Ordnung. Ihr gebt mir also in der Vermutung recht, dass die Sache von langer Hand und von einer Gruppe vorbereitet wurde. Dass es nicht nur der tote Ire und der Verhaftete gewesen sein können.«

»Ja und? Der Bursche wird schon singen, wenn wir ihm die Noten geben«, sagte Grote. »Dann haben wir die Hinterleute.«

»Die Waffen sind ungewöhnlich.« Konter war bereit, alle Register zu ziehen. »Die Maschinenpistole ist eine *Bergmann MP*. Sauber geölt und eingelagert, bisher unbenutzt. So etwas gammelt nicht im Kohlekeller von Tante Käte herum. Und der andere Kerl hatte Handgranaten vom neuen Typ. Das Zeug ist nun wirklich keine Straßenware. Ich habe bei den Jungs von der Staatspolizei nachgefragt. Solche Waffen gibt es derzeit nicht auf der Straße. Da kommen die Iren nicht ran.«

Seine Kollegen sahen sich an und murrten. Hinrichs stocherte lustlos in seinem Kuchenstück herum. Konter blieb dran, er spürte, dass er gegen Selbstzufriedenheit und Bequemlichkeit argumentierte.

»Nach meinen Informationen sind die Iren daran interessiert, weiterhin Geschäfte hier zu machen«, fuhr er fort. »Und wie heißt es so schön? Man scheißt nicht in den Bach, aus dem man trinkt. Warum also sollten sie gerade in dem Land auf sich aufmerksam machen, mit dem sie ihren Waffenhandel betreiben? Selbst die Kerle müssten wissen, dass dieser Mord ihnen nur Scherereien und unnötige Aufmerksamkeit brächte.«

»Ist was dran«, sagte Hinrichs.

»Die beiden aus dem Klub könnten immer noch die Drahtzieher sein. Ja, meinetwegen nicht die *IRA*. Aber sie hatten das Geld und kannten jede Menge kriminelle Leute.« Grote sah Buber und Hinrichs direkt an, als erwartete er umgehend Zustimmung von ihnen.

»Dann wären also die Attentäter und ihr Fahrer quasi nur Marionetten? Alles sauber geplant und eingefädelt, damit der Verdacht nicht auf Hintermänner wie den Iren fällt?« Konter rieb sich das Kinn und tat, als wäre er von Grotes Version fast überzeugt.

»Genau, Kollege! Ein Komplott, um von den Verantwortlichen abzulenken«, bestätigte Grote in selbstgefälligem Tonfall.

»Erstens«, erwiderte Konter und holte zum finalen Gegenschlag aus. »Wären die Täter sofort nach dem Anschlag in die Innenstadt gefahren, um ihren Auftraggebern die Tatwaffe auszuhändigen? Anstatt sie sofort in die Spree zu werfen? Und zweitens, wenn es eine Verschwörung war, könnte die Sache mit dem toten Iren nicht ebenfalls nur ein Ablenkungsmanöver sein? Aus welchem Grund nehmen wir das eine an und schließen das andere aus?«

»Ist was dran«, wiederholte Hinrichs, und auch Buber nickte unsicher.

»Spitzfindigkeiten!«, schnaubte Grote. »Der Ire hat offenbar nicht selbst geschossen, wie wir zuerst glaubten. Na und? Er gehörte zu den Planern. Wir finden die Kerle, die geschossen haben, keine Sorge. Wir haben bereits erste Hinweise aus den üblichen Kneipen, in denen dieses Studentenpack im Suff die Welt neu erfindet. Irgendjemand wird sich verplappern. Und dann sehen wir, wer recht behält.«

Er verließ schnaubend den Raum, ohne zu grüßen.

»Ich will euch nicht auf den Schlips treten«, meinte Konter zu den verbliebenen Kollegen, die sich unschlüssig ansahen. »Natürlich seid ihr drei bei der Mordbereitschaft die Platzhirsche. Aber ich hab dreißig Dienstjahre hinter mir. Und ich sage euch, hier ist etwas faul.«

o o o

»Wir brauchen schnell jemanden, der die Klubs schmeißt«, meinte Franz zu seinen drei Brüdern.

Max, Georg und Erich wollten die halbe Stunde Besuchszeit nutzen, um das Geschäftliche zu besprechen. Zwei Ausfälle waren gefährlich für das *Syndicat*. Jede Schwäche sprach sich auf der Straße und bei den Lieferanten schnell herum. Es würde nicht lange dauern, bis die ersten Geier nach Beute Ausschau hielten.

»Ich könnte das machen«, schlug Erich vor.

»Klar, und übermorgen wirst du Reichspräsident«, sagte Max und wollte ihm mit der flachen Hand einen Hieb auf den Hinterkopf geben, wie er es seit Jahren machte. Der jüngste Sass duckte sich jedoch weg und verpasste Max einen Hieb in die Flanke.

»Lasst die Späße, dafür ist keine Zeit«, sagte Georg. »Und warum eigentlich nicht? Erich muss es lernen. Tante Toni schaut ihm anfangs auf die Finger, und er macht den Rest.«

»In Ordnung«, sagte Franz. Er verteilte einige weitere Aufgaben, um Einbußen zu vermeiden. Danach sah er sich prüfend um und sprach kaum hörbar weiter.

»Paul meinte, es kann zu Durchsuchungen kommen. Verbrennt alle Bücher und Quittungen, die nicht mehr wichtig sind. Toni soll auf Susannes Namen ein paar Schließfächer mieten. Da kommt dann alles rein, was uns bei der Polizei belasten könnte. Verträge und andere unentbehrliche Sachen. Kapiert?«

»Sass!«, rief plötzlich der Wärter, der an der Tür zum Besucherraum stand. »Da will dich noch jemand sprechen!«

Ein Mann wartete im Vorraum. Franz erkannte wettergegerbte Gesichtszüge und eine stämmige Figur mit kräftigen Händen. Der Anzug war zwar gepflegt, aber einfach. Vielleicht ein Vorarbeiter. Er sah seine Brüder unschlüssig an. Es hatte sich niemand bei ihm angekündigt. Und aus dem Milieu würde wohl niemand freiwillig zu ihm in den Bau nach Moabit kommen. Er war neugierig, hatte aber andererseits noch eine Menge mit seinen Brüdern zu besprechen. Schließlich entschied er doch, kurz zu dem Unbekannten hinüberzugehen.

»Mensch, ihr werdet es nicht glauben«, sagte er, als er an den Tisch zurückkehrte. »Der Kerl gehört zu Piecks Leuten und er will mich unter vier Augen sprechen.«

»Pieck? Der Spartakist?«, fragte Max. »Dachte, der Typ ist in Moskau bei seinen Genossen?«

Franz bedeutete ihm, leiser zu sprechen. »Ja, aber dennoch hat er offenbar seine Vertrauten hier in Berlin. Also, ihr versucht, etwas herauszufinden. Jede Kleinigkeit könnte wichtig sein. Meldet euch bei

Paul, wenn ihr etwas habt.« Er deutete mit einer Hand zum Ausgang. »Aber ihr müsst jetzt verschwinden. Ich habe nur noch fünf Minuten, dann holen sie mich schon wieder ab.«

Als seine Brüder gegangen waren, führte der Wärter den neuen Besucher zu Franz an den Tisch. Der Anzug saß schlecht, an den Ärmeln und Hose spannten große Muskelpakete den Stoff, am Bauch wölbte sich unter der Knopfreihe der erste Speck. Der Mann trug eine Schiebermütze, die er als Ausdruck seines proletarisch motivierten Protests wieder aufgesetzt hatte. Franz schätzte sein Alter auf vierzig. Wahrscheinlich hatte er es als ehemaliger Arbeiter bei *Siemens* oder *Borsig* in der KPD oder der Gewerkschaft zu einem bescheidenen Wohlstand gebracht.

»Kennen wir uns?«, fragte Franz.

»Grüße von der Partei und Wilhelm«, sagte der Mann leise, ohne auf die Frage einzugehen. »Wir Genossen vergessen nicht. Im Guten wie im Schlechten.«

»Komm zur Sache. Du weißt, ich bin kein Genosse. Und deinetwegen habe ich meine Brüder weggeschickt. Also hoffe ich, du hast etwas Wichtiges.«

»Wir haben gemeinsame Feinde«, sagte der Unbekannte. »Hör mir genau zu, ich erzähle es nur ein Mal. Im *Kaiserhaus* an der Leipziger Straße lungerten vorige Woche zwei jüngere Kerle herum, die nach der dritten Molle mehrmals damit prahlten, sie würden einen Judenpolitiker fertigmachen. Und Genossen aus Frankfurt haben einen gewissen Theodor Brüdigam als Spitzel angeworben. Der Kerl meldete aus Kassel und Frankfurt ähnliche Dinge. Durch seine Angaben konnte der Anschlag auf Scheidemann verhindert werden. Brüdigam war vorige Woche bei uns und berichtete, dass die *Organisation Consul* eine Todesliste führe. Und rate mal, wer da ganz oben stand. Wir haben mit Pieck in Moskau telefoniert, und er hat entschieden, dass Brüdigam zur Polizei gehen sollte. Da ist er jedoch nie angekommen. Der Mann hatte eine Heidenangst, als ich ihn das letzte Mal sah. Ich denke, er hat die

Fliege gemacht. Wenn ihr Antworten wollt, findet Brüdigam.« Der Mann erhob sich, tippte an den Schirm seiner Mütze und wandte sich zum Gehen. Franz wollte ihn noch etwas fragen, aber der Beamte schob ihn unsanft in Richtung des anderen Ausgangs, der zum Zellentrakt führte.

»Besuchszeit ist um. In die Zelle, Sass. Abmarsch.«

Der Nachmittag wurde für Franz zur Qual. Allein gelassen mit seinen Mutmaßungen – und seinen Ängsten – lief er die drei Meter in seiner Zelle auf und ab. Er fühlte sich wie ein angeketteter Hund, unfähig, den Knochen zu schnappen, der vor ihm lag. Verzweiflung stieg in ihm auf, kurz danach Wut. Er begann, mit sich selbst zu sprechen, und versuchte, sich an Konters Arbeitsmethoden zu erinnern. Wollten ihn die Kommunisten hinters Licht führen? Wer war Theodor Brüdigam? Wie viele Nationalisten mochte es geben, die offen ankündigten, einen Politiker umzubringen? Am meisten jedoch beschäftigte ihn die Frage nach dieser Geheimorganisation. Der *Consul*, also Ehrhardt, steckte hinter den Morden. Sofern der Spitzel die Wahrheit sagte. Franz hämmerte mehrmals gegen die Betonwände und trat gegen die Zellentür. Er fühlte sich hilflos. Er musste Ehrhardt zu Fall bringen. Wie konnten Toni und er auf die absurde Idee verfallen, mit dem Mann ein Zweckbündnis einzugehen?

Aber das Glück schien dieses Mal auf seiner Seite. Am frühen Abend suchte ihn sein Anwalt noch einmal unangekündigt auf. Franz wäre dem vertrockneten Winkeladvokaten am liebsten um den Hals gefallen, doch er zwang sich, Rengers Ausführungen geduldig zuzuhören.

»Ich denke, ich werde Sie bald hier herausbekommen, Herr Sass. Die Ermittlungen der Staatspolizei in der Sache Rathenau laufen auf Hochtouren, und ausnahmsweise scheinen die Herren ganz versessen darauf, brauchbare Ergebnisse abzuliefern. Ein Student wurde im *Kaiserhaus* verhaftet, Willi Günther. Der Mann war an der Planung des Attentats beteiligt und hat gestanden. Ich glaube, die Polizei kennt sogar bereits die Namen des Fahrers und der Schützen.«

»Dann ist doch klar, dass Ian und ich mit dem Mord nichts zu tun haben.«

»Langsam, langsam. Bevor die Polizei den Fehler eingesteht, wird sie eher versuchen, doch noch etwas zu finden. Man hat Herr McCullens Wohnung bereits durchsucht. Kommissar Konter verriet mir, dass die Polizei dort nur Hinweise auf die Waffenlieferungen fand. Und wohl nichts, was auf Sie oder das *Syndicat* hindeutet.«

Franz atmete erleichtert auf.

»Dennoch will ein gewisser Grote Ihnen offenbar wenigstens noch das Tötungsdelikt anhängen. Aber die Vorwürfe kann ich nach Sichtung der Tatortfotos und der Beweislage schnell abwehren.«

»Phantastische Neuigkeiten, Herr Renger. Und dennoch kommen Sie hier rein, als wäre Ihnen die Milch sauer geworden. Sie sind ein unverbesserlicher Griesgram. Aber ein fähiger, das gebe ich zu.«

»Herr Sass …« Renger schien nach Worten zu suchen. »Da ist noch eine Sache, die …«

»Gleich, Herr Dr. Renger. Bevor ich es vergesse, Sie müssen noch heute mit Paul und meinen Brüdern sprechen. Richten Sie ihnen aus, dass sie einen Mann namens Theodor Brüdigam finden müssen. Ich hoffe, dass er noch lebt. Der Mann könnte den *Consul* festnageln.«

»Ehrhardt?«

»Brüdigam war offenbar als Spitzel für linke Journalisten unterwegs und hat herausgefunden, dass sowohl Scheidemann als auch Rathenau auf einer Todesliste der *Organisation Consul* standen.«

»Die Angelegenheit können Sie getrost der Polizei überlassen und sich wieder Ihren Geschäften zuwenden.«

»Nein, Herr Renger, sicher nicht. Ehrhardt hat mich benutzt und wahrscheinlich meinen Freund töten lassen. Und er wollte mir sogar den Anschlag auf Rathenau in die Schuhe schieben. Ich habe es satt, übers Ohr gehauen zu werden! Der Mann wird büßen, und dieses Mal kommt er da nicht mehr raus.«

Renger nahm seine Nickelbrille ab und putzte die Gläser. Eine Verlegenheitsgeste, wie es schien. Er räusperte sich, bevor er sprach: »Vielleicht sollten Sie sich etwas schonen, Herr Sass. Ihr Eifer in Ehren, aber ich glaube, dass Sie Ihr Augenmerk auf viel wichtigere Dinge lenken sollten.«

»Was meinen Sie? Viele Probleme lassen sich jetzt endlich lösen. Ehrhardt und die Götzes ...«

»Bitte«, unterbrach der Anwalt ihn. »Ich bin auch hier, um Ihnen eine traurige Nachricht zu überbringen. Ihre Verlobte. Sie hatte eine Fehlgeburt.«

Wenige Augenblicke später mussten drei Wärter Franz festhalten. Er war aufgesprungen, und kurz sah es so aus, als wollte er seinem Anwalt an die Gurgel springen. Dann zerlegte er zwei Stühle, bevor die Wärter ihren tobenden Häftling in die Zelle zurückschleiften. Renger blieb sitzen, bis man ihn nach draußen begleiten wollte. Er wechselte ein paar Worte mit dem leitenden Beamten und überreichte ihm einen Umschlag. Dann zog er eine Flasche aus seiner Aktentasche.

»Ihr Ganoven lebt ja nicht schlecht«, sagte der Mann wenig später zu Franz, als er die Zellentür noch einmal aufschloss. »Tut mir leid, Mann.«

Er warf eine Flasche *Hennessy Paradis* auf die Pritsche.

26

Berlin – Wilhelmstraße

Das Auswärtige Amt wurde nach dem Anschlag auf Rathenau mehrfach gesichert. Einheiten der Reichswehr patrouillierten an der Straße, und die Schutzpolizei bildete mit der Kripo zwei Sperrringe, an denen Besucher kontrolliert wurden.

»Du bist doch jetzt bei Gennat«, meinte Lothar Kunnecke, als Konter ihn am Arbeitsplatz aufsuchte. »Hier ermitteln doch die Kollegen von der Politischen.«

»Du kannst dir ja denken, ich hab es da als Neuling nicht einfach«, erwiderte Konter. »Ich dachte mir, ein paar Informationen, die ich den anderen voraushabe, könnten nicht schaden.« Er kam sich schäbig vor, weil er den alten Freund von Anfang an nur benutzt hatte. »Es gibt in der Sache viele Ungereimtheiten. Warum hat dein Chef den Personenschutz abgelehnt? Wie konnten die Täter wissen, dass er am Samstagmittag einen Termin im Amt hatte? Warum ist die Staatspolizei wichtigen Hinweisen, die sie Anfang Juni erhalten hatte, nicht nachgegangen? Hatte er intern Feinde und Widersacher?«

»Nicht hier, mein Lieber«, entgegnete der Beamte und zeigte auf seine Ohren. »Nicht jeder muss alles wissen. Lass uns etwas essen gehen.«

Kurz darauf gingen die Männer zügig in Richtung Leipziger Straße. Paul Konter bemühte sich, seine Neugier zu zügeln, und ließ sich auf den Austausch einiger unverfänglicher Erinnerungen ein. *Aschingers Bierquelle* war ein von allen Regierungsbeamten gern gewählter Ort, um in einer Art Massenintimität jene Geheimnisse zu besprechen, die am Arbeitsplatz niemand mitbekommen sollte.

»Rathenau war dabei, sein Haus in Ordnung zu bringen«, sagte Kunnecke eine halbe Stunde später. Er stopfte eine weitere Bulette in sich hinein. Das Problem vieler Arbeiterkinder war, dass ihr Appetit zeitlebens groß blieb. Selbst dann noch, wenn sie längst träge hinter Schreibtischen hockten. Und da er von seinem alten Bekannten eingeladen war, bestellte er bereits zum dritten Mal nach.

»Wie meinst du das?«, fragte Konter, nachdem das Schmatzen seines Gegenübers etwas leiser geworden war.

»Unser Ministerium ist durchsetzt von Männern, die die Zeit zurückdrehen wollen. Oder hast du noch nie davon gehört, dass die Adelsfamilien ihren zweiten und dritten Sohn seit jeher gern in die Diplomatie abschieben? Da sitzen viele erzkonservative Kerle auf den wichtigsten Posten. Und Herr Rathenau wollte den Stall ausmisten. Diese Leute schießen ständig quer. Depeschen, Telegramme und Abschriften sind nicht auffindbar. Die Zeitungen erhalten Hinweise. Termine in den Botschaften werden verschlampt. Sogar die Zahlung von Reparationen wird zufällig verzögert, so dass das Reich dreißig Millionen Strafzins zahlen muss. Und keiner ist es dann gewesen.«

»Unglaublich. Nach außen kehrt ihr doch immer fein die Saubermänner heraus.« Konter war wirklich überrascht.

»Es kommt noch besser. Ein großes Problem ist nämlich, dass wir Agenten des Auslands in unseren Reihen haben. Da ist keine vertrauensvolle Zusammenarbeit möglich. Rathenau hat das erkannt.«

»Agenten?« Konter hustete vor Überraschung in sein Bier.

»Nicht so laut, Paul.« Kunnecke sah sich um, aber niemand interessierte sich in diesem Irrenhaus, das sich Restaurant nannte, für zwei ältere Beamte. »Ja. Nicht unüblich in den Außenämtern der Großmächte. Man möchte eben gern wissen, was der Nachbar über einen denkt. Nur wurde das Reich im Versailler Vertrag gezwungen, alle verdeckten Mitarbeiter im Ausland zu enttarnen. Eine Tragödie für die Betroffenen. Fast alle wurden verhaftet, und viele werden noch bis 1950 in London oder Paris hinter Gittern sitzen. Natürlich gab es solche Enthüllungen auf unserer Seite nicht. Wir müssen laut Geheimklausel sogar dulden, dass die Siegermächte bei uns spionieren.«

»Denkst du, dass Rathenaus Absichten, in seinem Haus aufzuräumen, etwas mit dem Attentat zu tun haben könnten?«, fragte Konter.

»Ich weiß es nicht. Möglich. Ihr seid die Polizei.« Kunnecke zuckte mit den Schultern. »Eins musst du noch wissen, denn es gibt neben dem stockkonservativen Adel und den Agenten noch eine dritte Laus im Pelz. Viele Mitarbeiter waren seit Kriegsbeginn in unlautere Geschäfte verwickelt. Waffen für den Orient, Devisenbetrug, Preisdiktate durch Kartelle, Rauschgift für Berlin, Schmuggel von Medikamenten, illegaler Landerwerb aus Staatsbesitz, Preisabsprachen bei der Belieferung des Heeres, sogar Sklavenhandel.«

»Jetzt übertreibst du aber, Lothar. Sklaven?«

»Ich übertreibe keineswegs, Paul. Unsere Beamten in den ehemaligen Kolonien hatten und haben gute Beziehungen zu den dortigen Stammesfürsten. Gerade in Deutsch-Südwest. Und man verkaufte nach Kriegsende munter Tausende Arbeiter an die Engländer, Franzosen und Holländer. Felder müssen bestellt werden, die größer sind als Pommern. Und in den Minen bauen sich Erze, Gold und Kohle schließlich nicht von selbst ab. In Europa gibt es das natürlich nicht, aber da unten kräht kein Hahn danach.«

»Im Ministerium arbeiten also eine Menge Leute, die ein Motiv hatten, Rathenau zu beseitigen.«

»Er hat ständig Morddrohungen erhalten«, fuhr Kunnecke fort. »Seine Sekretärin hat die Drohbriefe schon gar nicht mehr an die Staatspolizei weitergeleitet. Dazu noch Rapallo.«

»Der Vertrag mit den Russen? Ist doch eine gute Sache für das Reich. Endlich mal ein Staat, der auf Augenhöhe mit uns verhandelt und uns nicht wie Verbrecher behandelt.«

»Du denkst zu unpolitisch, Paul. Rapallo hat den Amerikanern und Briten gar nicht gefallen. Die Franzosen wollten sogar eine Nachverhandlung zum Versailler Vertrag erzwingen, die uns die Beziehungen zu den Sowjets verbietet. Da gab es eine Menge böses Blut. Und die ganze Gülle wurde über Rathenau ausgekippt. Für die Roten war er ein Kapitalist. Für die Rechten ein jüdischer Erfüllungspolitiker. Du kennst die Parolen ja.«

Konter trank sein Bier und schwieg. Jede Ermittlung zum Mordfall Rathenau war ein Stich ins Wespennest. Wer konnte die Interessenkonflikte und Motive noch überblicken? Und vor allem, wer hatte die Macht, sich diesen Gruppen entgegenzustellen?

»Ich rate dir, nicht zu tief zu graben, Paul«, sagte der alte Freund und wischte sich einen Fettfleck vom Hemd. »Wer einen Minister umbringt, wird sich kaum um einen toten Kriminalbeamten scheren.«

Konter spürte, dass Anspannung und Wut in ihm zunahmen. Mit dem Gefühl von Ohnmacht konnte er nicht gut umgehen. Alles ergab plötzlich einen Sinn. In der Presse wurde davon gesprochen, dass eine kleine Gruppe Fanatiker den Mord begangen habe. Verblendete Antisemiten. Von möglichen Drahtziehern war kaum die Rede. Die Einsatzbesprechungen zeichneten ein passendes Bild: Willi Günther hatte gestanden und seine Mitverschwörer verraten. Die Täter waren nach offizieller Lesart junge Leute, die die Orientierung verloren hatten. Die von Parolen und Hassreden verführt worden waren.

Man schlägt fünf Wespen tot und lässt das Nest lieber in Ruhe, dachte Konter. »Es gibt so viele Fragezeichen, dass sie einem den Blick verstellen. Die paar Fakten, die wir haben, wirken da fast lächerlich.«

»Du solltest dich dran gewöhnen, Paul. Die Wahrheit ist nur eine Fingerpuppe der Macht. Und das Theater, das wir sehen, ist nur das, was wir sehen sollen.«

∘ ∘ ∘

Das Ermittlungsverfahren gegen Franz wurde kurz darauf eingestellt. Dennoch blieb er noch einige Tage in Haft. Die Staatspolizei hatte nach dem Attentat einige neue Befugnisse erhalten. Unter anderem konnten Verdächtige für längere Zeit inhaftiert bleiben, wenn es um die Sicherheit der Republik ging. Der zuständige Beamte wollte auf Nummer sicher gehen und den rechtlich zulässigen Rahmen voll ausschöpfen. Renger legte daraufhin Beschwerde bei Bernhard Weiß ein, der wiederum sofort Konter zu sich zitierte.

»Paul, ich schätze Sie als Kollegen«, sagte der Leiter der Politischen Polizei. »Und damit das so bleibt, tun Sie mir bitte einen Gefallen und pfeifen den Mann zurück. Renger ist eine fürchterliche Nervensäge!«

Konter war bewusst, dass seine Kontakte zur Familie Sass nicht unbemerkt geblieben waren. Er durfte den Bogen jetzt nicht überspannen.

»Sehen Sie, Paul«, fuhr Weiß fort. »Es gibt nicht nur Hell oder Dunkel. Schwarz und Weiß hat als Konzept ausgedient. Sowohl in der Rechtsprechung als auch bei der Polizei. Es existieren nur Grautöne. Das Merkmal einer schlechten Kripoarbeit ist, dass sie jeden dunklen Fleck aufspüren und entfernen will. So etwas endet in Tyrannei und Willkür. Also akzeptieren wir ein wenig Schwarz, um das große Ganze nicht zu gefährden. Umgekehrt gilt das ebenso. Dieser Sass ist kein Unschuldslamm, das wissen wir doch alle. Er muss uns schon etwas liefern, wenn er in dieser Sache ungeschoren davonkommen will.«

Konter war überrascht und besorgt zugleich. Die Worte seines ehemaligen Vorgesetzten zeigten, dass die Staatspolizei und die Politische Abteilung offenbar eine neue Art von Selbstbewusstsein entwickelten. Bisher war ihr Vorgehen eher von Zurückhaltung und Scham geprägt gewesen.

»Nach meinen Informationen hat dieses *Syndicat* Kontakte zu Ehrhardt und anderen reaktionären Leuten«, sagte Weiß. »Und Sie, Herr Kollege, kennen eine Dame, die in höheren Kreisen verkehrt. Eine Hand wäscht die andere, Paul. Überzeugen Sie Sass, mit uns zusammenzuarbeiten. Und Sie fertigen dann monatlich ein Dossier für uns an. Es weht ein neuer Wind. Wir können die Republik nur schützen, wenn wir möglichst viel wissen.«

Nach einer Weile nickte Konter. Ihm blieb keine Wahl. Offensichtlich hatte man in den oberen Etagen begriffen, wie das Spiel gespielt wurde. Quid pro quo. Zurück in seinem Dienstzimmer konnte er Toni am Telefon überzeugen, Renger zurückzupfeifen.

∘ ∘ ∘

Zu allem Überfluss wurde Konter kurz danach auch noch zum Rapport bei Gennat einbestellt.

»Bringen Sie Ihre Angelegenheiten in Ordnung, Herr Konter«, sagte sein Vorgesetzter ungehalten. Konters Übermüdung war ihm nicht entgangen. Und irgendjemand musste ihm von den Besuchen im Untersuchungsgefängnis berichtet haben. »Sie arbeiten für mich. Ihre Kontakte zu dieser Familie dulde ich zwar, aber übertreiben Sie es nicht! Ich brauche Ihre Leistung zu hundert Prozent. Wenn Sie die nicht bringen, dann werfe ich Sie eigenhändig raus.«

Konter nickte. Er hatte sich entschieden, Gennat reinen Wein einzuschenken. »Über das *Syndicat* kommen wir vielleicht an Ehrhardt heran. Es gab einen Spitzel in seinen Reihen, der möglicherweise noch in Berlin ist. Wir sollten ihn zur Fahndung ausschreiben.«

»Wir wissen, wer die Täter sind«, meinte Gennat. »Was kann der Mann uns also Neues sagen? Ich traue solchen Kerlen grundsätzlich nicht.«

»Glauben Sie denn, dass es nur die jungen Männer waren, die Günther in seinem Geständnis beschuldigt hat? Woher kam das Geld? Wer besorgte die Waffen und den Wagen? Woher hatten sie die genauen Informationen über den Minister? Über diesen Spitzel kommen wir vielleicht an die Hintermänner heran. Das *Freikorps Oberland* oder die *Organisation Consul* hätten die Mittel und die Kontakte. Wir haben die Pflicht, diese Unklarheiten aufzudecken.«

»Falls es Ihnen entgangen ist, Herr Konter.« Gennat wurde laut. »Ich leite Mordermittlungen, keine Zeitungsredaktion! Wir werden die Täter fassen, und damit ist unsere Arbeit getan. Meinetwegen schreiben Sie einen Bericht an Weiß, in dem Sie Ihre Theorien und Mutmaßungen aufzählen. Er mag das, ich nicht.«

○ ○ ○

Die Mauern, Gänge und Zellen der Haftanstalt Moabit wirkten noch trostloser als sonst. Konter merkte, dass ihm seine Arbeit langsam aufs Gemüt schlug. Er hatte Renger überzeugt, auf weitere Eingaben beim Reichsanwalt zu verzichten. Und er bat ihn, seine Besuche bei Franz zu unterlassen, um nicht noch mehr Öl ins Feuer zu gießen.

»Es dauert so lange, wie es dauert«, hatte er dem Anwalt großspurig erklärt. »In ein paar Tagen ist Franz ohnehin frei. Lassen Sie ihn einfach in Ruhe. Der Mann ist fertig. Er hat sein Kind und einen Freund verloren.«

Und jetzt stand er – entgegen aller Ratschläge – selbst wieder hier im Verhörraum. Es gab Dinge, die er besprechen musste, bevor Franz entlassen wurde. Sonst machte er draußen vielleicht Dummheiten, die alle in Gefahr bringen konnten. Man berichtete ihm, dass Franz in den letzten Tagen mehrmals durch Wutausbrüche aufgefallen wäre.

»Was wollen Sie, Paul?«, schnauzte Franz ihn an. »Entweder holen Sie mich raus oder Sie scheren sich zum Teufel!«

Konter schwieg, und nach einiger Zeit schien sich sein Gegenüber etwas zu beruhigen.

»Es tut mir wirklich leid, Franz. Wenigstens geht es Susanne einigermaßen gut. Die Ärzte können sie morgen entlassen. Sie braucht dich. Und die StaPo kann dich noch höchstens zwei Tage festhalten. Dann bist du frei.«

»Ich werde das Schwein kriegen, Paul!«

»Deshalb bin ich hier. Ehrhardt ist wie vom Erdboden verschluckt. Niemand weiß, wo er steckt.«

»Nach dem Putsch ist er auch untergetaucht. Das beweist doch seine Schuld!«

»Gar nichts beweist es! Deine Leute müssen Brüdigam finden. Eine offizielle Fahndung nach ihm wird es nicht geben. Und der Mann könnte der einzige Zeuge sein für eine Verbindung zwischen der *Organisation Consul* und den Tätern.«

»Ehrhardt hat Ian töten lassen! Er hat die Familie betrogen und wollte mir den Mord anhängen. Was interessiert mich die beschissene Rathenau-Sache? Warum soll ich nach einem Zeugen suchen, den die Polizei offenbar gar nicht haben will? Nee, dat kannste verjessn! Koch du deene Suppe und ick meene.«

»Toni sieht das Ganze wie ich«, sagte Konter vorsichtig, und sofort schlug Franz mit beiden Fäusten auf den Tisch. Er weinte.

»Ich will hier raus.«

27

Berlin – Luisenstadt, 18. Juli 1922

»Die Suche nach dem *Consul* hat Unsummen verschlungen, Franz«, sagte Toni. »Und nichts gebracht.«

Die Mitglieder des *Syndicats* saßen in der großen Küche. Susanne hatte sich in den vergangenen Wochen geweigert, ihr Haus zu verlassen. Und Franz wollte sie nicht allein lassen. »Der Kerl könnte in Ungarn oder Italien sein. Wir müssen uns auf andere Dinge konzentrieren.«

»Mit Fabian sind wir noch kein Stück weiter«, warf Katja ein und nickte. »Wir sind es Valerie schuldig …«

»Und ich bin es Ian schuldig, seinen Mörder zu finden!« Franz hatte weiterhin starke Wutausbrüche und konnte sich nur mühsam beherrschen. Alle wussten, dass in letzter Zeit einiges zu Bruch gegangen war.

»Ich schlage vor, dass wir zweigleisig vorgehen«, meinte Toni. »Katja und Anna hören sich in der Gesellschaft um. Und zwar zu Fabian und seinen Verbindungen. Ich und Paul werden uns mit ein paar höheren Herren treffen, die im Ministerium arbeiten. Dabei werden wir alle versuchen, auch etwas über den *Consul* in Erfahrung zu bringen. Im Übrigen möchte ich daran erinnern, dass es auch noch das *Syndicat* gibt. Die Lokale müssen laufen.«

Franz schnaubte verächtlich, aber Susanne legte ihm eine Hand auf den Arm, bevor er etwas erwidern konnte. Sie sprach in letzter Zeit kaum, hatte abgenommen und wirkte um Jahre gealtert.

»Wir brauchen noch etwas Konkretes über Fabian«, sagte Konter. »Die Aussage seiner Sekretärin wird ihm zwar mächtig zusetzen. Aber

Renger meint, dass geschickte Anwälte ihn da heraushauen könnten. Sein Fahrer wird keine Aussage machen, und Roczinsky ist tot. Die Notizen von dem Kerl werden ebenfalls nicht reichen.« Er seufzte. »Ihr wisst, dass sich Großmann vor zehn Tagen in seiner Zelle erhängt hat?«

»Dem Kerl hätte vor Gericht doch sowieso niemand geglaubt«, meinte Katja. »Hast du einen Vorschlag, Paul?«

»Ehrhardt hatte die Idee, Fabian Angst zu machen. Immerhin sind reichsweit in den letzten zwei Jahren auch mehrere höhere Beamte Opfer von Anschlägen geworden. Wenn Fabian glauben würde, man hätte es auch auf ihn abgesehen …«

»Uns fehlen in dieser Hinsicht die Kontakte«, unterbrach ihn Toni. »So seltsam es klingt, aber im Moment wäre das beste Druckmittel, wenn sich Fabian durch die *Organisation Consul* bedroht fühlte.«

»Davon wird auch bald keine Rede mehr sein«, sagte Konter und zog die Morgenzeitung aus seiner Jackentasche. »Gestern wurden die beiden Mörder Rathenaus in Süddeutschland erschossen. Von denen erfährt man also nichts mehr. Auf dem Präsidium heißt es, dass keine Erkenntnisse gegen eine Organisation namens *Consul* vorliegen, die eine Staatsschutz-Ermittlung rechtfertigen. Alle Verdächtigen hätten sich widersprochen, und man geht folglich nur von einem recht kleinen Täterkreis aus.«

»Da weinen sie im Reichstag Krododilstränen, und allzu kompromittierende Dinge sollen fein unter den Tisch gekehrt werden«, meinte Franz.

»Ein Freund aus dem Ministerium hat mir bestätigt, dass es in dem Laden drunter und drüber geht«, sagte Konter. »Da dürfte es eine Menge Leute geben, denen Rathenaus Ermordung ganz gelegen kam. Und solche Leute verfügen sicherlich über genügend Einfluss, um zu verhindern, dass zu tief gegraben wird.«

Toni war das Gerede schließlich leid, und sie ließ darüber abstimmen, wie das *Syndicat* in der kommenden Zeit vorgehen wollte.

»Die Geschäfte und die Nachforschungen hinsichtlich Fabian haben also im Moment Vorrang«, beschloss sie, als alle außer Franz dafür gestimmt hatten, die Sache Ehrhardt ruhen zu lassen. Eine halbe Stunde später waren Susanne und Franz wieder allein.

»Es ist besser so«, sagte sie.

Franz dachte schon, es ginge wieder um die Fehlgeburt. Sie hatte oft und lange darüber gesprochen. Und fast immer hatten die Gespräche in Wutausbrüchen und Tränen geendet. Die Ärzte hatten beiden zwar erklärt, dass das Kind durch Susannes Erkrankung schwer geschädigt worden war. Aber beide kämpften seit Wochen mit Selbstvorwürfen. Susanne konnte sich nicht verzeihen, dass sie nach dem Krieg ihren Körper verkauft hatte, um sich und ihre Schwester durchzubringen. Und Franz war fest überzeugt, dass er den Freund hätte retten können. Retten müssen.

»Ehrhardt vergiftet dich.«

Franz schwieg. Es gelang ihm nicht, auszudrücken, was er fühlte. Wie sollte er auch erklären, dass er gerade dieses Gift brauchte, um die ungeheure Spannung zu ertragen, die ihn zu zerreißen drohte? Der Hass ließ ihn leben. Durch ihn konnte er überhaupt noch etwas spüren. Als Susanne in die Küche ging, zog er einen Brief aus der Jackentasche. Er hatte ihn bereits vor dem Wochenende erhalten. Darin teilte ihm ein KP-Funktionär kurz mit, dass Theodor Brüdigam sich bei seinen Genossen gemeldet hatte. Der Mann war bereit, sich mit Franz zu treffen. Der Spitzel. Der Mann, für den sich die Polizei gar nicht interessiert hatte. Franz hatte ebenfalls nicht vorgehabt, sich mit ihm abzugeben. Warum auch? Was ging ihn das Rathenau-Attentat an? Oder diese geheime Organisation? Jetzt, da er bei der Jagd nach Ehrhardt auf sich gestellt war, sah die Sache anders aus. Vielleicht wusste Brüdigam mehr über die Struktur und die Verbindungen der *Organisation Consul*. Vielleicht kannte er Leute, die ihm verrieten, wo Ehrhardt steckte. Vielleicht konnte Franz wenigstens Pauls Interesse an dem Kerl wieder wecken. Viele Unwägbarkeiten, aber besser als nichts.

28

Berlin – Charlottenburg, August 1922

»Mach ihr endlich den Hof,« meinte Anna zu Paul Konter.

»Ist das so offensichtlich?«, gab er zurück. »Und überhaupt, musst du das so altmodisch formulieren?«

»Du *bist* altmodisch, Paul.«

Er räusperte sich verlegen. Die Liebe machte offenbar aus dem erfahrensten Mann einen Idioten. Wie oft hatte er sich seit Klantes Verhaftung vorgenommen, Toni seine Zuneigung zu gestehen? Mit ein paar unverfänglichen Einladungen hatte er beginnen wollen. Er war allein im neuen *Ufa-Palast* am Zoo gewesen, hatte sich den Film *Sie und die Drei* angesehen. Er mochte die Schauspielerin Henny Porten, da sie Toni so verdammt ähnlich sah. Danach hatte er Sekt im *Schumachers* getrunken und war noch zum *Wintergarten* geschlendert. Alles, um die Lage zu sondieren. Insgeheim stellte er sich vor, wie es wäre, wenn Toni am Tisch ihre Späße machte. Er mochte auch ihre Grübchen, wenn sie lächelte. Und er wollte nicht, dass bei ihrem ersten Treffen etwas schiefging. Also hatte er eine Woche später denselben Weg – wieder allein – noch einmal zurückgelegt. Ja, er mochte Tonis Nase, den Klang ihrer Stimme. Und ihre Beine machten ihn fast verrückt. Aber war das wirklich derart offensichtlich? Immer wieder hatten ihn auch Zweifel geplagt. Er, der Provinzler aus Berlin. Sie, die Lebedame aus Paris. Sie hatte Ansprüche. Und er hatte das Geld, sie ihr zu erfüllen. Seine Beteiligung am *Syndicat* hatte ihn zu einem vermögenden Mann gemacht.

»Lade sie ein, bring sie auf andere Gedanken«, sagte Anna.

Ja, dachte er. Ich werde nur vorsichtshalber noch beim *Ufa-Palast*,

Schumachers und *Wintergarten* vorbeigehen. Wäre ärgerlich, wenn die geschlossen hätten.

»Die Sache mit ihrem Max wird sich klären lassen.«

Gegen diesen Schnösel werde ich wohl noch bestehen.

»Du musst um sie kämpfen.«

Wie ein Löwe.

»Und sie muss sich endlich wieder als Frau fühlen, nicht als eine Prokuristin, die hier den Laden am Laufen hält.«

Da bin ich genau der Richtige. Konter lächelte verträumt.

»Paul? Alles in Ordnung?«

»Was? Ja, sicher. Aber wir müssen zunächst den Kopf frei bekommen. Erst das Gespräch mit Solf und Simons, danach ist Zeit, sich um Privates zu kümmern.«

Er war gekommen, da Antonia und er eine Verabredung mit zwei Diplomaten hatten, die Kunnecke für vertrauenswürdig hielt. Wilhelm Solf war bis Kriegsende ein höherer Kolonialbeamter und Gouverneur von Samoa gewesen. Jetzt war er Botschafter in Tokio, kam allerdings öfter in die Hauptstadt. Und Walter Simons hatte als Außenminister vor zwei Jahren um einen Teilerlass der Reparationsforderungen gestritten. Erst seit Kurzem war er Präsident am Reichsgericht in Leipzig.

»Alte Schule, Paul«, hatte Kunnecke gesagt. »Ich musste die Sache mit Fabian nur andeuten, und sie waren sofort einverstanden, sich mit dir zu treffen.«

Konter hatte daraufhin zwei gleichlautende Briefe an beide Männer geschickt, in denen er seine Ermittlungen – die Beteiligung der Familie erwähnte er vorsorglich nicht – auf mehreren Seiten zusammengefasst hatte.

Toni sah umwerfend aus, und Konter musste sich zwingen, sie nicht fortwährend anzustarren. Sie trug das Haar jetzt kurz, lediglich der Pony fiel in die Stirn, als hätte man vergessen, ihn zu kürzen. Das Grau war einem Kastanienton gewichen, jedoch keck unterbrochen von einer seitlichen Silbersträhne. Sie trug eine Art Hängerkleid, das bereits früh über der – ebenfalls äußerst attraktiven – Kniepartie endete. Paul Konter hatte derartige Schnitte bisher nur bei Filmstars im Kintopp gesehen. Ihm fiel auf, wie schlank sie war. Dabei wirkte diese Frau jedoch keineswegs wie die berüchtigte Bohnenstange an der Regenrinne. Vielmehr führte der Blick – egal, ob von oben oder unten kommend – immer auch zu den eleganten, weiblichen Rundungen, die Toni weder betonen noch kaschieren musste. Verstohlen warf Konter einen Blick auf seinen Schritt und hoffte, dass seine beinahe jugendliche Begeisterung nicht bemerkt wurde.

Toni hat ganz recht. Man darf sich den neuen Zeiten nicht verschließen, dachte er. Vielleicht sollte ich mal den Schneider aufsuchen, von dem Franz so begeistert ist. Und der Friseur muss sich mehr anstrengen. Ein flotter Schnitt wie bei Charles Kayser müsste mir gut stehen.

»Phantastisch«, riefen Katja und Anna beinahe gleichzeitig und klatschten in die Hände. Toni war geschmeichelt, und sie schien auch die Reaktion ihres Begleiters genau zu beobachten.

»Sehr …« Konter kam ins Stottern. »Nett.« Sofort hätte er sich ohrfeigen können. Diese Frau machte ihn verrückt!

»Nett? Du Stoffel!«, rief Katja. »Gib zu, dir fallen gleich die Augen aus dem Kopf, Paul.«

»Ja, also nein. Wirklich toll.«

Toni errötete sogar ein wenig. Diese unbeholfen schüchterne Balz des Mannes, der bisher in ihrem Leben nur Beiwerk gewesen war, machte sie offensichtlich verlegen.

Sie genoss es. Und sie war als Frau erfahren genug, es Konter nicht allzu sehr merken zu lassen. Sollte er ruhig zappeln. Für sie waren die Monate der Trauer vorbei. Max, ihr Galan und Lümmelchen, würde eine lange Zeit hinter Gittern verschwinden. Sie liebte ihn immer noch. Aber war das Herz einer Frau nicht groß genug, um das Leben dennoch zu umarmen? Vielleicht sogar in Form eines attraktiven, älteren Mannes? Wie sollte sie ihre eigene Tochter aus dem inneren Dunkel führen, wenn sie sich weiterhin selbst darin gefangen setzte? Valerie brauchte jetzt eine Mutter, die wusste, wo es langging. Eine Mutter, die lebte. Und heute war der Abend, an dem sie wieder in ihre Spur zurückfinden wollte.

»Mein lieber Paul, der Abendanzug steht dir hervorragend!«, rief sie aufgekratzt.

»Dir auch«, stotterte er. »Ich, äh, natürlich nicht der Anzug, das Kleid.«

Bevor es für ihn noch peinlicher wurde, erlöste ihn die Türklingel. Der bestellte Wagen stand vor der Tür. Die übliche Hektik setzte ein. Konter prüfte zum wiederholten Mal, ob er den teuren *Waterman*-Füllhalter und sein Notizbuch dabeihatte. Toni verstaute Flakon, Handspiegel, Lippenstift und Kajal in einer winzigen Handtasche, die nach Konters Ansicht nur Platz für einige Briefmarken bieten konnte.

Die Fahrt vom Savigny-Platz zum Hotel dauerte mit einer Motordroschke etwa fünfzehn Minuten. Konter bat den Fahrer, einen kleinen Umweg zu nehmen. Sie waren früh dran, und er hoffte, die Eindrücke der Stadt würden seine Nervosität etwas dämpfen.

»Wird schon werden, Paul«, meinte Toni und legte ihm zur Beruhigung eine Hand aufs Knie. Eine Geste, die seine Unruhe jedoch keineswegs abmilderte.

»Ich hoffe, dass die Herren unser Vertrauen wert sind«, erwiderte er. »Lothar hat sie als integer und aufgeschlossen beschrieben. Wenn wir bei ihnen nichts erreichen, dann haben wir nur wenig gegen Fabian in der Hand.«

»Aber wir haben es dann wenigstens versucht. Warten wir einfach ab.« Toni wies den Fahrer an, jetzt direkt zum Treffpunkt zu fahren. »Katja hat mir geraten, dir vor dem Gespräch einen Drink einzuflößen. Und ich denke, sie hatte recht. Also ohne Umwege zur Bar!«

Sie kamen über die Friedrichstraße zu dem bekannten Hotel am Zietenplatz. Die Berliner Oberschicht hatte ihre eigenen Adressen, um sich in angenehmer Atmosphäre und abseits des Trubels zu treffen. Den Protz des *Adlon* oder *Eden* überließen sie neureichen Unternehmern und dem ordinären, russischen Landadel. Der *Kaiserhof* war eine dieser Adressen. Das Taxi kam schließlich vor der prächtigen Fassade des Hotels zum Stehen. Vor dem Portal wirkte der *Opel* verloren. Hier waren noch vor dreißig Jahren prachtvolle Kutschen vorgefahren. Der Hotelportier wies einen Pagen an, die beiden Gäste zum Tagungsraum des *Nationalen Klubs* zu begleiten.

»Illustre Gesellschaften, die sich hier treffen«, flüsterte Konter seiner Begleiterin zu. »Befürworter und Gegner der Republik tagen hier, manchmal sogar am selben Tag. Freunde der Literatur und Musik, Geschäftsleute, Politiker, Militärs. Ein Kommen und Gehen.«

»Offenbar pflegt man sich hier nicht die Köpfe einzuhauen«, erwiderte Toni. »Das überlässt man lieber den Leuten von der Straße. An Orten wie diesen wird die Suppe gekocht, die wir dann auslöffeln dürfen.«

»Die feinen Herren dinieren derweil, rauchen und trinken einen Kognak«, knurrte Konter. »Dabei überlegen sie, wen sie an welcher Front für sich wieder ins Feld schicken können.«

Antonia und Paul waren immer noch viel zu früh dran. Sie lotste ihn an die Bar und bestellte Getränke, die gerade in Mode kamen und die Katja »Cocktails« nannte. Der Barmann griff zu diversen Zutaten, die – wie Konter fand – besser in Babyflaschen oder zu einer Krankenkost gepasst hätten, gab dann einen Witz von Schnaps dazu und mischte alles.

»Der Kerl versaut das gute Zeug mit Zitronensaft und Zuckerwasser«, flüsterte er Toni zu.

»Kipp es ja nicht in einem Zug hinunter«, zischte sie ihm zu. »Das muss man nippen.«

Viel zu süß, befand Konter. Vielleicht musste er nicht gleich alle Neuerungen gut finden. Ihm wäre jetzt ein guter alter Weinbrand bedeutend lieber gewesen. Zumal seine Unruhe noch zunahm.

»Frau Sass? Herr Konter?«, fragte ein Angestellter, der von der Seite herangetreten war. »Wenn Sie so freundlich wären, mir zu folgen? Man erwartet Sie im kleinen Privée.«

Paul sah Toni an, hob die Schultern und leerte sein Glas in einem Zug. Die Privatzimmer im *Kaiserhof* waren den betuchten und wichtigen Gästen vorbehalten. An einem runden Tisch saßen zwei Herren um die sechzig, die jetzt ihre Unterhaltung beendeten und sich erhoben.

»Herr Kommissar Konter nehme ich an?«, meinte der jüngere, deutlich schlankere Mann. Paul erkannte in ihm den früheren Minister Simons. Er hatte keine Ahnung, wer wie wann in welcher Reihenfolge vorzustellen war. Aber Toni schien jeden möglichen Fauxpas mit ihrer Ungezwungenheit elegant zu vermeiden. Ihr zweiter Gastgeber war Wilhelm Solf. Er machte auf Konter den Eindruck eines grundsoliden Langeweilers. Jedoch war er es, der nach den Höflichkeiten umgehend zur Sache kam.

»Die Schilderungen in Ihrem Brief bereiten uns große Sorgen«, sagte er. »Und die Vorwürfe, die Sie gegen einen höheren Beamten im Ministerium erheben, sind äußerst schwerwiegend.«

»Zunächst darf ich mein Bedauern darüber aussprechen, dass Ihre Tochter zu Schaden gekommen ist, gnädige Frau«, ergänzte Simons und nickte Toni zu.

Ihr war nicht danach zumute, lange um den Brei herumzureden. »Meine Tochter wurde das Opfer eines abscheulichen Verbrechens, in das ein Mitarbeiter Ihres Korps verwickelt ist. Walter Fabian.«

»Wie ich bereits sagte, ein schwerer Vorwurf. Und ich danke Ihnen für das Vertrauen, das Sie in uns setzen. Leider sind mein Freund und ich nicht mehr im Ministerium tätig.«

»Aus diesem Grund wenden wir uns an Sie«, sagte Konter. »Sie kennen alle Abläufe, haben Kontakte und Erfahrung. Aber Sie haben auch den nötigen Abstand. Und vor allem, Ihr Wort hat Gewicht in gewissen Kreisen.«

»Welche Kreise sind dies Ihrer Meinung nach?«, fragte Simons und schien sich etwas aufzurichten.

»Männer mit nationaler Gesinnung, die jedoch nicht radikal sind«, erwiderte Konter. »Männer, die akzeptiert haben, dass man die Zeit nicht zurückdrehen kann. Dass eine Republik nicht Untergang, sondern Chance ist.«

»Sie sollten Politiker werden.« Simons lachte. »Nehmen wir an, wir wären solche Männer. Was sollten wir dann in dieser Sache unternehmen?«

»Nehmen wir doch an, es gibt diese Kreise«, sagte Toni. »Und nehmen wir auch an, man erfährt dort von Fabian und seinen Machenschaften. Was würde geschehen?«

»Wenn nur die Hälfte der Anschuldigungen zutrifft, dann wäre ein Mann wie Fabian für derartige Kreise untragbar«, meinte Solf.

»Und da haben Sie die Antwort auf Ihre Frage, Herr Simons.« Toni sah dem Reichsrichter direkt in die Augen. »Herr Konter meint, dass es schwer werden könnte, Beweise zu finden, die vor einem deutschen Gericht Bestand haben. Aber wir werden Ihnen genügend Fakten über Fabian liefern, damit Sie sich selbst ein Bild machen können.«

»Uns ist klar, dass Politik ein Versteckspiel ist«, meinte Konter. »Man zeigt sich nur, wenn es Applaus gibt. Ansonsten heißt es, in Deckung zu bleiben. Nach dem Motto: *Ich war es nicht!* Aber ich denke, Sie beide als weltgewandte Männer mit Einfluss haben so etwas nicht nötig. Und Sie werden sich und Ihren Ruf zu schützen wissen.« Er hielt den Atem an und fragte sich, ob er den Bogen überspannt hatte. Ihre Gastgeber schwiegen einen Moment und sahen sich mit ernsten Mienen an.

»Ich kann verstehen, dass Sie und Ihre Tochter für das erlittene Unrecht Genugtuung fordern, Frau Sass«, meinte Solf. »Meine Erfahrungen in den Kolonien haben mir deutlich gemacht, wie wichtig die Familie ist. Aber ich brauche mehr Details, um entscheiden zu konnen.«

»Ich schließe mich meinem Freund und Kollegen an«, fügte Walter Simons hinzu. »Wilhelm und ich verfügen über ein paar Kontakte im diplomatischen Korps. Gerade nach dem Mord an Minister Rathenau wird man nicht erfreut sein, zu erfahren, dass das Ansehen des Amts in dieser abscheulichen Weise beschmutzt wurde. Immer noch ist eine diplomatische Laufbahn in gewissen Kreisen …« Er unterbrach sich und nickte Konter zu. »… sehr beliebt. Und wer möchte seinen Filius in einer Kloake wissen? Jedoch – auch da stimme ich Wilhelm zu – benötigen wir noch mehr Fakten.«

Konter zog sein Notizbuch hervor. Er war zufrieden. Die beiden Männer hörten ihnen zu. Und er wollte die Sache jetzt nicht durch nervöses Stottern oder eine unzusammenhängende Schilderung gefährden. Die bekannten Fakten mussten auf den Tisch. Falsche Rücksichtnahme und Geheimniskrämerei würden erfahrene Männer wie Solf und Simons nicht verzeihen. Also deutete er auch die Zusammenarbeit mit den Ringvereinen und Kapitän Ehrhardt an.

»Mit Ihnen ist wirklich nicht zu spaßen«, murmelte Simons. »Wären Sie nicht ein gestandener Kriminalpolizist, dann würde ich unser Gespräch spätestens jetzt abbrechen. Aber wer weiß besser als ich, dass es manchmal wechselnder Koalitionen braucht, um die gesteckten Ziele zu erreichen. Ihnen ist sicherlich bekannt, dass Ehrhardt erheblich an Einfluss verloren hat?«

»Man hört seit Wochen nichts von ihm«, antwortete Konter. »Uns liegen Hinweise vor, dass seine Organisation hinter dem Anschlag auf Rathenau steckt. Wahrscheinlich brauche ich Ihnen nicht zu sagen, dass man an höherer Stelle offenbar nicht daran interessiert ist, zu tief zu graben.«

»Seine Organisation? Sie meinen *Consul*?« Solf lächelte. »Bei einem Essen mit dem Leiter der Staatspolizei erfuhr ich, dass Ehrhardt wohl im eigenen Haus längst nicht mehr das Sagen hat. Es gibt anscheinend neue Kräfte aus dem Süden des Reichs, die ihn loswerden wollen.«

Konter versuchte, sich seine Überraschung nicht anmerken zu lassen. Bisher war er davon ausgegangen, dass der *Consul* nur abgetaucht war, bis die allgemeine Unruhe und Empörung wegen des Rathenau-Mordes etwas abgeklungen war. Er beeilte sich jetzt, seine Vermutungen zu Roczinsky und Großmann zu äußern.

»Jetzt wird es aber eine Räuberpistole, Herr Kommissar!« Simons blickte seinen Bekannten ungläubig an. »Dieser kranke Mörder soll mit Fabian unter einer Decke gesteckt haben?«

»Fabian hat andere die Drecksarbeit machen lassen. Wir nehmen an, dass er die jungen Frauen an interessierte Herren vermittelt hat. Und wahrscheinlich musste Roczinsky die Spuren beseitigen. Manchmal waren die Opfer bereits tot, manchmal lebten sie noch. Und Großmann sagte mir, er hätte von dem Kerl Geld dafür bekommen.«

»Unfassbar!«, rief Simons.

»Wenn die Sache jetzt bekannt wird, könnte es das Ende der Republik bedeuten«, sagte Solf mit tonloser Stimme. »Dann versinkt das Reich im Chaos. Die SPD und KPD haben sich in der Mordsache Rathenau Zurückhaltung auferlegt. Die Arbeiterschaft protestiert, ohne dass es zu Streiks oder Straßenschlachten gekommen ist. Mit dieser Zurückhaltung wird es vorbei sein. Reiche Männer kaufen sich verarmte, alleinstehende Frauen, um Unzucht mit ihnen zu begehen. Mein Gott!«

»Bitte. Contenance, guter Freund!«, meinte Simons. Dann wandte er sich an seine Gäste. »Geben Sie uns ein paar Minuten Bedenkzeit. Die Neuigkeiten müssen Herr Solf und ich unter vier Augen besprechen.«

Toni und Paul gingen zur Bar zurück.

»Und was soll das ganze Gerede jetzt bringen?«, fragte sie. »Wird man Fabian ebenfalls aus Gründen der Räson unbehelligt lassen?«

Konter versuchte, die sichtlich aufgebrachte Antonia zu beruhigen. Er bestellte zwei *Mariacron* und forderte sie auf, den Schwenker in einem Zug zu leeren.

»Gib den Leuten eine Chance, Toni«, meinte er. »Simons und Solf sind auf unserer Seite. Lass Ihnen die Möglichkeit, das Gesicht zu wahren. Hast du bemerkt, wie entsetzt sie waren, als sie von der Geschichte hörten? Ich sage dir, Lothar hatte recht. Es gibt noch anständige Leute in diesem Land.«

»Hast du sie noch alle? Diese ganze Politik ist korrupt und hinterhältig. Da hackt eine Krähe der anderen kein Auge aus. Am Ende darf Valerie sich noch bei Fabian bedanken.« Sie funkelte Konter an.

Diese Frau will niemand zur Feindin haben, rief er sich in Erinnerung. Seltsamerweise fand er sie in diesem Moment attraktiver denn je. Er nahm ihre Hand.

»Wir werden nicht alle kriegen, die daran beteiligt waren, das stimmt. Aber diese Schlange frisst sich doch zum Teil schon selbst. Roczinsky hat sein Fett bereits weg. Ehrhardt wird offenbar abserviert. Und ich schwöre dir, Fabian wird bezahlen. Wenn das Gespräch heute nicht die Weichen dazu stellt, dann schieße ich diese Drecksau selbst über den Haufen. Und wenn es das Fallbeil bedeutet.«

Später sollten ihm die eigenen Worte immer wieder durch den Kopf gehen. Konter fragte sich dann immer, was genau er in diesem Augenblick gesagt hatte. Er versuchte, sich an den Tonfall und seine Körperhaltung zu erinnern. Er wollte diesen Moment nie aus seiner Erinnerung lassen. Tonis Augen füllten sich mit Tränen, sie umarmte und küsste ihn. Es war keine Geste der Dankbarkeit, es war Leidenschaft.

»Gehen wir wieder rein und zeigen es ihnen«, sagte sie. »Zu unseren Bedingungen oder gar nicht!«

»Wir müssen umsichtig sein«, begann Simons, als sie wieder zusammen am Tisch saßen. »Wir können Fabian den Prozess machen. Allerdings nur wegen Betrugs und Unterschlagung. Er wird vielleicht zwei Jahre bekommen und dazu eine erhebliche Wiedergutmachung in allen bekannten Fällen leisten müssen. Aber es bleibt ein Risiko. Ein guter Anwalt, ein gnädiger Richter, ein paar gekaufte Zeugen.«

»Nicht Ihr Ernst!« Toni verlor beinahe die Beherrschung. »Ich habe es dir gesagt, Paul! Er wird davonkommen.«

»Nein, das wird er nicht. Die Karriere im Staatsdienst wäre nach einer solchen Verurteilung ohnehin beendet. Privat und geschäftlich wird ebenfalls niemand mehr etwas von ihm wissen wollen, wenn wir geschickt vorgehen. Er würde zu einer Persona non grata.«

»Wie stellen Sie sich das vor?«, fragte Konter.

»Er denkt, er hätte alle seine früheren Kunden …« Simons sprach das Wort mit Verachtung aus. »Er denkt, er hätte sie in der Hand. Aber diese Kunden wissen ebenso, dass er eine Gefahr für sie ist. Vor allem dann, wenn wir ihm den Prozess anhängen. Wir müssen Fabian dazu bringen, dass er glaubt, man wolle ihn beseitigen. Dann könnten wir ihm einen Handel anbieten. Er packt aus. Und wir sorgen für eine kurze Haftstrafe und seinen Schutz.«

»Also wird er doch davonkommen!«, wiederholte Toni.

»Einen Schutz wird er nie erhalten.« Simons schüttelte den Kopf. »Und das bedeutet, dass der Mann den Rest seines Lebens in beständiger Angst verbringt. Allein und geächtet. Und auch seine Geldmittel werden wir ihm nehmen.«

»Und wie wollen Sie die Bedrohung glaubhaft machen?«, fragte Konter.

»Sie deuteten eine Allianz mit Kapitän Ehrhardt an«, mischte sich Solf ein. »Er wird Mittel und Wege kennen, Fabian unter Druck zu setzen. Wir brauchen Namen und Beweise. Dann ziehen wir die schlimmsten Schweine aus dem Verkehr. Bis dahin wird sich auch die derzeitige Empörung gelegt haben. Sie werden zu Ihrem Recht kommen, Frau Sass. Nur mit etwas Verzögerung und in kleinen Raten.«

»Wir könnten auf diese Weise eine Staatskrise vermeiden«, sagte Simons. »Die Teile weise lenken und dabei das große Ganze im Auge behalten. Machiavelli.«

»Wir haben keinen Kontakt zu Ehrhardt. Und warum sollte er uns bei einem solchen Vorhaben unterstützen?«, fragte Konter.

»Unterschätzen Sie den Mann nicht. Sicher, er ist ein Extremist und bereit, über Leichen zu gehen. Dennoch hat er Prinzipien. Außerdem wird ihm die Aussicht gefallen, dass er fortan einige Leute in der Hand hat. Er mag es, wenn er Macht über Menschen hat. Wie gesagt, er verliert an Einfluss in seiner eigenen Organisation.«

»Wir sollten zum Ende kommen«, meinte Solf. »Das Wichtige ist besprochen. Haben Herr Simons und ich Ihr Wort, dass jeder Schritt an die Öffentlichkeit mit uns abgesprochen wird?«

Toni sah den drei Männer nacheinander in die Augen. Konter wusste zwar nicht, wie sie auf die beiden Diplomaten wirkte. Aber ihm kam es vor, als wollte sie jeden Einzelnen am Tisch warnen. Sie nickte stumm. Konter atmete erleichtert aus.

»Man muss ja nicht gleich den ganzen Hof abbrennen, weil der Knecht ein schlechter Mensch ist«, meinte er, aber niemandem war nach Scherzen zumute. »Wenn Sie sich an Ihren Teil der Vereinbarung halten, dann stehen wir zu unserem Wort.«

29

Nowawes bei Berlin

Das Gebäude an der Stahnsdorfer Straße bestand nur aus Glas und Stahl. Ideal für Stummfilme. Viel Licht und die miserable Akustik spielten keine Rolle. Das Ganze sah aus wie eine riesige Orangerie, die die Erbauer von Sanssouci etwas zu weit abseits errichtet hatten.

»Was will der Kerl hier?«, flüsterte Erich. »Ich hätte da eene nette Stampe am Oranienburger jewusst.«

»Halt die Klappe«, fuhr ihn sein Bruder an.

»Dat is allet Pappmaschee!« Erich war zur Vorderfront eines Hotels gegangen und klopfte gegen den Klinker. Ein dumpfer, hohler Ton warf ein Echo in der Halle. »Dahinter is nüscht. Dat is allet Beschiss, was se uns in Kintopp zeigen!«

»Halt endlich den Mund!«

Franz hatte die Adresse und den Schlüssel zum *Gläsernen Atelier* der *Ufa* von einem Kontaktmann der Kommunisten. Brüdigam wollte sich nur hier mit ihm treffen. Fünftausend verlangte er für das Gespräch. Zweihundert hatte Franz, wie vereinbart, dem Nachtportier des Filmgeländes gegeben. Und Erich war der Einzige, dem er noch vertraute.

»Mensch, dat is der Palast aus Sumurun. Ick jloobt det nich. Da drinne hat die Negri mit dem jungen Scheich. O Mann!«

»Guten Abend, Herr Sass!« Franz war nur einen kurzen Moment abgelenkt gewesen, und nun hatte ihn der Mann überrascht. »Nicht umdrehen!« Er spürte kaltes Metall im Nacken. »Wer ist denn das Plappermaul?«

Der Mann sprach in normaler Lautstärke, und seine Stimme hatte einen seltsamen Klang. Und doch kam er Franz vertraut vor.

»He, du Flitzpiepe! Wat machste da mit meen Bruder?«

»Schnauze!« Franz und der Fremde fuhren Erich beinahe gleichzeitig an.

»Ich will nur mit Ihnen reden, Brüdigam«, sagte Franz. »Keine Polizei. Und das Geld habe ich auch dabei. Mir geht es um Ehrhardt. Ich muss alles über ihn wissen.«

»Warum fragen Sie mich dann nicht selbst, Herr Sass?«

Die folgende Szene hätte ebenso aus dem eben erschienenen Murnau-Kassenschlager stammen können. Franz drehte sich ungläubig um. Durch die Fenstergläser fiel das käsige Licht zweier Quecksilberdampflampen auf Kapitän Ehrhardts Gesicht. Wie ein bleicher Graf Orlok stand er im Schein der Lampe. Das Film-Atelier wirkte plötzlich riesig, und Franz kämpfte gegen einen leichten Schwindel an.

»Wir sollten die Sache zwischen uns klären, Herr Sass.« Er hielt seine Pistole auf Franz gerichtet.

»Was können wir klären, was nicht längst klar ist?« Franz hatte ich gefangen. Er lauerte auf eine Gelegenheit, über den Widersacher herzufallen. Immer und immer wieder hatte er sich in den letzten Wochen ausgemalt, wie er Ehrhardt packen und alle Luft aus ihm herauspressen würde. Der Offizier war jedoch erfahren genug, um genügend Abstand zu halten. Es wäre Selbstmord gewesen, ihn jetzt überrumpeln und nach der Waffe greifen zu wollen. »Wir hatten eine Abmachung! Aber wie konnte meine Familie auch nur so dumm sein, Ihnen zu vertrauen.«

»Von meiner Seite gilt die Abmachung weiterhin.«

»Sie haben Ian McCullen auf dem Gewissen. Und mir wollten Sie den Mord in die Schuhe schieben!«

»Nichts dergleichen habe ich getan«, erwiderte Ehrhardt seelenruhig. »Ihr Freund war ein Spieler. Und er hat sich mit meinem ehemaligen Feldwebel einen Feind gemacht, den er unterschätzte. Und der Idiot Göring kriegt zwischen seinem Größenwahn und den Eukodal-Zuständen gar nicht mehr mit, was man ihm sagt. Die beiden haben Ihren Freund beseitigt. Und Reimers ist nach Ungarn abgehauen.«

»Sie lügen!«

»Weshalb sollte ich? McCullen war für mich keine Gefahr. Er wusste nichts, was mich mit den Waffengeschäften in Verbindung gebracht hätte. Warum einen Bauern schlagen, wenn er keine Bedrohung ist? Nein, solche Figuren lasse ich auf dem Schachfeld, Herr Sass.«

»Und das Theater mit der Waffe? Warum sollte die Polizei glauben, wir wären in das Attentat verwickelt gewesen?«

»Dilettantisch. Sie sollten mich besser kennen. Hätte ich das eingefädelt, dann wäre es für Ihren Anwalt nicht so einfach gewesen, Sie da herauszuholen.«

Hermann Ehrhardt senkte die Waffe. Dann ließ er sie mit einer geschickten Bewegung am Zeigefinger um den Abzugsbügel drehen und hielt sie Franz hin.

»Eine Geste meines guten Willens, Herr Sass.«

Franz traute zunächst seinen Augen nicht, griff dann jedoch blitzschnell nach der *Luger*.

»Ich glaube Ihnen kein Wort. Ihre Organisation hat den Mord an Rathenau geplant und durchgeführt. Der Mann, der sich hier mit mir treffen wollte, hatte Beweise dafür! Wo ist er? Was haben Sie mit Brüdigam gemacht?«

»Junger Freund, in Ihrem blinden Eifer und Ihrer Wut bringen Sie nun aber einiges durcheinander. Ja, es gibt bei *Consul* und dem *Freikorps Oberland* unbelehrbare Wirrköpfe, die die Republik wegbomben wollen. Ähnlich wie es die Landsleute Ihres Freundes es in ihrem Land beabsichtigen. Leider habe ich übersehen, dass diese Männer hinter meinem Rücken agieren und an Einfluss gewinnen. Ich werde das abstellen müssen. Und verstehen Sie mich bitte nicht falsch. Nicht dass es mir um den Minister leidtäte. Aber die früheren Liquidationen hatten ihre Wirkung verfehlt. Ich war gegen eine Fortsetzung dieser Aktionen. Zu Recht, wie die Entwicklung jetzt zeigt. Der Tod Rathenaus hat der nationalen Sache mehr geschadet als genutzt. Und was Herrn Brüdigam angeht, ich schätze Plappermäuler gar nicht. Wenn ich so etwas durchgehen ließe, wäre mein guter Ruf bald ruiniert.«

Franz traten Tränen der Wut in die Augen. Der Mann sprach gelassen und seelenruhig über Mordtaten, als ginge es ums Schweineschlachten. Gerade wollte er etwas entgegnen, als er sah, wie ein Schatten sich im Hintergrund löste. Ehrhardt musste die Augenbewegung gesehen haben, denn er sprang in demselben Moment zur Seite, als ein Kamerastativ auf ihn niedersauste. Er drehte sich weg und warf sich dann über seinen Angreifer, der durch den Hieb ins Leere aus dem Gleichgewicht geraten war. Kurz darauf hielt er Erich im Würgegriff vor sich fest.

»Lassen Sie ihn los, Ehrhardt«, rief Franz und streckte seinen Arm mit der Waffe nach oben. Er drückte ab. Nur ein Klicken war zu hören.

»Eine kleine Rückversicherung.« Ehrhardt legte den Kopf schief, als wollte er sich für einen schlechten Scherz entschuldigen, und lächelte.

Diese Geste war zu viel für Franz, und er stürzte sich auf seinen Gegner. Ehrhardt hielt Erich wie ein Schutzschild vor sich und stieß ihn dann im genau richtigen Moment von sich weg. Beide Brüder stürzten zu Boden.

»Ich respektiere jeden Gegner, der mit Esprit und Wagemut zur Sache geht. Am Esprit sollten Sie allerdings noch arbeiten, Herr Sass.« Ehrhardt nahm ein gefaltetes Stück Papier aus seiner Jackentasche und warf es Franz zu. »Ich habe meine Hausaufgaben gemacht. Auf dem Zettel finden Sie Name und Adresse eines Mannes, der Walter Fabian in den Arsch treten kann. Er ist mir noch etwas schuldig. Der Kerl ist ein geldgieriges, brutales Schwein, aber genau deshalb ist er der richtige Mann für uns. Ihrem Bruder Georg dürfte er bekannt sein. Er muss Kontakt zu ihm aufnehmen und sein Vertrauen gewinnen. Unser Mann wird Fabian eine wunderbare Gruselgeschichte erzählen. Darin tauchen ehrbare deutsche Männer auf, die in den Freikorps oder der

Schwarzen Reichswehr dienen und kein Verständnis für unehrenhafte Mädchenschänder wie ihn haben. Zwar alles erfunden, aber die Hauptsache ist, dass sich Fabian bedroht fühlt.«

»Was erwarten Sie als Gegenleistung?«

»Nur das, was ich damals mit Ihrer Tante ausgehandelt habe. Ich brauche Verbündete.« Ehrhardt bemerkte den ungläubigen Blick seines Gegenübers. »Nein, nicht Sie. Wir sind nur kurzzeitig Geschäftspartner. Langfristig ist mir an der Dankbarkeit höherrangiger Personen gelegen. Wenn wir Fabian in der Hand haben, will ich ein paar Namen. Namen von Männern, die mir in Zukunft viele, viele Gefallen tun werden. Nur damit ich vergesse, was ich über sie weiß.«

»Sie wollen die Täter erpressen? Die Kerle, die die Frauen misshandelt haben?«

»Nicht alle. Nur ein paar. Der Rest gehört Ihnen und der Polizei. Und Ihrer Tante natürlich. Sie sehen, ich bin nur ein bescheidener Mann, der an seine Zukunft denkt. Was sagen Sie, Herr Sass? Erneuern wir unser kleines Zweckbündnis?«

Franz hatte seinem Bruder aufgeholfen. Er wollte diesen Mann hassen. Er hatte sich so oft geschworen, ihn umzubringen. Aber jetzt war er wie betäubt. Ehrhardt war nur einer von vielen. Der geheimnisvolle *Consul* wollte vor allem seine Haut retten. Alles passte zusammen. Sein Einfluss schwand, und nun hoffte er auf Rückendeckung durch einflussreiche Männer, die er unter Druck setzen konnte.

»Ich gebe Ihrem Freund, diesem Kriminalen in Gennats Diensten, noch einen gut gemeinten Rat«, fuhr Ehrhardt fort. »Er sollte sich ein Beispiel an den Kollegen der Politischen Polizei nehmen. Es ist ungesund, in der Sache Rathenau zu viele Fragen zu stellen.«

»Drohen Sie etwa einem Polizeibeamten? Wird er Ihr nächstes Opfer, wenn er nicht spurt?«

»Ich frage mich im Augenblick ernsthaft, ob ich mich in Ihnen getäuscht habe, Herr Sass. Bisher erschienen Sie mir recht aufgeweckt. Aber die Schlüsse, die Sie ziehen, sind ausnahmslos falsch.« Er bückte sich und hob die *Luger* vom Boden auf. »Nein, nicht ich bin für Herrn Kommissar Konter die Bedrohung. Rathenau hatte in seinem Amt viele Feinde. Er wollte bestechliche Beamte, Spitzel der Alliierten und Republikfeinde loswerden. Und noch mehr: Washington, London und Paris waren über den Rapallo-Vertrag mit den Russen gar nicht begeistert. Klingelt es jetzt bei Ihnen?«

Franz begriff, aber er schüttelte dennoch den Kopf. Seit dem Krieg war nichts mehr so wie früher. Und Männer wie Ehrhardt hatten diese alte Welt zerstört. Der Offizier deutete die Geste jedoch falsch.

»Nicht? Na gut, also noch einmal: Es gibt viele Leute, die sehr froh sind, dass der arme Herr Minister von einem Haufen verblendeter Studenten, die natürlich ansonsten mit niemandem zusammengearbeitet haben, erschossen wurde. Es gibt keine Hintermänner, keine Nutznießer, kein Komplott. Das Reichsgericht wird die Verhafteten verurteilen und keine weiteren Fragen stellen. Und Ihr Bekannter täte gut daran, es ebenso zu halten.«

Ehrhardt verschwand, wie er gekommen war. Wahrscheinlich hatte dieses Gewächshaus-Atelier einige Nebentüren, aber Franz erschien es, als hätte sich jetzt ein Geist im gelbweißen Schleier der Dampflampen aufgelöst. Er hielt seinen Bruder fest, tat so, als wollte er ihm aufhelfen. Dabei brauchte er jetzt selbst nur das Gefühl, nicht allein zu sein.

30

Berlin – Luisenstadt, September 1922

»Röhrbein? Nicht dein Ernst! Paul Röhrbein, ausgerechnet dieser Kerl?« Georg hatte sich vom Tisch erhoben und aufgebracht zur Wand gedreht. Er saß mit seinen Brüdern im *Open House*. Franz hatte ihnen von seinem Zusammentreffen mit Ehrhardt berichtet.

»Dann hatte der *Consul* recht? Du kennst ihn?«

»Rund um Nolle ist Röhrbein jedem bekannt«, erwiderte Georg. »Er bezeichnet sich als Urning und glaubt, dass die Welt keine Frauen braucht, weil Aphrodite ohne Mutter geboren wurde.«

»Er weiß hoffentlich, dass Aphrodite eine *Göttin* war?«

»Egal, Röhrbein ist dumm und rücksichtslos. Aber es gibt viele Männer, die auf so etwas stehen.«

»Da Silva hat ein paar Erkundigungen über ihn eingezogen«, sagte Franz und las von einem Notizzettel ab. »Röhrbein war im Weltkrieg Hauptmann bei der Infanterie, danach kurze Zeit arbeitslos. Er mischte zunächst bei der Brigade Ehrhardt mit, dann Aufnahme in das Freikorps Epp Mitte 1919. Wegen homosexueller Beziehungen dort entlassen. Verdingte sich einige Monate als Leibwächter. Kontakte zu einem gewissen Ernst Julius Röhm, der für zwei kleine Parteien, die DAP und NSDAP, einen Wehrverband im Reich aufbauen soll. Strammer Antisemit und hoch verschuldet.«

»Und was soll ich tun?« Georg senkte seine Stimme. »Wenn du denkst, dass ich ihm schöne Augen mache, dann hast du dich geschnitten.«

»Nein. Wir brauchen dich, weil du das Umfeld kennst, in dem sich Röhrbein in seiner Freizeit bewegt. Ehrhardt sagt, dass er der richtige

Mann wäre, um Walter Fabian ordentlich Angst einzujagen. Unberechenbar und skrupellos. Röhrbein könnte Fabian vor einer möglichen Strafaktion warnen. Er soll sagen, ihm wären Gerüchte zu Ohren gekommen.«

»Welche Gerüchte?«

»Dass es Männer gibt, die ihn beseitigen wollen. Offiziere aus den Freikorps, die nach außen hin die deutsche Tugend hochhalten. Die aber in Wahrheit für gezielte Morde bezahlt werden.«

»In Ordnung, ich werde Röhrbein auf den Zahn fühlen.« Georg wirkte verunsichert. »Reichlich verwirrend. Vielleicht sollten wir Fabian einfach zu einer Runde Tschandu einladen. Dabei plaudern wir dann entspannt.«

»Am besten nimmst du unseren neuen Freund aus dem Boxklub mit«, schlug Franz vor. »Ihr gebt ein glaubhaftes Paar ab. Dann wird Röhrbein dir nicht gleich auf die Pelle rücken. Außerdem zählen seine Fäuste für drei.«

∘ ∘ ∘

Der Tanzschuppen in der Nähe des Savigny-Platzes warb mit »Unterhaltung für kultivierte Herren«. Georg kam jetzt öfter hierher, seit das *Kleist-Casino* immer dreister zu einem Bordell und Marktplatz für blutjunge Stricher geworden war. Und tatsächlich war der Treffpunkt *Eldorado-Diele* in der Kantstraße anders. Mann lernte sich im *Kranzler* oder im *Romanischen Café* kennen. Und danach unterhielt Mann sich gepflegt im *Nelsons* oder an der Bar vom *Adlon*. Mann konnte auch Unter den Linden oder am Spreeufer flanieren. Jedoch wurde der Austausch intimer Zärtlichkeiten zwischen Männern weiterhin nur in besonderen Lokalen wie dem *Prinz Kuckuck*, dem *Kleist-Casino* oder der *Holländischen Diele* geduldet. Hier war Mann eben unter sich. Das Lokal in der Kantstraße bemühte sich um einen Eindruck von Zurückhaltung und feiner Lebensart.

Und gerade deshalb wirkte Paul Röhrbein hier vollkommen fehl am

Platze. Er trank zu viel und sprach zu laut. Das Ordinäre war sein einziges Markenzeichen, wirkte er sonst doch in allem eher durchschnittlich. Den verklemmten Herren der Mittelschicht, die noch nicht entschieden hatten, wie sie fühlten, war er unangenehm, weil er einfach viel zu viel Aufmerksamkeit erregte. Schließlich gaben diese Männer vor, sich »nur mal ein wenig umsehen« zu wollen. Auf die wahrhaft verliebten Paare musste Röhrbein hingegen schlicht und einfach abstoßend wirken. Und den schwulen Künstlern und Literaten schließlich konnte er nur als lächerliches Abziehbild jener derben Männlichkeit gelten, die sie doch eigentlich alle ablegen wollten. Allenfalls taugte Röhrbein als Vorlage einer öden Schurkengestalt für den nächsten Groschenroman. So saß er meist allein an seinem Tisch, trank Wodka und gaffte mit unverhohlener Gier in die Runde.

Georg hatte durch einen Bekannten die Gewohnheiten Röhrbeins auskundschaften lassen. Mehrmals in der Woche kam er in die *Eldorado-Diele*, um danach meist doch wieder im *KC* zu landen. Als Georg ihn dann ein paarmal selbst beobachtete, wurde ihm schnell klar, dass der Mann sich wie ein unbeholfenes Kind benahm: trotzig und lärmend, aber immer auf der Suche nach Zuneigung. Aber die würde er nie bekommen. Ein Kerl wie er würde sich Liebe zeit seines Lebens kaufen müssen, da war sich Georg sicher. Schließlich entschied er sich für einen Samstagabend, um in Begleitung Volkmars Kontakt zu dem Mann aufzunehmen.

»Noch frei?«, fragte Erwin Volkmar selbstbewusst, als er und Georg an Röhrbeins Tisch traten. Er war in den Plan eingeweiht und froh über ein paar zusätzliche Hunderter im Portemonnaie.

»Nee, besetzt. Zieht Leine«, antwortete der Mann barsch. Er war auffällig gekleidet. Er trug zwar Jackett und weißes Hemd, dazu jedoch graue Breeches und schwarze Lederstiefel. Der Aufzug gab ihm etwas Unentschlossenes, halb kultiviert und halb kriegerisch.

»Schade. Ich dachte, wir machen den Kognak zusammen leer«, mischte sich Georg ein und hielt eine Flasche *Courvoisier* an ihrem langen Hals. Gerade machte er Anstalten, sich wieder umzudrehen. »Mit besten Grüßen vom *Consul.*«

»Wartet mal«, rief Röhrbein. »Ich glaube, die anderen kommen heute nicht mehr.« Er winkte beide Männer zurück an seinen Tisch. »Pflanzt euch hin. Mach auf das gute Stück.«

Der Mann hatte keine Schwierigkeiten, Kontakte zu knüpfen. Er verströmte diesen typischen Bierzeltcharme, der manchen Leuten in die Wiege gegeben war. Seine Art war derb und oberflächlich, er lachte zu laut und bemühte sich um Manieren, die er gar nicht besaß. Er trug einen eher ungewöhnlichen Oberlippenbart, derart schmal und gerade rasiert, dass er von weitem aussah wie ein Griffel, der unter seinem riesigen Zinken hing. Die Nasenlöcher waren zu groß, und darin sprossen mehr Haare, als er auf dem Kopf trug. Seine Hände waren die eines Landarbeiters, kräftig, rau und braun gebrannt. Aber das unverkennbare Markenzeichen dieses Mannes waren seine Augen. Sie waren von wässrigem Blau, das im Kunstlicht fast völlig verblasste, so dass es schien, als gäbe es nur die pechschwarzen Pupillen. Zusammen mit der langen Hakennase entstand der Eindruck einer gierigen Dohle, die nur auf eine passende Gelegenheit wartete, Beute zu machen.

»Und? Seid ihr beiden?«, fragte er und führte die gestreckten Zeigefinger zusammen.

Georg und Erwin nickten wie abgesprochen.

»In Ordnung, dann wissen wir alle, woran wir sind.« Röhrbein schien nicht beleidigt oder verlegen. »Also, was sagtest du? Ich kenne keinen *Consul.*«

»Lass die Spielchen«, erwiderte Georg und gab Volkmar ein Zeichen, der sich anspannte und seine Fingerknöchel knacken ließ. »Wir wissen, dass er mit dir gesprochen hat.«

»Übrigens, ich bin Paul.« Röhrbein lachte wieder dröhnend. »Aber die Jungs nennen mich nur ›das Rohr‹. Ihr könnt euch sicher denken, warum. Also, wenn ihr für den Hengst mal einen zweiten Reiter braucht …«

Georg raufte sich die Haare. Der Kerl widerte ihn an, und er hätte ihm am liebsten gleich hier eine Abreibung verpasst. Aber das *Syndicat* war auf das Schwein angewiesen. Erwin Volkmar, dem diese Welt und solche Lokale fremd waren, schien ebenfalls kurz davor zu sein, dem Mann eine aufs Maul zu geben. Georg warf ihm jedoch einen warnenden Blick zu und schüttelte den Kopf. Eben kündigte der Inhaber des Lokals die Aufführung *Romeo & Julius* an. Offenbar eine Neuinszenierung, freizügig interpretiert nach Shakespeare.

»Was springt für mich dabei raus?« Paul Röhrbein rülpste und fixierte ihn mit seinen bereits glasigen Augen.

»Zweitausend jetzt, zweitausend bei Erfolg. Und den Mann, um den es geht, kannst du nach Belieben ausnehmen.«

»Gut.« Röhrbein sprach das Wort gedehnt. »Sehr gut. Aber ich mach keinen kalt, damit das klar ist.«

»Brauchst du nicht«, entgegnete Georg. »Im Gegenteil. Du wirst eine Art Aufpasser für unseren Mann sein. Es gibt Gerüchte, dass in der Stadt eine neue Kampftruppe aufgebaut wird. Und dass du mit dabei bist.«

Noch vor Ende des zweiten Romeo-Teils drängte Paul Röhrbein zum Aufbruch. Mehrmals war seine Hand während der Aufführung in der Hose verschwunden. Angetrunken, wie er war, vermochte er seine Erregung kaum noch zu verbergen.

»Kommt mit ins *Kleist*«, sagte er schließlich, als es auch auf der Bühne zur Sache ging. »Ich brauche eine Abkühlung. Ihr Hübschen könnt ja auch eine Nummer schieben, während ich beschäftigt bin. Und dann besprechen wir die Einzelheiten.«

○ ○ ○

»Er hat sich gewunden wie ein Aal in der Reuse«, meinte Georg, als sich alle am nächsten Vormittag bei Toni eingefunden hatten. »Die Sache ist ihm nicht geheuer. Und ich habe den Eindruck, dass er mehr weiß, als er zugibt.«

»Meine Kollegen aus der Politischen Abteilung beobachten seit Monaten, dass sich bei den rechten Kräften etwas tut«, sagte Konter. »Die Einheiten, die sich aus Frontkämpfern und frustrierten Offizieren zusammensetzen, verlieren zunehmend an Einfluss.«

»Ehrhardt?«

Konter nickte. »Stattdessen bilden sich neue Wehrverbände, die junge, unverbrauchte Leute anwerben. Ich denke, dass sich Röhrbein bei keiner Seite in die Nesseln setzen will.«

»Ich habe ihm reinen Wein eingeschenkt.« Als sich Protest erhob, wiegelte Georg sofort ab. »Natürlich habe ich ihm Fabians Schweinereien nur angedeutet und keine Verbindungen genannt. Aber Röhrbein weiß, wer ich bin. Eins und eins wird er wohl noch zusammenbekommen.«

»Und? Macht er mit?«

»In diesen Ehrenfragen werden die Rechten immer ganz rührselig. Er schwafelte etwas von der deutschen Frau, dem Sodom der Politik. Und an allem seien die Juden schuld. Ihr kennt das ja. Aber letzten Endes hat das Geld entschieden.«

»Er hat einen Haufen Spielschulden«, sagte Franz. »Dreißig Riesen hörte ich.«

»Er wird zunächst ein paar Gerüchte streuen«, fuhr sein Bruder fort. »Wir haben nach dem Rathenau-Mord ja erlebt, dass bei den Nationalen eine Menge Klatschbasen herumlaufen. Ich bin sicher, dass die Staatspolizei davon Wind bekommt. Und spätestens dann erfährt es auch Fabian.«

»Und ihm sind die Hände gebunden«, sagte Franz zufrieden. »Er muss offiziell alles abstreiten, und er kann auch keinen Schutz anfordern, ohne Verdacht zu erregen.«

»Nach ein paar Wochen wird Röhrbein mit ein paar Andeutungen bei Fabian erscheinen. Er wird behaupten, dass Fabians Name auf einer Todesliste steht. Er wird ihm Schutz und weitere Informationen anbieten.«

»Und dafür nochmals kräftig abkassieren«, feixte Franz.

»Über deinen Freund beim Ministerium brauchen wir dann zum Schluss ein paar Informationen«, wandte sich Georg an Konter. »Ein Treffen, eine Dienstreise oder ein geplanter Gesellschaftsabend. Etwas Konkretes. Röhrbein wird Fabian vor einem Anschlag warnen und die Einzelheiten, die er nennt, machen seine Geschichte vollends glaubhaft.«

»Schön und gut«, mischte sich jetzt Toni ein. »Die Sache dauert doch Wochen!«

»Denk an unsere Verabredung mit Solf und Simons«, sagte Konter. »Sie helfen uns nur, wenn sich nach Rathenau die Lage im Reich wieder etwas beruhigt hat. Und ohne ihre Unterstützung windet sich Fabian doch noch heraus.« Er nahm ihre Hand und sah ihr in die Augen. »Cocktails und Rache haben etwas gemeinsam. Sie werden beide kalt serviert.«

31

Berlin – Alexanderplatz, November 1922

»Seien Sie froh, Herr Fabian, dass mein Kollege Konter mich überzeugen konnte, mit Ihnen zu sprechen.« Bernhard Weiß hatte sich weder vom Stuhl erhoben, noch bot er seinem Gast die Hand an. Er wies Fabian lediglich an, sich zu setzen. Die anderen Männer an dem runden Besprechungstisch taten es ihm gleich. Neben Weiß, Konter und Fabian waren auch noch Gennat und Polizeimajor Baltzer anwesend. Baltzer war seit Kurzem Kommandeur der Inspektion Linden, die sich um die Polizeiaufgaben im Regierungsviertel kümmerte.

»Ich werde bedroht«, sagte Walter Fabian, und beim letzten Wort schien ihm die Stimme zu versagen. »Major Baltzer! Es wird Folgen haben, dass Sie mir Personenschutz verweigert haben. Ich werde mich beim Minister und Polizeipräsidenten beschweren.«

»Nichts dergleichen werden Sie tun, Fabian«, sagte Weiß mit kalter Stimme. »Herr Konter? Bitte!«

Paul Konter drehte mehrere Staffeleien um, die an der Wand gelehnt hatten. Darauf waren seine Skizzen zu erkennen, die alle Fakten des Falls auflisteten. Beinahe eine halbe Stunde lang fasste er alle Erkenntnisse zusammen. Mehrmals wurde er von Fabian unterbrochen, dessen Proteste und Einwände jedoch immer kleinlauter wurden.

»Die Leiter der Fachinspektionen Betrug und Sitte müssten ebenfalls anwesend sein, da der vorliegende Fall ihre Ressorts betrifft«, schloss er seine Schilderungen.

»Wir haben zunächst darauf verzichtet, weil wir Ihnen ein Angebot machen möchten, Fabian«, ergänzte Weiß. »Bevor wir zu diesem Punkt kommen, sollten Sie sich darüber im Klaren sein, was Sie erwartet, wenn Sie nicht mit uns zusammenarbeiten.« Er nickte Konter zu.

»Wir haben Unterlagen, die beweisen, dass Sie in Ihrer Zeit als Sonderbotschafter in Paris in über zwanzig Fällen Unternehmer um ihren Besitz gebracht haben. Geldanweisungen auf Ihre Konten haben wir nachgeprüft. Die eidesstattliche Aussage einer ehemaligen Mitarbeiterin liegt uns ebenfalls vor. Ich möchte es kurz machen: Nach Rücksprache mit dem Reichsanwalt sind zwei bis drei Jahre Haft sehr wahrscheinlich, vielleicht Aberkennung der Ehrenrechte für weitere fünf Jahre.«

»Alles Lüge! Meine Anwälte werden die Zeugen in der Luft zerreißen!«

»Sie wissen, was geschieht, wenn Sie auch nur eine Woche ins Gefängnis kommen?«, fragte Baltzer. Er hatte etwas streng Militärisches an sich und war es offenbar gewohnt, offen zu drohen. »In Gefängnissen, selbst in der U-Haft Moabit geschieht so vieles. Ihre ehemaligen Freunde könnten auf dumme Gedanken kommen. Wie schnell findet sich ein gedungener Mörder.«

»Sie drohen mir?«, fragte Fabian mit schriller Stimme.

»Nein, wir bieten unsere Hilfe an, Sie verdammtes Schwein«, brüllte Baltzer. Gennat schob ihm einen Kuchenteller hin, aber offenbar wirkte die Geste auf den Polizeimajor wenig beruhigend.

»Auch mit den Frauen«, fuhr Fabian fort. »Missverständnisse! Ich ging davon aus, dass die alleinstehenden Mädchen in gute Haushalte vermittelt wurden.«

»Zweitausend Mark für die Vermittlung einer Haushaltshilfe?«

»Ich wusste doch nicht, dass …«

»Sie haben Roczinsky beauftragt. Sogar die Entsorgung …« Weiß schwieg angewidert. »Die Frauen waren am Ende. Rauschgift, Alkohol, Schläge! Sie sind ein Tier, Fabian!«

»Wir haben Roczinskys Aufzeichnungen«, warf Konter ein. »Wir waren nämlich schneller als seine Mörder. Hier ist sein Notizbuch! Namen, Konten, alles da.«

Er verschwieg, dass Fabians Kunden nur mit Kürzeln benannt waren. Und er sah plötzlich den Widerstand in dessen Augen zusammenbrechen. Er hatte dieses Erlöschen der letzten Hoffnung, sich herausreden zu können, schon oft bei seinen Verhören beobachtet.

»Sie wollen mich umbringen!« Fabian klang jetzt jämmerlich.

»Wer?«

»Meine alten Kontakte. Die Männer, denen ich die Frauen vermittelt habe. Es gibt bereits Pläne. Ich weiß es aus sicherer Quelle. Ich stehe auf einer Todesliste und zahle Unsummen, damit so ein Freikorps-Kerl mir die Bande vom Leib hält! Sie müssen mich schützen.«

»Unter der Bedingung, dass Sie reden«, sagte Weiß. »Wir wollen alle Namen.«

»Und was ist mit mir? Ins Gefängnis gehe ich nicht!«

»Die Namen. Und wir finden einen Posten für Sie.«

»Wer garantiert mir, dass Sie Ihr Wort halten«, jammerte Fabian weiter.

»Die politische Unruhe ist weiterhin groß«, erwiderte Weiß. »Wenn ein solcher Skandal jetzt in voller Tragweite bekannt wird, dann haben wir wieder die Spartakisten auf den Straßen. Niemand will eine Revolution der Empörten. Denn sie könnte diesmal erfolgreich sein.« Baltzer nickte. »Also bieten wir Ihnen einen Posten im Ausland an. Und dank Ihrer Namensliste werden wir nach und nach die schlimmsten Dreckskerle zur Rechenschaft ziehen.«

»Ich darf erwähnen«, sagte Gennat. »Sie und Ihr Mittelsmann haben mich an der Nase herumgeführt. Es mag nicht so aussehen, aber es war noch nie jemandem zuträglich, mich zum Feind zu haben. Und seit mein Kollege mir das Ausmaß Ihrer Verfehlungen offengelegt hat, bin ich Ihr Feind. Wenn Sie im Land bleiben, werde ich Sie jagen, bis ich Ihnen die Beihilfe zum Mord an hundert Fällen nachgewiesen habe.«

»Ihre Entscheidung, Fabian! Jetzt«, drängte Baltzer.

Konter mochte eigentlich Situationen nicht, in denen Verdächtige ihrer letzten Würde beraubt wurden, indem sie – in die Ecke getrieben – regelrecht zusammenbrachen. Fabian wirkte plötzlich zehn Zentimeter geschrumpft, das Gesicht war blass, seine Hände zitterten.

»Ja«, sagte er nur. Unpassend. Gebrochen.

III

BERLIN 1923

1

Berlin, Moabit / Dorotheenstadt, 5. Januar 1923

»Ich kann das nicht länger mit ansehen«, meinte Toni, als sie weinend aus dem Zellentrakt im Untersuchungsgefängnis Moabit wieder in die Vorhalle trat.

»Hast du es ihm endlich gesagt?«, fragte Paul, nahm sie in den Arm und küsste sie zärtlich.

»Du müsstest ihn sehen, Paul! Haut und Knochen. Eine Stimme wie bei einem Geist. Liegt auf dem Bett und starrt an die Decke. Und immer wieder betet er Zahlen, Zahlen, Zahlen herunter.«

»Er hat doch schon immer in seiner eigenen Welt gelebt. Aber es ist nur fair, dass er von uns weiß. Sonst macht er sich falsche Hoffnungen.«

»Morgen wird das Urteil gesprochen. Danach erzähle ich ihm alles.«

Paul Konter hatte kurz zuvor mit Klantes Anwalt gesprochen. Es sah nicht gut aus. Zu sämtlichen Anklagepunkten waren Beweise gefunden worden.

»Mein Gott, er wird mehrere Jahre Zuchthaus bekommen«, fuhr Toni fort. »Das überlebt er nicht!«

Der Polizist schwieg. Er hatte mit ihr schon oft darüber gestritten, ob Max Klante schuldig war. Als Rechenkünstler hatte er zunächst nur die Rennbahnen um ein paar Tausender gebracht. Betrug im eigentlichen Sinn war es nicht gewesen. Dann jedoch kamen die Manipulationen und Absprachen. Aber immerhin hatte er meist nur die Reichen geschröpft. Seine Bank – wenn man sie so nennen wollte – war eine große Masche gewesen, um auch kleine Leute um ihr sauer Erspartes zu bringen. Dafür hatte Konter kein Verständnis mehr gehabt. Und er fand, dass eine Verurteilung nur gerecht wäre.

»Ich brauche jetzt einen Sekt im *Kranzler*«, meinte Toni. »Sonst kannst du mich bald wieder nach Lychen fahren.«

Wenigstens nennt sie ihn nicht mehr *Lümmelchen*, dachte Konter und nickte.

Ein Taxi brachte sie in wenigen Minuten zu dem beliebten Kaffeehaus Ecke Friedrichstraße. Dort saßen Katja und Anna bereits an einem Fenstertisch vor ihren Tassen dampfenden Mokkas. Obwohl gut geheizt war, roch es feucht-muffig. Das Graupelwetter mit starkem Ostwind hatte jeden Gast von den Schuhen bis zum Hut durchweicht. Nach einer kurzen Begrüßung klagte Toni den anderen Frauen ihr Leid, und Konter nahm sich die *Vossische Zeitung*. Ein paar Minuten später hatte sich dann die Aufregung etwas gelegt.

»Was Neues wegen Fabian?«, fragte er.

»Wir arbeiten daran«, antwortete Anna. »Es ist erstaunlich, dass dieselben Herren, die beim Tanz eben noch gierig zwischen meine Beine gestarrt haben, vollkommen empört sind, wenn ich von Valeries Geschichte erzähle.«

»Ach, erstaunlich?«, gab Konter gereizt zurück. »Nicht alle Männer missbrauchen Frauen.«

Er war nicht zufrieden mit der Entwicklung, die das Thema in den vergangenen Wochen genommen hatte. Beinahe schien es ihm, als müsste er sich ständig rechtfertigen, ein Mann zu sein. Als würde er in eine Art Sippenhaft mit Kerlen wie Fabian genommen.

»Hört auf.« Katja ging dazwischen. Anna, die selbst nur mit Mühe ihrem prügelnden Ehemann entkommen war, wandte sich schnaubend ihrem Kaffee zu.

»Hugenberg?«, fragte Konter.

»Wir lassen überall ein paar Bemerkungen fallen, machen Andeutungen und befeuern Gerüchte«, sagte die Russin. »In der feinen Gesellschaft sind sich die Leute wirklich vollkommen einig, dass solche Taten verabscheuungswürdig sind. Und meinem Alfred habe ich reinen Wein eingeschenkt. Er kennt die ganze Geschichte.« Sie lächelte. »Beinahe.«

»Es darf keinen Eklat geben«, sagte Konter. »Denk dran, was Solf und Simons verlangt haben.«

»Der alte Fuchs ist schlau genug, um sein Wissen in ganz kleinen Häppchen und zur richtigen Zeit zu servieren.«

»Fabian wird bereits von vielen Gastgebern nicht mehr eingeladen«, mischte sich Anna wieder ins Gespräch ein. »Und es scheint, als wären einige ältere Herren seit Längerem unpässlich.«

»Wer Wind sät«, meinte Toni zufrieden. »Die Sache wird auch dem *Syndicat* Respekt verschaffen. Eine Familie! Und die Leute sollen wissen, was sie erwartet, wenn sie sich mit einer Sass einlassen.«

»*La Veuve Noire.*« Anna lächelte. »Der Name ist Programm.«

Konter murmelte etwas Unverständliches und vergrub sich wieder hinter der Zeitung. Das bevorstehende Urteil im Klante-Prozess brachte die Geschichte noch ein letztes Mal auf die Titelseiten der Gazetten.

Wäre Max Klante Rathenaus Attentäter, hätte er wohl weitaus größere Chancen, straffrei davonzukommen, schrieb dort der landesweit bekannte Gerichtsreporter Paul Schlesinger.

Wie wahr, dachte der Kripobeamte und wandte sich den Wohnungsanzeigen zu. Er hoffte insgeheim, dass Toni ihn auffordern würde, zu ihr zu ziehen. Andererseits hatte er sich an seine Unabhängigkeit gewöhnt.

2

Berlin – Schöneberg, Februar 1923

»Herr Solf hat seine Beziehungen genutzt, um Walter Fabian wieder nach Paris zu schicken«, sagte Simons. »Er arbeitet dort in seiner alten Position.«

Toni und Paul hatten im *Kaiserhof* erneut eine Verabredung mit dem Reichsrichter. Neue Gesetze waren in den letzten Monaten verabschiedet worden, so dass der Mann sich im Moment öfter in Berlin aufhielt als in Leipzig.

»Er ist also mit einem blauen Auge davongekommen«, erwiderte Toni. »Ein oder zwei Jahre durchatmen, alles ist vergessen. Und dann ist er wieder in Berlin.«

»Ja, in der offiziellen Diplomatie laufen die Dinge leider nicht immer so, wie wir es gern hätten.« Simons zog einen Briefumschlag aus der Aktentasche und reichte ihn Konter. »Aber Gott sei Dank gibt es noch die inoffiziellen Wege, um dennoch zum Ziel zu gelangen. In diesem Umschlag finden Sie den Namen eines vertrauenswürdigen Mannes, der in der hiesigen französischen Botschaft arbeitet. Sie sollten ihn zum Essen einladen, Herr Konter. Und passen Sie auf, dass Sie nicht die Abschriften Ihrer Ermittlungen gegen Fabian aus Versehen auf dem Tisch liegen lassen. Herr Fabian dürfte den französischen Staat um eine Menge Geld geprellt haben. Schätzungen und Erlöse aus den Unternehmen waren viel zu niedrig angesetzt. Und ich hörte, dass unsere verehrten Nachbarn da erbarmungslos durchgreifen. Man munkelt, dass Strafen von fünf bis zehn Jahren Zuchthaus gegen Deutsche üblich sind.«

Simons hatte Champagner bereitstellen lassen und füllte nun die

Gläser. Toni warf ihm einen flüchtigen Handkuss zu und lächelte zufrieden. Konter nickte nur.

»Die Kriminalpolizei ermittelt gegen mehrere Männer, die in den Menschenhandel verstrickt waren«, sagte er mit ernster Miene. »Natürlich wehren sich die Herrschaften mit Händen und Füßen, aber wir haben zum Teil sehr genaue Angaben. Die Untersuchungen werden sich monatelang hinziehen. Und in vielen Fällen könnten sie im Sande verlaufen.«

»Ich bedaure zutiefst, dass nicht jeder Verantwortliche seine gerechte Strafe bekommt«, erwiderte Simons. »Aber bitte vergessen Sie nicht, dass Sie einen moralischen Sieg errungen haben. Diese Opfer wurden nicht einfach vergessen. Jemand hat sich ihrer angenommen. Und jene Kreise, die vor solch abscheulichen Verbrechen nicht zurückschrecken, sind gewarnt. Ich hoffe sehr, dass es irgendwann einmal bessere Gesetze gibt. Im Augenblick war es jedoch das Beste, was zu erwarten war.«

Simons erhob sein Glas und verabschiedete sich kurz darauf.

o o o

»Ich hatte schon immer ein Faible für das Brauchtum einfacher Menschen.« Ehrhardt hob das Bierglas und leerte es in einem Zug. »Tausendmal besser als der Etappen-Sekt.«

»Hoffentlich kommt nicht mein Bruder zufällig vorbei. Er könnte meinen, Sie seien ihm zwei Finger schuldig.«

Franz saß mit Kapitän Ehrhardt im *Open House*. Der Mann hatte sich kurzfristig bei ihm angekündigt und war in schlichter Straßenkluft erschienen, so dass man ihn mit einem kleineren Angestellten verwechseln konnte.

»Was wollen Sie, Herr Ehrhardt?«

»Es wird gleich ein weiterer Gast erscheinen. Unsere Abmachung soll schließlich für beide Seiten erfreulich sein, nicht wahr?«

Kaum hatte er den Satz ausgesprochen, führte Erich einen sichtlich verstimmten Konter ins Hinterzimmer. Der Polizist zog einen Aktenordner aus der Tasche und warf ihn vor Ehrhardt auf den Tisch.

»Feiert ihr schon Verbrüderung?« Er griff sich die Flasche *Schultheiss*, die Erich ihm reichte. »Darf ich dabei sein, wenn alle Hüllen fallen? Verdammt, Franz, ich werde nicht mit diesem Kerl zusammenarbeiten!«

»Nicht vor der Hochzeit, rief die Jungfrau. Und spreizte die Beine.« Hermann Ehrhardt ahmte eine hohe Frauenstimme nach und sah Konter belustigt an. Dann zog er den Ordner zu sich und blätterte in einer Unmenge Papiere. »Wunderbar. Ich habe meinen Teil der Vereinbarung eingehalten. Und Sie Ihren.«

»Werden Sie Röhrbein jetzt zurückpfeifen?«, fragte Konter. »Ich hörte, dass er von einigen Verdächtigen Schweigegeld kassiert.«

»Ach, die Geister, die ich rief.« Jetzt seufzte Ehrhardt theatralisch. Franz meinte, jenes typische, nervöse Flackern in seinen Augen zu erkennen. Bei Ian hatte er es so oft gesehen, wenn der Freund auf Koks gewesen war.

»Im Ernst, Männer wie Röhrbein sind schwer zu steuern«, fuhr der Kapitän fort. »Leider gibt niemand mehr einen Heller auf die alten Regeln. Ein Offiziersrang kümmert den Kerl gar nicht. Der Pöbel wird in Zukunft die Straße beherrschen. Und wer den Pöbel beherrscht, hat die Macht.«

»Höre ich da Wehklagen, Herr Ehrhardt?«, fragte Konter mit bissigem Unterton.

»Wehmut, nicht Klagen. Brot und Spiele bestimmen die Zukunft. In der Vergangenheit stand es bereits mit vielem nicht zum Besten, aber nun wird der Verstand keine Rolle mehr spielen. Allenfalls ist er Statist, den man ruft, wenn es das Spiel gerade erfordert.«

»Nehmen Sie sich gern ein Fass Bier mit, Herr Ehrhardt, um Ihren Weltschmerz darin zu ertränken«, sagte Franz. »Vorher sollten wir noch eine Sache klären. Ich würde es begrüßen, wenn sich in nächster

Zeit unsere Wege nicht wieder kreuzen. Sie stören unsere Geschäfte nicht. Und wir halten uns aus Ihrem Politikkram heraus.«

»Abgemacht.« Ehrhardt ging zur Tür. »Halten wir es doch mit dieser Republik! Koalitionen sind die Maxime der Zukunft. Gestern waren wir Partner. Morgen sind wir vielleicht wieder Feinde. Aber heute gehen wir uns aus dem Weg.« Er streckte dem Kopf noch einmal durch den Türspalt. »Mein Fahrer kommt gegen fünf und holt das Fass.«

Paul Konter schien kurz davor zu sein, seine Bierflasche gegen die Wand zu werfen. »Was war das hier? Ich dachte, ich übergebe ihm nur die Akten. Und stattdessen treffe ich euch bei Kaffee und Kuchen!«

»Gar nichts, Paul. Ich wollte sichergehen, dass es nicht wieder zu einer Störung unserer Geschäfte kommt. Und jetzt, rücken Sie damit heraus, was es mit den Dokumenten auf sich hat.«

»Er wollte Informationen über alles, was derzeit gegen ihn vorliegt.«

»Sie haben für ihn spioniert?«

»Er hat gedroht, Fabian zu warnen, wenn ich nicht mitmache. Dann wäre alles umsonst gewesen.« Nun trank Konter doch sein Bier. »Und es war sogar für mich interessant, zu erfahren, wer ihn deckt. Warum er nicht belangt wurde nach dem Putsch. Ich kenne jetzt die Gründe. Die Akten werden in seiner Hand nicht viel Schaden anrichten. Vielleicht kann er sich besser aus einer späteren Anklage herausmogeln. Sofern es überhaupt jemals dazu kommt.«

3

Berlin – Charlottenburg

Es war der erste Abend seit über einem Jahr, dass Franz und Susanne ausgingen. Sie wirkte leicht unsicher und zupfte immer wieder an dem kleinen Hutschleier, der geschickt Teile ihres Gesichts verdeckte. Von der Syphilis-Infektion, den Gummen, waren an vielen Stellen Narben zurückgeblieben. Und sie haderte damit. Ihr einstmals mädchenhaft hübsches Gesicht war ihrer Ansicht nach für immer entstellt.

»Manche Narben sind sichtbar, manche nicht«, sagte Franz jedes Mal, wenn die Sprache darauf kam. Dann streichelte er über die Stellen, als wollte er ihr einen Teil des inneren Schmerzes nehmen. Auch er war verunsichert. Er liebte Susanne Bentmann. Er tat es, seit er vierzehn war. Und er begehrte seine Cousine Valerie. Sein Geheimnis. Der Fluch, der ihn verfolgte, seit sie ihn das erste Mal berührt hatte. Seit er das Muttermal zwischen ihren Schenkeln gesehen hatte. Immer wenn ihn Schuldgefühle deswegen plagten, traf er sich mit seinen Cliquen-Jungs. Legendäre Nächte, in denen er voller Schwermut Whisky spendierte. Irischen Whisky.

»Du träumst schon wieder«, rügte ihn Susanne, als sie im *Romanischen Café* ihren Tisch ansteuerten. »Diese verdammten Absätze werden immer schmaler! Vor zwei Jahren konnte man noch auf denen laufen.«

Die große Familienfeier sollte dieses Mal halb öffentlich sein. Nach Tonis Willen sollte ganz Berlin wissen, dass die Familie Sass, dass das *Syndicat* wieder da war. Paul, Valerie und ihre Mutter waren offenbar früher gekommen.

»Die französische Botschaft hat Informationen über Fabian an Paris weitergeleitet«, sagte Konter triumphierend. Er hatte sein Notizbuch aus der Tasche gezogen, um keinen Punkt zu vergessen. »Gegen ihn wurde Haftbefehl wegen Unterschlagung erlassen. Irgendjemand hat wohl versäumt, ihn offiziell als Diplomaten zu akkreditieren, so dass er keine Immunität besitzt. Zufälle gibt es!«

»Was erwartet ihn?«, fragte Franz.

»Fünf Jahre Kerkerhaft. Mindestens.«

»Leider haben die Betrogenen nichts davon«, meinte Susanne. »Das Geld geht an Frankreich.«

»Nur ein wenig.« Konter grinste jetzt beinahe unverschämt. »Da die Steuerfahndung seltsamerweise genau wusste, was vor sich geht, hat sie bei Fabians Verhaftung alle Konten beschlagnahmt. Aus seinem Vermögen wird zwar zuerst die Steuerschuld abgetragen. Aber der Rest kann an Geschädigte wie Frau Kehler ausgezahlt werden. Und Simons sorgt dafür, dass sich unsere Justiz um die Dreckschweine hier kümmert. Stück für Stück. Fall für Fall.«

»Was sagst du dazu?« Toni sah ihre Tochter an.

»Gibt es überhaupt eine Strafe für das, was er getan hat?«, fragte sie. »Kann es eine Wiedergutmachung geben? Eine Sühne für dieses Unrecht? Die vielen toten Frauen. Das Leid ihrer Familien. Und ich habe nur Glück gehabt.« Sie sah die anderen lange an. »Versteht ihr? Nach allem, was sie mir angetan haben, muss ich sogar noch von Glück reden. Darum habe ich am Anfang so lange geschwiegen. Weil ich es selbst nicht begreifen konnte. Habe ich tatsächlich Glück gehabt? Ich muss mit meinen Erinnerungen leben. Vergessen wäre vielleicht gnädiger.«

»Sag das bitte nicht.« Toni wirkte hilflos.

»Was habt ihr erwartet? Dass ich zufrieden und froh darüber bin, dass wir einen Menschen zerstört haben? Einen Menschen, der mich zerstört hat? Wird dadurch jetzt alles besser?«

Ein Ober trat an den Tisch und reichte Franz eine Karte. Das *Romanische* war eine Art Schmelztiegel der Geschmäcker und Manieren. Hier wurden Manifeste verlesen, Theaterstücke diskutiert, Traktate ausgearbeitet. An manchen Tischen sah man Schauspieler, an anderen wurden Skizzenblöcke in einer Ekstase bemalt, als gäbe es morgen kein Papier mehr. Die Gäste tranken und sangen. Und einige Herren schienen selbst hier ihren preußischen Spazierstock nicht aus dem Hintern zu bekommen. Dass eine Karte, auf der sich eine Notiz befand, auf silbernem Tablett gebracht wurde, hatte Franz allerdings in diesem Lokal noch nie erlebt.

Die Drei sind erwacht. Vier Wörter. Mehr stand nicht auf dem Klappkärtchen. Franz blickte sich irritiert um. Was sollte das? Ein Scherz? Oder bahnte sich wieder etwas an? Gerade schien es, als käme die Familie in ruhigeres Fahrwasser. Ihre Blicke trafen sich, als Franz bereits erleichtert aufatmen wollte. In einer Nische, die den Tagesgästen und Einzelgängern vorbehalten war, entdeckte er den Chinesen. Shen Li lächelte ihm zu.

Claudia Gross
Deutschland 1927
Annas Suche
Roman
399 Seiten. Broschur
ISBN 978-3-7466-3858-4
Auch als E-Book lieferbar

Eine Frau versucht ihre Liebe zu retten

Deutschland, 1927. Anna ist mit dem Kapitän Brandis verheiratet; sie lebt nun in Berlin, doch als ihr Mann verhaftet wird, kehrt sie nach Kiel zurück. Angeblich hat Brandis seinen Bootsmann erstochen. Er bleibt auf freiem Fuß, darf aber bis zum Prozess kein Schiff mehr führen. Anna weiß jedoch nicht, ob sie ihm noch trauen kann. Zudem verhärten sich die Fronten immer mehr. Kommunisten kämpfen gegen Nationalsozialisten. Plötzlich gibt es Tote – und Anna steckt mitten in einem Mordfall.

Ein spannendes Frauenschicksal vor dem Hintergrund der Weimarer Republik

atb aufbau taschenbuch